UTB

Eine Arbeitsgemeinschaft der Verlage
Böhlau Verlag · Wien · Köln · Weimar
Verlag Barbara Budrich · Opladen · Toronto
facultas.wuv · Wien
Wilhelm Fink · Paderborn
A. Francke Verlag · Tübingen
Haupt Verlag · Bern
Verlag Julius Klinkhardt · Bad Heilbrunn
Mohr Siebeck · Tübingen
Nomos Verlagsgesellschaft · Baden-Baden
Ernst Reinhardt Verlag · München · Basel
Ferdinand Schöningh · Paderborn
Eugen Ulmer Verlag · Stuttgart
UVK Verlagsgesellschaft · Konstanz, mit UVK / Lucius · München
Vandenhoeck & Ruprecht · Göttingen · Bristol
vdf Hochschulverlag AG an der ETH Zürich

Prof. Dr. Lothar Böhnisch ist emer. Professor für Sozialpädagogik und Sozialisation der Lebensalter an der TU Dresden und lehrt an der Fakultät für Bildungswissenschaften der Freien Universität Bozen.
Prof. Dr. Karl Lenz ist Professor für Mikrosoziologie und Prorektor für Universitätsplanung an der TU Dresden.

Lothar Böhnisch
Karl Lenz

Studienbuch Pädagogik und Soziologie

Verlag Julius Klinkhardt
Bad Heilbrunn • 2014

Online-Angebote oder elektronische Ausgaben zu diesem Buch sind erhältlich unter www.utb-shop.de

Die Deutsche Bibliothek – CIP-Einheitsaufnahme
Die Deutsche Nationalbibliothek verzeichnet diese Publikation in der Deutschen Nationalbibliografie; detaillierte bibliografische Daten sind im Internet über http://dnb.d-nb.de abrufbar.

Einbandgestaltung: Atelier Reichert, Stuttgart.
Foto auf Umschlagseite 1: © A-Digit/istockphoto.com.

Lektorat und Projektmanagement: Social Science & Publishing / C. Engel-Haas, M.A., München.
Satz: Elske Körber, München.
Druck und Bindung: Friedrich Pustet, Regensburg.
Printed in Germany 2014.
Gedruckt auf chlorfrei gebleichtem alterungsbeständigem Papier.

UTB-Band-Nr.: 4089
ISBN 978-3-8252-4089-9

Inhaltsverzeichnis

Porträts für die Pädagogik wichtiger Soziologinnen und Soziologen

A Einführung

1 Soziologie und Pädagogik – ein schwieriges Verhältnis

Die Debatte um das Verhältnis von Pädagogik und Soziologie, die zu den einschlägigen wissenschaftsdiziplinären Auseinandersetzungen des 20. Jahrhunderts gehört, ist in neuerer Zeit – nun in der Jugendforschung – wieder aufgeflammt. Hier hat es in der Tat den Anschein, dass die soziologische und die (sozial-)pädagogische Jugendforschung so ineinander übergegangen sind, dass der pädagogische und der soziologische Zugang kaum mehr wissenschaftstypisch zu unterscheiden sind. So sieht es der Jugendsoziologe Ronald Hitzler, wenn er in seinem programmatischen Aufsatz „Grenzen der disziplinären Ökumene" (2008) an eine nicht überschreitbare Grenzlinie zwischen den beiden Disziplinen erinnern will. Danach sei die Pädagogik als Handlungswissenschaft mit ihren Erziehungszielen „zwangsläufig wie selbstbewusst werteverhaftet" (Hitzler 2008: 146), während der soziologische Blick ungetrübt analytisch und bezüglich moralischer Überzeugungen der Forscher/innen kritisch-selbstreflexiv sein müsse. Er meint mit „Pädagogik" wohl die geisteswissenschaftliche Traditionslinie, da er die empirisch arbeitenden Erziehungswissenschaftler/innen zu den Sozialwissenschaften zählt. Diese eher disziplinär interessengebundene Aufspaltung verkennt, dass auch als „objektiv" aufgefasste soziale Tatsachen historisch-soziale Konstruktionen im Wechselspiel von Struktur und Handeln darstellen. Die historisch-sozialen Konstruktionen von Jugend enthalten immer auch pädagogische Modelle. Überdies verrät diese dualistische Programmatik auch eine unzureichende Erkenntnis neuerer Theorieansätze in der Pädagogik, die eher zu einer Brücke zwischen den beiden Disziplinen, bei Wahrung ihres jeweiligen disziplinären Kerns, denn zu einer weiteren Trennung führen. So diskutiert man heute in der Jugendpädagogik weniger über wertfixierte Erziehungsziele und -ideale, sondern eher über „Ermöglichungen" und bezieht sich dabei explizit auf psycho-soziale Entwicklungsbesonderheiten der Jugendphase in unserem Kulturkreis. Jugendpä-

dagogik soll Jugendliche nicht zu etwas „hinerziehen", sondern, in Kenntnis jugendpsychologischer und soziologischer Grundlagen, Jugendlichen – Mädchen wie Jungen – Jugend ermöglichen. Diese Brücke der besonderen Verschränkung von Soziologie und Pädagogik werden wir auch in diesem Buch pragmatisch – nicht nur für das Jugendalter – beschreiten.
Freilich darf man dabei doch nicht übersehen, dass Hitzler in seiner dualistischen Argumentation zu Recht auf eine bis heute noch sichtbare Linie der disziplinären Spaltung verweisen kann, die in den 1920er Jahren gleichsam institutionalisiert wurde.

> „Der eigentliche ‚Sündenfall' […] ist allerdings mit dem Aufstieg der Pädagogik zur Universitätsdisziplin verbunden, und hier ist der wissenschaftsgeschichtliche Ort der Differenz zur Soziologie: Pädagogik und Soziologie wurden zum gleichen Zeitpunkt ‚universitär', nämlich ab den 1920er Jahren. Während aber die Deutsche Gesellschaft für Soziologie sich bei ihrer Gründung 1909 auf ‚Werturteilsfreiheit' verpflichtete […], und die Soziologie als empirische Wissenschaft in die Philosophischen bzw. Staatswissenschaftlichen Fakultäten einzog, ging die wissenschaftliche Pädagogik einen anderen Weg. Ihr Programm war Sinnstiftung in einer unübersichtlichen Welt und Sinnorientierung und professionsethische Ausrichtung." (Vogel 2010: 483)

Sie manövrierte sich damit in eine „pädagogische Provinz", oft abseits der empirischen Wirklichkeit der Gesellschaft mit ausgeprägter Indifferenz gegenüber gesellschaftlichen Widersprüchen und Konflikten, und ging zwangsläufig auch auf Distanz zur Soziologie als jener Disziplin, die diese bearbeitete. Sie erhob vielmehr in der weiteren Entwicklung einen gleichsam frei schwebenden, autonomen emanzipatorischen Anspruch, den Klaus Mollenhauer (1968), der Brückenbauer zwischen Pädagogik und Soziologie in den 1960er und 1970er Jahren, in die zweite Hälfte des zwanzigsten Jahrhunderts weiterwirken sah. In der Vorstellung einer, gegenüber der Gesellschaft tendenziell autonomen, Pädagogik sah er die Tendenz der Immunisierung gegenüber gesellschaftlichen Konflikten und ihrer soziologischen Analyse.

> „Es ist kein Zufall, dass der Begriff des Konflikts in pädagogischen Theorien bis heute keine nennenswerte Rolle spielt. Dazu wäre nötig gewesen, den gesellschaftlichen Charakter von Erziehung grundlegend in die Reflexion mit aufzunehmen. Die autonome geisteswissenschaftliche Pädagogik wählte zwar den emanzipatorischen Ausgangspunkt als Motiv, zog aber eine andere Konsequenz. Sie verharmloste und entpolitisierte das Konfliktproblem durch jene Konstruktion einer pädagogischen Gegenwelt, die sich zwar kritisch gegen das Gegebene richtete, aber – der Preis der schlechten Utopie – gesellschaftlich nichts ausrichten konnte. Diese Gegenwelt war von Konflikten gereinigt, sie hatte […] nichts mehr von den tatsächlichen Gegensätzen der Erziehungswirklichkeit." (Mollenhauer 1968: 27)

Solche Brückenbauer wie Mollenhauer gab es aber auch schon in den 1920er Jahren, sowohl aufseiten der Pädagogik wie der Soziologie. Sich auf diese zu beziehen, lohnt sich heute – und angesichts der neueren dualistischen Argumentation – erst recht. Man kann sie unter das Dach einer „Pädagogischen Soziologie“ (vgl. Böhnisch 2003) gruppieren. Dass sie als Disziplin später unterging, war der zunehmenden Vereinnahmung der empirischen Analyse des Bildungs- und Erziehungsgeschehens durch die Soziologie geschuldet. Nicht nur, dass sich eine respektable *Bindestrich*-Soziologie als Bildungs- und Erziehungssoziologie entwickelte (vgl. Kahlert 2011), die Soziologie avancierte viel grundsätzlicher zu einer Kritik der Erziehung, wenn nicht gar zu einer Art kritischer Erziehungswissenschaft selbst. Ihren Kristallisationspunkt erhielt diese soziologische Erziehungs- und Bildungswissenschaft schließlich in der gesellschaftlichen Erhöhung der Bildung zum Faktor sozialen Wandels und zum Vehikel sozialer Chancengleichheit. Strukturelle Zusammenhänge zwischen Bildungschancen und Sozialstruktur, Schule und Gesellschaftssystem, Erziehung und Vergesellschaftung, Bildung und sozialer Mobilität sind ausführlich bildungspolitisch und schulbezogen thematisiert worden. In dieser gesellschaftskritischen und -beschreibenden Absicht ist aber die auf Bildung orientierte Soziologie von der Pädagogik abgerückt, hat die Spannung zu ihr nicht mehr gesucht und ist eben zu einer der vielen Bindestrich-Soziologien geworden. In einem solchen soziologisch-disziplinären Verständnis konnte die traditionelle Pädagogische Soziologie keinen Platz mehr haben und wurde (und wird) entweder als historischer Vorläufer oder als *nur* praxeologische Anwendungslehre unterhalb der Erziehungs- und Bildungssoziologie verstanden (vgl. Sommerkorn 1993). Damit wurde ihr auch die disziplinäre Eigenständigkeit abgesprochen.

Gerade diese Eigenständigkeit in der Interdisziplinarität beanspruchte die Pädagogische Soziologie. Sie wollte sowohl Pädagogisches in ihre Soziologie theoretisch integrieren als auch ihre Themen so suchen und strukturieren können, dass sich die Pädagogik darin sozial spiegeln kann. Die neuere Erziehungs- und Bildungssoziologie dagegen bietet ihr Wissen eher selbstreferenziell ohne qualitativen Bezug zur Pädagogik an. Gerade diesen braucht aber die pädagogische Theorie und Praxis, wenn sie soziologische Erkenntnis integrieren und umsetzen soll.

So beanspruchte schon Carl Weiß (1929) in seinem Grundlagenwerk für die Pädagogische Soziologie, dass Pädagogisches auch als Soziales nicht rein durch Soziales erklärt werden kann, sondern im Sozialen auch als Pädagogisches wirkt. Somit beeinflusst das soziale Geschehen sowohl das Erzieherische und wird gleichzeitig durch Erzieherisches sozial transformiert. Mit dieser Erkenntnis von der Wechselwirkung des Erzieherischen und des Sozialen hat Weiß die interdisziplinäre Brücke zwischen Pädagogik und Soziologie geschlagen.

Das pädagogisch Gestaltende tritt nicht von außen an das Soziale heran, sondern ist in ihm enthalten: „Gesellschaft ist ohne Erziehung nicht denkbar, wie andererseits Erziehung nur in der sozialen Sphäre möglich ist. Weshalb denn auch das Erziehungsdenken immer dem Gesellschaftsdenken entspricht“, so der Soziologe Theodor Geiger (1930), der ganz selbstverständlich die „Erziehung als Gegenstand der Soziologie“ betrachtete.

Carl Weiß (1886-1974)

„Nicht die Begrenzung auf ein spezielles Erfahrungsgebiet und nicht die Anwendung einer besonderen Methode konstituieren eine Wissenschaft, sondern ihre besondere Zweckabsicht, die aus vielen möglichen Aspekten der Erkenntnis den ihr entsprechenden Sinngehalt heraushebt und ihn zu systematischen Darstellungen bringt". Im Falle der Pädagogik ist es „der Gesichtspunkt der Gestaltungsfähigkeit des Menschen. Die Frage nach der Gestaltungsfähigkeit ist es, welche die Pädagogik [...] auch an die Soziologie, an die Lehre von der menschlichen Gesellschaft, an die Lehre von den zwischenmenschlichen Beziehungen [stellt]. Sie will wissen, auf welche hemmenden und fördernden Faktoren sie innerhalb der Gesellschaft stößt, inwiefern das gegebene kindliche und jugendliche Sozialleben die von der pädagogischen Zielsetzung verlangte Gestaltung beeinflusst. Damit ist ein pädagogischer Soziologismus oder eine soziologische Pädagogik, die vermeint, alle pädagogischen Wertformen und alle Erziehungsbeziehungen seien restlos auf soziale Tatsachen zurückzuführen und ganz in solchen eingeschlossen, entschieden abgelehnt" (Weiß 1929: 5).
Das pädagogische Gestaltungsprinzip in seiner Vermittlung ins soziale Geschehen ist die Grundthematik dieser Pädagogischen Soziologie. In ihr begründet sich auch eine besondere Selektivität in Bezug auf die Soziologie. Denn es werden nicht nur die soziologischen Konzepte in den Mittelpunkt gestellt, in denen diese Gestaltungsdimension sozial thematisiert werden kann, sondern es wird auch versucht, die soziologischen Konzepte selbst in eine pädagogische Spannung zu bringen. Weiß rekurriert – zumindest implizit – auf den Durkheimschen Begründungssatz der Soziologie, nach dem Soziales nur durch Soziales erklärt werden könne. In diesem Zusammenhang war ihm der disziplinäre Anspruch wichtig, dass die Pädagogische Soziologie gebraucht werde, um die sozialen und gesellschaftlichen Modernisierungsschübe des frühen 20. Jahrhunderts in ihrer sozialisatorischen Einwirkung auf Familie, Kindheit und Jugend soziologisch-pädagogisch zu gewichten und so einer bisher soziologisch unverständigen Pädagogik zugänglich zu machen. Er wollte darüber hinaus die Pädagogik in der Krise der Moderne wieder sozial auffindbar machen: Er beklagte – wenn man seine erziehungshistorischen Gedankengänge dahingehend zusammenfasst –, dass der dem Zeitalter der Aufklärung und des Rationalismus entstammende „Erziehungsutopismus" mit der Perspektive der Bildbarkeit des Menschen zum autonomen, weil vernünftigen Individuum im Prozess der industriellen Modernisierung und Rationalisierung in sich gegenläufig vergesellschaftet wurde. Der Mensch habe aufgehört das Maß aller Dinge zu sein, gefragt sei jetzt sein vernünftiges Funktionieren.

Literatur

Weiß, Carl (1929): *Pädagogische Soziologie.* Leipzig: Klinkhardt.

Die Anfänge des Arbeitsbereichs Soziologie und Pädagogik reichen auf Emile Durkheim (1858-1917) zurück, der als einer der großen Gründungsgestalten der Soziologie gilt. Im Zuge der rasant voranschreitenden Modernisierung hatte für Durkheim das Bildungssystem als Instanz sozialer Integration heranwachsender Generationen eine hohe Relevanz inne. Zwar nicht in seinen Hauptwerken, jedoch in mehreren anderen Publikationen (1972; 2006) hat sich Durkheim, der zunächst eine Professur für Pädagogik (1906-13) und später für Pädagogik und Soziologie (1913-17) innehatte, eingehend mit der Erziehung bzw. dem Bildungssystem befasst, wobei für ihn immer die Frage dominant war, wie in einer hoch differenzierten Gesellschaft sozialer Zusammenhalt hergestellt werden kann.

Theodor Geiger (1891-1952)

wechselte Ende der 1920er Jahre nach seiner Tätigkeit als Leiter der Berliner Arbeiterhochschule (1922-29) in die universitäre Laufbahn, zunächst in Braunschweig, dann im dänischen bzw. schwedischen Exil (Universitäten Århus und Uppsala). Er gehörte zu jener Gruppe systematischer und empirisch ausgewiesener Soziologen der 1920er und 1930er Jahre, welche die moderne Soziologie als theoretisch und methodisch eigenständige Disziplin begründet haben. In seinem Werk spiegelt sich das zeitgenössische Verständnis von Soziologie als Wirklichkeitswissenschaft besonders wieder.
Geiger sah das Subjekt in der Spannung von individueller Freiheit und Vergesellschaftung. Diese Perspektive leitete auch seine Überlegungen zum Verhältnis von Soziologie und Erziehungswissenschaft und seine Definition der Erziehung als Gegenstand der Soziologie (1930). Für Geiger ist Gesellschaft ohne Erziehung nicht denkbar, genauso wie sich Erziehung immer aus ihren gesellschaftlichen Kontexten heraus entwickelt. Soziale Strukturentwicklung und pädagogische Gestaltung sieht er miteinander verschränkt. Das pädagogisch Gestaltende dringt danach nicht von außen in den sozialen Lebenszusammenhang, sondern ist in ihm enthalten. Im Sozialen steckt also ein pädagogischer Aufforderungscharakter. Gleichzeitig lassen sich aus dem Erziehungswesen heraus Wirkungsweisen der Gesellschaft aufschließen. So wie Geiger Erziehung als Vergesellschaftungszusammenhang verstand, sah er sie auch im gesellschaftlichen Ordnungszusammenhang eingebunden. In seinen Vorstudien zu einer Soziologie des Rechts, in denen er das Recht als Wirklichkeitszusammenhang dekonstruierte, wird die Dimension der Erziehung in ihrer normreproduzierenden wie normgestaltenden Dimension sichtbar.

Weiterführende Literatur

Hurrelmann, Klaus (Hrsg.) (1974): *Soziologie der Erziehung.* Weinheim, Basel: Beltz.
Meyer, Thomas (2001): *Die Soziologie Theodor Geigers. Emanzipation von der Ideologie.* Wiesbaden: VS.

Der Zusammenhang von Bildung und sozialer Ungleichheit hat sich in der Folgezeit zum „Kernbestand soziologischer Fragestellung" (Krais 1994: 565) entwickelt. Johannes Kopp (2009) geht in seiner Einführung sogar so weit festzustellen, dass die Bildungssoziologie vor allem durch das Thema Bildung und soziale Ungleichheit bestimmt sei: Angesichts dieser hohen Relevanz des Themas verwundert es, dass sich die Soziologie gegenüber der Pädagogik weitgehend verschlossen hat und sich nur als eine Art „Zulieferungsbetrieb" sieht. Mehr wäre möglich, wie wir mit diesem Buch zeigen wollen, da der Austausch dieser beiden Disziplinen auf zwei Ebenen, die spezifische Interdependenzen aufweisen, geführt werden kann:

(1) Auf der pädagogisch-soziologischen Ebene: Hier wird das pädagogische Handeln als interaktiver sozialer Prozess verstanden. Pädagogik entspricht demnach

nicht einfach der Absicht von Pädagogen und Pädagoginnen bzw. ihrer Organisation, sondern ist struktureller Bestandteil der psychosozialen Entwicklung wie der gesellschaftlichen Konstruktion und Konstellation von Kindheit, Jugend und Erwachsenenalter. Wir sprechen in diesem Zusammenhang von einem pädagogischen Aufforderungscharakter, der vom Entwicklungs- und Gesellschaftsbezug des Kindes- und Jugendalters ausgeht. Dieser findet seine Resonanz nicht nur in der sozialisatorischen Interaktion, sondern auch in einer besonderen gesellschaftlichen Aufmerksamkeit. Erziehung könnte man demnach mit Siegfried Bernfeld, einem der Begründer der psychoanalytischen Pädagogik, als „die Summe der Reaktionen einer Gesellschaft auf die Entwicklungstatsache" kennzeichnen (Bernfeld 1925: 51). Dies kann heute auf das Erwachsenenalter in dem Sinne erweitert werden, da der Strukturwandel der Arbeitsgesellschaft neue pädagogische Aufforderungen („Lebenslanges Lernen") freisetzt.

(2) Auf der bildungssoziologischen Ebene: Bildung ist hier ein zentraler Faktor der sozialen Integration der Gesellschaft. Diese sozialintegrative Funktion lässt sich auch in der Sphäre von Abweichung und Normalität erkennen. Sie spiegelt sich genauso in den Handlungsmustern des Erziehens wider. Der gesellschaftliche Wandel setzt auch veränderte Bildungsaufforderungen frei. Bildung und soziale Ungleichheit stehen dabei in einem signifikanten Verhältnis zueinander, Bildung ist ein Korsett des (institutionalisierten) Lebenslaufs und damit eine biografisch durchgängige Sozialisationsachse, um die sich je unterschiedliche Bildungsinstitutionen und pädagogische Modelle gruppieren. Dabei rückt das Spannungsverhältnis von formalen Bildungsorganisationen und informellen Lernorten in den Blickpunkt. Angesichts solcher Wechselwirkungen ist eine soziologische Reflexivität der Pädagogik nicht nur geboten, sondern zwingend. Ob man nun Pädagogik – eher sozialwissenschaftlich – als Organisation von Lernprozessen oder – eher erzieherisch – als intentionale Einwirkung auf die Bildung der Persönlichkeit versteht: Es geht immer beides reflexiv ineinander über.

2 Intention des Studienbuches

Mit diesem Studienbuch wollen wir eine Einführung in die Soziologie unter der Verwendungsperspektive der Pädagogik vorlegen. Natürlich sollen in erster Linie Erziehungswissenschaftler/innen in Ausbildung, Weiterbildung und Praxis angesprochen werden, aber auch für Studierende der Soziologie und soziologisch ausgebildete Professionelle, die sich auf pädagogische Arbeitsfelder hin orientieren, wird diese Einführung von Interesse sein.
Deshalb ist das Buch so gestaltet, dass es nicht – wie oft üblich – die Soziologie nur als „Hilfsdisziplin" für die Erziehungs- und Bildungswissenschaften betrachtet, sondern dass es das Wirkungs- und Spannungsverhältnis zwischen pädagogischem und soziologischem Denken in den Mittelpunkt stellt.
Pädagogische Prozesse sind sozial eingebettet und stehen in Wechselwirkung mit sozialen Strukturen und institutionellen Kontexten. Aus soziologischer Sicht stellen Erziehungs- und Bildungsprozesse deshalb nicht nur interaktive Vermittlungsformen dar, deren Strukturen über die interpersonale Ebene hinaus analysiert werden müssen. Soziologisch gesehen geht es auch um den Aspekt der Organisation von Lernprozessen, deren systemisch-organisationelle Eigenlogik grundsätzlich in Spannung zum erzieherischen Handeln steht.
Aber auch das pädagogische Handeln selbst ist in ein Interaktionsgeschehen eingebunden, das personalübergreifende Strukturen aufweist, die mit soziologischen Konzepten wie z.B. der sozialen Rolle, der sozialen Gruppe oder des sozialen Systems aufgeschlossen werden können.
Schließlich wird deutlich, dass die Lebensalter – von der Kindheit an – nicht nur als Alters- und Generationsgruppen, sondern vor allem auch als soziale Konstruktionen zu betrachten sind und der Prozess der Sozialisation und Bildung gerade auch die Vergesellschaftung des Individuums meint.
Diese Beispiele lassen erkennen, dass die Pädagogik soziologisches Wissen braucht, um die Hintergrundstrukturen aufzuklären, die in die pädagogischen Handlungsprozesse hineinreichen. Mit diesem Wissen können auch Möglichkeiten und Grenzen pädagogischen Handelns thematisiert werden. Gerade das kann – um einen praktischen Effekt anzusprechen – Pädagogen und Pädagoginnen entlasten, wenn sie in Zonen der Überforderung personalen Handelns und persönlicher Verantwortung geraten.
An dieser Stelle möchten wir all jenen danken, die uns bei der Fertigstellung dieses Buches unterstützt haben. Dipl.-Soz. S. Sindy Schoß, Franziska Hennig und Karen Redlich M.A.haben die Aufgabe des Lektorats mit hoher Kompetenz und großer

Gründlichkeit ausgeführt. Die abschließende Prüfung der Druckfahnen hat mit großem Erfahrungsreichtum und einem sicheren Auge für alle Details Anne Scheithauer übernommen.

B Soziologische Grundlagen: Begriffe und Theorien

Soziologie ist eine noch junge Disziplin. Die Benennung des Faches stammt von Auguste Comte (1798-1857), der in diesem Kunstwort das aus dem Griechischen stammende „logos“, das so viel wie Wahrheit, Lehre, Wissenschaft bedeutet, mit dem lateinischen Begriff „socius“ (Gefährte, Mitmensch) verknüpft. Comte hat diese Neuschöpfung der bereits vorhandenen Bezeichnung als „physique sociale“ entgegengesetzt (ausführlicher vgl. Repplinger 1999). Wichtiger noch als diese Namensgebung ist die zeitliche Verortung der Genese des Faches. Erst mit dem Aufkommen der modernen Gesellschaft ist die Soziologie entstanden. Es waren vor allem drei Revolutionen, durch die die moderne Gesellschaft geschaffen wurde:

- Die kulturelle Revolution der Aufklärung, deren Höhepunkt in der zweiten Hälfte des 18. Jh. liegt und deren Grundanliegen es war, dass nicht mehr Religion und Aberglauben alle menschlichen Angelegenheiten leiten sollten, sondern die Vernunft, wodurch eine Befreiung des Individuums aus unnötigen Abhängigkeiten erreicht werden sollte.
- Die politische Revolution angeführt durch die Französische Revolution (1789-1799), durch die breite politische Beteiligungsrechte umgesetzt sowie grundlegende Menschen- und Bürgerrechte etabliert wurden.
- Die industrielle Revolution, die sich in England beginnend im 19. Jh. über Europa ausbreitete und die bisherige Agrargesellschaft in eine Industriegesellschaft umwandelte, in der die Fabrik zur dominanten Fertigungsstätte wurde. Dadurch wurde neben der Bourgeoisie, den Besitzern der Produktionsmittel, auch die Arbeiterklasse geschaffen, die gezwungen war, ihre Arbeitskraft zu verkaufen.

Man darf sich dabei das Aufkommen der modernen Gesellschaft nicht als punktuelles Ereignis vorstellen, als wäre ein Schalter zu einem bestimmten Zeitpunkt einfach umgesprungen. Vielmehr war es ein langfristiger Prozess, in dem die alte Ordnung nach und nach verdrängt wurde. Bewirkt durch diese drei Revolutionen und dem Aufkommen der modernen Gesellschaft entstand eine enorme Veränderungsdynamik, die Armin Nassehi (2011: 14) anschaulich beschreibt:

> „Fügte sich in der alten Welt alles einer gewissen überzeitlichen Ordnung und bestand vor allem ihre Legitimation in einer quasi überzeitlich legitimierten, letztlich religiös vermittelten Sinnwelt, scheint die neue, moderne Welt den Grund ihrer Ordnung nicht mehr unproblematisch zu kennen. Radikale Umwälzungen in Ökonomie, Recht, Wissenschaft, Verkehr und staatlichem Gemeinwesen führen zu einer janusköpfigen Situation: Einerseits ging die Sicherheit speisende Kraft vergangener überzeitlicher Weltbilder verloren, andererseits gewann man einen nie zuvor da gewesenen Gestaltungsspielraum. Alles war prinzipiell erneuerbar und nichts konnte unreflektiert für sich reklamieren, so zu bleiben, wie es immer war. Gesellschaft war nicht mehr ein Raum der Geselligkeit, nicht mehr bloße Sphäre gemeinsamen Lebens, sondern ein Spielraum für Gestaltung. Pathetisch ausgedrückt: Was vormals das Resultat einer fremden Schöpfung war, unveränderlich und gültig, muss nun permanent neu erschaffen werden."

In dieser Problemkonstellation des Umbruchs und Aufkommens der neuen Gesellschaft, in der viele Gewissheiten der alten verloren gegangen waren und sich noch neue Möglichkeiten der Gestaltung offenbarten, ist die Soziologie entstanden. Was dadurch entfesselt wurde, war – mit Nassehi (2011: 25) gesprochen – „die beredete Form der Selbstwahrnehmung der Gesellschaft". Nachdem die alten Selbstverständlichkeiten verloren gegangen waren, wurde die neue Gesellschaft mit ihrer hohen Dynamik, ihren neuen Problemen und Konflikten, aber auch neuen Möglichkeiten und Gestaltungsoptionen zu einem relevanten und begehrten Forschungsgegenstand. Diese Debatte hatte zugleich eine ganz wichtige Funktion in der Selbstvergewisserung über Gesellschaft, da „die Gesellschaft" nicht nur Forschungsobjekt, sondern zugleich auch Adressat und Publikum war. Die früheren Soziologen waren alle außerhalb der akademischen Welt tätig. Das gilt für Auguste Comte ebenso wie für Karl Marx (1818-1883) oder Herbert Spencer (1820-1903). Soziologie ist also eine Disziplin, die außerhalb des akademischen Normalbetriebs entstanden ist. Die eigentliche Konsolidierungsphase der Soziologie dauerte noch länger. Von den drei vielfach als die eigentlichen Begründer der Soziologie geltenden Vertretern Emile Durkheim (1858-1917), Georg Simmel (1858-1918) und Max Weber (1864-1920), hatte nur der Erstgenannte – wie bereits erwähnt – eine Professur mit Soziologie in der Widmung. Simmel und Weber waren zwar an der Universität tätig und lehrten ihr Fach, aber noch nicht in Form einer Soziologieprofessur. Der erst sehr spät berufene Simmel, der stark gegen antisemitische Vorurteile ankämpfen musste, hatte erst ab 1914 eine Professur für Philosophie im seit 1871 annektierten Straßburg inne. Max Weber hatte an den verschiedenen Orten (Freiburg, Heidelberg und München), an denen er lehrte, stets jeweils eine Professur für Nationalökonomie. In Deutschland dauerte es noch bis nach dem Ersten Weltkrieg bis zum ersten Mal eine Professur mit Soziologie in der Widmung besetzt wurde; es war der heute weitgehend vergessene Franz Oppenheimer (1864-1943), der an der Frankfurter Universität auf diese Stelle berufen wurde.

Wenngleich die Soziologie mit der modernen Gesellschaft entstanden ist und ihre Dynamik und die damit verbundenen Umwälzungen Themen des Faches waren und auch weiterhin sind, ist sehr bald nach der ersten Generation unter den Fachvertretern die Überzeugung gereift, dass Gesellschaft nicht als Zentralbegriff taugt, auf dem das Gebäude der Soziologie aufgebaut werden kann. Der Begriff erschien zu schillernd und zu vielschichtig, um dies leisten zu können. Statt Gesellschaft hatte Emile Durkheim für seinen Entwurf einer Soziologie als Zentralbegriff „soziale Tatsachen" bzw. „Institution" gewählt, Georg Simmel „soziale Wechselwirkung" und Max Weber „soziales Handeln". Sie machen damit deutlich, dass es aus ihrer Sicht nicht ausreicht, Soziologie als eine Wissenschaft aufzufassen, die sich mit Gesellschaft befasst. Indem soziologische Klassiker als Ausgangspunkt Begriffe wie soziales Handeln, soziale Wechselwirkung und soziale Institutionen wählen, verstehen sie die Soziologie zwar als Wissenschaft des Sozialen, vermeiden aber einen vagen und diffusen Gesellschaftsbegriff. Das Zusammenleben und -wirken von Menschen kann sich in sehr unterschiedlichen Sozialformen gestalten. Auch wenn der Gesellschaftsbegriff nicht als Ausgangspunkt für Soziologie genommen wird, hat er für das Fach – allerdings in einer engeren Fassung – dennoch eine hohe Relevanz; Gesellschaft wird als das umfassendste Sozialsystem aufgefasst, dass alle anderen Formen der Vergesellschaftung und Vergemeinschaftung einschließt. An einer späteren Stelle werden wir auf dieses Verständnis von Gesellschaft noch näher eingehen.

Unabhängig von dieser Kanonisierung ist in der Soziologie aber auch ein breites Verständnis von Gesellschaft existent, mit dem der Gegenstand der Disziplin umschrieben wird. Zum Ausdruck kommt dies z.B. in Buchtiteln wie „Unser Alltag ist voll von Gesellschaft" (Bellebaum/Hettlage 2014). Gemeint ist mit Gesellschaft nicht nur das umfassendste Sozialsystem und auch nicht nur die moderne Gesellschaft, mit der zusammen die Soziologie entstanden ist. Verwiesen wird vielmehr auf Gesellschaft als einer „allgegenwärtigen Tatsache", die sich daraus ergibt, dass wir im täglichen Leben auf andere Menschen angewiesen sind und vom Zusammenleben mit ihnen vielfältig abhängen. Gesellschaft wird in diesem Zusammenhang synonym zur Sphäre des Sozialen aufgefasst. Als Gesellschaft bzw. als gesellschaftlich wird alles aufgefasst, was aus diesem fortwährenden Aufeinanderbezogensein individueller Handelnder oder sozialer Gebilde resultiert.

Darauf aufbauend werden im Weiteren einige soziologische Grundbegriffe aufgeführt und vorgestellt, die für das Arbeitsfeld der Pädagogik von hoher Relevanz sind. Anschließend werden drei zentrale soziologische Theoriemodelle eingeführt.

1 Soziologische Grundbegriffe

Zunächst werden Begriffe aufgegriffen, die für das Subjekt und die Subjektgenese aus soziologischer Perspektive gebräuchlich und pädagogisch relevant sind. Anschließend wird auf die Unterscheidung zwischen Vergemeinschaftung und Vergesellschaftung eingegangen. Von Vergemeinschaftung wird dann gesprochen, wenn ein Austausch unmittelbar erfolgt. Dominieren dagegen die vermittelten Austauschprozesse, handelt es sich Vergesellschaftung. Mit diesen beiden Begriffen können auch die Arbeitsfelder der Mikro- und Makrosoziologie voneinander abgegrenzt werden. In den folgenden beiden Teilkapiteln werden zunächst Formen der Vergemeinschaftung und dann Formen der Vergesellschaftung dargestellt. Nach dieser Formanalyse werden abschließend wiederkehrende soziale Grundprozesse behandelt.

1.1 Subjekt und Subjektgenese aus soziologischer Perspektive

1.1.1 Sozialisation, Lernen und Bildung

Das Hineinwachsen von Kindern und Jugendlichen in die Gesellschaft ist das zentrale Thema der Pädagogik. Kein anderes Thema hat auch nur annähernd die pädagogischen Diskurse seit ihren Anfängen bestimmt. Mit dem Begriff der Sozialisation stellt die Soziologie einen Grundbegriff zur Verfügung, mit dem es möglich ist, diesen Prozess des Hineinwachsens in die Gesellschaft oder in Teilsysteme besser zu erfassen. Dieser Begriff schließt dabei durchaus an Traditionslinien der Pädagogik an und positioniert sich zu anderen Traditionslinien konträr. Unter Sozialisation wird der biografisch eingelagerte Aneignungsprozess von Handlungskompetenzen verstanden, die erforderlich sind, um die volle Mitgliedschaft in der Gesellschaft bzw. in gesellschaftlichen Teilbereichen zu erwerben. Dies schließt die Aneignung der grundlegenden Wissensbestände und Handlungsmuster ebenso ein wie die geltenden sozialen Werte und wirksamen sozialen Normen. Sozialisation ist prinzipiell ein lebenslanger Prozess. Sicherlich nimmt der „erste Eintritt" eine Sonderstellung ein, da es um den Erwerb einer grundlegenden Handlungskompetenz geht. Dennoch ist Sozialisation nicht auf die Kindheit und Jugend begrenzt, sondern erstreckt sich über das gesamte Leben.

Der Gebrauch des Sozialisationskonzepts wendet sich gegen eine auf Erziehungsprozesse verengte Pädagogik. Unter Erziehung werden Handlungen einer autorisierten Person („Erziehungsberechtigte/r") verstanden, die auf eine abhängige Person (in einer älteren Terminologie vielfach als Zögling bezeichnet) Einfluss nimmt, um diese nach vorgegebenen Zielvorstellungen zu formen. Kurz gefasst, handelt es sich bei der Erziehung um eine intendierte Intervention auf die Subjektgenese. Die Einwirkungen des sozialen Kontexts auf den Prozess des Aufwachsens lassen sich aber nicht auf erzieherische Akte begrenzen. Mit dem Sozialisationskonzept wird diese Perspektive erweitert: Nicht nur das, was Eltern oder Lehrkräfte beim Kind bewirken wollen, beeinflusst die Subjektgenese. Schon durch ihre bloße Anwesenheit und situationsgebundenen Verhaltensweisen üben sie nachhaltig Einfluss aus. Einwirkungen gehen nicht nur von Eltern und Lehrkräften aus, sondern u.a. auch von Peers oder Medien. In dieser erweiterten Perspektive wird die Wirkung des erzieherischen Handelns nicht geleugnet, sondern lediglich systematisch eingeordnet: Erziehung ist eine Unterkategorie der Sozialisation. Mit dem Sozialisationsbegriff wird angezeigt, dass die bloße Analyse des erzieherischen Handelns eine unzulässige Verkürzung wäre. Notwendig sei es vielmehr, die Gesamtheit der Umwelteinflüsse einzubeziehen.

Ebenso wendet sich das Sozialisationskonzept gegen eine biologistisch argumentierende Humanwissenschaft. Verworfen wird die Auffassung, dass die Subjektgenese allein oder überwiegend das Ergebnis von genetisch fixierten Anlagen und innerorganismisch ablaufenden Reifungsprozessen wäre. Diese Position war in der Psychologie und Pädagogik lange Zeit dominierend und hat in der Gegenwart durch den Boom der Lebenswissenschaft neuen Auftrieb gewonnen. Die Sozialisationsforschung erkennt durchaus, dass organische Voraussetzungen der menschlichen Entwicklung (z.B. körperliches Wachstum, physiologische Gehirnaktivitäten) existieren. Gegenüber dem biologischen Determinismus stellt sie jedoch die Wechselwirkung von Anlage und Umwelt heraus. Betont wird, dass die „besten Anlagen“ ohne einen förderlichen sozialen Kontext nicht zur Entfaltung kommen können.

Erschütternde und zugleich eindrucksvolle Belege hierfür liefern sog. Wolfskinder, das heißt Kinder, die in jungen Jahren isoliert von Menschen aufgewachsen sind. In den 1920er Jahren berichtete z.B. der katholische, aus Indien stammende Missionar Joseph Amrito Lal Singh in einem Tagebuch (dt. 1964) von zwei Mädchen, die er in einem Dschungel, westlich von Kalkutta („Midnapore“), tatsächlich bei Wölfen aufgefunden hat. Die beiden ca. acht- und zweijährigen Mädchen – Kamala und Amala genannt – waren stumm, gingen ständig auf allen Vieren, ernährten sich fast ausschließlich von rohem Fleisch, aßen nur vom Boden und wollten sich nicht waschen lassen. Der Geistliche versuchte, die beiden Mädchen behutsam an ein Leben unter Menschen zu gewöhnen. Amala, das jüngere der beiden Mädchen, starb sehr bald. Kamala lernte nach und nach aufrecht zu gehen, Kleider zu tragen, Mischkost zu essen und einige Wörter zu sprechen. Aber auch sie ist nach wenigen Jahren gestorben.

Ähnliche Defizite ergeben sich auch dann, wenn Neugeborene unter Bedingungen einer starken Vernachlässigung aufwachsen müssen. Dies zeigt z.B. der Bericht von Anna, die als uneheliches und unerwünschtes Kind geboren wurde (vgl. Davis 1949). Anna wurde von ihrer Mutter in ein fensterloses Zimmer auf dem Dachbo-

den eingesperrt und die mütterliche „Zuwendung" beschränkte sich weitgehend darauf, der Tochter Milch zum Überleben zu geben. Als das Kind nach fünf Jahren entdeckt wurde, konnte es nicht laufen, nicht reden, nicht selbst essen und nicht einmal kauen. Die völlig apathische Anna lachte oder weinte auch nie. Dass selbst eine angemessene Versorgung der Kinder nicht ausreicht, zeigen die bekannten Studien von René Spitz (1992). Obwohl die Säuglinge in Waisenhäusern gut genährt, regelmäßig gebadet, ihre Windeln gewechselt wurden und saubere Betten und Zimmer hatten, waren die meisten Kinder nach einem Jahr geistig zurückgeblieben. Auch sie lachten oder weinten fast nie und zeigten keine Ansätze, sprechen zu lernen.
Diese Beispiele machen deutlich, dass ein neugeborenes Kind in seiner Entwicklung auf soziale Unterstützungsstrukturen angewiesen ist. Dabei reicht eine bloße physische Pflege nicht aus; Kinder brauchen eine liebevolle Zuwendung von Erwachsenen und Kommunikation mit ihnen. Dieses frühe Angewiesensein auf andere Personen ist ein Alleinstellungsmerkmal des Menschen unter den Lebewesen. Weil wesentliche Reifungsprozesse in einem sozialen Kontext eingebettet sind, werden Menschen zu Lernwesen. Anders als Tiere verfügt der Mensch nur über eine geringe instinktive Absicherung seines Verhaltens und Anpassung an eine ihm artgemäße Umwelt. Beim Menschen tritt – in den Worten von Helmuth Plessner (2003: 29) – an die Stelle der „Erbmotorik" eine „Erwerbsmotorik" und damit eine „auch nicht von den uns nächstverwandten Anthropoiden erreichte Variabilität und Nuancierungsfülle". Zwar besitzen ebenso Tiere nicht alle Fähigkeiten von Geburt an; auch sie müssen lernen, aber bei ihnen ist festgelegt, was sie und gleichfalls wie sie lernen müssen. Durch ihre Instinkte sind sie auf eine bestimmte Lebensweise und damit zugleich auf bestimmte Lerninhalte gleichermaßen spezialisiert wie begrenzt.
In ihrer Instinktausstattung sind Menschen im Vergleich zu Tieren „Mängelwesen" (vgl. Gehlen 1966). Diese „defizitäre" biologische Ausstattung eröffnet dem Menschen eine große Weltoffenheit und hohe Plastizität. Sie „zwingt" ihn zugleich zum Handeln und zur Kulturschöpfung. Was ihre Natur nicht vorgibt, muss von den Menschen als Kollektiv hervorgebracht und von den neuen Mitgliedern angeeignet werden. An die Stelle der Instinkte treten beim Menschen Institutionen. Um angesichts einer unendlichen Vielfalt von Möglichkeiten nicht überrollt zu werden, sind die Menschen herausgefordert, habitualisierte Handlungsmuster, die eine Entlastung bieten und als Orientierung dienen können, zu entwickeln, zu speichern und zu tradieren. Verhaltenssicherheit durch Institutionen ist dabei allerdings immer nur relativ erreichbar. Gerade weil die Menschen Mängelwesen sind und soziale Unterstützungsstrukturen brauchen, wird die Kultur zur „natürlichen" Lebensbedingung. „Kultur ist daher ein anthropo-biologischer Begriff, der Mensch von Natur ein Kulturwesen" (ebd.: 80).
Aber nicht nur die Individuen bedürfen dieser sozialen Kultur der Entwicklung, die wir Sozialisation nennen, auch die Gesellschaft ist darauf angewiesen. Jede Gesellschaft steht immerfort vor der Aufgabe, die angehäuften Wissenssysteme einschließ-

lich der geltenden Werte und Normen an die nächste Generation weiterzugeben, nur so kann der Fortbestand von Gesellschaft und Kultur gesichert werden. Dies hat als Erster mit großem Nachdruck der französische Soziologe Emile Durkheim (1858-1917) aufgezeigt. Ausgehend von der zentralen Frage, wie soziale Ordnung möglich ist, hat Durkheim sowohl die von Thomas Hobbes stammende Lösung, sie von einer äußeren Zwangsinstanz aufrechtzuerhalten, ebenso verworfen, wie die utilitaristische Lösung, wonach die Ordnung aus dem individuellen Streben nach Nutzenmaximierung unmittelbar resultiere.

Durkheim bindet stattdessen den Fortbestand und die Aufrechterhaltung sozialer Ordnung an die Sozialisation: Die Individuen müssen sich die den Zusammenhalt stiftenden und den Bestand sichernden sozialen Zwänge aneignen. Nur wenn dies in einem ausreichenden Maße gelingt, ist eine soziale Ordnung möglich. Im Mittelpunkt steht für Durkheim der nur schwer ins Deutsche übersetzbare Begriff der „conscience collective“. Der Begriff ist mit „Kollektivbewusstsein“ nur unzureichend übersetzt, angemessener wäre es nach Dieter Geulen (2005: 39) von gemeinschaftlichem Gewissen zu sprechen. „Conscience collective“ ist

> „der Inbegriff aller einer Gruppe bzw. Gesellschaft gemeinsamen, von jedem ihrer Mitglieder verinnerlichten Werte, Verhaltensnormen, Wissensgehalte und allgemeineren Meinungsströmungen. Die Inhalte der conscience collective, insbesondere soziale Normen, erscheinen dem Individuum als ihm äußere ‚Tatsachen‘ (faits sociaux), die mit dem Charakter des Obligatorischen, einem eigenartigen moralischen Zwang, auf es einwirken.“ (ebd.)

Für die Kontinuität der Gesellschaft besteht eine Notwendigkeit, dass die kulturellen Vorgaben von den Individuen verinnerlicht und somit zur Grundlage des eigenen Handelns, Denkens und Fühlens gemacht werden.

Durkheim kann in diesem Kontext als zentraler Klassiker der Sozialisationstheorie angesehen werden. Er hat grundlegende Zugänge zum Spannungsverhältnis von Individuum und Gesellschaft entwickelt und bereits die Frage gestellt, wie das Individuum angesichts seiner Vergesellschaftung Autonomie und Individualität gewinnen kann. In einer Gesellschaftsstruktur, die aus abgeschlossenen lokalen Gruppen besteht und in der Sozialleben einer umfassenden sozialen Kontrolle unterliegt („mechanische Solidarität“), ist die conscience collective stark und repressiv. Anders verhält es sich in modernen Gesellschaften, die sich durch eine hohe soziale Arbeitsteilung auszeichnen. Die vorherrschende Solidarität gewinnt hier notwendig einen „organischen“ Charakter. Diese bindet die Individuen nicht unmittelbar an die Gesellschaft, sondern integriert sie über „spezialisierte Tätigkeitsbereiche, die untereinander ein Netz wechselseitiger Abhängigkeiten bilden“ (Müller/Schmidt 1988: 493). Die wachsende funktionale Differenzierung schafft damit zugleich den Raum für Autonomie und Individualität. Damit war bei Durkheim schon jene sozialisationstheoretische Vermittlungsperspektive angelegt, die auch einhundert Jahre später weiter in den sozialisationstheoretischen Diskussionen aufscheint.

Emile Durkheim (1858-1917)

lehrte zuerst in Bordeaux und ab 1902 an der Sorbonne in Paris, zunächst als Lehrbeauftragter und später als Professur für Pädagogik bzw. Pädagogik und Soziologie. Er hat nachhaltig die Soziologie als empirische Wissenschaft geschaffen. In seinem Werk „Regeln der soziologischen Methode" bestimmte er soziologische Tatbestände als Gegenstand und stellte das Postulat auf, dass diese wie Dinge zu betrachten sind, als Gegebenheit, die dem Handelnden widerfahren. Damit setzte er sich ab von der ideologischen Betrachtung der Welt und plädierte für die Beobachtung, Beschreibung und vergleichende Analyse der empirisch vorfindbaren Wirklichkeit. Den Übergang von einer vorwissenschaftlichen Erfahrung hin zur wissenschaftlichen Analyse beschrieb er unter anderem am Beispiel der Erziehung in einem aufsteigenden Vier-Schichten-Modell: Von der tradierten, überlieferten Erziehungspraxis zur bewusst geübten Erziehungskunst und weiter zur praktischen Theorie der Erziehung – die noch sehr ideologieanfällig ist –, schließlich hin zur Erziehungswissenschaft, welche sich die vorgängigen Erfahrungs- und Praxisschichten zum nun theoretisch transformierten Gegenstand macht. Die Wissenschaft lässt uns also die Wirklichkeit anders betrachten, als sie uns alltäglich erscheint.

In diesem methodologischen Grundverständnis begreift Durkheim Gesellschaft zwar als von handelnden Individuen erzeugt, aber gleichzeitig sich gegenüber diesen Individuen verselbstständigend, von einer überindividuellen Struktur von Normen und Institutionen geprägt. Diese Struktur und der über sie vermittelte Zusammenhalt moderner Gesellschaften sind über die soziale Arbeitsteilung vermittelt. Durkheim erkannte die Arbeitsteilung als Voraussetzung und Medium der strukturellen Entwicklung von Gesellschaften und deren innerer Integration. Mit der steigenden sozialen Ausdifferenzierung der modernen Industriegesellschaft wächst die soziale Dichte (das heißt, die Menschen sind sozial mehr aufeinander angewiesen als früher) und damit auch die historische Notwendigkeit, Muster sozialer Integration und kollektiver Moral herzustellen und durchzusetzen (moralische Dichte). Diese gesellschaftlich formulierte, kollektive Moral des Aufeinanderangewiesenseins bezeichnet Durkheim als „organische Solidarität" analog der funktionellen Differenzierung und Integration des menschlichen Organismus.

Weiterführende Literatur

Durkheim, Emile (1968): *Die Regeln der soziologischen Methode.* Orig. 1893. Berlin/Neuwied: Luchterhand.

Durkheim, Emile (1988): *Über soziale Arbeitsteilung.* Orig. 1897. Frankfurt/Main: Suhrkamp.

Müller, Hans-Peter (1999): Émile Durkheim. In: Dirk Kaesler (Hrsg.): *Klassiker der Soziologie. B 1,* 151-171. München: Beck.

Für eine angemessene Fortschreibung des Sozialisationskonzeptes ist es notwendig, die tief greifenden Veränderungen zu thematisieren, denen die Gegenwartsgesellschaft unterworfen ist. Vielfach ist dieser Wandel durch die Gegenüberstellung einer ersten und zweiten Moderne erfasst und beschreiben (ausführlicher hierzu Kap. B 1.3.3). Dieser massive Gesellschaftswandel hat auch unmittelbare Auswirkungen auf das Sozialisationskonzept (vgl. auch Böhnisch/Lenz/Schröer 2009). Die Sozialisationskonzepte der ersten Moderne waren primär auf bestimmte typische

Verläufe, Entwicklungsachsen und zentrale Entwicklungsbereiche in der Formung von Persönlichkeit, der biografischen Erfahrung, in der Auseinandersetzung mit der sozialen Umwelt und mit sich selbst ausgerichtet. Die Hinführung zur schließlich erreichten Erwerbsarbeit sowie die Entberuflichung bildeten eine solche Achse sowie die Aufschichtung der Lebensalter und ihre unterschiedliche funktionelle Zuordnung eine zweite. Sozialisationskonzepte der ersten Moderne kreisen entsprechend in der Regel um das Bild eines sich linear entwickelnden Lebenslaufs: Kindheit, Jugend, Erwachsenenalter und Alter werden als strukturierende Lebensphasen betrachtet und auf institutionalisierte Bildungs- und (Erwerbs-)Arbeitserwartungen bezogen. Dabei stellt die duale Struktur von Produktion und Reproduktion, von Beruf und Familie eine Verbindungslinie dar, um die sich geschlechtstypische biografische Zuordnungen gruppieren. In diesem Zusammenhang dominierten – nicht nur im anwendungsorientierten sozialwissenschaftlichen Sprachgebrauch – Konstruktionen von „gelungenen" Sozialisationsprozessen und „typischen" Biografieverläufen. In diese sind dann auch die „Entwicklungsaufgaben" eingebunden, die in bestimmten Lebensphasen zu absolvieren sind. Davon abweichendes und sich biografisch entsprechend verfestigendes Verhalten wird in der Begrifflichkeit von *Devianz* und *devianter Sozialisation* thematisiert. So hat sich in der ersten Moderne gleichsam ein sozialisationstheoretischer Dualismus von Normalität und Abweichung entwickelt.

Diese Verläufe und Entwicklungsbereiche sind in der zweiten Moderne in ihren Grenzziehungen nicht mehr so eindeutig bestimmbar. Entwicklungsaufgaben müssen die Entgrenzungsdynamiken der zweiten Moderne einbeziehen: Etablierte Strukturen lösen sich auf oder vermischen sich mit neuen, Grenzen verschwimmen, neue erschließen sich. Lineare Sozialisationsmuster verlieren damit an Selbstverständlichkeit, Lebensläufe mit Brüchen und Umwegen sind zahlreicher geworden. Statt stabiler Identitäten werden „zeitlich befristete Identifikationen" aufgebaut und verlangt (Junge 2004: 391). Die immer wieder herausgeforderte und erstrebte flexible *biografische Handlungsfähigkeit* des Subjekts wird nun in den Sozialisationsdiskursen dominanter als das früher zentrale Paradigma der Identität.

Eng verbunden mit dem Sozialisationsbegriff sind die Begriffe des *Lernens* und der *Bildung*, die vor allem in der Pädagogik beheimatet sind. Lernen ist, soziologisch gesehen, eine Vermittlungskategorie, die sowohl als Medium der Persönlichkeitsentwicklung als auch der gesellschaftlichen Integration wirkt. Lernen ist in der Moderne auf zweierlei Weise institutionalisiert: Zum einen in den Lebensaltern Kindheit und Jugend, zum zweiten in entsprechenden Bildungsorganisationen, vornehmlich der Schule. Das auch anderswo gelernt wird – an unterschiedlichen außerschulischen Lernorten – ist in den Bildungsdiskussionen der letzten Jahrzehnte immer wieder thematisiert worden (vgl. Wiesner/Wolter 2005). Das formelle, durch Zertifikate ausgewiesene Lernen in den schulischen Organisationen wird aber bis heute als vorrangig im Ensemble der Lernorte und ausschlaggebend für die soziale Platzierung im Lebenslauf gesehen. Ebenso gelten das mittlere Kindes- und das Jugendalter als die

Lebensphasen, in denen dieses institutionalisierte Lernen hauptsächlich stattfindet und die dadurch geprägt sind. In der Geschichte der Pädagogik wird in diesem Sinne von der „Erfindung der Jugend“ als einer der zentralen Erfindungen der Moderne gesprochen (ausführlicher hierzu Kap. D 2.2). Damit ist gemeint, dass erstmals in der Geschichte die Gesamtheit einer Altersgruppe zum Zweck des Lernens aus der Gesellschaft ausgegliedert wurde, um später – nun auf höherer Qualifikationsstufe – wieder in die Gesellschaft eingegliedert zu werden. „Integration durch Separation“ lautet die entsprechende Jugendformel in der industriellen Gesellschaft, die in das gesellschaftlich gewährte Bildungsmoratorium eingelassen ist. Inzwischen stellt aber das Jugendalter nicht mehr den allein entscheidenden Kristallisationspunkt des Lernens im Lebenslauf dar (ausführlicher hierzu Kap. D 2.3.2). Es soll nun „lebenslang“ gelernt werden, von der Geburt bis „zur Bahre“ (vgl. Hof 2013). Zum anderen gewinnen die nicht institutionalisierten, nonformalen sowie informellen Lernorte eine strategische Bedeutung für die Erlangung biografischer Handlungsfähigkeit im durch Arbeit strukturierten Lebenslauf. Lernen in diesem nun alltagsganzheitlich den Lebenslauf umfassenden Sinne hat nicht mehr nur der beruflichen Qualifikation zu dienen, sondern zielt auf „Lebenskompetenzen“ und damit auf immer wieder neu anzustrebende biografische Handlungsfähigkeit ab.
Die Tragweite dieser Entgrenzung des Lernens ist aber mit den beiden Tendenzen noch nicht hinreichend erfasst. Denn die Perspektive des Lernens erhält in unserer Gesellschaft erst durch den *Bildungsbegriff* ihren vermittelnden Charakter. Stehen im Konstrukt des Lernens noch deutlich die Erwartungen der (Arbeits-)Gesellschaft an die Anpassungsleistungen der Individuen im Vordergrund, so hebt der Bildungsbegriff genauso die subjektive Seite der Ausprägung einer sich selbst verantwortlichen Individualität, einer tendenziell autonomen Persönlichkeit in einer dieser Autonomie fördernden Gesellschaft hervor. Insofern geht es bei der Diskussion um die Entgrenzung des Lernens und die damit verbundenen Folgen für den Sozialisationsprozess auf der lebensweltlichen Ebene nicht nur um das Verfließen der Grenzen zwischen formellen und informellen Lernorten und zwischen den Lebensaltern. Vielmehr ist zu konstatieren, dass ein neuer Vergesellschaftungstyp von Bildung entstanden ist. An den räumlich und zeitlich entgrenzten, neuen Formen des Lernens lässt sich ablesen, dass sich ein postmoderner Sozialisationstyp, ausgerichtet auf ökonomisch-technologische Lernaufforderungen, entwickelt hat, der auch in die *lebensweltliche* Sphäre eindringt. Damit scheint der traditionelle Bildungsbegriff, der auf die Autonomie des Subjekts abzielt, keineswegs verdrängt, sondern eher vereinnahmt. Denn dem Individuum wird im Programm des neuen Sozialisationstyps eine hohe Autonomie als „producer of his own biography“ versprochen, indem er als selbstorganisierter Anbieter von Humankapital definiert wird. Auf der strukturellen Ebene führt das zu einer deutlichen Verlagerung der sozialisatorischen Gewichte im Subjekt-Gesellschaft-Verhältnis, indem die Autonomie des Individuums nun nicht mehr von seinem eigensinnigen Menschsein her, sondern in seiner Fähigkeit zur

anpassungsorientierten „Selbstorganisation" gesehen wird. Dem Individuum wird darin eine hohe Autonomie versprochen, die aber gleichzeitig mit einer optimalen, ökonomisch-technologischen Verwertbarkeit zusammengehen soll.

In dem Maße, in dem der nun technologisch vorangetriebene und globalisierte Kapitalismus nicht mehr auf massenhaftes wie nationalgesellschaftlich begrenztes Humankapital angewiesen ist, droht sich das bisher als interdependent betrachtete Verhältnis von persönlichkeitsbezogener Bildung, bewertungsorientiertem Wissen und politisch gesellschaftlicher Beteiligung aufzulösen. Es wird von einem „Bruch zwischen Bildung und Wissen" (Wimmer 2002) gesprochen. Wissen wird dadurch immer mehr aus seinem subjektbezogenen Rahmen herausgelöst. Die neokapitalistisch gepolte Gesellschaft hat nicht mehr die Bildbarkeit des Menschen, sondern seine Lernfähigkeit, Träger und Optimierer der Ressource Wissen zu sein, im Blick. Das flexible Subjekt, das wechselnden Anpassungszwängen ohne Widerstand folgt, und nicht mehr der autonome und damit in sich widerständige Mensch prägt die Sozialisationsweise der zweiten Moderne.

Im bisherigen Bildungsverständnis wurde immer davon ausgegangen, dass eine sinnhafte Vermittlung von gesellschaftlich-systemischen und lebensweltlichen Entwicklungen gegeben ist und sich darin das Subjekt seiner selbst lebensweltlich sicher sein kann. Diese lebensweltliche Sicherheit ist nun nicht mehr als Voraussetzung haltbar. Man geht zwar in den neueren Bildungsdiskursen auch weiter von Subjektivität aus, verständigt sich aber nicht darüber, inwieweit dem Subjekt seine Subjektivität angesichts dieser marktförmigen Vereinnahmung überhaupt noch verfügbar ist. Gerade mit der Entkoppelung von systemischen und lebensweltlichen Entwicklungen und der Infragestellung des lebensweltlich Gewohnten spüren die Einzelnen die Begrenztheit wie das Ausgeliefertsein ihrer Subjektivität. Dies beeinträchtigt die sozialbiografische Handlungsfähigkeit der Individuen. So werden Bildungsprozesse unter der Hand zu Bewältigungsprozessen. Im neuen Bildungsdiskurs wird aber – in der Perspektive des lebenslangen Lernens – übersehen, dass sich die Lebensläufe entgrenzt haben und somit offene und riskante Übergangskonstellationen freigesetzt werden, die bewältigt werden müssen. Der psychosoziale Druck, biografische Brüche und Entwertungen durchstehen zu müssen und gleichzeitig Neu- und Umqualifikationen ausgesetzt zu sein, steht meist nebeneinander und wird selten bildungspolitisch aufeinander bezogen.

Texte zum Weiterlesen

Geulen, Dieter (2005): *Subjektorientierte Sozialisationstheorie.* Weinheim und München: Juventa.

Hurrelmann, Klaus, Matthias Grundmann, Sabine Walper (Hrsg.) (2008): *Handbuch Sozialisationsforschung.* 7. überarb. Auflage, Weinheim und Basel: Beltz.

Böhnisch, Lothar, Karl Lenz, Wolfgang Schröer (2009): *Sozialisation und Bewältigung. Eine Einführung in die Sozialisationstheorie der zweiten Moderne.* Weinheim: Juventa.

1.1.2 Rolle (Position) Identität Person

Für die Pädagogik stand lange Zeit das zu formende und zu bildende Subjekt im Vordergrund, das weitgehend unabhängig vom sozialen Kontext gedacht wurde. Für die Soziologie dagegen ist das Subjekt immer an den sozialen Kontext gebunden. Hierfür steht eine Reihe von Begriffen zur Verfügung, die im Weiteren eingeführt werden sollen.

Längst in unser Alltagswissen eingegangen ist der soziologische Begriff der Rolle. Rolle ist ein soziologisches Basiskonzept, von dem aus sowohl die erzieherischen Interaktionen als auch die Erziehung als institutionelle Organisation von Lernprozessen erfasst werden können. Unter Rolle im soziologischen Sinne versteht man ein Bündel von Verhaltenserwartungen und -zumutungen, die an den bzw. die Inhaber/in einer bestimmten sozialen Position im Beziehungsgeflecht gerichtet werden. Im Zusammenspiel von sozialen Normen, institutionellen Funktionsdefinitionen und alltäglichen Handlungserfordernissen entstehen Rollen und sind im Alltagsleben mehr oder minder fest verankert. Der Begriff der Rolle leitet sich aus dem antiken Theater ab, bei dem die Schauspieler die Figuren, die sie verkörperten, aus Programmrollen, die sie im Spiel auf der Bühne mit sich trugen, herauslesend darstellten.

Das Rollenko[illegible] in „amerikanischen" wie auch in „europäischen" Ent[illegible] weiterhin prominente Stellung inne. Mit Blick a[illegible] dividuum und Gesellschaft sind rollentheoretisc[illegible] erseits zeigen, wie die Gesellschaft die Individuen [illegible] und institutionell vorgegebene Rollen prägt, andererseits abe[illegible], wie sich die Individuen gegenüber Rollen verhalten, sich mit ihnen auseinandersetzen, sie übernehmen und individuell aneignen. Die erstgenannte Konzeption stammt aus dem Strukturfunktionalismus. Es ist auf amerikanischer Seite vor allem mit Talcott Parsons (1902-1979) und auf europäischer Seite mit Ralf Dahrendorf (1929-2009) verbunden. Die zweite Fassung hat die interpretative Soziologie hervorgebracht und ist mit Namen wie George Herbert Mead (1863-1931), Erving Goffman (1922-1982) und Heinrich Popitz (1925-2002) verknüpft. Seine Blütezeit hatte der Begriff in den 1950er und 1960er Jahren; damals war es auch üblich, von der „Rollentheorie" als einer eigenen soziologischen Theorie zu sprechen. Heute ist der Begriff zwar weiterhin ein fester Bestandteil des soziologischen Repertoires, wird jedoch nicht mehr als Stammhalter einer ganzen Theorie aufgefasst.

Anknüpfend an den Kulturanthropologen Ralph Linton (1893-1953), der die Unterscheidung zwischen Rolle und Status (hier synonym zu Position verwendet) einführte (vgl. Linton 1973), hat Talcott Parsons (1951) in seiner strukturfunktionalistischen Gesellschaftstheorie den Begriff etabliert. Das zentrale Anliegen von Parsons war, das Verhältnis von Gesellschaft und Persönlichkeit vom gesellschaftlichen Standpunkt her zu erfassen: Er fragte nach den Voraussetzungen gesellschaftlicher Stabilität, also danach, wie denn überhaupt Ordnung und Gleichgewicht in einer Gesellschaft möglich sind, wenn diese Gesellschaft aus einer Vielzahl interessengeleiteter Einzelpersonen besteht. Gesellschaft setzt sich für Parsons aus vier Subsystemen zusammen: dem Organismussystem, dem Persönlichkeitssystem, dem sozialen System und dem kulturellen System. Die Individuen sind auf der einen Seite anthropologisch rückgebundene Subjekte mit Trieben und Bedürfnissen („Organismussystem"), gleichzeitig aber soziale Wesen, die nach der Logik sozialer Systeme aufeinander bezogen sind. Der Strukturfunktionalismus behauptet nicht, dass die Persönlichkeit ganz in der Gesellschaft der sozialen Systeme aufgeht, sondern konzentriert sich auf das Eingebundenwerden und -sein. Soziale Rollen sind die Grundelemente sozialer Systeme; über ihre Aneignung wird die Integration des Individuums wie auch die Stabilität des Systems als Ganzes gewährleistet. Möglich wird das durch das kulturelle System, das über Prozesse der Institutionalisierung in das soziale System und durch Internalisierung in die Persönlichkeit einfließt. Beschrieben wird, wie der menschliche Organismus durch den Prozess der Sozialisation zur Persönlichkeit wird. Er wird dies, da er durch sein Handeln in bestimmten Situationen die allgemeinen Orientierungsmuster („pattern variables") in einem sich immer mehr erweiternden Rollensystem internalisiert. Erreicht wird dadurch eine Übereinstimmung zwischen den kulturell vorgegebenen Wertorientierungen und den individuell vorhandenen Bedürfnisdispositionen.

Der Strukturfunktionalismus ist eine Theorie der Vergesellschaftung des Individuums. Die Muster und Strukturen sozialer Beziehungen werden zum Ergebnis eines gesellschaftlichen Integrationsprozesses, für den die tendenzielle Übereinstimmung von gesellschaftlichen Werten und Normen und individueller Handlungsorientierung im Prozess der Internalisierung vorausgesetzt ist:

> „Es genügt nicht, dass das durchschnittliche Individuum der moralischen Autorität einer Norm bloß ‚zustimmen' sollte. (...) Die Normen und die entsprechenden moralischen Gefühle müssen in die Struktur einer integrierten Persönlichkeit eingebaut werden." (Parsons 1986: 179)

Keinesfalls darf hier aber der Eindruck entstehen, dass die Menschen für sich alle gleiche Werte und Normen verfolgen und in ihrer Handlungsorientierung von vornherein konform sein müssen:

> „Der zentrale Verbindungspunkt entsteht in einer Reihe gemeinsamer normativer Muster. (...) Das heißt nicht, dass all diese moralischen Standards in jeder Hinsicht gleich sind. (...) Es bedeutet jedoch, dass da, wo ihre Handlungssysteme in Kontakt kommen, Integration besteht." (Parsons 1986: 178)

Für die deutschsprachige Rezeption des strukturfunktionalistischen Rollenkonzeptes hat Ralf Dahrendorf mit seinem erstmals 1958 erschienenen Buch „Homo sociologicus" gesorgt. Anknüpfend an Parsons steht Dahrendorf mit der Figur des Homo Sociologicus, wonach der Mensch „Träger sozial vorgeformter Rollen"

(2006: 133) ist, für eine sehr rigide gesellschaftliche Fixierung des Rollenkonzeptes. Betont wird vor allem der gesellschaftliche Zwangscharakter der Rolle, der ihm innewohnende Aspekt der Entfremdung und die Starrheit der gesellschaftlichen Vorgaben für die Verhaltenserwartungen, die in die Rollenstruktur eingelassen sind. Im Dahrendorfschen Homo Sociologicus ist wenig Platz für Spielräume und Selbsttätigkeit des Subjekts. Das Buch hat die erste große Theoriedebatte der Soziologie in der Nachkriegszeit ausgelöst, in der das vertretene Menschenbild oder Aussagen wie „die ärgerliche Tatsache der Gesellschaft" den Stoff für die Kontroverse bildeten. Dahrendorf hat dazu beigetragen, dass sich in der Folgezeit eine Reihe von begrifflichen Differenzierungen etabliert hat. Von Dahrendorf selbst stammt die Unterscheidung zwischen Muss-, Soll- und Kann-Erwartungen, die an den Positionsinhaber gestellt werden, je nach Grad der Institutionalisierung und Schärfe der Sanktionen. Mit dem Begriff Rollensatz („roleset") wird darauf aufmerksam gemacht, dass an den Inhaber einer Position von unterschiedlichen Bezugsgruppen verschiedene Verhaltenserwartungen vorhanden sein können. Stark verbreitet war auch der Begriff des Rollenkonfliktes, wobei zwischen Intra- und Interrollenkonflikt unterschieden wird. Erster liegt vor, wenn verschiedene Bezugsgruppen an einen Positionsinhaber unvereinbare Erwartungen formulieren. Ein Interrollenkonflikt ist dann gegeben, wenn sich die Erwartungen an verschiedene Positionen, die eine Person innehat, widersprechen.

Erst verspätet begann im deutschsprachigen Raum, zunächst vor allem von Jürgen Habermas (1973) angestoßen, die Rezeption des interaktionistischen Rollenkonzepts. Anders als in der strukturfunktionalistischen Traditionslinie stellen die (symbolisch-)interaktionistischen Ansätze die Analyse des Rollenhandelns von Individuen in Alltagsinteraktionen und die in Interaktionen sich vollziehenden Rollenübernahmen in den Vordergrund. An der herkömmlichen Rollentheorie wurde kritisiert, dass diese die Eigenaktivitäten der Subjekte weitgehend vernachlässige. Rollenhandeln und Rollenübernahme sind im Unterschied dazu immer als ein interpretativer Prozess zu verstehen, in dem Bedeutungen hergestellt und ausgehandelt werden. Wichtige Anregungen für das interaktionistische Rollenkonzept gehen von George Herbert Mead aus. Rollenhandeln ist für Mead ein Prozess der Rollenübernahme („role taking"), worunter die Handlungskompetenz verstanden wird, sich in den anderen hineinzuversetzen, sein Handeln zu antizipieren und in den eigenen Handlungsentwürfen zu berücksichtigen. Im Prozess der Sozialisation erlernt das Kind nach Mead, zunächst die Rolle von signifikanten Anderen und später die Rolle von generalisierten Anderen zu übernehmen (vgl. Krappmann 1985). Ergänzt wurde der Begriff des „role taking" von Ralph H. Turner (2005) durch den Begriff des „role making", um auf die kreativen Momente im Rollenhandeln aufmerksam zu machen. Rollen sind nicht mehr etwas nur von außen Vorgegebenes und Vorfabriziertes, sondern die Individuen sind an ihrer Gestaltung aktiv beteiligt.

George Herbert Mead (1863-1931)

Sohn eines Homiletikprofessors, studierte an der Harvard-Universität; einen Teil seines Studiums absolvierte er in Deutschland (Leipzig und Berlin). Im Jahr 1894 wurde er an die Universität von Chicago gerufen und lehrte dort ununterbrochen fast 40 Jahre. Zu Lebzeiten hatte er kein einziges Buch veröffentlicht. Alle seine vorliegenden Bücher wurden aus seinem Nachlass veröffentlicht. Am bekanntesten ist sein 1934 veröffentlichtes Werk „Mind, Self and Society". Bei diesem Buch handelt es sich um Mitschriften seiner berühmten und äußerst einflussreichen Vorlesungen über Sozialpsychologie, die er seit 1900 an der Chicagoer Universität gehalten hatte.
Der philosophische Hintergrund Meads ist der amerikanische Pragmatismus (vgl. Joas 1980). Die Nähe zum Pragmatismus zeigt sich darin, dass er die Konstitution des Selbst auf den Vollzug des Handelns bezieht. Aus dem Pragmatismus ist auch der Behaviorismus hervorgegangen. Diese einflussreiche Schule der Psychologie hat sich von der Introspektion abgewandt und nur das beobachtbare Verhalten als Gegenstand der Wissenschaft anerkannt. Mead akzeptiert diese Hinwendung zu beobachtbaren Aktivitäten, erweitert diese Position jedoch, indem er auch die „innere Erfahrung des Individuums – die innere Phase (…) dieser Aktivität" (Mead 1968: 46) einbezieht. Um diese Differenz sichtbar zu machen, bezeichnet Mead seinen Ansatz als Sozialbehaviorismus.
Mead vertritt entschieden die These einer sozialen Konstitution von Bewusstsein, Identität und Kompetenzen. Die Frage nach der Genese des handlungsfähigen Subjekts wird unmittelbar mit der Untersuchung gesellschaftlicher Organisation und Praxis verbunden. Während Mead in der Blütezeit der Chicagoer Schule der Soziologie keine maßgebliche Rolle spielte, wurde er über die Vermittlung von Herbert Blumer für den Symbolischen Interaktionismus, der sich vor allem in den 1950er Jahren in Chicago herausbildete, zu einem Klassiker.

Weiterführende Literatur

Mead, George H. (1968): *Geist, Identität, Gesellschaft.* Orig. 1934. Frankfurt/Main: Suhrkamp.
Wenzel, Harald (1990): *George Herbert Mead zur Einführung.* Hamburg: Junius.
Joas, Hans (1989): *Praktische Intersubjektivität. Die Entwicklung des Werkes von G. H. Mead.* Frankfurt/Main: Suhrkamp.

Einen wichtigen Beitrag zum interaktionistischen Rollenkonzept hat ebenso Erving Goffman geleistet, auch wenn es eine starke Verengung wäre – wie es Dahrendorf im Vorwort zu Goffmans Buch „Wir alle spielen Theater" getan hat – ihn zu einem Rollentheoretiker zu machen (vgl. Lenz 1991a). Dennoch nimmt das Rollenkonzept in seinem Forschungsprogramm der Interaction Order eine prominente Rolle ein (vgl. Raab 2008). Grundlegend für ihn ist die Unterscheidung zwischen Person und Rolle. Als „Person" bezeichnet er „the subject of biography" und als „Rolle" die „specialized capacity or function" (vgl. 1974: 129). Wie Goffman an anderer Stelle deutlich machte, stehen für ihn nicht die normativen Verhaltenserwartungen im Zentrum, sondern das tatsächliche Rollenverhalten. Mit dem Begriff der Rollendistanz möchte Goffman zeigen, dass die Abweichung von normativen Verhaltenserwartungen „ein Teil (aber natürlich nur ein Teil) der typischen Rolle"

(Goffman 1973: 130) ist. Er führt das Rollendistanz-Konzept am Beispiel eines Jungen auf einem Karussellpferd ein: Ein fünfjähriger Junge zeigt Distanz zu der ihm zugemuteten Rolle.

> „Das Bild seiner selbst, das für ihn durch die Routine als Folge seiner bloßen Teilnahme erzeugt wird – sein faktisches Selbst in dem Kontext –, ist ein Bild, von dem er sich offensichtlich zurückzieht, indem er die Situation aktiv beeinflusst. Ob dieses ausgelassene Verhalten beabsichtigt oder unbeabsichtigt, echt oder ‚gespielt' ist, richtig eingeschätzt von anderen Anwesenden oder nicht – es stellt einen Keil zwischen dem Individuum und seiner Rolle, zwischen Tun und Sein dar. Diese ‚effektiv' ausgedrückte, zugespitzte Trennung zwischen dem Individuum und seiner mutmaßlichen Rolle werde ich ‚Rollendistanz' nennen." (Goffman 1973: 121)

Die Ausübung „schöpferische(r) Akte der Distanzierung" schafft einen Gestaltungsspielraum und ein Gegengewicht gegen starre Rollenvorgaben. Diese aktive Ausgestaltung von Rollendistanz ist – wie Jürgen Raab (2008: 73) hervorhebt – zugleich „ein wichtiger Aspekt der Eindrucksmanipulation (impression management)" und „ein zentrales Element in den fortwährend zu erbringenden ‚Techniken der Imagepflege'". Damit ist keine Regel oder Formlosigkeit verbunden, sondern sichtbar wird der „kunstfertige Umgang kompetenter und souveräner Akteure mit auferlegten sozialen Formen". Sehr deutlich wird der enge Zusammenhang von Rolle und Identität, der für die gesamte interaktionistische Traditionslinie besteht: „Die Rolle, die ein Individuum in einem situierten Aktivitätssystem spielt, sagt unvermeidlicherweise etwas darüber aus, welches Bild es von sich selbst und die anderen von ihm machen" (Goffman 1973: 109).

Für das anwendungsorientierte Verhältnis von Pädagogik und Soziologie lassen sich die strukturfunktionalen und interaktionistischen Ansätze gewinnbringend aufeinander beziehen. Aus gesellschaftlicher Sicht ist Sozialisation ein biografischer Vorgang des sukzessiven Hineinwachsens, der zunehmend erweiterten Übernahme von Rollen: Kinderrolle, Schülerrolle, Ausbildungs- und Berufsrolle, Mitgliedsrollen in Vereinen, Verbänden etc. Aus der Perspektive des Subjekts hingegen stellt sich diese Rollenübernahme als Aneignung der Rollen, die sich in diesem Aneignungsprozess erst entwickeln und formen kann, dar. Rollenaneignung und Identitätsbildung hängen in diesem Aneignungsprozess also eng zusammen. Dies gilt auch im Fall des interaktionistischen Verständnisses der biografischen Rollenentwicklung: Hier wird auf Verstehens- und Aushandlungsprozesse rekurriert, in denen sich die Menschen in ihrem Rollenverständnis und Rollenhandeln aufeinander beziehen, aber auch in Missverständnisse und Konflikte geraten und gegenseitige Interpretationsleistungen erbringen müssen, um damit jene alltäglichen Sozialprozesse reproduzieren, verstetigen und in Gang halten zu können, welche die Gesellschaft letztendlich tragen. Sozialisation stellt sich hier als rollenstrukturierter Prozess der fortwährenden, psychosozialen Auseinandersetzung mit den anderen und in diesem Kontext auch mit sich selbst dar; vor diesem Sozialisationsrahmen findet auch Erziehung rollenstrukturiert statt. Schon die Erziehung in früher Kindheit kann als geplanter und ungeplanter „Vorgang der Integration natürlicher Substrate in bestehende Rollensysteme" (Habermas 1973: 18) verstanden werden. Im vorschulischen Kindesalter steht das Kinderspiel als besondere lebensaltertypische Form der Rollenübernahme im Mittelpunkt der erzieherischen Bemühungen um das Kind. Die Spannung von Erziehung und Eigenleben (vgl. Böhnisch 2012), in der die Habermassche Definition pädagogisch aufgeht, bildet sich dementsprechend in den beiden unterschiedlichen Hauptakzenten des Rollen*spiels* – Identifikation und Adaption – ab. Die Schule hingegen kann ihre funktionale und universalistische (allgemeine und verallgemeinernde, auf die einzelne Persönlichkeit nicht Rücksicht nehmen könnende) Ausrichtung bei den Kindern und Jugendlichen nur durchsetzen, wenn sie diese – während der Schul- und Unterrichtszeit – auf die strikte Übernahme von Schülerrollen (und komplementär die Lehrer/innen auf Lehrerrollen) verpflichtet und zurichtet. Und schließlich ist das Erlernen eines Berufes mit der Einübung (und späteren Übernahme) einer Berufsrolle verbunden, die nicht nur ein funktionales System von Qualifikationen, sondern auch psychosoziale Aspekte von Identität und Selbstwert vermittelt.

Neben der Rolle ist das der *Identität* ein weiteres zentrales Konzept, das in zwei unterschiedlichen thematischen Zusammenhängen verwendet wird: bei der Analyse von Interaktion, auf die wir bereits mit dem interaktionistischen Rollenkonzept eingegangen sind, sowie im Kontext der Sozialisationsforschung.

Im Zusammenhang mit Interaktion verweist Identität auf das grundlegende Problem der Identifikation, die in jeder sozialen Situation von den Akteuren auf der Grundlage des mitgebrachten Erfahrungsvorrats zu leisten ist. Die Akte der Identifikation erstrecken sich nicht nur auf physikalische Objekte, sondern vor allem auf die in einer Situation anwesenden Personen. Nach George J. McCall und Jerry L. Simmons (1974: 84f) ist „das erste ‚Ding', das in jeder Situation identifiziert werden muss, (...) die Person selbst". Nicht nur die Frage nach der eigenen Person stellt sich, sondern es muss immer auch geklärt werden, wer der Andere ist. Wie weit diese Identifikationsprozesse gehen, hängt von der konkreten Handlungssituation ab: Manchmal reicht es aus, wenn ich mich vergewissere, dass von dieser Person keine Gefahr für mich ausgeht. In anderen Fällen ist für die Identifikationsarbeit eine einfache Kategorisierung („Ein typischer Beamter") ausreichend, aber der „Wissensdurst" kann sich auch auf die gesamte Lebensgeschichte erstrecken.

Der Gebrauch des Identitätskonzepts reicht in den Sozialwissenschaften auf William James und Charles H. Cooley zurück. Trotz dieser langen Begriffsgeschichte ist der Gebrauch alles andere als eindeutig. Die Schwierigkeiten mit dem Konzept der Identität beginnen bereits bei der Frage, ob es auf die Innen- oder Außenperspektive oder auf beide Perspektiven festgelegt werden soll. Soll mit dem Begriff bezeichnet werden, wie sich eine Person selbst identifiziert oder wie sie durch andere gesehen wird? Darauf werden unterschiedliche Antworten gegeben. Identität kann als selbstreflexiver Prozess eines Individuums verstanden werden. Hier kann auf George Herbert Mead (1968) verwiesen werden, der betont, dass unser Bewusstsein von uns selbst aus der fortlaufenden Kommunikation zwischen uns und anderen entsteht. Anders als Tiere verfügen Menschen über Gesten und signifikante Symbole. Im Unterschied zu Gesten zeichnen sich signifikante Symbole dadurch aus, dass sie bei der sprechenden und hörenden Person die gleiche Reaktion oder Bedeutung auslösen. Durch den Gebrauch von signifikanten Symbolen wird das Subjekt zur Rollenübernahme befähigt. Es kann sich dadurch in den Anderen hineinversetzen und sich selbst zum Objekt haben. Nach Mead besitzt ein Subjekt Identität, im Originaltext wird der Begriff „self" verwendet, weil und sofern es über diese Fähigkeit verfügt, sich selbst zum Objekt zu machen. Für Mead umfasst die Identität zwei Komponenten: das Me und das I. Das Me ist das reflexive Ich, die Summe der Bilder, die Andere meiner Meinung nach von mir haben. Das I ist das impulsive Ich. Es ist vorsozial, ein konstitutioneller Antriebsüberschuss bildet seine biologische Basis, in ihm kommen sinnliche, körperliche Bedürfnisse zum Ausdruck (vgl. Abels 2006). Mead zeigt auch auf, wie die Identität in der kindlichen Sozialisation erworben wird und schlägt damit eine Brücke zum zweiten thematischen Zusammenhang, der aber von seinen Nachfolger/innen nicht aufgegriffen wird. Kinder kommunizieren zunächst mit einzelnen, z.T. imaginären Personen und schlüpfen in deren Rollen. Mead spricht hier von der Phase des *play*, in der sich die Kinder an sogenannten signifikanten Anderen orientiert ist. Wenn sie dann aber immer mehr in die Gleichaltrigengruppe kommen, reicht es nicht mehr aus, nur einen Partner zu haben, sondern sie müssen sich an Gruppenhaltungen und damit an Rollen orientieren können, auch wenn diese widersprüchlich scheinen. Für Mead ist das die Phase des *game*, in der an die Stelle des signifikanten Anderen der generalisierte Andere tritt (vgl. Krappmann 1985).

Konträr dazu ist die Verwendung des Identitätskonzepts bei Erving Goffman, der die beiden Begriffe der sozialen und persönlichen Identität – was in der Rezeption vielfach übersehen wird – als zwei Formen der Fremddefinition auffasst: „Soziale und persönliche Identität" sind für Goffman (1971: 132) „zuallererst Teil der Interessen und Definitionen anderer Personen hinsichtlich des Individuums, dessen Identität infrage steht". Soziale Identität meint die Bestimmung des Anderen durch soziale Kategorien, persönliche Identität dagegen die Bestimmung durch eine einzigartige Kombination von Eigenschaften. In seiner Präsidentenadresse gebraucht Goffman anstelle von sozialer und persönlicher Identität die Begriffe der kategorialen und individuellen Identifikation (1994: 59). Diese Formen der Identifikation bzw. Identitäten zielen also auf das Erfassen des Selbst durch andere Personen ab, die – wie schon Charles Horton Cooley (1902) mit dem Konzept des „looking-glass self" gezeigt hat – immer auch auf das Bild der Person von sich selbst maßgeblich zurückwirken. Goffman hat die beiden Begriffe soziale und persönliche Identität in seinem Werk „Stigma" eingeführt. In diesem Buch geht es ihm um mögliche Gefährdungen der Identität und den Umgang damit. Den Maßstab hierfür bilden Normalitätsanforderungen an die Identität; sie werden verfehlt, wenn ein Stigma vorliegt bzw. entdeckt wird. Unter Stigma versteht man Attribute, die eine Person diskreditieren, also sie in ihrer Identität beschädigen. Das können körperliche Auffälligkeiten oder auch die soziale Herkunft sein. Die Versuche des Subjekts, mit der sozialen Zuschreibung wegen eines sichtbaren Makels fertig zu werden oder solche Zuschreibungen durch das Verbergen des Makels zu verhindern, nennt Goffman Stigma-Management. Aufgezeigt werden die Strategien der Diskreditierten wie auch die Strategien der Diskreditierbaren. Am Ende des Buches führt Goffman neben der sozialen und persönlichen Identität einen dritten Identitätsbegriff ein, den der Ich-Identität. Er definiert diesen als „das subjektive Empfinden seiner eigenen Situation und seiner eigenen Kontinuität und Eigenart, das ein Individuum allmählich als ein Resultat seiner verschiedenen sozialen Erfahrungen erwirbt" (1971: 132). Im Unterschied zu den ersten beiden bezieht sich dieser Begriff auf die Eigenperspektive.

Aufbauend auf Goffman und Mead hat Lothar Krappmann Anfang der 1970er Jahre sein Balance-Konzepts der Ich-Identität entwickelt, das im deutschsprachigen Raum eine hohe Aufmerksamkeit gefunden hat (hier verwendete Auflage Krappmann 2005). Nach Krappmann hat das Individuum in Interaktionen, um seine Identität zu bewahren, einen schwierigen Balanceakt zu leisten: Es soll unterschiedliche Erwartungen von Seiten seiner Interaktionspartner berücksichtigen und dennoch Konsistenz und Kontinuität behaupten. Diese Identitätsbalance stellt ein strukturelles Erfordernis für die Teilhabe an Kommunikations- und Handlungsprozessen dar und ist nicht ein bloßes Ideal. Obwohl Krappmann – im Unterschied zu Habermas – ausdrücklich und zu Recht betont, dass die Goffmanschen Kategorien der persönlichen und sozialen Identität Definitionen anderer Personen sind, übernimmt er weitgehend die Habermassche Fassung dieser Begriffe wie auch dessen Ergänzung im Begriffsapparat. Persönliche und soziale Identität stellen zwei Dimensionen dar, auf denen das Individuum balancieren muss.

> „Im Falle der ‚social identity' wird verlangt, sich den allgemeinen Erwartungen unterzuordnen, im Falle der ‚personal identity' dagegen, sich von allen anderen zu unterscheiden. Es wird also zugleich gefordert, so zu sein wie alle und so zu sein wie niemand." (Krappmann 2005: 78)

Um diesen Anforderungen gerecht zu werden, wird dem Individuum eine als-ob-Basis des Verhaltens zugestanden. Es wird ihm gestattet, so zu handeln, „als ob" es auf die allgemeinen Erwartungen einginge („phantom normalcy"); dadurch wird es auch möglich, die Anforderung, anders zu sein, zu erfüllen. Und das Individuum verhält sich so, „als ob" es einzigartig wäre („phantom uniqueness") und vernachlässigt dadurch die allgemeinen Erwartungen wiederum nicht völlig.

> „Ein Ausgleich zwischen den divergierenden Erwartungen der Beteiligten muss sowohl in der gleichsam horizontalen Dimension der ‚social identity' und ‚phantom normalcy' als auch in der vertikalen Zeitdimension von ‚personal identity' und ‚phantom uniqueness' erreicht werden, wobei die Balance in jeder der Dimensionen durch die, die in der anderen eingenommen werden muss, mitbestimmt wird. Diese Balance aufrechtzuerhalten, ist die Bedingung für Ich-Identität." (Krappmann 2005: 79)

Krappmanns Begriff der Ich-Identität stimmt nicht mit der Fassung bei Goffman überein. Um die Ich-Identität aufrecht zu erhalten, sind nach Krappmann „identitätsfördernde Fähigkeiten" vonnöten. Dazu zählt er Rollendistanz, Empathie, Frustrationstoleranz und Identitätsdarstellung.
Im zweiten thematischen Zusammenhang, der Sozialisationsforschung, stammt das Identitätskonzept aus der Psychoanalyse. Es ist vor allem Erik H. Erikson (1902-1994) zu nennen, der Schüler von Sigmund Freuds (Lieblings-)Tochter Anna war. Erikson, der sich ausführlich mit ethnologischer Forschung befasste, hat Freuds Modell der psychosexuellen Entwicklung auf die gesamte Lebensspanne erweitert. In jeder der acht Lebensphasen steht ein Grundkonflikt im Mittelpunkt, der positiv bewältigt werden muss. Die zentrale Anforderung der Adoleszenz ist für Erikson der Aufbau einer stabilen Ich-Identität. Durch eine erfolgreiche Bewältigung der Adoleszenz

> „gewinnt der junge Erwachsene das sichere Gefühl innerer und sozialer Kontinuität, das die Brücke bildet zwischen dem, was er als Kind war, und dem, was er nunmehr im Begriff ist zu werden; eine Brücke, die zugleich das Bild, in dem er sich selber wahrnimmt, mit dem Bilde verbindet, unter dem er von seiner Gruppe, seiner Sozietät erkannt wird." (Erikson 1966: 138)

In dieser Theorie wird zugleich ausführlich die von den Jugendlichen zu leistende Biografiearbeit aufgezeigt. Erikson hat die (moderne) Jugendphase als ein „psychosoziales Moratorium" beschrieben, als eine Karenzzeit, in der Verpflichtungen und Bindungen aufgeschoben werden, um die besondere, lebensalterspezifische Aufgabe der Ausbildung einer Ich-Identität bewältigen zu können. Die Identitätsbildung ist für Erikson eine Phase vermehrter Konflikte. Die vor allem von den Eltern übernommenen Identifikationen aus der Kindheit werden aufgegeben bzw. revidiert und die Heranwachsenden sind gezwungen, einen eigenen Platz in der Gesellschaft zu suchen und zu finden. Unmittelbare Folge davon ist eine hohe Verunsicherung und Desorientierung und die permanente Suche nach Verhaltenssicherheiten, die durch den Anschluss an Gemeinschaften und die Übernahme von Ideologien versucht wird zu erlangen. Um einen passenden Platz in der Gesellschaft ausfindig zu machen, wird den Heranwachsenden ein „freies Experimentieren mit Rollen" gestattet und abverlangt. Sie sollen ausprobieren, eigene Erfahrungen zu sammeln, bevor sie sich festlegen und festgelegt werden. Die Gesellschaft stützt diese Experimentierphase durch ein – wie es Erikson nennt – „selektives Gewährenlassen". Die Jugendlichen entsprechen dem durch ihre – nach Erikson – „provokative Verspieltheit" und durch ihre Neigung, vieles und vor allem unterschiedliches erleben und austesten zu wollen. In diesem Verständnis von Erikson ist die Jugendphase eine freigestellte Experimentierphase, die gerade deshalb überreich an Veränderungsdynamik ist.

Der Identitätsbegriff ist zu einer Zeit entwickelt worden, in der von einer stabilen Identitätsformation und Identitätsbalance ausgegangen wurde. Inzwischen hat er sich übereinstimmend dahingehend entwickelt, dass die Identitätsformation in den Gesellschaften der zweiten Moderne eher instabil und in Brüchen verläuft. Dies verweist auf biografische Bewältigungskonstellationen, in denen das Individuum nicht nur seiner Identität in ihrer Fragilität gewahr wird, sondern sie auch immer wieder neu „herstellen" muss. Für diesen Zusammenhang hat sich der Begriff der „Identitätsarbeit" (vgl. Keupp/Höfer 1997) eingebürgert. Der Begriff geht von einer Bestimmung des Verhältnisses von Subjekt und Gesellschaft aus, in dem die Frage im Vordergrund steht, wie es dem Einzelnen gelingen könne, in einer unübersichtlicher gewordenen, sozialen Welt Identität für sich herzustellen, wie er sich gleichsam aus der sozialen Umwelt das herausnehmen kann, was ihm zu einer für ihn gelungenen Biografie verhilft. Begriffe wie „Bastel-" oder „Patchworkidentität" illustrieren dieses Konzept. Identität – so wird argumentiert – sei nun wechselnd und fließend und lediglich in der Integrität der Biografie, also in der biografischen Bilanzierung des Einzelnen aufeinander bezogen. Aber „die Selbstentwürfe von Einzelpersonen haben einen geringer werdenden Anspruch auf Dauerhaftigkeit und Verbindlichkeit". Identität gelingt heute

> „häufig nur noch als punktuelle, szenische und primär ästhetische Inszenierung von Persönlichkeit. Die Gemeinschaften und die Gesellschaft […] stellen nicht länger Strukturen und Einflüsse bereit, die in Form von Identität […] in den Individuen auffindbar sind." (Liebsch 2002: 79f)

Auch dort, wo der Begriff der Identitätsarbeit gebraucht wird, wird nicht mehr von zu erreichenden Identitäten, sondern von „postmodernen Selbsten" gesprochen (vgl. Keupp/Höfer 1997). Damit tritt nicht mehr so sehr der Identität stabilisierende Kohärenzaspekt, sondern das vom Selbst angetriebene Streben nach Handlungsfähigkeit in den Vordergrund der Analyse. Darin zeigt sich der Sozialisationsprozess als Bewältigungsprozess, der immer wieder neue Gleichgewichte suchen muss und anders verläuft, als das der Identitätsbegriff suggeriert, in dem die Vorstellung einer erreichbaren stabilen Identität enthalten ist. Gesellschaftlich freigesetzt werden solche Bewältigungsdynamiken von dem immer wieder zu berücksichtigenden gesellschaftlich-ökonomischen Regime, das den flexiblen und verfügbaren Menschen fordert, der die sozialen Krisen und biografischen Brüche, die der stetige Strom des Strukturwandels der Arbeitsgesellschaft im digitalen Kapitalismus hervorbringt, individuell bewältigen kann (vgl. Böhnisch/Schröer 2013). Dabei ist es nicht nur die Erosion des Normalarbeitsverhältnisses, welches als Korsett stabiler Identitäten von vielen nicht mehr erreichbar ist, sondern vor allem der im arbeitsgesellschaftlichen Wandel freigesetzte Zwang, über den Lebenslauf hinweg – und nicht nur in der Kindheit und Jugend – zu lernen, sich also biografisch und sozial immer wieder neu und anders verorten zu müssen.

Texte zum Weiterlesen

Krappmann, Lothar (2005): *Soziologische Dimensionen der Identität. Strukturelle Bedingungen für die Teilnahme an Interaktionsprozessen.* 10. Auflage, Orig. 1971. Stuttgart: Klett.

Abels, Heinz (2006): *Identität.* Wiesbaden: VS.

Hettlage, Robert, Ludgera Vogt (2000) (Hrsg.): *Identitäten in der modernen Welt.* Wiesbaden: VS.

▶ Exkurs 1: Schülerrolle und Schülersein

Das strukturfunktionalistische Rollenverständnis finden wir in der Schülerrolle abgebildet: als Bündel von Verhaltenserwartungen und Verhaltenszumutungen, die unabhängig von der Person des Schülers bzw. der Schülerin existieren. Sie sind aus den gesellschaftlichen Funktionserwartungen an die Schule und den Funktionsprinzipien der Schule selbst abgeleitet. Die Schülerrolle (ebenso wie die Lehrerrolle) ist eine Mitgliedsrolle und damit austauschbar, d.h. die Schule ist nicht von einzelnen Schüler/innen abhängig. Die Schülerrolle erscheint zwar oft subjektiv als Zwangsrolle – vor allem bei Schulübergängen, Problembelastungen und in der jugendkulturellen Auseinandersetzung mit der Schule –, wird aber doch sukzessive internalisiert und im Verlauf des Jugendalters mit der persönlichen Lebensperspektive in Einklang gebracht. Der Prozess der Internalisierung findet in Form eines biografischen Arrangements im Dreieck Schule-Schüler/in-Eltern statt. Es ist im Verlaufe der Zeit nicht mehr so sehr der rechtliche Zwang, in die Schule zu gehen, der zur Schulleistung anhält, sondern durchaus die Verschränkung von personal-interaktiver und gesellschaftlicher Integrationsperspektive – also nicht nur im Sinn des Integrationsbegriffs der strukturfunktionalen Rollentheorie, sondern durchaus auch symbolisch-interaktionistisch als Bedeutung für einen selbst. Diese speist sich aus sozialen Erwartungen der Eltern, lebensphasenspezifischer Orientierung an Bildungsabschlüssen, zunehmend lebensdeutlich werdenden Berufszielen und Vergleichsorientierungen zu Gleichaltrigen.

Die Schüler/innen orientieren sich also biografisch eher an der Brauchbarkeit und Verwertbarkeit der Schule für die späteren Berufsperspektiven und Berufschancen. Die Integration hat ergo weniger die kulturelle Werthaftigkeit, welche ihr die funktionalen Rollentheoretiker unterstellen, sondern scheint sich auf eine nutzenorientierte, demnach utilitaristische Perspektive zu verengen. „Damit" – so wird in den 1980er Jahren von Schulforschern beklagt – „wird die Erziehungs- und Bildungsfunktion der Schule immer stärker zurückgedrängt, was zwangsläufig zu Defiziten im pädagogischen Spektrum dieser gesellschaftlichen Organisation führen muss. Die Jugendlichen werden zu einer die Berufs- und Lebenschancen sichernden ‚Optimierungsstrategie' gezwungen" (Hurrelmann/Rosewitz/Wolf 1985: 90). So wird deutlich, dass der funktionalen Integrationsabsicht der Schule eine praktische, biografisch strukturierte Integrationswirklichkeit gegenübersteht. Die Schule, so wie sie gesellschaftlich-funktional angelegt ist, *zwingt* die Schüler/innen zu einem Schulmanagement, was natürlich durchaus neben vielfachen Bewältigungsproblemen soziale Bewältigungskompetenzen mit sich bringen kann, die über das Sich-Durchschlagen und Durchmogeln hinausgehen.

Zu kurz aber kommen die Jugendlichen in ihren lebensaltertypischen Befindlichkeiten und Antrieben, die ihnen eigentlich die klassische Jugendpädagogik mit ihrem Verweis auf die Jugendphase als Moratorium, als gesellschaftlich ausgegliederter Schonraum zum Zweck des Lernens und der personalen Identitätsbildung, zuweisen will. Das Gegenteil indes scheint der Fall zu sein: Die Schule in ihrer vergesellschafteten Rationalität produziert, jugendsoziologisch gesehen, Irrationales. Sie soll den Bildungsraum Jugend schaffen, zieht die Jugend aber sehr früh in den Sog sozialer Zwänge und gesellschaftlicher Ökonomisierung, welche die Schüler dann mit entsprechender Orientierung ebenso zwangsläufig biografisch zu bewältigen versuchen. Die Schule mit dem schulideologischen Anspruch, den *ganzen Menschen* im Schüler bzw. in der Schülerin zu erreichen, setzt in ihrer gesellschaftlichen Praxis aber nur ein *funktionales Segment* des Schülers/der Schülerin frei.

Wie die Rationalität des Pädagogischen – den Jugendlichen zu einer autonomen, selbstbestimmten und selbstständigen Persönlichkeit zu erziehen – in der Organisation Schule in Irrationalität, d.h. in die (gegenteilige) Förderung von Unselbstständigkeit umschlagen kann, hat Walter Hornstein (1990) in einer Bilanzierung der westdeutschen Schülerforschung pointiert herausgearbeitet. Er sieht das von Hurrelmann erhobene Problem der instrumentellen Verengung der Schule aus der biografischen Perspektive der Schüler/innen genauso bestätigt, kann aber darüber hinaus das von Hurrelmann beklagte pädagogische Problem eben als *pädagogische Irrationalität* entschlüsseln:

„Die weitergehende Interpretation geht in folgende Richtung: Es sind vor allem die fehlenden Möglichkeiten für selbstgesteuerte Handlungen im Unterricht, die zum Fehlen der Inhaltsperspektive führen. Dahinter steckt die These, dass im schulischen Leistungssystem derjenige erfolgreich ist, der die Impulse nach eigenen Handlungen im Unterricht möglichst weitgehend unterdrückt und das Bedürfnis nach Kooperation mit den Mitschüler/innen auf Nebenhandlungen oder außerunterrichtliche Aktivitäten abschiebt. Der/die erfolgreiche Schüler/in, so die These, hat gelernt, nicht selbstständiges Handeln im Unterricht selbstständig zu kontrollieren. Die Lehrenden dagegen glauben, dass Erfolge auf rezeptives, fremdgesteuertes Lernen zurückzuführen sind. Dies würde bedeuten, dass Schüler/innen, die diese Leistung nicht erbringen können (nicht selbstständiges Handeln im Unterricht selbstständig kontrollieren!), in der Schule scheitern *müssen,* weil die Aktivitäten, die dann zutage treten, als gegen die Schule gerichtet erscheinen müssen; damit ist Scheitern programmiert" (Hornstein 1990: 65f).

Es sind somit in erster Linie die Schüler/innen selbst, welche die Spannung zwischen der Schülerrolle und dem alltäglichen Schülersein aushalten und bewältigen müssen. Die Schülerrolle bindet die Jugendlichen an die Schule, versucht, ihr Leben in der Schule nach der schulischen Logik zu strukturieren und die sinnlich-emotionale Persönlichkeit und den außerschulischen Alltag außen vor zu halten. Sie schreckt also vor ihrem pädagogischen Bezug, der sich im *Schülersein* und seinem pädagogischen Aufforderungscharakter täglich äußert, zurück. Mit der Orientierung an der Schülerrolle wird aber der alltägliche außerschulische Lebenszusammenhang, wie er in die Schule hineinwirkt, nicht begreifbar. Dass die Schule jeden Morgen verlangt, dass unterschiedliche Schüler/innen *schulfähig* – wach, gefrühstückt, motiviert – antreten und dass sie sich nicht oder wenig darum kümmern, was nach der Schule mit den in der Schule erzwungenen, weil von der Schülerrolle ausgegrenzten Gefühlsstaus und Emotionsaufschüben passiert, entspringt der Logik des funktionalen Schülerrollenverständnisses. Das interaktionistische Rollenverständnis vermittelt uns dagegen eher einen Zugang zu diesem Schule und Alltag durchziehenden Schülersein, zur Befindlichkeit von Schüler/in (und Lehrer/in) und der davon beeinflussten psychosozialen Thematik des pädagogischen Bezugs: Die Schüler und Schülerinnen nehmen eher die Interaktionsperspektive ein, Lehrer und Lehrerinnen wiederum sind oft zwischen Interaktions- und Funktionsbezug hin- und hergerissen. Es kommt bei ihnen also mehr auf die Ausbalancierung beider Perspektiven an. So können wir anhand der Spannung vom Interaktions- und Funktionsaspekt der Schülerrolle zeigen, dass Schulversagen in der Rollenwahrnehmung von den Lehrenden zwangsläufig anders entschlüsselt wird als von den Schüler/innen. Aus Schülersicht stellt sich Schulversagen als Problem der identifikatorischen Bewältigung der Schülerrolle dar, gerade weil sie wenig Platz für Empathie und Distanz und damit für die unmittelbare personale Aneignung zulässt. Für die funktional eingestellten Lehrenden ist es eher ein Motivations- und Begabungsproblem: Die Frage, was den Schüler/innen *fehlt,* damit sie die Schülerrolle übernehmen und ausfüllen können, welche Defizite er demnach hat, steht hier im Vordergrund. Oder, wie es die Reformpädagogik und Sozialpädagogik schon vor fast einhundert Jahren formuliert haben: Im funktionalen Rollenzugang geht es darum, welche Probleme die Schüler/innen machen, in der Interaktionsperspektive hingegen, welche Probleme die Schüler/innen haben. ◀

▶ Exkurs 2: Lehrerrolle und Lehrersein

Die Lehrerrolle ist in starkem Maße unterschiedlichen, ja oft widersprüchlichen Verhaltenserwartungen seitens unterschiedlicher Bezugsgruppen (Eltern, Schulverwaltung, Schüler/innen) ausgesetzt. Die Rollenerwartungen in ihrer Vielfalt und Verschiedenheit kristallisieren sich um bestimmte Funktionen des Lehrerberufs, die wiederum auch nicht so ohne Weiteres miteinander vereinbar sind (vgl. Berner/Isler 2011). Zu nennen sind die Sozialisations- und Vermittlungsfunktion von Kenntnissen, Fähigkeiten und Fertigkeiten, die Begutachter- und Selektionsfunktion sowie die kompensatorisch-edukative Funktion. Diese Funktionen und die damit zusammenhängenden unterschiedlichen Rollenerwartungen kommen in der Berufspraxis des Lehrers bzw. der Lehrerin oft höchst problematisch an und sind (rollen-)erwartungsgemäß nicht erfüllbar. Sind die Funktionen schon nicht in sich konsistent, macht ihre gegenseitige Widersprüchlichkeit den Lehrenden in der Schule noch mehr zu schaffen. Lehrer/innen sollen Selektionsfunktionen im Kontext hoheitlicher und fachlicher Amtlichkeit, ohne Ansehen der Person wahrnehmen und gleichzeitig auch Anwalt des Kindes sein; sie sollen zum Lernen motivieren, setzen aber dennoch immer wieder in ihrer Begutachtungsfunktion Schüler/innen unter Druck. Lehrer/innen wollen ihre Lehrerrolle demokratisch ausfüllen und spüren oft schnell, dass die damit folgerichtig verbundene Bereitschaft zum Sich-Einlassen auf soziale Konflikte von der Organisations- und Rollendefinition der Schule blockiert werden kann.

An diesem komplexen Tableau inkonsistenter und widersprüchlicher Rollenprobleme des Lehrerberufs werden allerdings auch die Grenzen der strukturfunktionalen Rollentheorie deutlich. Von besonderem Interesse ist, wie in dieser möglichen Rollenkomplexität ein pädagogischer Bezug entstehen kann, wie dementsprechend Lehrer/innen diese Rollenkomplexität bewältigen, um in ihr handlungsfähig zu bleiben und welche pädagogischen Gestaltungsmöglichkeiten sie sich in diesem Rollenlabyrinth überhaupt erarbeiten können. Denn würde man diese Rollenanalytik einfach auf die soziale Praxis der Schulpädagogik übertragen, müssten wir nur noch orientierungslose und desolate Lehrende finden. Wir sind also an der sozialen Wirklichkeit des sich dennoch durchsetzenden und gestaltenden Lehrerhandelns interessiert. Diesem Alltagshandeln kommen wir wiederum mit dem interaktionistischen Rollenkonzept näher, das die alltägliche Lehrer/in-Schüler/in-(Eltern-) Beziehung in den Vordergrund der Bestimmung des Rollenhandelns, der Rollenausübung, stellt. Denn Lehrer/innen versuchen, *ihren* Rollenpfad zwischen den funktionalen Rollenanforderungen des Lehrerberufs und den alltäglichen Beziehungsformen der Schulpraxis zu finden. Dieser alltagsbezogene Rollenaspekt – auch wenn Lehrende sich noch so sehr auf die funktionale Fachrolle zurückziehen wollen – ist durch eine besondere Beziehungsstruktur (eben das *Pädagogische*) gekennzeichnet. Die Soziologie erlaubt uns, dieses Pädagogische – jenseits seiner normativen Besetzungen – als Typ sozialer Interaktion zu betrachten. Über diese interaktionistische Dimension eröffnet sich uns auch der Zugang zum Lehrersein, das über die funktionale Lehrerrolle hinaus auf die biografische Persönlichkeit der Lehrenden, seine Generationszugehörigkeit und seinen Alltagszusammenhang (als Vater/Mutter, Single, Vereinsmitglied etc.) verweist. Denn diese Bezüge des *Lehrerseins* gehen – bewusst oder unbewusst – in die Wahrnehmungen und Deutungen, die pädagogischen Stile des Lehrens und der Lehrer/in-Schüler/in-Interaktion ein, können das funktionale Rollenprogramm modifizieren und lebensweltlich vermitteln. Über das interaktionistische Rollenverständnis können wir also einen Zugang zu diesem Lehrersein thematisieren, das über die Rolle hinaus in die Persönlichkeit und den Alltag der Lehrenden sowie in die persönliche Beziehung und den Schulalltag des Lehrer/in-Schüler/in-Verhältnisses hineinreicht. ◄

1.2 Formen der Vergemeinschaftung

Mit Interaktion, persönlichen Beziehungen und sozialen Gruppen bleiben wir auf dem Gebiet der Mikrosoziologie. Gemeinsam ist diesen Grundformen, dass die Akteure in direktem Kontakt zueinander stehen. Unter der ersten Klassikergeneration der Soziologie war es vor allem Georg Simmel, der konsequent das Arbeitsgebiet der Soziologie auf die Mikrosoziologie ausweitete. Indem er als das zentrales Anliegen der Soziologie die Analyse von „mikroskopisch-molekularen Vorgängen" (Simmel 1958: 15) bestimmte, hat er den Weg für die Analyse von Interaktion, persönlichen Beziehungen und Gruppen geebnet und auch selbst wesentliche Beiträge zu diesen Formen geleitet.

Georg Simmel (1858-1918)

galt zu seinen Lebzeiten als akademischer Außenseiter, erst spät erhielt er eine Professur in Straßburg (1914). Die Anerkennung als soziologischer Klassiker wurde ihm erst im letzten Drittel des 20. Jahrhunderts zuteil. Das lag nicht nur daran, dass er in seinem umfangreichen Werk kein eigenes System der Soziologie entwickelt hat, sondern ist vor allem auch dem Umstand zuzuschreiben, dass seine zahlreichen Versuche, soziale Regelmäßigkeiten in Alltagszusammenhängen aufzuzeigen, einer damals sich entwickelnden soziologischen Disziplin, die sich primär makrosoziologisch über gesellschaftliche Systeme und Organisationen verstand, fremd blieben. Simmel hat diese einseitige Ausrichtung der Soziologie auf „große Systeme" und „überindividuelle Organisationen", wie z.B. Staat, Klassen oder Zweckverbänden, auch kritisiert und anhand einer Vielzahl von Themen eine Grundlegung der Mikrosoziologie bewirkt.

Inzwischen ist Simmel als jener Klassiker anerkannt, der den Prozesscharakter sozialer Vorgänge in den Mittelpunkt stellt. Sein soziologischer Grundbegriff ist der der Wechselwirkung bzw. Vergesellschaftung. Für die Bestimmung des Gegenstands der Soziologie führt er die Unterscheidung von Inhalt und Form ein. Die Soziologie ist nach Simmel weniger mit den Inhalten, sondern vor allem mit den Formen der Wechselwirkung bzw. Vergesellschaftung befasst.

Wichtig sind auch seine frühen Beiträge zur Soziologie der Emotionen. Für Simmel steht außer Frage, dass sozialer Zusammenhalt durch Nutzenorientierung und Zwang allein nicht herstellbar und aufrechterhaltbar ist, sondern einer Abstützung durch Emotionen bedarf. Emotionen sind für ihn ein legitimer Forschungsgegenstand der Soziologie, wenn diese wiederum unter der ihr eigenen Perspektive der Wechselwirkungen zwischen Individuen analysiert werden. Der Zusammenhang von Wechselwirkung und Emotion ist dabei ein zweifacher: Emotionen können Wechselwirkungen verursachen, können aber auch durch Wechselwirkungsprozesse verursacht sein. Dabei arbeitet er immer wieder heraus, welche sozialen Konstellationen konstitutiv für das Auftreten einer bestimmten Emotion sind.

Wie an anderen Stellen gezeigt wird, sind seine Arbeiten zu sozialem Konflikt und Raum weiterhin zentral.

Weiterführende Literatur

Bevers, Antonius M. (1985): *Dynamik der Formen bei Georg Simmel.* Berlin: Duncker & Humblot.

Dahme, Heinz-Jürgen (1981): *Soziologie als exakte Wissenschaft. Georg Simmels Ansatz und seine Bedeutung in der gegenwärtigen Soziologie. 2 Bde.* Stuttgart: Enke.

1.2.1 Interaktion

Wenn sich eine Lehrkraft und Schüler/innen im Klassenraum begegnen, haben wir es mit einer Interaktion zu tun. Während in der Soziologie lange Zeit der Interaktionsbegriff synonym zum Begriff der sozialen Wechselwirkung von Georg Simmel (1958), als wechselseitige Einfluss- und Bezugnahme aufeinander, verstanden wurde, hat sich – vor allem angestoßen von Erving Goffman – mittlerweile ein engerer Begriff etabliert. Als *Interaktion* wird die Kopräsenz von zwei oder mehr Personen in einer sozialen Situation bezeichnet. Neben Erving Goffman hat sich Alfred Schütz (2004; orig. 1932) ausführlich mit dieser Vergemeinschaftungsform befasst. Schütz verwendet allerdings nicht den Begriff der Interaktion, sondern als Synonym den Begriff der „Wirbeziehung". Mit Niklas Luhmann gesprochen, der Interaktion neben Organisation und Gesellschaft als eine Systemebene auffasst, schließen Interaktionen „alles ein, was als anwesend behandelt werden kann, und können gegebenenfalls unter Anwesenden darüber entscheiden, was als anwesend zu behandeln ist und was nicht". Das entscheidende Kriterium einer Interaktion ist also die gleichzeitige Anwesenheit mehrerer Personen am selben Ort. Nur wer in einer Situation anwesend ist, gehört der Interaktion oder – in der Sprache der Systemtheorie formuliert – dem Interaktionssystem an; wenn die Anwesenden (wieder) auseinander gehen, endet diese (vgl. auch Geser 1990). Um eine klare Abgrenzung zu dem älteren, weiteren Verständnis anzuzeigen, wird in der Soziologie gelegentlich auch von „unmittelbarer" oder – in Übernahme der englischen Bezeichnung – von „face-to-face-Interaction" gesprochen.

Das zentrale Kriterium der Anwesenheit verweist auf den Problemkreis der Wahrnehmung. Anwesend ist, wer in einer Situation als präsent, schon oder noch präsent wahrgenommen wird. Luhmann (1984: 560) bezeichnet die Wahrnehmung im Vergleich zur Kommunikation als „eine anspruchslosere Form der Informationsgewinnung", da sie keiner Auswahl und Vermittlung bedarf, sie ist zugleich die verbreitete und – evolutionär gesehen – primäre Informationsform. Ebenso ist jede Interaktion immer auch Kommunikation, wie Luhmann im folgenden Zitat in Bezug auf das allseits bekannten Axiom der Nicht-Nicht-Kommunikation von Paul Watzlawick, Janet H. Beavin und Don D. Jackson (1982) zum Ausdruck bringt:

> „Wenn Alter wahrnimmt, dass er wahrgenommen wird und dass auch sein Wahrnehmen des Wahrgenommenwerdens wahrgenommen wird, muss er davon ausgehen, dass sein Verhalten als darauf eingestellt interpretiert wird; es wird dann, ob ihm das passt oder nicht, als Kommunikation aufgefasst, und das zwingt ihn fast unvermeidlich dazu, es auch als Kommunikation zu kontrollieren. (...) Praktisch gilt: dass man in Interaktionssystemen nicht nicht kommunizieren kann, man muss Abwesenheit wählen, wenn man Kommunikation vermeiden will." (Luhmann 1984: 561)

Für die folgende Darstellung der Besonderheiten von Interaktion wird davon ausgegangen, dass die Interaktion nur zwei Personen umfasst, die als A und B bezeichnet werden sollen.

Durch die gemeinsame Anwesenheit in einer raum-zeitlichen Situation begegnen sich die beiden Personen in ihrer Leiblichkeit. Dadurch besitzen sie ein „Maximum an Symptomfülle" voneinander. Nicht nur das, was B seinem Gegenüber absichtlich mitteilt, wird für A verfügbar, sondern auch eine Fülle weiterer Informationen, die an den Körper (z.B. Gesichtsausdruck) bzw. seiner Präsenz in einer Situation (z.B. Ort der Begegnung) gebunden ist. Diese unterschiedliche Zugänglichkeit von A und B in einer Interaktion hat Goffman (1969: 10) als „fundamentale Asymmetrie des Kommunikationsprozesses" bezeichnet. Während die Person A, auf sich be-

zogen, nur über den Kommunikationsstrom verfügt, der aus den Zeichen besteht, die er „gibt", steht der Person B auch der Kommunikationsstrom zur Verfügung, der aus den Zeichen gebildet wird, die A „ausstrahlt". Dadurch ergibt sich auch die „Fähigkeit der Modalisierung von Kommunikation durch parallel laufende Prozesse" (Luhmann 1994). Aussagen können dadurch verstärkt, abgeschwächt oder durch gegenteilige Informationen kontrastiert werden. Dies ist eine ganz wesentliche Basis für Scherze, Takt und Höflichkeit, aber auch für sexuelle Annäherungsversuche oder eine diskrete Form einer Gesprächsbeendigung.
Schütz und – in dieser Tradition stehend – auch Peter L. Berger und Thomas Luckmann betonen, dass in der Interaktion der Andere „lebendiger" und „unmittelbarer" gegeben ist als die Person sich selbst (vgl. auch Berger/Luckmann 1998). Selbstverständlich kennt A sich selbst besser, als die andere Person ihn/sie je kennen kann. Zwar weiß das Ich über die eigene Vergangenheit Bescheid, ist aber in sich selbst

> „niemals (...) in leibhaftiger Gegenwart und in der Fülle seines Jetzt und So ‚gegeben', und zwar deshalb nicht, weil es *in* der Fülle seines Jetzt und So leibhaftig *lebt*, und sich nur abgelaufenen eigenen Erlebnissen zurückschauend zuwenden kann. Hingegen ist das umweltliche Du dem Ich, auch wenn dieses von der fremden Vergangenheit nichts weiß, in der Fülle seines Jetzt und So leibhaftig gegenwärtig." (Schütz 2004: 321)

Der Andere ist unmittelbar präsent und erlebbar. „Was er ist", wird fortlaufend wahrgenommen. Dagegen setzt eine Selbstvergewisserung über die eigenen Person und die eigene Vergangenheit ein Hinhalten, eine Rückbesinnung, voraus. „Will ich mich erfassen, so muss ich einhalten, der fließenden Spontaneität meiner Wahrnehmung Stillstand gebieten und mein Augenmerk absichtlich rückwärts, nämlich zu mir hin richten" (Berger/Luckmann 1998: 32). Diese Besonderheit von Interaktionen hat auch Luhmann (1984: 561) im Blick, wenn er von einer „hohe(n) Komplexität der Informationsaufnahme bei geringer Analyseschärfe" spricht.
Durch die Interaktion besitzen die Personen A und B eine vorübergehend bestehende gemeinsame Welt.

> „Die Umgebung des Ich und die Umgebung des Du, unsere Umgebung also, ist eine einheitliche und gemeinsame. Die Welt des Wir ist nicht etwa meine oder deine Privatwelt, sie ist unsere Welt, die Eine uns gemeinsame intersubjektive Welt, die uns da vorgegeben ist." (Schütz 2004: 323)

Dadurch wird es möglich, mit einer ungleich höheren Sicherheit anzunehmen, dass bestimmte Dinge oder auch Ereignisse in dieser gemeinsamen Welt übereinstimmend wahrgenommen werden. Diese hohe Sicherheit der Gemeinsamkeit eines Informationsbesitzes, wie diffus dieser letztlich auch sein mag, bewirkt – wie Luhmann (1994: 561) formuliert – „geringe Negierfähigkeit und geringe Rechenschaftspflicht". Dadurch wird auch die Möglichkeit der Indexikalität fundiert, auf

die von Seiten der Ethnomethodologie hingewiesen wird (ausführlicher hierzu Kap. B 2.3). Knappe Hinweise reichen aus und auf Explikationen kann in der Regel verzichtet werden. Durch fortlaufenden Austausch ist auch sichergestellt, dass die Übereinstimmung der Deutungsschemata immer wieder überprüfbar ist. Ganz wesentlich trägt dazu bei, dass durch die gemeinsame Anwesenheit eine prinzipielle Befragbarkeit gegeben ist, die sich nicht nur auf die Deutungsschemata bezieht, sondern auf die Selbstinterpretation der Erlebnisse durch den anderen. A's Erfahrungszusammenhänge von B werden dadurch fortlaufend erweitert und bereichert. Die anwesenden Personen können so unmittelbar erfahren, ob „meine Deutung deiner Erlebnisse mit deiner Selbstinterpretation in Einstimmigkeit steht oder von ihr abweicht" (Schütz 2004: 324).
In Interaktionen blickt die Person A nicht nur auf die aufbauenden Phasen der eigenen Erlebnisse, sondern auch auf die der anderen Person. Zugleich weiß sie darüber Bescheid, dass dies auch für den Anderen gilt. Auch die Person B erlebt den Vollzug der einzelnen Handlungsschritte von A unmittelbar mit. Die Kommunikation basiert hier auf einem „sequentiellen Modus der Informationsverarbeitung" (Luhmann 1994: 561). Beide Bewusstseinsströme verlaufen in echter Gleichzeitigkeit; die Akteure „altern" – wie man in Anlehnung an Schütz (2004: 325) formulieren kann „zusammen". Alles, was Person A sagt und tut, steht für Person B nicht nur in einem objektiven Sinnzusammenhang, sondern wird als von A gesagt oder getan aufgefasst und steht damit in einem subjektiven Sinnzusammenhang. Diese Vorgänge werden „nicht reflektierend erfasst, sondern schlicht erlebt". Sie kommen als Einheit in den Blick.

> „In einer Einheit kann das Ich gleichzeitig auf die phasenweise sich aufbauenden Erlebnisse seines eigenen Bewusstseins und auf die phasenweisen Abläufe des Bewusstseins des Du hinsehen und beide Abläufe als einen einzigen erleben, als die des gemeinsamen Wir." (Schütz 2004: 322)

Trotz dieser Gleichzeitigkeit und Nähe erfolgt das Wahrnehmen des Anderen auch in Interaktionen immer mit Hilfe vorgegebener Typisierungen. In jede konkrete Situation bringen die sich begegnenden Personen ihren Wissensvorrat, d.h. also die Sedimentierung vergangener Erfahrungen mit. Dieser Wissensvorrat schließt (1) ein Geflecht von Typisierungen von Personen, ihrer als typisch erachteten Motivationen, Handlungsmuster, Planhierachien usw. ein, (2) ein Wissen um Ausdrucks- und Auslegungsschemata sowie die Kenntnis objektiver Zeichensysteme (Sprache) und darüber hinaus (3) die Vorerfahrungen mit diesem ganz bestimmten Mitmenschen. Im Ablauf der Wirbeziehung werden diese Wissen angewendet, überprüft, modifiziert und durch neue Erfahrungen erweitert. Die mitgebrachten Typisierungen sind in Vis-à-vis-Situationen – diesen Begriff gebrauchen Peter L. Berger und Thomas Luckmann (1998) synomym zu Interaktion und Wirbeziehung – reziprok. A und B nehmen sich gegenseitig mit Hilfe vorgegebener Typisierungen wahr.

> „Seine Typisierungen sind so anfällig für mein Dazwischenkommen wie meine für seines. Mit anderen Worten: Unser beider Bestand an Typisierungen tritt in der Vis-à-vis-Situation in eine fortwährende ‚Verhandlung' ein. Auch für diese Verhandlung hat die Alltagswelt höchstwahrscheinlich eine Schablone bereit beispielsweise bei Käufer und Verkäufer. Meine Kontakte in der Alltagswelt sind demnach fast immer im doppelten Sinne ‚typisch': Ich erfasse den Anderen als Typus und befinde mich mit ihm in einer Kontaktsituation, die ebenfalls typisch ist." (Berger/Luckmann 1998: 34)

Der von Luhmann im obigen Zitat angesprochene Zwang zur Kommunikationskontrolle in Interaktionen bildet ein großes Thema im Forschungsfeld der interaction order von Erving Goffman, insbesondere in seinem ersten Buch, das auf Deutsch unter dem Titel „Wir alle spielen Theater" (orig. 1959 „The Presentation of Self in Everyday Life") erschienen ist. Goffman geht von der Unterscheidung zwischen dem *Selbst als Darsteller (Person)* und dem *dargestellten Selbst* aus (vgl. Lenz 1991a). Die Person ist nicht einfach mit dem Bild, das sie von sich zu erzeugen versucht, gleichzusetzen. Eine jede Person versuche zwar zu überzeugen, dass sie so sei, wie sie erscheine, dies aber auch als Prämisse im wissenschaftlichen Diskurs fortzuschreiben, sei – so Goffman (1969: 231) – „eine schlechte Analyse der Darstellung". Unablässig ist eine jede Person nach Goffman mit der Aufgabe konfrontiert, den anderen ein Bild von sich nahezubringen.

Dass sich die Person selbst darstellt, ist eine von außen an sie herangetragene Erwartung – diese Erwartung besteht, da ein Informationsbedarf für die Eigenorientierung der Akteure vorhanden ist. Das Bild, das sich B von A macht, stützt sich auf das Bild, das A von sich entwirft. Was aber nicht heißt – und nicht heißen kann –, dass dieses einfach übernommen wird. „Stützen" heißt lediglich, dass die Selbstdarstellung die *primäre Informationsquelle* ist. In Interaktionen sind Informationen über die andere Person notwendig, um in unseren Handlungsprojekten fortfahren und diese aufeinander ausrichten zu können. Die Selbstdarstellung ist aber nicht nur eine gegenseitige Serviceleistung, die wir füreinander erbringen, sondern erwächst aus dem Interesse des Individuums selbst, auf die Verhaltensweisen der anderen, insbesondere auf die Anwesenden, Einfluss auszuüben. Dies geschieht, indem sich A in einer Art und Weise zu erkennen gibt, die geeignet erscheint, B's Definition der Situation – die Antwort auf die Frage, was geht hier vor? – zu modellieren und dadurch B zu bestimmten Handlungen zu veranlassen. Indem sich die Person A als hilfsbedürftig darstellt, versucht sie, auf ihr Gegenüber einzuwirken, sie in der Situation als jemanden wahrzunehmen, der Unterstützung braucht. Dadurch „bescheinigt" sie ihrem Gegenüber die Kompetenz zur Hilfeleistung und eröffnet ihm die Chance, sich selbst als jemand darzustellen, der hilfsbereit ist, mit dem Ziel, dass ihr in der gewünschten Weise unter die Arme gegriffen wird. Sicherlich hat ein solcher Versuch keine Erfolgsgarantie; dennoch stellt die Selbstdarstellung ein wichtiges Instrument dar, das Handeln der anderen zu beeinflussen.

Erving Goffman (1922-1982)

als Sohn einer jüdischen Einwanderungsfamilie stammt aus der kanadischen Kleinstadt Manville. Sein Studium absolvierte er zu großen Teilen an der Universität von Chicago, die in den frühen Nachkriegszeiten eine der Hochburgen der amerikanischen Soziologie war. Seine erste Professur bekam er 1958 in Berkeley. Ende der 1960er Jahre wechselte er dann nach Philadelphia. Kurz nachdem Goffman Präsident der American Sociological Association geworden war, verstarb er im Jahr 1982 in Philadelphia. Ohne Zweifel gehört Goffman zu den meist gelesenen Soziologen der zweiten Hälfte des 20. Jahrhunderts.
Das zentrale Thema seiner wissenschaftlichen Arbeit ist das Studium der „interaction order"; er hat Interaktionen als eigenständigen Forschungsbereich in der Soziologie etabliert. In Abkehr von einem weiten Begriff versteht er unter Interaktion die gemeinsame Anwesenheit von zwei oder mehreren Personen in einer sozialen Situation. Interaktionen weisen für Goffman besondere Züge auf, die weder mit Blick auf die Individuen noch auf die Gesellschaft nicht adäquat beschreibbar sind; sie werden von ihm als eine Realität sui generis aufgefasst. Mit dem Begriff der „interaction order" wird zugleich angezeigt, dass es Goffman in der Analyse von Interaktionen vor allem um ihre Regelstrukturen geht. Goffman fragt danach, wie die Ordnung in Interaktionen aufrechterhalten und wiederhergestellt werden kann. Im Vordergrund steht dabei für ihn die rituelle Ordnung. Sie erwächst aus den Erwartungen und Ansprüchen, welche die Akteure als geheiligte Objekte fortlaufend wechselseitig in face-to-face-Situationen aneinander stellen. Aufgezeigt wird jene Vielfalt an Verhaltensregeln, die aus der wechselseitigen Anerkennung der Erwartungen und Ansprüche erwachsen.
Lange Zeit war es üblich, Goffmans Werk dem Symbolischen Interaktionismus zuzurechnen. Inzwischen ist es Konsens, es als einen eigenständigen Theorieansatz aufzufassen. Für eine angemessene Verankerung dieses Werkes in der Theoriegeschichte ist von einer Trias von Einflüssen auszugehen: Von Georg Simmel übernimmt Goffman die starke Ausrichtung auf alltägliche soziale Prozesse, von Emile Durkheim das Emergenztheorem, wonach Soziales nur durch Soziales erklärt werden kann, und das Modell des Subjektes als „chose sacrée"; der (frühen) Chicagoer Schule entlehnt er das Prinzip der empirisch fundierten Theoriebildung.

Weiterführende Literatur

Hettlage, Robert, Karl Lenz (Hrsg.) (1991): *Erving Goffman – ein soziologischer Klassiker der zweiten Generation.* Bern: UTB Haupt.
Raab, Jürgen (2008): *Erving Goffman.* Konstanz: UVK.

Die Notwendigkeit der Selbstdarstellung ergibt sich noch aus einem weiteren Grund: Dass es *Täuschungen* und *Missverständnisse* gibt, gehört zu unser aller Grunderfahrung (ausführlich hierzu vgl. Lenz 2014). Für den sozialen Verkehr hat dies weitreichende Konsequenzen: Die Akteure sind gezwungen, darauf zu achten, was ihr Tun in den Augen der anderen implizieren könnte. Es reicht nicht aus, aufrichtig zu sein, sondern sie müssen immer auch Sorge tragen, dass sie auch aufrichtig *wirken*. Soll eine Darstellung erfolgreich sein, ist es notwendig, die Zuschauer von der Aufrichtigkeit zu überzeugen. Diese zu leistende Überzeugungsarbeit ist ein integraler Bestandteil der Selbstdarstellung (vgl. Goffman 1969: 65ff). Eine Selbstdarstellung ist notwendig, um zu verhindern als unehrlich wahrgenommen zu werden und zu sichern, dass andere einen als ehrlich sehen. Als besonders effektiv erscheint eine Selbstdarstellung, die sich selbst nicht zu erkennen gibt, die den Eindruck erweckt, „ohne Absicht", „spontan" zu sein. Das Paradox, „sei spontan" (Watzlawick et al. 1972), findet hierin eine reale Basis.

Im Unterschied zu einem individuum-zentrierten Ansatz wird von Goffman (1969) der Zusammenhang von *Selbstdarstellung und Situation* herausgestellt. Das dargestellte Selbst werde uns, so Goffman (1969: 231), zwar durch die Bemühungen der Person nahegebracht, aber dieses Selbst entspringt „nicht seinem Besitzer, sondern der Gesamtszene seiner Handlungen, und wird von den Merkmalen lokaler Ereignisse erzeugt, die sie für Beobachter interpretierbar machen". Damit wird eine Sichtweise zurückgewiesen, die den Eindruck, den eine Person macht, nur als eine Hervorbringung eben dieser Person versteht; vielmehr gelte es, die Selbstdarstellung als ein Produkt der Interaktion aufzufassen. Dies bedeutet nicht, das Subjekt zu negieren, sondern nur, eine ihm unterstellte Allmacht zu korrigieren.

Auch hier hat Goffman mit dem Konzept der *Fassade* eine Vorarbeit geleistet. Als Fassade wird das standardisierte Ausdrucksrepertoire verstanden, von dem ein Individuum in der Selbstdarstellung Gebrauch macht. Er unterteilt Fassade in „Bühnenbild" („setting") und „persönliche Fassade". Das Bühnenbild umfasst die szenischen Komponenten, also die Requisiten und Kulissen, vor, zwischen und auf denen sich die Handlungen abspielen. Zum Bühnenbild eines Klassenzimmers gehört die festgelegte Anordnung der Plätze für den bzw. die Lehrer/in und die Schüler/innen. Dieses räumliche Arrangement prägt nachhaltig die schulische Interaktion. Unter *persönlicher Fassade* werden die Ausdrucksmittel verstanden, die unmittelbar mit der Person verbunden sind, wie Kleidung, Gestik, aber auch Geschlecht, Alter usw. In diesem Zusammenhang gibt Goffman den Hinweis, dass eine Person, wenn sie eine soziale Rolle übernimmt, „im allgemeinen feststellen (wird), dass es bereits eine bestimmte Fassade für diese Rolle gibt" (Goffman 1969: 28). Damit macht er auf die kulturelle Codierung aufmerksam, die in einer Selbstdarstellung zum Tragen kommt. Eine jede situativ bezogene Selbstdarstellung kommt unter Rückgriff auf kulturelle Vorgaben zustande, die entlastend und einengend zugleich sind, aber die sich stellende Aufgabe der Selbstdarstellung nicht ersetzen können. Auf der Grundlage eines vordefinierten Ausdrucksrepertoires muss sich das Individuum als Person zu erkennen geben, wobei die kulturelle Codierung nicht nur seinen Selbstentwurf anleitet, sondern zugleich auch Beurteilungsmaßstab ist.

Eine Person erwartet, dass das von ihr dargestellte Selbst von anderen ernst genommen wird, und solange sie den Bogen nicht überspannt, kann sie damit auch rechnen. Einen bestimmten Eindruck zu erwecken oder aufrechtzuerhalten ist nicht mit einer Täuschungsabsicht gleichzusetzen. Goffman (1969: 19ff) stellt zwei Extreme gegenüber: die eine Person, die vollständig vom eigenen Spiel gefangen genommen ist, und die, die von der eigenen Darstellung überhaupt nicht überzeugt ist. Zwischen

diesen beiden Extremen des „aufrichtigen" und des „zynischen Darstellers" bewegt sich eine jede Selbstdarstellung. In jedem Fall scheint mit der Selbstdarstellung eine Tendenz zur eigenen Idealisierung verbunden. Es geht also nicht um irgendein Bild, das von sich selbst entworfen werden soll, sondern die Person ist meist bestrebt, sich in einem möglichst günstigen Licht erscheinen zu lassen. Es gibt auch, wenngleich weniger zahlreich, Fälle negativer Idealisierung (vgl. Goffman 1969: 37ff): Neben der Darstellung als unfähig und hilflos, um Mitleid zu erregen, sind Frauen, die mit ihren Fähigkeiten zurückhalten, um so die „Größe" des Mannes an ihrer Seite zum Leuchten zu bringen, Beispiele hierfür. Bei jeder Form der Idealisierung müssen diejenigen Handlungen, Sachverhalte und Motive, die mit dem dargestellten Selbst unvereinbar sind, verborgen oder zumindest abgeschwächt werden. Vor allem bei dem Versuch, sich in einem günstigen Licht erscheinen zu lassen, existieren immer auch von außen gesetzte Grenzen. Das Bild, das man von sich entwirft, ist nicht nur danach geformt, wie man selbst gern erscheinen möchte, sondern stellt einen Kompromiss mit dem dar, was man anderen als glaubwürdig zumuten kann.
Allerdings sind die Akteure nicht immer im gleichen Ausmaß „besorgt" um den Eindruck, den sie auf andere machen. Eine besondere Aufmerksamkeit wird der Selbstdarstellung nach Barry R. Schlenker (1980) dann zuteil, wenn eine hohe Motivation und auch positive Erfolgserwartung vorhanden sind. Vor allem dann, wenn ein Individuum das Ziel hat, einen gewünschten Eindruck zu erwecken oder eine gewünschte Reaktion bei der anderen Person hervorzurufen, sowie zudem annimmt, dass sie dies auch zufriedenstellend erreichen kann, wird die Selbstdarstellung zu einer zentralen Aufgabe in einer Situation. Im Ablauf von Zweierbeziehungen ist anzunehmen, dass dies besonders ausgeprägt in der Aufbauphase der Fall ist, und zwar, wenn A nicht nur Interesse an B hat, sondern entweder glaubt, Anzeichen für eine Erwiderung auf der anderen Seite bemerkt zu haben, oder aufgrund der eigenen Selbsteinschätzung fest vom Erfolg überzeugt ist.

Texte zum Weiterlesen

Goffman, Erving (2009): *Interaktion im öffentlichen Raum.* Neuausgabe, Frankfurt/Main u.a: Campus.
Kieserling, André (1999): *Kommunikation unter Anwesenden. Studien über Interaktionssysteme.* Frankfurt/Main: Suhrkamp.

1.2.2 Persönliche Beziehungen

Auch wenn sich persönliche Beziehungen immer wieder in Interaktionen gleichsam aktualisieren müssen, ist es für eine soziologische Analyse zwingend notwendig, beide Begriffe deutlich voneinander abzugrenzen (vgl. Lenz/Nestmann 2009). Persönliche Beziehungen zeichnen sich im Unterschied zu Interaktionen durch

Dauerhaftigkeit und ein hohes Maß an Kontinuität aus, das die Abfolge von Interaktionen überspannt und es möglich macht, an die gemeinsame Vergangenheit anzuknüpfen. Dies schließt nicht aus, dass auch persönliche Beziehungen enden, nicht nur durch den Tod einer Beziehungsperson, sondern auch durch Trennung. Dieses Unterscheidungsmerkmal hat auch Johannes Huinink (1995) im Blick, wenn er eine „dialogische Beziehung" – und dies ist durchaus synonym zu persönlicher Beziehung zu verstehen – durch eine „Unendlichkeitsfiktion" konstituiert auffasst. Ähnlich bezeichnet Tilman Allert (1998) mit Blick auf Paarbeziehungen die „Unterstellung ewiger Dauer" als beziehungskonstitutiv. Wesentlich bei diesem Unterscheidungsmerkmal ist – aus subjektiver Sicht – nicht der „Glaube", dass eine Beziehung tatsächlich „ewig währt", sondern das pragmatische Motiv, dass sich diese Beziehung, so wie sie ist, sich auf absehbare Zeit fortsetzt. Ohne eine „Unendlichkeit" oder „ewige Dauer" in Anspruch zu nehmen, soll dieses Strukturmerkmal im Weiteren als *Fortdauer-Idealisierung* bezeichnet werden.

Für eine präzise Bestimmung dessen, wodurch sich persönliche Beziehungen auszeichnen, bedarf es auch einer Abgrenzung von Organisation (ausführlicher hierzu Kap. B 1.3.3). Ein zentrales Strukturmerkmal von Organisationen ist die Abtrennung von Person und Position. Eine Organisation besteht im Normalfall auch dann fort, wenn Mitglieder ausscheiden und diese durch neue ersetzt werden. Anders dagegen eine persönliche Beziehung; sie ist durch eine personelle Unersetzbarkeit gekennzeichnet. Durch den Tod eines Elternteils oder eines Kindes endet diese Elter-Kind-Beziehung unwiederbringlich. Sie kann nicht durch die Neurekrutierung eines Elternteils oder eines Kindes fortgesetzt werden. Eine persönliche Beziehung lässt einen Personalwechsel nicht zu, sie kann nur durch eine neue persönliche Beziehung abgelöst werden. Auf diese wesentliche Differenz hat bereits Simmel (1958) mit der Formel der Mortalität der Dyade aufmerksam gemacht. Zusammenfassend kann also gesagt werden, dass persönliche Beziehungen durch das Moment der *personellen Unersetzbarkeit* geprägt sind.

Neben diesen beiden zentralen Abgrenzungsmerkmalen, der Fortdauer-Idealisierung und dem Moment der personellen Unersetzbarkeit, lassen sich weitere Strukturmerkmale nennen: Eine persönliche Beziehung ist durch das *Vorhandensein eines persönlichen Wissens* gekennzeichnet, das in eine jede Interaktion eingeht und deren Verlauf entscheidend mitprägt. Die fortgesetzte Kontinuität einer Beziehung bringt eine *emotional fundierte gegenseitige Bindung* der Beziehungspersonen. Die Beziehungspersonen „stehen einander nahe", „sorgen" oder „freuen" sich füreinander oder leiden miteinander. Der Emotionen-Haushalt einer persönlichen Beziehung umfasst positive (z.B. Liebe, Zuneigung, Vertrauen) wie negative Emotionen (z.B. Hass, Rachegefühle oder Eifersucht). Persönliches Wissen und emotionale Bindung tragen gemeinsam dazu bei, dass eine persönliche Beziehung von der Einzigartigkeit und Unersetzbarkeit der daran beteiligten Personen getragen wird (vgl. auch Luhmann 1984). Dies qualifiziert persönliche Beziehungen zugleich – wie

Huinink (1995) herausstellt – in einer einmaligen Weise, eine Befriedigung des „Grundbedürfnisses nach persönlicher Fundierung" zu leisten (vgl. auch Allert 1998). Persönliche Beziehungen besitzen eine *ausgeprägte Interdependenz.* Dass sich die Beteiligten gegenseitig beeinflussen, ist auch für jede Begegnung grundlegend, aber durch das persönliche Vertrautsein und die emotionale Bindung in einem auf (relative) Dauer gestellten Miteinander gewinnt die Interdependenz in der persönlichen Beziehung eine besondere Ausprägung (vgl. auch Simmel 1985b). Das Vorhandensein des persönlichen Wissens und auch die emotionale Bindung erleichtern in einem hohen Maße das Miteinander-in-Kontakt-treten. Viele Vorleistungen, die in Interaktionen mit Fremden erst zu erbringen sind, fallen weg zwischen Personen, die miteinander in einer persönliche Beziehung stehen. Man „weiß", mit wem man es zu tun hat, man „weiß", was man voneinander erwarten kann, und darauf kann man die eigenen Verhaltensweisen vorab einstellen. Interaktionen, eingebettet in eine persönliche Beziehung, ermöglichen es, sich „informeller" zu geben. Die in einer persönlichen Beziehung vorkommenden Inhalte weisen eine große Breite auf. Tendenziell kann in eine persönliche Beziehung alles eingebracht werden, was mich als Person bewegt (vgl. Luhmann 1984). Kurzgefasst könnte man persönliche Beziehung als die Sozialform bezeichnen, in der sich die Akteure als ganze Personen begegnen und den Anspruch erheben, in ihrer Einzigartigkeit anerkannt und bestätigt zu werden.

Anfang der 1960er Jahre hat Friedrich H. Tenbruck (1989) darauf hingewiesen, dass der Bereich der persönlichen Beziehung in der Soziologie ein „Kümmerdasein" fristet. Auch heute gibt es im breiten Kanon der Bindestrich-Soziologien keine etablierte Soziologie persönlicher Beziehung. Gleichwohl befasst sich die Soziologie in vielen Zusammenhängen mit persönlichen Beziehungen, dies reicht von der Familiensoziologie, Soziologie der Lebensalter bis zur Arbeitsoziologie und politischen Soziologie. Dabei wird vielfach an Stelle von persönlichen Beziehungen eine Reihe von Synonymen verwendet. Frühe Beiträge zur Analyse des Persönlichen lassen sich schon bei den Klassikern der Soziologie finden, nicht überraschend am umfangreichsten und bedeutsamsten bei Simmel (vgl. Lenz 2009b). Unmittelbar an Simmel hat Leopold von Wiese (1966; orig. 1924/1928) angeschlossen, der seinen Soziologieentwurf als „Beziehungslehre" bezeichnete. Vor dem Kontinuitätsbruch der Soziologie durch den Nationalsozialismus hatte die „Beziehungslehre" in der deutschsprachigen Soziologie eine prominente Stellung inne. Inzwischen hat sich im anglo-amerikanischen Raum ein umfangreicher Forschungsbereich der „personal relationships" etabliert, der interdisziplinär ausgerichtet ist. Die soziologische Perspektive kommt vor, steht aber gegenüber der psychologischen deutlich zurück (vgl. Vangelisti/Perlman 2006). Umso wichtiger ist an dieser Stelle, das Besondere einer soziologischen Perspektive aufzuzeigen: Eine soziologische Analyse geht davon aus, dass persönliche Beziehungen sich durch eine emergente Qualität auszeichnen; sie bilden eine Realität sui generis. Eine Beziehung ist „mehr" als die Summe der

Eigenschaften der Beteiligten, sie hat eine Eigendynamik, die die Individualebene übersteigt. Es reicht folglich nicht aus, nur die beteiligten Personen in den Blick zu nehmen und die persönliche Beziehung als Emanation ihrer „Wesensmerkmale" aufzufassen. Anstelle eines individuum-zentrierten Ansatzes kommt es darauf an, die Wechselwirkung zwischen den Personen in den Mittelpunkt zu stellen.
Im Weiteren sollen einige wichtige Typen persönlicher Beziehung betrachtet werden: *Zweierbeziehung oder Paarbeziehung* ist ein Sammelbegriff für Ehen und „eheähnliche Beziehungsformen" (z.B. nichteheliche Lebensgemeinschaften, Distanzbeziehungen). Eine Zweierbeziehung ist eine persönliche Beziehung zwischen Personen unterschiedlichen oder gleichen Geschlechts, die sich durch einen hohen Grad an Verbindlichkeit (Exklusivität) auszeichnet, ein gesteigertes Maß an Zuwendung aufweist und die Praxis sexueller Interaktion einschließt (bzw. eingeschlossen hat). Dieser Begriff umfasst gleichermaßen hetero- wie auch homosexuelle Beziehungen. Mit dieser Definition bleibt offen, ob die beiden Beziehungspersonen verheiratet sind, Kinder haben und einen gemeinsamen Haushalt aufweisen. Emotionalität (in der vieles offenlassenden Form der gesteigerten Zuwendung) und Sexualität werden als wichtige Momente zwar benannt, ohne sie allerdings in einer bestimmten Gestalt und Konstanz als „das" Bestimmungsmerkmal festzuschreiben. Diese breite Definition ist erforderlich, um Zweierbeziehungen nicht von vornherein auf ein historisch und kulturell gebundenes Verständnis festzulegen (vgl. Lenz 2009a).
Elter-Kind-Beziehungen sind eine weitere Hauptform. Da angesichts wachsender Autonomieansprüche und ansteigender Fragilität der Paarbeziehung das Vorhandensein von zwei Eltern nicht einfach vorgesetzt werden kann, wird die Singularform („Elter") verwendet. Anders als im Englischen (parent, parents) und auch in anderen Sprachen ist im Deutschen „Elter" aus der Sprache zwar verschwunden; für einen präzisen Sprachgebrauch ist jedoch ihre Wiedereinführung in diesen Zusammenhang notwendig. Von einer Elter-Kind-Beziehung wird immer dann gesprochen, wenn die Rolle der Mutter bzw. des Vaters und des Kindes im Lebensalltag ausgeübt und wechselseitig anerkannt wird. Konstitutiv für eine Elter-Kind-Beziehung ist die Rollenübernahme; die biologische Mutterschaft und Vaterschaft reichen – wie in D 1 ausführlich gezeigt wird – dafür nicht aus. Die Familienforschung ist vor allem auf die Beziehungsform konzentriert; während andere, auch Zweierbeziehungen, vernachlässigt werden. Neben diesen beiden Beziehungsformen können in Familien auch Geschwisterbeziehungen und Großelter-Enkel-Beziehungen vorkommen. Großelter-Enkel- und Elter-Kind-Beziehungen sind Beispiele von Generationenbeziehungen.
Persönliche Beziehungen sind nicht auf den Familienkontext beschränkt. Sie erstrecken sich auch auf Freundschafts-, Nachbarschafts- oder Arbeitsbeziehungen. Gerade die letztgenannte Form macht deutlich, dass persönliche Beziehungen nicht nur im privaten Lebenszusammenhang vorkommen. In einem auf relative Dauer

gestellten beruflichen und professionellen Kontext ist das reziproke Generieren von persönlichem Wissen unvermeidlich und erleichtert vielfach die Arbeitsabläufe. Durch den Einbezug dieser Vielfalt unterschiedlicher Beziehungsformen hat die Analyse persönlicher Beziehungen das Potenzial, vielfach unverbundene, nebeneinanderliegende Forschungsfelder zusammenzubringen (vgl. ausführlich hierzu Lenz/ Nestmann 2009).

Im Weiteren sollen Elter-Kind-Beziehungen, Zweierbeziehungen und Freundschaftsbeziehungen anhand ausgewählter Strukturmerkmale miteinander verglichen werden. Es soll der Frage nachgegangen werden, welche Gemeinsamkeiten und vor allem Unterschiede diese drei Formen persönlicher Beziehungen aufweisen. Diese Strukturmerkmale sollen nicht kulturübergreifend bestimmt werden, sondern eingebettet in den kulturellen Kontext moderner Gesellschaften abendländischer Prägung.

Während Zweier- und Freundschaftsbeziehungen im Regelfall generationshomogen sind, wenngleich sie größere Altersunterschiede nicht prinzipiell ausschließen, kann in einer ersten Annäherung festgehalten werden, dass eine Elter-Kind-Beziehung durch Angehörige zweier unterschiedlicher Generationen gebildet wird. Die unterschiedliche Generationszugehörigkeit bedingt einen Altersunterschied. Diese Altersdifferenz kann unterschiedlich groß sein (ausführlicher hierzu Kap. D 1).

Werfen wir die Frage auf, ob sich diese drei Formen persönlicher Beziehungen hinsichtlich der Zusammensetzung nach Geschlecht unterscheiden. Zweierbeziehungen können prinzipiell aus verschieden- oder auch aus gleichgeschlechtlichen Personen zusammengesetzt sein. Mit der Einführung des Rechtsinstituts der eingetragenen Lebenspartnerschaft wurde für schwule und lesbische Paare – nach den Vorbild einiger europäischer Nachbarstaaten – die Möglichkeit einer rechtlichen Anerkennung, – mit dem Ziel die Ungleichbehandlung der Paare aufgrund der geschlechtlichen Zusammensetzung abzubauen, geschaffen (vgl. Lautmann 2011). Auch wenn die Kriminalisierung – zumindest in westeuropäischen Kontext – verschwunden ist und auch die Diskriminierung gleichgeschlechtlicher Paarbeziehungen deutlich reduziert wurde, besteht der Normkomplex einer Zwangsheterosexualität oder von Heteronormativitäten weiterhin fort und erschwert die Ausbildung homosexueller Präferenzen nachhaltig und macht diese auch begründungsbedürftig („coming-out"). Bei Freundschaftsbeziehungen wird jedoch manchmal die Auffassung vertreten (vgl. z.B. Nötzoldt-Linden 1994), dass sie nur innerhalb einer Geschlechtergruppe möglich sind. Häufiger aber wird die Möglichkeit der Freundschaften zwischen Frauen und Männern anerkannt. Unterschiede gibt es hingegen in der Häufigkeit des Vorkommens; gleichgeschlechtliche Freundschaften sind verbreiteter. Somit lässt sich sowohl für Zweierbeziehungen und Freundschaften eine vorrangige Geschlechterkonstellation feststellen: gegengeschlechtliche Konstellationen bei Zweierbeziehungen, bei Freundschaften dagegen gleichgeschlechtliche. Im Unterschied dazu gibt es bei Elter-Kind-Beziehungen keine vorrangige

Geschlechterkonstellation; sie können – grundgelegt durch eine natürlich vorgegebene Sexualproportion bei den Geburten – gleichermaßen geschlechtshomogen oder -heterogen sein.
Für Freundschaftsbeziehungen wird das Moment der Freiwilligkeit besonders herausgestellt (vgl. Hays 1988; Nötzoldt-Linden 1994). Für die Genese von Zweierbeziehungen ist inzwischen ein hoher Grad an Individualisierung charakteristisch, wodurch Einflüsse Dritter stark zurückgedrängt wurden (vgl. Lenz 2009c). Anders dagegen in Elter-Kind-Beziehungen, die keinen bzw. sehr geringen Ermessensspielraum für die Beziehungspersonen zulassen. Elter-Kind-Beziehungen sind in dieser Hinsicht Zwangsbeziehungen. Besonders ausgeprägt gilt dies für die jüngere Generation: Ein Kind wird geboren, es hat kein Mitspracherecht, kann sich „seine" Eltern nicht aussuchen oder austauschen. Von der Erwachsenen-Seite besteht in der Gegenwart ein Ermessensspielraum, ob man Kinder will oder nicht. Eine Option, die vor einer möglichen Schwangerschaft und für eine bestimmte Frist während der Schwangerschaft besteht, ist auf die generelle Frage, Kind ja oder nein, bezogen. Anders als bei Ehefrau oder Ehemann, anders bei einem Freund oder einer Freundin, erstreckt sich der Ermessensspielraum nicht auf die Auswahl, welches Kind man haben will. Mit der Familiengründung gehen die Eltern zudem besondere Verpflichtungen ein, denen man sich nicht so einfach entziehen kann. Es besteht ein hoher moralischer Druck, dass die Eltern nach der Geburt des Kindes, z.T. bereits während der Schwangerschaft, die Sorgearbeit („care") für das Kind übernehmen. Dieser moralische Druck ist zugleich eine Legitimationsressource für die fortschreitende Verrechtlichung, durch die die Elter-Kind-Beziehungen nachhaltig geprägt sind.
Zweierbeziehungen zeichnen sich darüber hinaus durch einen hohen Grad an Verbindlichkeit aus. In unserem Kulturkreis besitzen Zweierbeziehungen einen hohen Anspruch auf Exklusivität. Man kann – gleichzeitig – nur mit einem Ehemann oder festen Partner bzw. einer Ehefrau oder festen Partnerin „zusammen sein". Damit ist bekanntlich nicht ausgeschlossen, dass „sexuelle Abenteuer" vorkommen oder eine Nebenbeziehung besteht. Die aufwendigen Verheimlichungsstrategien oder auch die hohe Belastung, die sich aus ihrem Bekanntwerden ergibt, sind jedoch eindrucksvolle Belege für den vorhandenen hohen Exklusivitätsanspruch. (Deutlich schwächer ist die Exklusivitätsnorm in schwulen Zweierbeziehungen ausgeprägt, vgl. ausführlicher Lenz 2009a). Freundschaften besitzen zwar meist ebenfalls eine dyadische Struktur, aber es ist durchaus möglich, parallel mit mehr als einer Person befreundet zu sein, ohne dass dies die Qualität der jeweiligen Freundschaften beeinträchtigt. Diese Exklusivitätsnorm findet sich also nicht in Freundschaftsbeziehungen. Wie ist dies in Elter-Kind-Beziehungen geregelt? Hier scheint es zunächst notwendig zu sein, zwischen älteren und jüngeren Generationen zu trennen. Für die ältere Generation existiert keinerlei Exklusivitätsnorm. Eltern können nicht nur ein Kind, sondern auch zwei, drei oder mehr Kinder haben.

Verfolgt man gar, wie verbreitet es ist, eine Einzelkindkonstellation als defizitäre Kindheit zu beschreiben, ist zu konstatieren, dass ein normativer Druck gegen eine exklusive Kind-Beziehung wirksam ist. Überhaupt gewinnt man den Eindruck, dass bei Elter-Kind-Beziehungen, deutlich stärker als bei Freundschaftsbeziehungen, die dyadische Struktur durchbrochen wird und im sozialen Arrangement der Elter-Kind-Konstellation an die Stelle der Dyade die Gruppe von drei oder mehr Personen tritt. Wenden wir uns der Perspektive der jüngeren Generation zu: Geht man davon aus, dass Mutter oder Vater nur sein kann, wer an der Konzeption bzw. Zeugung aktiv beteiligt war, dann kann es – von Natur aus – in der geschlechtsspezifischen Ausgestaltung für das Kind nur eine Beziehung zu einer Mutter bzw. zu einem Vater geben. Aber auch dann hat ein Kind – lässt man die Fälle des Todes bzw. der dauerhaften Abwesenheit einer Elternteils außer Betracht – zwar nur eine Mutter und Vater, aber dennoch zwei Eltern, wodurch sich das breite Feld der Koalitionsbildung eröffnet, das in hochexklusiven (kinderlosen) Zweierbeziehungen prinzipiell ausgeschlossen ist. Verzichtet man auf diesen Biologismus und legt bei der Bestimmung von Familie statt der biologischen die soziale Elternschaft, also die Übernahme und Ausübung der Mutter- bzw. Vater-Position im Lebensalltag des Kindes, zugrunde, dann können Kinder auch mehr als eine Mutter- bzw. Vater-Beziehung besitzen. Besonders ausgeprägt ist dies bei den sog. binuklearen Familien der Fall, bei denen die getrennten Elternteile neue Paarbeziehungen und Familien gegründet haben und das gemeinsame Kind in beiden Familienkernen integriert ist (vgl. Peuckert 2008).

Neben der Exklusivitätsnorm schließen Zweierbeziehungen eine Praxis sexueller Interaktion ein, wodurch ein zentraler Unterschied zur Freundschaft erwächst (vgl. Auhagen 1991). Die Praxis sexueller Interaktion ist für eine Zweierbeziehung konstitutiv, während Freundschaften keine Sexualität aufweisen. Dies schließt Übergänge jedoch nicht aus, aus einer Freundschaft kann – u.a. durch das Hinzukommen sexuellen Austausches – eine Zweierbeziehung entstehen oder aus einer gescheiterten Zweierbeziehung eine Freundschaft erwachsen. Der Familie als intimer Nahbereich ist ein sehr unterschiedlicher Umgang mit Sexualität eingeschrieben. In der Paarbeziehung der Eltern ist Sexualität „legitim" und „normal", in allen anderen familieninternen Beziehungen ist sie dagegen tabuisiert. Das Inzesttabu, das sexuelle Kontakte zwischen Nächstverwandten ausschließt, ist – von einigen wenigen Ausnahmen abgesehen – in allen Gesellschaften als Norm vorhanden. Zwar gibt es Unterschiede, wie weit dieser Kreis der Nächstverwandten gespannt ist, aber immer fallen darunter die Beziehungen zwischen Eltern und ihren Kindern und die Beziehungen zwischen den Geschwistern (vgl. auch Vivelo 1995). Das Inzesttabu dient darüber hinaus auch der Stärkung der innerfamilialen Solidarität, indem es verhindert, dass Mutter und Tochter um die (sexuelle) Gunst des Partners bzw. des Vaters oder Vater und Sohn um die (sexuelle) Gunst der Partnerin bzw. der Mutter miteinander konkurrieren. Mittlerweile ist hinreichend bekannt, dass

das Inzesttabu eine Norm ist, die wie jede andere Norm nicht immer eingehalten wird. Die kulturelle Ebene darf nicht mit der Handlungsebene gleichgesetzt werden. Sexualisierte Gewalt gegen Kinder ist eine „dark side of family“. Sexueller Missbrauch ist – wie es Florence Rush (1982) in einem vielgelesenen Buch genannt hat – das „bestgehütete Geheimnis“, auch wenn es inzwischen auch immer häufiger gelüftet wird. Dunkelfeldstudien zeigen, dass nur jeder zehnte Fall zur polizeilichen Anzeige kommt; fast in der Hälfte der Fälle redet das Opfer mit niemandem über den Vorfall. Angaben zu der Prävalenz sexueller Gewalt schwanken stark in Abhängigkeit von der zugrunde gelegten Definition. Weitgehend übereinstimmend zeigen die Studien, dass Mädchen häufiger als Jungen Opfer werden und dass die Täter ganz überwiegend Männer sind (vgl. Melzer/Lenz/Bilz 2010). In diesem Zusammenhang ist besonders relevant: Relativ selten sind es die Väter oder Stiefväter; die größten Tätergruppen sind Bekannte und weitere Familienangehörige. Dies deutet darauf hin, dass das Inzesttabu wirksamer ist als die Debatte um den sexuellen Missbrauch in der Familie vermuten lässt.
Zweierbeziehungen zeichnen sich durch ein gesteigertes Maß an Zuwendung und Zuneigung aus, vielfach als Liebe umschrieben (vgl. Scholz/Lenz/Dreßler 2013). Sie stellen ungleich höhere Erwartungen an emotionale Verbundenheit, Vertrautheit und auch an die Bereitschaft der wechselseitigen Unterstützung als Freundschaften. Eine Freundschaft erlaubt viel stärker Distanz zu wahren als eine Zweierbeziehung. Schließlich scheinen Freundschaften in aller Regel partiellen Charakter zu haben; in den gemeinsamen Gesprächsthemen und Freizeitaktivitäten sind sie auf Teilbereiche beschränkt (vgl. Nötzoldt-Linden 1994). In diesen emotionalen Qualitäten und Ansprüchen entsprechen Elter-Kind-Beziehungen weitgehend den Zweierbeziehungen oder übertreffen diese sogar (vgl. Lenz/Scholz 2013 und Kap. D 1.4). Sie sind getragen von einem Höchstmaß an Zuneigung und Zuwendung, einer engen emotionalen Verbundenheit, einen – zumindest während der Kindheit – totalen Anspruch auf die andere Person und durch eine lebenslange Unterstützungsbereitschaft (vgl. Kohli/Künemund 2000). Die Mutterliebe ist allerdings – wie die Analyse von Elisabeth Badinter (1992) gezeigt hat – ein relativ junges historisches Phänomen, das sich erst in der bürgerlichen Familie durchsetzte. Die althergebrachte distanzierte Einstellung der Eltern zu den Kindern wurde durch eine intensive Hinwendung, vor allem der Mutter, abgelöst (ausführlicher hierzu Kap. D 1.1.1).

Texte zum Weiterlesen

Lenz, Karl, Frank Nestmann (Hrsg.) (2009): *Handbuch Persönliche Beziehungen.* 1. Auflage, Weinheim und München: Juventa.

Lenz, Karl (2009a): *Soziologie der Zweierbeziehung.* Wiesbaden: VS.

▶ Exkurs 3: Lehrer/in-Schüler/in-Beziehung als persönliche Beziehung?

Bei Elter-Kind-Beziehungen haben wir es mit Generationenbeziehungen zu tun. Generationenbeziehungen sind aber nicht darauf begrenzt, auch andere Konstellationen mit Angehörigen aus zwei unterschiedlichen Generationen sind möglich; auf Großelter-Enkel-Beziehung hatten wir schon verwiesen. Im Weiteren soll der Frage nachgegangen werden, ob auch Lehrer/in und Schüler/in eine Generationenbeziehung bilden (können) und welche Unterschiede zu der Elter-Kind-Beziehung bestehen.

Leopold von Wiese (1966) fasst die Lehrer-Schüler-Beziehung nicht unter der Rubrik der Generationen-Paare, sondern reiht sie unter den sogenannten a-typischen Gruppen ein. Hierzu zählen für ihn Vorgesetzte und Untergebene, Pfleger und Pflegebedürftige, Meister und Geselle. Wiese weist darauf hin, dass in der Regel typische Paare enger verknüpft sind als a-typische. Er macht auch darauf aufmerksam, dass nicht jede „Zweiersonderung" schon ein Paar-Verhältnis bildet. „Nicht jeder Lehrer bildet mit jedem seiner Schüler ein Paar. Besonders, wo es sich um große Klassen oder größere Hörerschaften handelt, kann davon keine Rede sein. Aber je mehr das Verhältnis etwa der Hauslehrer-Privatschüler-Gruppe und damit wieder dem Vater-Sohn-Paar ähnlich wird, desto mehr kann man (...) von einem Lehrer-Schüler-Paar sprechen" (Wiese 1966: 465).

Unabhängig von dieser Sichtweise soll nun geprüft werden, ob Lehrer/in und Schüler/in in einer persönlichen Beziehung zueinander stehen. Die Zugehörigkeit zu zwei unterschiedlichen Generationen trifft für sie in aller Regel zu. In Ausnahmefällen kann es zwar vorkommen, dass sich im Lehrer/in-Schüler/in-Verhältnis zwei Gleichaltrige gegenüber stehen. Aufgrund der Altersschichtung der Schulen ist dies jedoch nur in besonderen Schultypen möglich (z.B. Abendgymnasien). Konstituiert wird die Lehrer/in-Schüler/in-Konstellation durch die Rollenzuweisung und -übernahme als Lehrer/in bzw. Schüler/in. Sie liegt dann vor, wenn diese Rollen in Alltagsbezügen reziprok ausgeübt werden. Diese Rollenzuweisung produziert eine strukturell vorgegebene Machtdifferenz. Diese ist auch da, wenn die mit der Lehrer-Rolle verknüpfte Autorität von den Schüler/innen nicht als selbstverständlich anerkannt wird. Generell ist zu fragen, wie die Autorität in diesem Arrangement in Erscheinung tritt, wie Autorität gewonnen wird und wie die Prozesse der Autoritätszuschreibung gestaltet sind.

Zu den weiteren Strukturmerkmalen: Wie Elter-Kind-Beziehungen können Lehrer/in und Schüler/in geschlechtshomogen oder geschlechtsheterogen sein. Ebenso wie Elter-Kind-Beziehungen werden sie von Seiten der Beteiligten nicht freiwillig gewählt, sondern kommen beidseitig durch die Schulverwaltung zustande. Ebenfalls gilt für das Lehrer/in-Schüler/in-Arrangement, dass es keine Exklusivität aufweist. Durch die Einführung der Schulpflicht und die moderne Schulorganisation kann es keine exklusiven Schüler/in-Lehrer/in-Beziehungen geben. Jede Lehrkraft hat eine ganze Reihe von Schüler/innen zu unterrichten und umgekehrt hat jede/r Schüler/in mehrere Lehrkräfte. Wie auch in Elter-Kind-Beziehungen gilt für den Umgang von Lehrer/in und Schüler/in, dass Sexualität tabuisiert ist.

Es bleibt noch zu fragen, ob sich Lehrer/in und Schüler/in wie Elter und Kind durch eine besondere Form der Zuwendung und Zuneigung auszeichnen. Ausdruck dieser besonderen Zuneigung könnte das sein, was in der Literatur vielfach als „pädagogischer Bezug" bezeichnet wird. Das Konzept des pädagogischen Bezugs hat Hermann Nohl (1933) geprägt. Für Nohl sind Schule und Unterricht (lediglich) institutionelle und organisatorische Mittel, mit denen die Gesellschaft ihre Jugend – ihrem Übergangsstatus entsprechend – auf die

Bahnen der zukünftigen funktionalen Anforderungen lenkt. Wie die Jugend in die Gesellschaft hineinwächst, Jugendliche das Erwachsenwerden als Persönlichkeitsprozess erleben und vollziehen, sie es als Gegenwart und Zukunft gleichermaßen erfahren, erschließt und verwirklicht sich für Nohl nicht in funktionalen Lernprogrammen, sondern im pädagogischen Bezug, der sich zwischen lehrenden Erwachsenen und lernenden Heranwachsenden konstituiert. Er sieht das erzieherische Verhältnis also als Generationenverhältnis besonderer Art an und schreibt diesem – neben den funktionalen Stimuli des Unterrichtsstoffs – die zentrale „pädagogische Wirkung" zu. Diese „pädagogische Wirkung" liegt für ihn darin, die Jugendlichen dahingehend zu fördern, dass sie sich ganzheitlich – im dialektischen Zusammenspiel von Persönlichkeitsentwicklung und Qualifikation („einheitliches geistiges Leben") – entwickeln und aus dieser mit sich eins seienden Persönlichkeit heraus den Prozess der personalen und sozialen Entwicklung selbst (mit-)steuern, also in diesem Sinne autonom sein können. „Die pädagogische Wirkung (...) (entsteht aus) (...) einem wirklichen Menschen mit einem festen Willen, wie sie auch auf einen wirklichen Menschen gerichtet ist: die Formung aus einer Einheit. Das ist das Primat der Persönlichkeit in der Erziehung gegenüber bloßen Ideen (und) (...) einer Formung durch die Macht der Sache. Wenn wir älter werden, leben wir in sachlichen Interessen und in der Hingabe an objektive Aufgaben, aber im Erziehungsprozess geht die Gestaltung unseres Lebens nur vor sich, wo wir uns Personen hingeben, in denen uns solche Aufgaben lebendig entgegenkommen, und auch dann wird nicht die Idee in ihnen gemeint, sondern immer der Mensch und seine persönliche ideale Form (...) und wir entnehmen aus ihnen weniger die Sache als die persönliche Art ihrer Vertretung" (Nohl 1933: 21).

„Die Grundlage der Erziehung ist (...) das leidenschaftliche Verhältnis eines reifen Menschen zu einem werdenden Menschen und zwar um seiner selbst willen, dass er zu seinem Leben und zu seiner Form komme" (Nohl 1933: 22). Mit der Formulierung „leidenschaftliches Verhältnis" wird die besondere emotionale Qualität angesprochen, die sich aus der geforderten und notwendigen personellen Ganzheitlichkeit dieser Beziehung ergibt. Die Lehrer-Schüler-Beziehung wird nicht als Rollenbeziehung aufgefasst, sondern Lehrer/in und Schüler/in handeln, aufeinander bezogen, als ganze Personen und ihre besondere Qualität ergibt sich aus dieser Ganzheitlichkeit. Der pädagogische Bezug besteht also darin, dass der Lehrer/die Lehrerin die Jungen und Mädchen in ihrem Jungsein und in ihrem (noch ungerichteten) Erwachsenwerden versteht und sich in diesem Verstehen als Erwachsene(r) mit eigenen persönlichen Angeboten aber gleichzeitig in dieser Persönlichkeit lebensweltlich vermittelten, fachlichen Ansprüchen darstellt. Abgefordert wird einerseits von dem Lehrenden eine hohe Empathie in Bezug auf die Schüler/innen, andererseits muss den Schüler/innen die Möglichkeit gegeben sein, einen so weiten und offenen Zugang zur persönlichen Befindlichkeit des Lehrenden zu haben, dass sie an ihm/ihr lernen können, dass er/sie ihnen nicht Resultate vorsetzt und sich dahinter versteckt, sondern ihnen Deutungsspielräume durch personale Verständigung ermöglicht. Nohl hat diese Figur des pädagogischen Bezugs sicher vor dem Hintergrund des Jahrhunderterlebnisses der Jugendbewegung und ihres Einflusses auf die reformpädagogische Schulkritik entworfen. Die bürgerlichen Jugendlichen der Jugendbewegung versuchten, über das Jugendgemäße, über die der Jugend eigenen Sinnlichkeit und ihr besonderes Zeitverständnis und nicht über obrigkeitliche Anpassungsadressen zu „ihrer Gesellschaft" zu kommen. Die Schulkritik entzündete sich zur gleichen Zeit und schon vorher an einer erstarrten und die Sinne abtötenden Schule, und diese Krise der Schule wurde demgemäß als pädagogische Krise gedeutet. Die Jugend misstraute den Erwachsenen, die sich hinter ihren Geschäfts-, Bürokraten- und Lehrermasken versteckten. Das Echte wurde gesucht, das Persönliche, Sinnliche als gegenseitige Ermunterung und Aufforderung für eine neue Lebendigkeit der Gesellschaft.

Der pädagogische Bezug ist bei Nohl dabei am kulturellen Leitbild der Elter-Kind-Beziehung ausgerichtet, wobei deutlich erkennbar die Vorstellung polarer Geschlechtercharaktere mit einfließt: Das Grundmodell des pädagogischen Bezugs – so fasst Herrmann Giesecke (1997: 222) Nohl zusammen – sei „die Beziehung zu den Eltern in seiner doppelten Bedeutung: der liebenden, fürsorglichen und die Ansprüche der Welt abschirmenden Mutter und des ebenfalls liebenden, aber die Ansprüche der Welt auch geltend machenden Vaters". Diese pädagogische Gemeinschaft soll vom Erwachsenen her durch Liebe und Autorität, vom Kind aus gesehen durch Liebe und Gehorsam getragen werden. Das pädagogische Verhältnis wird als wechselseitig aufgefasst, zu dessen Gelingen bzw. Misslingen beide beitragen. Anders als Paarbeziehungen, aber ebenso wie die Elter-Kind-Beziehung ist der pädagogische Bezug von Anfang an auf seine Auflösung ausgerichtet. In dem Maße, wie der Zögling selbst in seiner Reife voranschreitet, macht sich der Pädagoge überflüssig. Dieses Überflüssigwerden wird dabei als zentrales Erfolgskriterium des pädagogischen Handelns gesehen.

Unterstellt man, dass dies eine zutreffende Beschreibung des Miteinanders von Lehrer/innen und Schüler/innen in der ersten Hälfte des 20. Jahrhunderts war, bleibt dennoch zu fragen, ob sich diese beiden Statusgruppen auch in der Gegenwart weiterhin als Quasi-Elter und Quasi-Kind begegnen. Hermann Giesecke (1997) wendet sich gegen diese Konzeption von Nohl: „Die Vorstellung Nohls, dass der pädagogische Bezug von beruflich tätigen Personen wie Lehrern und Sozialpädagogen als Fortentwicklung des Urphänomens der Elter-Kind-Beziehung zu denken sei, muss aufgegeben werden. Die berufliche Beziehungsstruktur ist aus der familiären weder rechtlich-historisch oder gesellschaftlich ableitbar, noch auch moralisch mit dieser identisch" (Giesecke 1997: 248). Nach Giesecke habe sich die Lehrer/in-Schüler/in-Beziehung seither erheblich verändert: „Sie ist nicht mehr einfach, wie bei Nohl, durch Hingabe an den Erzieher zu beschreiben, die sich insbesondere im Gehorsam ihm gegenüber ausdrückt" (Giesecke 1997: 261). Das öffentliche, pädagogische Handeln kann nur noch auf einer begrenzten Autorität beruhen. Die Schüler/innen unterwerfen sich nur noch zum Zweck des Unterrichts dem Lehrenden. Aufgegeben wird damit auch eine generell vorhandene Asymmetrie der Beziehung. Eine Dominanz der Lehrenden besteht nur für den Unterricht; im Übrigen bleibe die Gleichrangigkeit zwischen Lehrer bzw. Lehrerin und Schüler bzw. Schülerin aber grundsätzlich erhalten. Die Lehrenden sind auch nicht von vornherein moralisch die besseren Menschen, die die Schüler/innen auf den richtigen Weg zu bringen haben. Aufgegeben wird ein breiter Erziehungsanspruch.

Eine radikale Veränderung der Rollen von Lehrer/innen und Schüler/innen konstatiert auch Manuela du Bois-Reymond (1998): Zu den Lehrenden ist das Verhältnis durch die bürokratische Massenschule vergleichgültigt. Aus einem hierarchisch-moralischen wurde ein sachlich-geschäftliches Verhältnis zwischen Schüler/innen und Lehrer/innen. Die Lehrenden werden heute nicht mehr von einem Berufsethos geleitet. Schüler/in und Lehrer/in werden nicht mehr von einem gesellschaftlich festgelegten Bildungskanon zusammengehalten, sondern sind eine Zweckgemeinschaft auf Zeit. Durch Massenschule und Massenprofessionalisierung ist das personale Verhältnis zwischen Lehrer/in und Schüler/in zerbrochen. Mit einer ähnlichen Stoßrichtung konstatiert Walter Hornstein (1999), dass die Lehrenden die Ausübung der Generationendifferenz verweigern und sich gegenüber den Schülern

und Schülerinnen in einer Weise verhalten, als ob Angehörige einer Generation miteinander interagieren. Was bei Giesecke als Emanzipationsgewinn aufgefasst wird, werten du Bois-Reymond (1998) und Hornstein (1999) kulturpessimistisch als Verlust einer besonderen Qualität des Miteinanders von Schüler/in und Lehrer/in.
Durchaus lassen sich Zweifel anmelden, ob das von diesen drei Autor/innen zumindest implizit zugrunde gelegte und von Nohl beschriebene Bild des Lehrer/in-Schüler/in-Arrangements für die Vergangenheit zutreffend war. Doch dies braucht hier nicht vertieft zu werden, sondern auf der Grundlage dieser Beschreibung soll für die Gegenwart die Frage gestellt werden, ob dieses Arrangement überhaupt das (noch) umfasst, was eine persönliche Beziehung ausmacht. Der Beantwortung kommt man m. E. näher, wenn man das Begriffspaar von persönlicher und sozialer Identität von Erving Goffman (1971) heranzieht. Wie bereits gezeigt, verwendet Goffman soziale und persönliche Identität als Fremddefinitionen. Nur wenn ich meinen Gegenüber primär in seiner persönlichen Identität identifizieren kann, ist eine persönliche Beziehung gegeben. Dies kann im Lehrer/in-Schüler/in-Falle so sein, ist es aber vielfach nicht (mehr). Zwar hat der/die Schüler/in auch immer ein persönliches Wissen über den/die Lehrende. Er weiß, dass die Lehrperson männlich oder weiblich ist, lange oder kurze Haare hat, vielleicht auch, dass sie raucht oder nicht raucht. Dennoch ist dieses Wissen nicht entscheidend für das Miteinander, sondern zentral für die Lehrerolle bleibt die soziale Identität. Unter den Bedingungen der „Massenschule" oder des „Massenlehrers" (du Bois-Reymond) erweist sich das Verhältnis von Lehrer/in-Schüler/in vor allem als Interaktion, die Beziehungsqualität – sofern sie im modernen Schulsystem jemals vorhanden war – ist verloren gegangen. Man gewinnt auch den Eindruck, dass vieles von dem, was in der Schulkritik beklagt wird, gerade auf diesen Verlust der Beziehungsqualität abzielt (vgl. Böhnisch 2003). ◀

1.2.3 Soziale Gruppe

Neben Interaktion und persönlicher Beziehung stellt die Gruppe eine weitere wichtige Sozialform dar. Seit sich die Soziologie der Gruppe vor allem auf die Kleingruppe bezieht und die Großgruppen der Organisationssoziologie überlassen hat, gehen soziologische und sozialpsychologische Gruppenforschung ineinander über. Eine soziale Gruppe besteht danach aus mehreren Personen, die sich in einem gemeinsamen „Wir-Gefühl" zusammengefunden haben. Weithin üblich ist es mittlerweile auch, von einer Gruppe erst ab drei Personen zu sprechen und damit eine Gruppe deutlich von einem Paar abzugrenzen. Der Gruppenzusammenhalt, die Gruppenkohäsion, wird in der Regel durch mehrere Faktoren bewirkt: durch ähnliche Einstellungen der Mitglieder untereinander, durch offene und einfühlsame (empathische) Kommunikation und durch Gemeinsamkeit der Themen, die eine persönliche Bedeutung für die Mitglieder haben. Anders als in persönlichen Beziehungen sind in Gruppen die Mitglieder austauschbar, wenngleich ihr persönliches Sosein – ungleich stärker als in Organisationen – in Interaktionen die Gruppe beeinflusst (vgl. Tyrell 1983).

In Gruppen bilden sich Führungspersönlichkeiten heraus. Dabei wird in der Gruppensoziologie nicht so sehr das Moment der persönlichen Autorität in den Vordergrund gestellt, sondern es werden die reziproken Beziehungen von Führung und Gruppe herausgearbeitet. In diesem Zusammenhang wird vor allem interaktions- und rollentheoretisch gearbeitet. Führung wird nun als Ergebnis eines Interaktionsprozesses verstanden, in dem nicht so sehr das persönliche Attribut des Führers oder der Führerin zählt, sondern eine Beziehung, die zwischen der Führerpersönlichkeit und der Gruppe hergestellt wird. Mit dem rollentheoretischen Ansatz wird versucht, diese Beziehungsstrukturen funktionalistisch zu differenzieren: Führung als Rolle innerhalb des Erwartungssystems Gruppe, an die seitens der Gruppe angebbare Erwartungen gerichtet sind und umgekehrt. Führungspersonen sind somit als rollenspielende Akteure Teil des Interaktionsgefüges in der Gruppe.

Eng mit der Untersuchung von Rollen- und Interaktionsstrukturen in Gruppen verbunden ist die Analyse von Leistungsvorteilen, die sich durch Gruppenarbeit ergeben. Hier gibt es eine breite und differenzierte Forschungstradition, die sich vor allem auf Arbeitsgruppen in Industriebetrieben bezieht (Arbeitsmotivation, Arbeitszufriedenheit, zwischenmenschliche Beziehungen am Arbeitsplatz) als übersoziale Gruppen im Betrieb vermittelt. Die dortigen Befunde lassen sich auch über die Arbeitswelt hinaus verallgemeinern und z.B. auf schulisches Lernen in der Gruppe (peer learning) und die sozialpädagogische Gruppenarbeit übertragen: individuelle Leistungsmotivation Jugendlicher, ihr Engagement für Projekte, der Sinn, der in der Aktivität gesehen wird und der Status, den man dabei erwirbt, sowie die zwischenmenschlichen Kontakte, die man erfährt, werden vor allem über Gruppen vermittelt. Dies gilt auch für die sozialpädagogische Gruppenarbeit in der Jugendhilfe.

Da das Gruppenverhalten Jugendlicher lebensaltertypische Besonderheiten zeigt, wird es mit einem eigenen Begriff, dem der *Peergroup* – Gleichaltrigengruppe –, bezeichnet. Seit Colemans „Adolescent Society“ (1961) hat sich der Peer-Begriff im sozialwissenschaftlichen Sprachgebrauch eingebürgert. Hier ist beschrieben, wie sich um die Schule und durch die Schule hindurch eine „Peer-Gesellschaft“ Gleichaltriger bildet, die eigene Gratifikationen und Kontrollen ausbildet, die oft attraktiver und verbindlicher als die der Schule sind. Wenn auch am colemanschen Modell früher zu Recht kritisiert wurde, dass es empirisch von einem Mittelklassenphänomen ausgehe und man deshalb die Gleichaltrigengruppe nach der jeweiligen sozialen Schicht differenzieren müsse, so bezeichnet der Begriff doch – im Konsens der neueren Jugendforschung – eine allgemeine, jugendliche Gesellungsform, die aufgrund der schulischen Bildungsextensivierung für den Großteil der mittleren Kindheit und Jugend zutrifft. Peers sind alterstypische Medien der Regulation, mit denen Triebdynamik kanalisiert, soziale Differenzierung entwickelt, Rollen erprobt und Übergangssituationen bewältigt werden. In ihnen symbolisieren sich die Ablösung von der Herkunftsfamilie (das Nicht-

mehr) und der unstrukturierte und deshalb normdiffuse Übergang in das spätere Erwachsenenalter (das von sich weggeschobene Noch-nicht) gleichermaßen (vgl. Schubert 2012). In den Peers wird aber nicht nur Jugend ausgelebt, sondern auch – damit verbunden – Geschlechtsidentität (weiter)entwickelt und inszeniert. Dies hat bei Jungen in der Tendenz eine weitreichendere Bedeutung als bei Mädchen. Denn hier sind sie nach einer langen von Frauen dominierten und abhängigen Kindheitsperiode „endlich" nun kulturell selbstständig „unter Männern". Jungenfreundschaften über Cliquen sind nicht nur jugendkulturelle Experimentierräume, sondern auch Orte der Suche nach männlicher Identität (vgl. Jösting 2005).
Peergruppen unterscheiden sich lebensphasentypisch im Kindes- und Jugendalter. Krappmann (1991) unterscheidet die Peergruppenkultur der Kinder von der der Jugendlichen. Während die Kinder immer noch stark an den Erwachsenen orientiert sind und diese brauchen, ist das Jugendalter durch soziokulturelle Abgrenzung von der Erwachsenenwelt gekennzeichnet. Kinderpeers entwickeln sich in wechselseitiger Vertraulichkeit bis hin zu (meist gleichgeschlechtlichen) Freundschaften im losen Gruppenzusammenhang, der immer wieder durch das Hin- und Rückpendeln zu den Erwachsenen offen bleibt. Im Jugendalter dagegen entstehen der Erwachsenenwelt abgewandte Cliquen, welche durch gemeinsame Aktivitäten strukturiert sind. Die Beziehungen sind oft gar nicht dicht, die Clique wird durch Aktionen und territoriales Abgrenzungsverhalten zusammengehalten. Dabei werden geschlechtsspezifische Differenzierungen beobachtet. Gleichaltrigengruppen von Mädchen sind mehr nach innen gerichtet, stärker in Dyaden ausdifferenziert, in denen ein intensiver, aber meist verschwiegener persönlicher Austausch läuft. Diese Aussagen lassen sich auch auf die geschlechterdifferente Art der Gruppenkohäsion beziehen. In der Geschlechterforschung wird weiter hervorgehoben, dass Mädchen zwar ebenso wie Jungen in der Gleichaltrigenkultur präsent sind, dass sie aber – unter dem Aspekt der Findung ihrer Geschlechteridentität – nicht so sehr auf größere Cliquen angewiesen sind wie Jungen. Mit dem Begriff *Clique* werden Gruppen Jugendlicher mit losem und situativem Zusammenhalt bezeichnet, die meist von Jungen dominiert sind und sich über Aktionen immer wieder neu beleben. Sie sind „potentiell" deviant, weil sie subkulturell geprägt sind. Bei der Mehrzahl der Kinder und Jugendlichen ermöglicht die Clique auch die Regulation von Devianz, das normwidrige Verhalten bleibt in der Gruppe bzw. in der Gleichaltrigenkultur, nach außen wird Konformität signalisiert (vgl. Zinnecker/Silbereisen 1996). Über die Clique hinausreichendes und sozial wirksames, abweichendes Verhalten bis hin zur Delinquenz wird also nur dann gefördert oder initiiert, wenn die Cliquen in sich gegenüber der sozialen Umwelt abgeschlossen, ihre Mediatisierungsfunktion verloren und zum einzigen Haltepunkt ihrer Mitglieder geworden sind. Das schafft zwangsläufig autoritäre Gruppenstrukturen, die wiederum zu einer Verstärkung

der ethnozentristischen Abschottung der Gruppe und zur Unterdrückung von Individualität in der Gruppe führen können. Das deviante Verhalten ist dann als Gruppenverhalten selbstverständlich (auch wenn es der Einzelne von sich aus nicht tun würde), da die Gruppe keinen sozialen Austausch ermöglicht, sondern Unterwerfung verlangt.

Der Gleichaltrigengruppe wird aber nicht nur eine devianzfördernde, sondern genauso eine gesellschaftsfördernde, das heißt gesellschaftsvermittelnde, Funktion zugeschrieben. In der Jugendsoziologie wird in diesem Sinn davon ausgegangen, dass Peergroups gemeinschaftsfähig machen und gesellschaftliche Rollen und Konflikte emotional (vor-)erleben lassen und so den Übergang von der affektiven Primär- zu den affektiv neutralen, universalistischen Sekundärgruppen der Gesellschaft ermöglichen. Nach der gruppensoziologischen Unterscheidung zwischen Primär- und Sekundärgruppen sind die ersteren – Familien- und Freundesgruppen – durch enge Beziehungen geprägt, während in Sekundärgruppen der rationale zweckzugewandte Funktionscharakter dominiert. In diesem Zusammenhang kommt auch der jeweiligen Bezugsgruppe, an der man sich in Lebensstil und Statuswahrnehmung orientiert, eine für Selbstwert und soziale Anerkennung signifikante Bedeutung zu.

Unter makrosoziologischer Perspektive werden noch weitere Funktionen betont, die soziale Gruppen für die Gesamtgesellschaft leisten. Sozialer Konflikt und soziale Integration als Konstituenten einer modernen, arbeitsteiligen Gesellschaft sind danach maßgeblich über Gruppen vermittelt. Dies lässt die Gruppe zu einer gleichrangigen Kategorie zwischen und neben dem Individuum und der Gesellschaft werden. Auf diese grundlegende Bedeutung der sozialen Gruppe hat schon Georg Simmel (1958) dahingehend hingewiesen, dass er die Sozialität des Menschen weniger in der Spannung zwischen Individuum und Gesellschaft, sondern über Gruppen vermittelt sieht. George C. Homans (1960), der Klassiker der modernen Gruppensoziologie, hat der sozialen Gruppe eine dreifache, intermediäre Funktion zugeschrieben: Sie bilde – gleichsam modellhaft – geschlechtswirksame soziale Beziehungen aus, vermittle das Individuum in die Gesellschaft hinein und mediatisiere gleichermaßen gesellschaftliche Norm- und Anforderungsstrukturen über die Gruppe in die individuellen Lebenswelten hinein.

Texte zum Weiterlesen

Neidhardt, Friedhelm (Hrsg.) (1983): *Gruppensoziologie. Sonderheft 25 der Kölner Zeitschrift für Soziologie und Sozialpsychologie.* Opladen: Leske & Budrich.

Schäfers, Bernhard (Hrsg.) (1999): *Einführung in die Gruppensoziologie. Geschichte, Theorien, Analysen.* 3., korrigierte Auflage, Wiesbaden: UTB Quelle und Meyer.

▶ **Exkurs 4: Schulklasse als Gruppe**

Schon Weiß ist in seiner klassischen Abhandlung zur „Soziologie und Sozialpsychologie der Schulklasse“ (1964) der Frage nachgegangen, ob denn die Schulklasse als Gruppe zu sehen sei: „Die ‚Schulklasse‘ ist ihrer Entstehung nach weder ein gewachsenes Sozialgebilde wie die Familie, noch ist sie ein ‚Wahlverband‘ wie die Spielgruppe (...). Soziologisch wäre (...) der Ausgangspunkt einer Schulklasse zu charakterisieren als ein räumlich abgegrenztes, auf ein Drittes hin ausgerichtetes Zwangsaggregat. (...) Die Neigung, die Schulklasse als eine Arbeitsgemeinschaft, eine Erlebnisgemeinschaft, oder gar als eine Lebensgemeinschaft anzusprechen, ist zwar in der pädagogischen Literatur weit verbreitet, stellt aber mehr eine ideale Zielsetzung dar, als dass sie der soziologischen Wirklichkeit entspricht“ (Weiß 1964: 9/19).

Die Schulklasse gilt also traditionell nicht als echte Gruppe. Wir-Gefühl stellt sich nach unserem Alltagsverständnis nur in bestimmten Situationen her: so z.B. wenn es um Konkurrenz und Abgrenzung zu anderen Schulklassen, gemeinsamen Widerstand gegen eine/n Lehrer/in geht oder später ein Klassentreffen stattfindet. Man könnte sagen: Immer dann, wenn die Schulklasse in „Peer-Situationen“ gebracht wird oder später die Schulerinnerung zur Jugendnostalgie und dann zur Peer-Erinnerung wird, bekommt auch die Schulklasse in der subjektiven Wahrnehmung einen Peer-Charakter. Hier zeigt sich aber doch eine gewisse Ambivalenz hinsichtlich der Einschätzung des Gruppencharakters der Schulklasse. Diese ambivalente Haltung begegnet uns auch im wissenschaftlichen Spektrum der Gruppensoziologie: „Wegen der nicht hinreichend gesicherten Gemeinsamkeit des verfolgten Zwecks und der fehlenden Interaktion unter allen Schülern wird der Schulklasse, so wie die Schulverwaltung sie einrichtet, von einigen Forschern und Forscherinnen der Gruppencharakter nicht ohne Weiteres zugesprochen. Man klassifiziert sie stattdessen als ‚soziale Organisation‘ (...). Gleichzeitig wird aber (...) nicht ausgeschlossen, dass aus dieser Schulklasse eine soziale Gruppe werden kann, weil insbesondere die Raum- und Zeitbedingungen der Schulklasse als fördernde Faktoren angesehen werden: Das regelmäßige und langfristige Beisammensein der Schüler (...) begünstige nicht nur die Kontaktaufnahme untereinander, sondern würde sie nahezu zwangsläufig herbeiführen (...). Diesen interaktionsfördernden Faktoren von Raum und Zeit steht aber andererseits das spezielle, der Schulklasse vorgegebene Unterrichtsziel entgegen“ (Freiberg 1992: 229).

Die Schulklasse bleibt ihrer Funktionsbestimmung nach also vorrangig eine formelle Gruppenorganisation, welche durch ihren alltäglichen Pflichtcharakter, das Jahrgangsprinzip als Kollektivprinzip und die damit verbundene vorgegebene Schulablaufbahn mit den entsprechenden Leistungs- und Auslesestufen gekennzeichnet ist. Und trotzdem hat sie eine informelle Peer-Struktur, die nicht als eigene hervortritt, aber beeinflusst sein kann von außerschulischen Peer-Beziehungen oder innerschulischer, situativer Peer-Dynamik, die sich vor allem „unter den Bänken“, „hinter dem Rücken“ des Lehrers oder der Lehrerin oder auch ganz offen, mit un- oder missverständlichen Zeichen (Mimik und Gestik) abspielt. In diesem Zusammenhang sieht Helmut Fend (1988: 161) in Bezugnahme auf eigene Schuluntersuchungen die Schulklasse als „ambivalentes Interaktionsfeld“ mit der Tendenz, „dass bei Gleichaltrigen in Schulklassen starke normative Gegenkräfte zur Internalisierung des offiziellen kulturellen Wertsystems entstehen“.

Diese informelle Peer-Dynamik richtig einschätzen zu können, ist eine der wichtigsten Alltagskünste des Lehrerberufs: Einerseits darf man ihr nicht gleich aufsitzen und jede Peer-Regung als Störung abqualifizieren, andererseits muss der Punkt erkannt werden, wo die Balance zwischen schulischem Fluss und jugendkultureller Gegenströmung gefährdet ist, wo die Schulklasse für Lehrende leicht in den Sog von Desorganisation und Destabilisierung kommen kann. Deshalb ist es notwendig, dass der Lehrer/die Lehrerin in der Schule und im Unterricht Raum schafft, damit sich diese Balance einspielen kann und nicht allein nur auf das Kontrollverhalten der Lehrenden fixiert und damit eher unterdrückt und zu Lasten des Unterrichts nicht aushandelbar ist. Denn die informelle Peer-Struktur in der Schule ist nicht so einfach als Störung abzutun, sondern in vielem funktional für den Ablauf des Schulvormittags, gewissermaßen der jugendkulturelle Sozialkitt des Schulunterrichts. Nicht nur das Stillsitzen, die Konzentration auf den Stoff und die damit verbundenen schulischen Verkehrsformen, die Zeitdisziplin und der allvormittäglich erzwungene Bedürfnisaufschub stellen psychosoziale Herausforderungen dar, die von den Schülern *selbst* bewältigt werden muss. Dabei ist allerdings zu beachten, dass diese informelle Struktur nicht nur eine emotionale Stütze für die Schüler/innen ist, sondern dass von ihr auch enormer Konformitätsdruck oder gar Zwang ausgehen kann (Herlyn 1994: 241f). Die Schulklasse ist aber – im bereits erwähnten Raum-Zeit-Bezug – auch ein Sozialraum: Kinder und Jugendliche sind zusammen und immer wieder aufeinander bezogen; und das produziert einen gruppendynamischen „Aufforderungscharakter", der von manchen Lehrer/innen nicht als solcher erkannt, sondern oft zu kurzschlüssig als „Ablenkungsspiel" missgedeutet wird. Dieser Aufforderungscharakter wird umso stärker, je weniger sozialräumliche Möglichkeiten die Kinder und Jugendlichen im außerschulischen Bereich haben.

Wenn sich die Lehrer/innen im Unterricht das Gruppenprinzip zunutze machen, haben sie in der Regel – wie bereits angedeutet – die Quasigruppe in der Klassensituation vor Augen. Quasigruppe deshalb, weil die Gruppe weniger durch Wir-Gefühle und Zuneigung untereinander entsteht, sondern durch die funktionale Intervention der Lehrenden (vor allem, wenn sie dabei soziometrische Aspekte – also Zu- und Abneigung der Schüler untereinander – berücksichtigen). Die Lehrer/innen nutzen die Vorteile von Gruppenrücksichtnahme, Gruppenzusammenhalt und Gruppendynamik, die sich auch bei solchen „ad hoc Gruppen" einstellen können und im Gegensatz zum lehrerzentrierten „Frontalunterricht" schülerzentrierte Unterrichtsformen fördern können. Dieckmann/Breitkreuz (1996: 5) bezeichnen dies als die „Sozialform" Gruppenunterricht: Die in dieser Unterrichtsgruppe „ablaufenden Handlungen haben zugleich aktiven und reaktiven Charakter. Im Sinne des interaktionistischen Theorieansatzes sind die reflexiven und reaktiven Momente im Schülerverhalten von besonderem Interesse, d.h. man hört aufeinander, trägt den Meinungen anderer Rechnung, lässt sich in dieser oder jener Hinsicht beeinflussen. Die feste Einbindung in eine Gruppe von Mitschülern fördert die Bereitschaft zur Übernahme und Internalisierung von Gruppennormen".

Dies ist ein deutlicher, praktischer Hinweis darauf, dass man die sozialpsychologische Gruppenperspektive im Unterricht nutzen kann und soll. Die soziologische Dimension der Gruppe liegt aber noch auf einer anderen, weiteren Ebene. Diese ist für die Lehrenden zwar oft nicht unmittelbar praktisch umsetzbar, jedoch für seine Reflexion der Schule als Sozialgeschehen und damit für die Beurteilung von Schülerverhalten und das Erkennen sozialer Gesetzmäßigkeiten im Zusammenhang von schulischen und außerschulischen Abläufen unabdingbar. Gemeint ist hier der Umstand, dass Lehrerverhalten in der Schule immer auch strategisches Verhalten in der Balance von Unterrichtsorientierung und Peerverständnis ist. Insofern sind Techniken des Gruppenunterrichts, Ermöglichung von Zonen des situativen gruppendynamischen Ausagierens in Unterrichtszwischenzeiten und Gruppenexperimente im Unterricht nicht nur funktional für das Gelingen der kognitiven Lernprozesse, sondern genauso wichtig für die soziale Unterstützung des Unterrichts. Gruppenprozesse fördern im Sinne des interaktionistischen Modells das Aufeinandereingehen und Sich-in-andere-Hineinversetzen bei der gemeinsamen Lösung von Aufgaben, bauen subjektive Rollenzwänge ab und ermöglichen situative Distanz zur individuell als starr empfundenen Schülerrolle. Hinter dem diffusen Schlagwort von der „Verbesserung des Lernklimas" in der Schule verbergen sich also konkrete, soziologisch erfassbare Abläufe, die von der Schule und den Lehrenden gewusst und integriert werden müssen.

Während in der Schulklasse die Peerstrukturen informell, oft verdeckt und situativ wirken, verläuft das offene jugendkulturelle Peer-Leben außerhalb der Schule. In der außerschulischen Peergroup finden sich meist viele Schüler/innen der Schulklasse wieder, aber es können durchaus auch klassenfremde Gleichaltrige dabei sein. Die außerschulische Peergroup steht in einem spezifischen Verhältnis zur Schule und hat – nach Hornstein (1990) – sowohl eine kompensatorische als auch eine schützende Funktion. In der Kompensationsfunktion wirkt die Peergroup entlastend und selbstwertfördernd. Die Schule hat von ihrer formalen Struktur her im Grunde nur die Möglichkeit der Selbstwertgewährung über Leistung und Auslese. Wir haben schon bei der Darstellung der Eigenart der Peergroups gesehen, dass sich gerade dort Jugendliche darstellen und beweisen können, die in der Schule nicht zum Zuge kommen. Da die Selbstwertbildung und -entwicklung eine zentrale Sozialisationskomponente des Kindes- und Jugendalters darstellt, ist die Peer-Szene wichtig für die sozialisatorische Balance und Ganzheit in der Kindheit und Jugend (vgl. Eisewicht/Grenz 2010; Schröer 2013). Dieser ganzheitliche Blick über die Schulmauer hinaus fällt der Schule und vielen Lehrer/innen (von ihrer ihnen auferlegten Rolleneinengung her) schwer. Sonst würde die Schule begreifen, dass gerade sie sich kommunal- und regionalpolitisch für jugendkulturelle Räume und Gelegenheitsstrukturen, die Peer-Entfaltung ermöglichen, engagieren müsste.

Welchen Einfluss Peers auf schulische und Schullaufbahnorientierungen haben, ist nach Hornstein (1990), der entsprechende Untersuchungen heranzieht, nicht so eindeutig auszumachen. Wichtig ist, dass sich in der Peergroup – im Gegensatz zur Familie, wo die Erwartungen der Eltern meist dominieren oder zumindest schon im Raum stehen – eine selbsttätige und jugendkulturell eigenwillige Auseinandersetzung mit der Schul- oder Berufsperspektive entwickeln kann: Die Entschlüsse, in eine andere Schulart, einen anderen Förder- oder Leistungskurs zu wechseln, sind nicht selten davon beeinflusst, ob und wie es die Freunde oder andere in der Gruppe auch tun. Über Berufswünsche und -träume kann man sich jugendtypisch – aus dem *gegenwärtigen* Lebensempfinden heraus (und nicht nur unter dem fürsorglichen Zwang der Zukunftsdisposition der Eltern) – austauschen. Also zeigt sich auch hier wieder: Die Peergroup erscheint als jugendkultureller Raum der Selbsttätigkeit und Selbstverständigung, dessen Funktionalität sich deshalb nicht nur an der Schule, sondern am Gesamtzusammenhang jugendlicher Sozialisation misst.

Dennoch und gerade deshalb sollten Lehrer/innen der Peergroup mehr Aufmerksamkeit zukommen lassen und nicht immer nur auf die Familie deuten, wenn sie ihre außerschulischen Rückschlüsse zum Schülerverhalten und zur Schülerverbindlichkeit ziehen. Mit der starren Sozialfixierung auf die Familie und die schulstrategische Vernachlässigung der Peergroup vergibt sich die Schule die Möglichkeit, ihren Horizont des sozialen Verständnisses und des sozialen Eingehens auf die Schüler/innen zu erweitern. ◄

▶ Exkurs 5: Die pädagogische Gruppe in der Jugendarbeit

Die außerschulische Jugendarbeit reklamiert die strukturierte Jugendgruppe für sich und setzt sie von der unstrukturierten Jugendclique ab. Allerdings: Weder die traditionelle pädagogische Gruppe als Lebensform, in der das Führer-Gruppen-Verhältnis als pädagogisches Vorbildverhältnis gelten sollte (s.o.), noch die bildungsinstitutionelle Vorstellung von der Jugendgruppe, als im Alltag ausdifferenzierter „Lernort" (Hornstein et al. 1975), scheinen heute für die Bestimmung der pädagogischen Jugendgruppe zu taugen. Diese ist stärker alltagsintegriert, d.h. – wie wir oben aufgezeigt haben – in die Alltagsszenerie Gleichaltriger eingebunden. Nimmt man Befunde zur Jugendverbandsforschung aus den 1990er Jahren ernst, muss man sich darauf einstellen, dass aus dem Blickwinkel Jugendlicher die Unterschiede zwischen formellen und informellen Gruppen durchweg relativ und fließend sind. Das gilt sowohl im Blick auf die Gleichaltrigen, mit denen sie sich hier wie dort treffen, als auch im Blick auf die Erwartungen, die sie an die Gruppe herantragen. Für Jugendliche scheint die Gruppe/der Verband in erster Linie eine besondere sozialräumliche Gelegenheitsstruktur mit den beiden Polen Freizeitgestaltung/Erleben und Gleichaltrigenkontakte/Gemeinschaft darzustellen. Diesen Bezügen muss sich das thematisch-inhaltliche Angebot der außerschulischen Jugendarbeit aussetzen. Jugendkulturelle und soziale Qualitäten, die Jugendliche der Gleichaltrigengruppe beimessen, stellen kein Monopol der strukturierten Gruppe dar. Auch in den informellen Cliquen wollen Jugendliche solche Bedürfnisse realisieren. Was in der Gruppe begann, kann in der Clique weiter verfolgt werden oder umgekehrt. Übergänge zwischen beiden Formen finden sich häufig.

Die pädagogische Gruppe eines Jugendverbandes oder der offenen Jugendarbeit muss sich also nicht konkurrierend den informellen Gruppen und Cliquen gegenübergestellt sehen. Sie ist vielmehr Teil des Netzwerkes lokaler Jugendkultur und ihrer Gelegenheitsstrukturen. Das spezielle Profil der pädagogischen Gruppe erwächst nicht aus konkurrierender Abgrenzung, sondern aus dem gestalteten Bezug und Verhältnis zu anderen Elementen des jugendlichen Alltags. Das Spezifische der Verbandsgruppe ergibt sich dann zum einen aus ihrem besonderen sozialen Aufforderungscharakter als interpersonaler und biografisch hoch besetzter lebensweltlicher Bezugspunkt (die Gruppe ist mir wichtig), zum anderen aus ihrer Eingliederung in die übergreifende Sozialform des Jugendverbandes.

Gruppe meint in diesem weiteren Zusammenhang also einen überschaubaren Nahraum mit einer gewissen Kontinuität und einem bestimmten Profil: hinsichtlich der inhaltlichen Angebote, mit einer höheren Qualität von Beziehungen zwischen den Mitgliedern, hinsichtlich der Intimität, der wechselseitigen Anregung und Stabilisierung, aber auch Kritik und Herausforderung. Dazu gehört eine dichtere Konvergenz von gemeinsamen Interessen im Vergleich zur allgemeinen Gleichaltrigenkultur, eine gewisse zeitliche Kontinuität, die gemeinsame Entwicklungen und Erfahrungen ermöglicht.

In diesem Sinne wird die Jugendgruppe grundsätzlich als Teil der sozialräumlichen Gelegenheitsstruktur Jugendlicher verstanden. Jugendliche brauchen Räume mit Möglichkeiten der selbstbestimmten sozialen Aneignung besonders, da sich die experimentelle Dimension in der Entwicklung im Jugendalter maßgeblich über sozialräumliches Verhalten realisiert, im Kontrast zu den rollen- und positionsbezogenen institutionellen Verhaltenstypen der Erwachsenengesellschaft (ausführlicher hierzu Kap. D 2.2). Jugendverbände treffen und vermitteln besondere sozialräumliche Kontexte über die je eigenen Möglichkeiten, die in den unterschiedlichen Verbandsräumen stecken: unverwechselbare Muster der Geselligkeit, Lebensstile und Aktionsformen.

Auch die pädagogische Struktur der Jugendgruppe entwickelt sich im sozialräumlichen Kontext in der qualitativen Rückbindung des Thematischen an das Räumliche. Das Räumliche ist also nicht nur Medium und Transportmittel der Inhalte. Es erhält, indem es für die Jugendlichen Aneignungsmöglichkeiten eröffnet, eine sozialformende Qualität. Deshalb lernen Jugendliche in der offenen und freiwilligen Situation der Jugendarbeit in der Regel nicht einfach entsprechend der thematischen Vorgabe der Pädagog/innen – also entlang eines Lernzieles –, sondern im Austausch von sozialräumlicher Struktur und thematischem Angebot. Was am Ende herauskommt, ist oft etwas anderes als das, was vielleicht thematisch erwartet wurde. Die Jugendlichen sind im Verlauf des Gruppenabends, der Wochenendveranstaltung, des Zeltlagers etc. auf andere Themen gekommen, haben mehr über sich und ihren Umgang miteinander entdeckt. Von da aus versuchen sie, mit dem Thema als nun *ihrem* Thema umzugehen.

Jugendverbände stehen in der Regel in Bezug zu normativen oder interessengeleiteten Milieus, die sich aus generationsübergreifenden Traditionen gebildet haben. Jugendverbände wollen weltanschauliche bzw. normative Orientierungen vermitteln und setzen in diesem Sinne pädagogische Prozesse in Gang, in denen sich die Spannung zwischen dem Angebot an traditioneller, normativer Vorgabe und der gegenwartsorientierten, jugendkulturellen Aneignung entfalten kann. Dabei sind zwei Aspekte entscheidend: Einmal muss sich die normative Programmatik des Verbandes in den jugendkulturellen Alltag vermitteln lassen, zum anderen müssen die Jugendlichen die Möglichkeit haben, sich die verbandlichen Werte neu – aus ihrer Gegenwart heraus – kritisch aneignen zu können. Bei der jugendkulturellen Vermittlung von Werten gilt es, die Erfahrung zu berücksichtigen, dass Wertentscheidungen für Jugendliche nur im Zusammenhang mit Lebensstilen und Verhaltensmustern relevant und erfahrbar sind. Eine nur kognitiv-argumentative Auseinandersetzung oder gar die Demonstration von Programmatik reicht deshalb nicht aus. Gerade Lebensstile müssen sozialräumlich-experimentell gefunden und erprobt werden können. Deshalb ist an das Problem der jugendkulturellen Vermittlung von verbandlichen Werten immer die Frage gebunden, wie Verbandsgruppen Experimentierräume zur Entwicklung und Erprobung von Lebensstilen sein können.

In dieser sozialräumlichen Perspektive stellt sich die pädagogische Gruppe des Jugendverbandes, aber auch die Stammgruppe der offenen Jugendarbeit als ein besonderer Ort innerhalb der Gleichaltrigenkultur Jugendlicher dar. Pädagogische Gruppenarbeit bedeutet in diesem Sinne dann auch, diese Verortung als Prozess aufzunehmen, in Fluss zu halten. Dies gelingt am besten, wenn die pädagogische Gruppe nicht nur über den regelmäßigen Gruppenabend definiert, sondern auch in ein kulturelles oder soziales Projekt (pro Jahr) eingebunden und damit selbst als Projekt verstanden wird. Dies knüpft an die Grundidee der Projektarbeit an, geht aber über diese als Arbeitsform weit hinaus: Projekte werden nicht nur von ihren Inhalten, sondern vor allem von der neuen Qualität der Gruppenprozesse, die sie initiieren, verstanden. Das gemeinsame Projekt – mit einer zeitlichen Projektperspektive und der Aussicht auf ein von jedem in Anspruch nehmbares Produkt – entlastet die Gruppe. Sie tritt nicht bloß um ihrer selbst willen zusammen. Soziale Kontrolle, gegenseitige Abhängigkeit und Gruppenkonflikte verlagern sich mehr auf das Projektmilieu. Nach Projektende geht zwar oft die Projektgruppe auseinander, aber die Erfahrungen, die die Einzelnen gemacht haben, können die Sensibilität und die Kompetenz für die Bildung neuer Gruppen erhöhen. ◄

1.3 Formen der Vergesellschaftung

Als Formen der Vergesellschaftung werden im Weiteren soziales Netzwerk, soziale Organisation und Gesellschaft betrachtet. Von diesen drei Grundkonzepten nimmt das des sozialen Netzwerkes eine Sonderstellung ein, da es sowohl in den Mikro- als auch Makrobereich hineinreicht. Gerade in einer besonderen Ausprägung als persönliches Netzwerk wird es ganz wesentlich von persönlichen Beziehungen und sozialen Gruppen bestimmt und weist so eine hohe Relevanz für den Mikrobereich auf. Aber auch schon als persönliches Netzwerk ist es nicht darauf begrenzt und umfasst Beziehungen, die über Vergemeinschaftungsformen hinausreichen. Das Konzept des sozialen Netzwerkes hat dann eine überbrückende und verbindende Stellung zwischen der Mikroebene in direkter Wechselwirkung zur Makroebene mit komplexen Strukturen.

1.3.1 Soziales Netzwerk

Die Wurzeln der Netzwerkforschung liegen in der Soziologie, aber auch in der Sozialpsychologie und Sozialanthropologie. Wie bei dem Begriff der persönlichen Beziehung sind auch hier aus der Soziologie insbesondere Georg Simmel und Leopold von Wiese zu nennen. An dieser Stelle sei nur kurz auf Simmel eingegangen, der – wie bereits erwähnt – als Gegenstand der Soziologie die Formen der Vergesellschaftung oder soziale Wechselwirkung auffasst. Indem die Soziologie vor allem mit den Formen befasst ist, besitzt sie Gemeinsamkeit mit der Geometrie, wie Simmel mit folgendem Auszug seiner „Soziologie" verdeutlicht:

> „Soziologie, als Lehre von dem Gesellschaft-Sein der Menschheit, die auch in unzähligen andern Hinsichten noch Wissenschaftsobjekt sein kann, verhält sich (...) zu den übrigen Spezialwissenschaften, wie sich zu den physikalisch-chemischen Wissenschaften von der Materie die Geometrie verhält: sie betrachtet die Form, durch die Materie überhaupt zu empirischen Körpern wird – die Form, welche freilich für sich allein nur in der Abstraktion existiert, grade wie die Formen der Vergesellschaftung. Sowohl Geometrie wie Soziologie überlassen die Erforschung der Inhalte, die sich in ihren Formen darstellen, oder der Totalerscheinungen, deren bloße Form sie betrachten, andern Wissenschaften." (Simmel 1958: 9f)

Noch näher zu dem, was man heute unter sozialem Netzwerk versteht, kommt Simmel (1958: 6. Kap.) mit seinen Überlegungen zur Kreuzung sozialer Kreise (vgl. auch Nollert 2012). Die fortschreitende Differenzierung hat zur Folge, dass Individuen nicht nur primären sozialen Kreisen angehören, also solchen, in die sie hineingeboren sind, sondern auch weiteren Kreisen, bei denen die Zugehörigkeit vorrangig auf gemeinsamen Interessen basiert. Die durch diese Zugehörigkeiten geschaffene Kombination sozialer Kreise bildet für Simmel die Basis der Individualität.

> „Die Zugehörigkeit zu je einer derselben lässt der Individualität noch einen weiten Spielraum; aber je mehre es werden, desto unwahrscheinlicher ist es, dass noch andere Personen die gleiche Gruppenkombination aufweisen werden, dass diese vielen Kreise sich noch einmal in einem Punkte schneiden." (Simmel 1958: 312)

Das je Spezifische der Individualität liegt in dieser einzigartigen Kombination der multiplen Zugehörigkeiten zu sozialen Kreisen.
Aus der sozialpsychologischen Tradition ist vor allem Jakob Moreno zu nennen (vgl. Schnegg 2012). Von ihm stammt nicht nur der Begriff des Stegreiftheaters; Moreno ist auch der Begründer der Soziometrie, bei der die Akteure über ihre wichtigsten Beziehungen befragt werden. Neben einem Gefängnis bildeten Schulklassen die ersten Untersuchungsgegenstände. Die Daten zu den Schulklassen schufen auch die Grundlage für sein 1934 erschienenes Hauptwerk „Who shall survive". In den folgenden Jahren hat Moreno zusammen mit seiner Kollegin und Partnerin Helen Hall Jennings die Soziometrie weiterentwickelt.
Aus der Sozialanthropologie hat Alfred Radcliffe-Brown für die Netzwerkanalyse wichtige Anregungen gegeben. Als Gegenstand der Ethnologie benannte er die Sozialstruktur, worunter er ein „network of actually existing relations" (Radcliffe-Brown 1940, zit n. Schnegg 2012: 23) verstand. Radcliffe-Brown hat zugleich seine Schüler, an vorderster Stelle ist W. Lloyd Warner zu nennen, angehalten, Netzwerke zu erheben und auszuwerten. Neben seinen Feldstudien in Australien hat Warner an den klassischen Studien der Organisationsforschung, den sog. Hawthorne-Studien mitgewirkt. In diesen Studien sollte ursprünglich die Einwirkungen der physischen Umwelt, z.B. der Intensität des Lichtes auf die Arbeitsproduktivität untersucht werden. Entdeckt werden konnte, dass die informellen Arbeitsbeziehungen ganz wesentlich zum Arbeitsresultat beigetragen (vgl. Roethlisberger/Dickson 1939). Eingeführt hat den Netzwerk-Begriff John A. Barnes und zwar im Rahmen seiner Feldstudie über den Kirchensprengel der norwegischen Insel Bremnes. Das dortige Beziehungsgeflecht hat Barnes mit einem Fischernetz verglichen und dafür den Begriff Netzwerk verwendet.

> „Similarly each person has a number of friends, and these friends have their own friends; some of any one person's friends know each other, others do not. I find it convenient to talk of a social field of this kind as a network. The image I have is of a set of points some of which are joined by lines. The points of the image are people, or sometimes groups, and the lines indicate which people interact with each other. We can of course think of the whole of social life as generating a network of this kind." (Barnes 1954: 43)

Von Clyde Mitchell (1969: 2), der ebenfalls wie Barnes der Manchester-Gruppe der britischen Sozialanthropologie angehörte, stammt die vielfach zitierte und inzwischen klassische Definition von Netzwerk als „a specific set of linkages among a defined set of persons". Die soziale Netzwerkanalyse richtet ihr Augenmerk auf Netzwerke im Sinne von Sets von Akteur/innen, zwischen denen Beziehungen als Verbindungen laufen. Die Positionen der Akteure werden auch als „Knoten" bezeichnet, die Verbindungen zwischen ihnen als „Kanten" (vgl. Holzer 2009). Netzwerke können hinsichtlich des Umfanges bzw. des Analyseausschnitts stark variieren. Herkömmlicherweise wird zwischen totalen, partiellen und egozentrischen (oder auch persönlichen) Netzwerken unterschieden (vgl. Keupp 1987; Laireiter

2009). Ein totales Netzwerk umfasst alle direkten und indirekten Beziehungen in einem untersuchten Set von Akteuren, z.B in einem Fischerdorf wie bei Barnes. Allerdings ist die Möglichkeit der Erfassung eines totalen Netzwerks auf kleinere Einheiten begrenzt. Ein partielles Netzwerk ist ein Teilabschnitt aus einem totalen, wobei der jeweilige Ausschnitt durch das vorhandene Erkenntnisinteresse bestimmt wird. So ist es z.B. möglich, in einer Stadt den Blick auf die kommunale Machtelite und deren Vernetzung zu richten. Bei einem egozentrischen bzw. persönlichen Netzwerk werden „nur jene Beziehungen erfasst und untersucht, die eine bestimmte Referenzperson (Ego) mit anderen Menschen (seine Netzwerkmitgliedern, (...) ‚Alteri' genannt, unterhält, incl. deren Verbindungen untereinander" (Laireiter 2009: 78). Während es sich bei einem egozentrischen bzw. persönlichen Netzwerk um reale, soziale Entität handelt, es also aus natürlichen Beziehungen besteht, kann es sich bei einem totalen oder partiellen Netzwerk um eine bloße virtuelle Realität handeln, die in dieser Form nur in den Köpfen der Forscher/innen existiert (vgl. Hollstein 2006). Dies ist etwa dann der Fall, wenn es darum geht, festzustellen, wer sich gegenseitig zitiert oder an verschiedenen Orten an einer bestimmten, technischen Innovation arbeitet. Wegbereitend hierfür waren in den 1970er und 1980er Jahren die Harvard-Strukturalisten um Harrison C. White und Barry Wellman. In der „formalen Netzwerkanalyse" (Straus 2002) wird auf einen realen (ontologischen) Netzwerkbegriff verzichtet. Dieser Ansatz ist „theoretisch wie methodisch mathematisch fundiert, beruht auf allgemeinen Theoremen der (mathematischen) Graphen- und Gruppentheorie (...) und besitzt so eine hohe formale Abstraktheit" (Laireiter 2009: 77).

Egozentrische bzw. persönliche Netzwerke kommen durch unterschiedliche Verbindungsformen zustande (vgl. Laireiter 2009). Nach der Erfassungsmodalität wird zwischen Bekanntschaft, Kontakt, sozialen Rollen, subjektiver Wichtigkeit, emotionaler Beziehung, interpersoneller Belastung sowie sozialem Austausch bzw. sozialer Unterstützung unterschieden. Diese Verbindungsformen gelten nicht nur für die Beziehung zwischen Ego und Alteri, sondern auch zwischen Letzteren. Auch sind die Mitglieder einer Egozentrik des Netzwerkes in aller Regel über mehrere Bindungsformen miteinander verknüpft. Zur Erfassung werden entsprechende Fragen formuliert, um die Namen der entsprechenden Personen zu erfassen. Um nur ein Beispiel zu nennen: Die emotionale Beziehung kann mit dem Item „Wer sind Ihre wichtigsten Freunde?" erfasst werden.

Einen breiten Raum nehmen in der Netzwerkforschung die Beschreibungsdimensionen egozentrischer bzw. persönlicher Netzwerke ein. Unterschieden wird dabei zwischen strukturellen, interaktionalen, funktionalen und evaluativen Parametern. Beispiele für strukturelle Parameter sind die Größe des Netzwerkes (=Anzahl der Mitglieder) oder die relationale Struktur in Form von Clustern oder Cliquen. Zu den interaktionalen Parametern zählen Frequenz, Reziprozität oder Erreichbarkeit. Die Frequenz meint die Häufigkeit des Kontaktes, die Reziprozität die Frage, ob eine Symmetrie im Austausch besteht, und mit Erreichbarkeit wird die Anzahl der

Akteure mit geringer geografische Entfernung erfasst. Als die wichtigste Funktion sozialer Netzwerke wird vielfach soziale Unterstützung angesehen, aber auch soziale Kontrolle geht von einem sozialen Netzwerk aus (ausführlicher hierzu Kap. B 1.4.3). Evaluative Parameter sind die Zufriedenheit oder auch die subjektive Wichtigkeit.

Es erscheint naheliegend an dieser Stelle einen kurzen Vergleich zwischen sozialen Gruppen und sozialem Netzwerk anzustellen. Soziale Netzwerke können soziale Gruppen einschließen, ohne dass soziale Netzwerke nur aus Gruppen bestehen würden. Möglich ist immer auch, dass sich in sozialen Netzwerken Gruppen herausbilden. Wie lassen sich beide Konzepte voneinander unterscheiden? Schenk (1983) nennt drei wesentliche Unterschiede: Während Gruppen auf direkte und starke Beziehungen beschränkt sind, umfassen soziale Netzwerke direkte und indirekte wie starke und schwache Beziehungen. Es schließt auch Verbindungen mit ein, in denen die Personen keinen unmittelbaren Kontakt haben. Mit starken vs. schwachen Beziehungen wird eine Unterscheidung von Mark S. Granovetter (1973) aufgegriffen, die mit der ersteren eng verbunden ist, aber vor allem auf die Unterstützungsqualität abstellt. Als drittes Unterscheidungsmerkmal nennt Schenk Multi- vs. Uniplexität. Als multiplex wird eine Beziehung dann bezeichnet, wenn mehrere, verschiedene Inhalte in ihr ausgetauscht werden, als uniplex, wenn sich diese auf bestimmte Inhalte beschränkt. Während sich Gruppen durch Multikomplexität auszeichnen, umfassen soziale Netzwerke sowohl multiplexe als auch uniplexe Beziehungen. Deutlich wird, dass das soziale Netzwerk das umfassendere Konzept ist. Es schließt – wie auch soziale Gruppen – direkte, starke und multiplexe Beziehungen ein, ist jedoch nicht darauf beschränkt, sondern weist auch indirekte, schwache und uniplexe Beziehungen auf.

Auch wenn ein jeder – mehr oder weniger stark – in Netzwerke integriert ist, für die (sozial-)pädagogische Arbeit ist die Förderung der Verankerung in soziale Netzwerke ein wichtiges Handlungsfeld. Eingebürgert hat sich dafür der Begriff Netzwerkarbeit. Diese Aktivitäten stehen in einem engen Zusammenhang mit dem Konzept des Empowerment (vgl. A. Lenz 2011), also mit Maßnahmen und Strategien, mit denen die Autonomie und Selbstbestimmung der Personen gestärkt werden sollen. Die Netzwerkarbeit ist in der Kinder- und Jugendarbeit, Elternarbeit und Altenarbeit verbreitet; sie erstreckt sich auch – wie im Weiteren gezeigt werden soll – über die Förderung der Zusammenarbeit in Bildungseinrichtungen. So wurde dies in den letzten Jahren in Deutschland im Konzept der *Bildungslandschaften* thematisiert und modellhaft, aber auch schon in der alltäglichen Praxis erprobt. Man versteht darunter

> „auf gemeinsames Handeln abzielende, kommunalpolitisch gewollte Netzwerke zum Thema Bildung, die ausgehend von der Perspektive des lernenden Subjekts formale Bildungsorte und informelle Lernwelten umfassen und sich auf einen definierten sozialen Raum beziehen." (Bleckmann/Durdel 2009: 12)

Ihre zentrale Begründung bezieht sich auf die in diesem Modell steckenden Möglichkeiten, Lernprozesse zu erweitern, zu vervielfältigen und unterschiedliche Lernwelten aufeinander zu beziehen. So können trotz der Unterschiedlichkeit der Lernorte in deren Zielen, Konzeptionen und Zugängen in dieser Vernetzung Lerngemeinschaften entstehen. Dabei geht es vor allem um die Kooperationen im Wechselspiel von formalem und informalem Lernen, also zwischen Schule, Jugendhilfe, sozialen und kulturellen Einrichtungen sowie betrieblichen Ausbildungsstätten. In den inzwischen zahlreichen Modellen bleibt aber die Schule weiterhin der Lernmittelpunkt, allerdings nun mit der Maßgabe, sich gegenüber ihrer kommunalen Umwelt so zu öffnen, dass auch Rückwirkungen auf die schulische Struktur akzeptiert werden. Diese Netzwerk-Kooperation von der Schule her ist auch für Modelle in anderen europäischen Ländern – z.B. das der „extended school" in Großbritannien oder der „brede scholen" in den Niederlanden – charakteristisch (vgl. Baumheimer/Warzewa 2009). Anders gerichtet ist ein Modell Bologneser Erziehungswissenschaftler (Frabbioni/Guerra 1991), das mit dem bezeichnenden Titel „La città educativa" den kommunalen Sozialraum in seiner Aneignungs- und damit Lernvielfalt in den Vordergrund stellt. Im Kontrast zu den Programmen, die sich um die Formel der Öffnung der Schule gruppieren, geht das italienische Modell nicht von der Schule, sondern vom kommunalen Raum aus. Im Mittelpunkt steht also weniger das Problem, wie die Schule kommunale Impulse aufnehmen, wie schulisches Lernen alltags- und jugendkulturell erweitert werden kann, sondern erst einmal die Frage, was die Schule an den kommunalen Raum *abgeben* kann, damit auch andere Lernformen, als sie die Schule vermittelt – eben Formen sozialräumlicher Aneignung –, während der Schulzeit für die Kinder möglich werden oder bleiben. Praktisch sieht das so aus, dass die Schule Verträge mit Vereinen, Jugendverbänden, sozialen und ökologischen Initiativgruppen, lokalen Medienprojekten, Museen, dem Zoo und anderen Einrichtungen schließt, in denen die Kinder Kompetenz und Wissen gleichermaßen erwerben können; Wissen, das außerhalb der Schule und unter außerschulischen Lernbedingungen angeeignet wird, dessen Erwerb auch – nach den Regeln und dem Verständnis dieser Einrichtungen, Gruppen und Initiativen – bewertet und von der Schule als abgeleisteter Fachunterricht anerkannt wird. Sozialkunde, Sport, ökologische, biologische und technische Fächer können also außerhalb der Schule belegt werden, die Schule behält aber die Kernfächer bei. Die Kooperationsverträge sehen aber nicht nur die Anerkennung der außerschulischen Leistungen als schulische Leistungen vor, sondern verpflichten die Schulen auch, in ihrem Unterricht an diese außerschulischen Erfahrungen thematisch und didaktisch anzuknüpfen.

Diese außerschulische Akzentuierung wird auch im neueren Diskurs zur sozialräumlich orientierten Bildung aufgenommen:

> „Mit der Bezugnahme auf informelle Bildungsorte kommt auch der öffentliche Raum in den Blick: Kinder und Jugendliche lernen und bilden sich […] nicht nur in Institu-

> tionen oder mit der Schule, sondern insbesondere auch in ihren jeweiligen Lebenswelten, Nahräumen, Dörfern, Stadtteilen und nicht zuletzt auch im öffentlichen Raum.“ (Deinet 2013: 1)

Diese „subjektiven Bildungslandschaften“ stehen immer wieder im Kontrast zu den institutionell vermessenen Bildungsorten, weil diese bildungspolitisch weiter im hierarchischen Schatten der Schule als Bildungsort stehen, während Kinder und Jugendliche diese Orte immer wieder wechselseitig durchdringen und zum „Gewebe sozialer Praktiken“ werden lassen.

Texte zum Weiterlesen

Hennig, Marina (2006): *Individuen und ihre sozialen Beziehungen.* Wiesbaden: VS.
Hollstein, Betina, Florian Straus (Hrsg.): *Qualitative Netzwerkanalyse. Konzepte, Methoden, Anwendungen.* Wiesbaden: VS.

1.3.2 Organisation

Während es in der Alltagssprache verbreitet ist die Begriffe „Organisation“ und „Institution“ synonym zu verwenden, werden diese in der Soziologie auseinandergehalten. Unter einer Institution werden wiederkehrende Handlungsmuster verstanden, eine Organisation ist hingegen ein rationales Zweckgebilde. Wirtschaftsunternehmen oder Hochschulen sind ebenso Beispiele für Organisationen wie Greenpeace. Moderne Gesellschaften kommen – wie Renate Mayntz (1977: 8) in ihrer immer noch lesenswerten Einführung ausgeführt hat – ohne Organisationen nicht aus:

> „Dabei ist nicht nur an die Ordnungsmacht der weite Lebensbereiche umspannenden staatlichen Verwaltung gedacht, sondern ganz allgemein an die Tatsache, dass ein kontinuierliches Zusammenwirken zahlreicher Menschen zu einem spezifischen Zweck der Organisation bedarf. In der rational geformten Organisation bleibt die kontinuierliche Durchführung der Aufgaben auch beim Wechsel von Mitgliedern gewährleistet, weil die Inhaber der einzelnen Position bis zu einem gewissen Grade auswechselbar sind.“

Damit wird nicht ausgesagt, dass es Organisationen nur in der modernen Gesellschaft gibt. Betont wird lediglich, dass für eine moderne Gesellschaft Organisationen unverzichtbar sind. Eine moderne Wirtschaft ist ohne Unternehmen, Banken und Börsen ebenso undenkbar wie moderne Demokratie ohne Parteien oder moderne Wissenschaft ohne Hochschulen.
Mayntz benennt in diesem Zitat auch ein erstes Grundmerkmal sozialer Organisationen: die Trennung zwischen Person und Position. Durch diese Trennung wird es möglich, dass eine Organisation trotz der fortlaufenden Fluktuation ihrer Mitglieder fortdauert. Personen sind in Organisationen prinzipiell ersetzbar. Eine Austauschbarkeit der Mitglieder ist möglich, da Organisationen eine forma-

le Struktur aufweisen, durch die die Zuständigkeit der Mitglieder, ihre jeweiligen Aufgaben und die Kommunikationswege festgelegt sind. Organisationen umfassen ein aufeinander bezogenes System von Positionen und zugeschriebenen Rollen. Es existieren explizit formulierte, präzise Verhaltensregeln, durch die – unabhängig von persönlichen Qualitäten – die Rollen derjenigen festgeschrieben sind, die in der Organisation bestimmte Positionen einnehmen. Unabhängig vom Willen des einzelnen Mitglieds ist vorab geregelt, „wer was in welcher Situation zu tun hat, wer wem zu befehlen oder zu gehorchen hat, wer über was durch wen zu informieren ist und wer in welcher Hinsicht wie zu handeln hat" (Abels 2004: 199).

Diese Regelungen sind notwendig, da die Mitglieder einer Organisation in aller Regel nicht in einem direkten Austausch miteinander treten, sondern sich – ohne dass sie möglicherweise die anderen Organisationsmitglieder persönlich kennen – darauf verlassen und auch verlassen können, dass die jeweiligen Positionsinhaber sich entsprechend der formalen Vorgaben verhalten werden. Anders als in Interaktionen, die an die Anwesenheit der anderen gebunden sind, sind Organisationen am Normalfall der Abwesenheit ausgerichtet (vgl. Nassehi 2011). Organisationen umfassen eine Vielzahl von gleichzeitig oder nacheinander ablaufenden Tätigkeiten unterschiedlicher Akteur/innen, die nur mittelbar aufeinander bezogen sind. Arbeitsteilung und Hierarchie stellen die zentralen Ausprägungen der formellen Struktur dar. Die Arbeitsteilung verweist auf Regelungen zur Zuständigkeit und die Hierarchie auf die Verteilung von Verantwortlichkeiten. Allerdings kann eine Organisation niemals auf die formale Struktur reduziert werden. Auch wenn Organisationen auf Mittelbarkeit ausgerichtet sind, schaffen wiederholte Arbeitsabläufe vielfältige Gelegenheitsstrukturen, um sich persönlich kennenzulernen, Sympathie und Antipathie füreinander zu entwickeln. Möglich ist auch, dass sich die Organisationsmitglieder schon vorab gekannt haben und einander in der Arbeitswelt wieder begegnen. Diese informellen Kontakte können – zumindest dann, wenn sie von einer persönlichen Nähe getragen sind – für den Organisationszweck, wie schon die bereits angesprochene Hawthorne-Studie zeigte, im hohen Maße förderlich sein.

Organisationen formulieren Anforderungen, wer Mitglied werden kann, und wählen ihre Mitglieder in aller Regel auch aus. Typischerweise ist die Zugehörigkeit zweckbestimmt. Wenngleich Organisationen darauf angewiesen sind, Mitglieder zu rekrutieren, steht die Zugehörigkeit „weder immer jedem frei noch ist sie immer freiwillig" (Mayntz 1977: 7). Die Bedingungen für den Eintritt und auch die Aufgaben, die von Mitgliedern zu erfüllen sind, werden vorab festgelegt. Erwartet wird eine bestimmte Qualifikation und auch eine bestimmte Motivation.

Wie bereits in der einleitenden Definition angezeigt – dort haben wir in Unterscheidung zu Institutionen Organisation als rationale Zweckgebilde bezeichnet – zeichnen sich Organisationen durch eine starke Zweckorientierung und hohe Rationalität aus. Und beide, Zweckorientierung und Rationalität, stehen dabei in einem engen Zusammenhang. Organisationen verfolgen einen definierten Zweck und verpflichten die Mitglieder, ihre Arbeit an der Zweckdefinition auszurichten und nach einer Zweckerfüllung zu streben. Der in einer Organisation verfolgte Zweck kann auf Grundlage eines Bewertungsrahmens von sehr unterschiedlicher Qualität sein; er kann moralisch hochwertig aber auch verwerflich sein. Diese große Spannweite kann illustriert werden, wenn man humane Hilfsorganisationen wie „Ärzte ohne Grenzen" einer Mafiaorganisation wie „Cosa Nostra" gegenüberstellt. Wie schon diese Gegenüberstellung erkennbar macht, resultiert die zugeschriebene Rationalität von Organisationen nicht aus der Qualität der verfolgten Zwecke, sondern einzig und allein aus der engen Koppelung der Handlungen der Organisationsmitglieder an die Zwecksetzung. Eine fortlaufende Herausforderung für Organisationen ist es, ihre Mitglieder zu motivieren und/oder durch Kontrollmechanismen sicherzustellen, dass diese Zweckorientierung auch im Vordergrund ihrer Handlungen steht.

Die Zweckrationalität als Grundprinzip des Handelns und der Aufbau einer formalen Struktur tragen dazu bei, dass Organisationen eine hohe Leistungsfähigkeit, (sozial)technologische Kompetenzen und Effizienz aufweisen (können). Verschiedene Tätigkeiten und Abläufe in Organisationen werden auf Dauer gesetzt und wiederholbar gemacht. Für die allermeisten Arbeitsvorgänge sind die Verfahren sowie die Zuständigkeiten vorab festgelegt und die Entscheidungsalternativen vorstrukturiert. Bei den meisten Vorgängen haben Organisationen bereits prinzipiell entschieden und diese Festlegungen sind nur auf die konkreten Fälle anzuwenden. Durch diese ausgebildeten Routinen und das verfügbare Rezeptwissen wird – in Worten von Armin Nassehi (2011: 95) gesprochen – eine „Unsicherheitsabsorption" geleistet. Organisationen machen sich dadurch von Umweltveränderungen vergleichsweise unabhängig. Bewirkt wird dadurch auch, dass die affektive Neutralität und Sachlichkeit in der Bearbeitung zu vorherrschenden Prinzipien werden, und es bildet sich – wie schon Max Weber aufgezeigt hat – ein Fachmenschentum heraus. Organisationen machen es auch möglich, dass die Abläufe in hohem Maße transparent sind, da sie auf gesetztem Recht und bewährten Routinen beruhen und auch eine Begründungspflicht besteht. Die Kehrseite – und Anlass zur Organisationskritik – kann aber das Erstarren in Routinen und Formalismen sein, eine völlige Abkehr vom inhaltlichen Sinn der Organisationsaufgaben, ganz im Sinne von Max Webers Diktion des „Fachmenschentums ohne Geist" (1972: 204).

Texte zum Weiterlesen

Müller-Jentsch, Walther (2003): *Organisationssoziologie.* Frankfurt/Main: Campus.

Mayntz, Renate (1977): *Soziologie der Organisation.* Reinbek bei Hamburg: Rowohlt.

Tacke, Veronika (2010): Organisationssoziologie. In: Georg Kneer, Markus Schroer (Hrsg.): *Handbuch Spezielle Soziologien*, 341-359. Wiesbaden: VS.

1.3.3 Gesellschaft

Bereits einleitend sind wir dem Begriff Gesellschaft begegnet. Aufgezeigt wurde, dass die Soziologie mit dem Aufkommen der modernen Gesellschaft entstand. Das Wegbrechen von Sicherheiten und Traditionen hat bewirkt, dass die Gesellschaft selbst zum Gegenstand wissenschaftlicher Reflexion wurde. Obwohl der Gesellschaftsbegriff für das Fach konstitutiv ist, haben schon die soziologischen Klassiker der ersten Generation – Durkheim, Simmel, Weber – nicht diesen, sondern jeweils einen anderen Begriff als Grundbegriff ihres Soziologieentwurfes gewählt. Mit dieser entwurfsimmanenten Entscheidung ging keineswegs eine Abkehr von der Gesellschaft als Forschungsgegenstand einher. Vielmehr wollten sie dadurch verhindern, dass das, was das Gesellschaftliche ausmacht, substantiviert wird. Noch weiter getrieben wurde dies unter dem Einfluss des in den 1960er und 1970er Jahren dominanten Strukturfunktionalismus, der den Gesellschaftsbegriff weitgehend durch den Begriff der Sozialstruktur ersetzt hat. Diese Wogen haben sich geglättet, Sozialstrukturanalyse und Gesellschaftsanalyse werden mittlerweile als Synonym verwendet und gängig ist auch, Gesellschaft als das umfassendste Sozialsystem aufzufassen.
Zu diesem Verständnis hat nachhaltig Niklas Luhmann (1975) beigetragen, der Gesellschaft als eine dritte Systemebene neben Interaktion und Organisation aufgefasst hat. Für Luhmann muss es „Begriffe geben für die Einheit der Gesamtheit des Sozialen". Ausschlaggebend ist die kommunikative Erreichbarkeit. Das umfassende Sozialsystem Gesellschaft schließt alle potenziell erreichbare Kommunikation ein. Die Grenzen möglicher und sinnvoller Kommunikation, vor allem ihre Grenzen der Erreichbarkeit und Verständlichkeit, bilden die Grenzen der Gesellschaft. Dieser Gesellschaftsbegriff macht deutlich, dass es eine Verengung ist, Gesellschaft in nationalen Grenzen zu erfassen (vgl. Schwietring 2011). In der weitverbreiteten Identifizierung von Gesellschaft mit der Nationalgesellschaft kommt ein Erbe des 19. Jahrhunderts zum Vorschein, was auch zu einer Gegenüberstellung von Gesellschaft und Staat oder Vermengung beider Begriffe geführt hat. Die Idee der Nation hat sich im 19. Jahrhundert ausgebreitet und ist sehr früh eine enge Verbindung mit dem Gesellschaftsbegriff eingegangen. Der Nationalstaat bildet aber keinen festen und vorgegebenen Rahmen von Gesellschaft, sondern stellt lediglich eine historisch entstandene Form dar, wie sich Gesellschaften organisieren. Weder heute noch in der Vergangenheit umfasste ein durch nationale Grenzen bestimmtes Staatsgebiet alle Aspekte von Gesellschaft. Wirtschaftlicher Warenverkehr oder auch der wissenschaftliche Austausch waren auch im 19. Jahrhundert nicht auf ein Staatsgebiet begrenzt.
Die moderne Gesellschaft – alternativ ist mit je unterschiedlicher Perspektive von bürgerlicher Gesellschaft, kapitalistischer Gesellschaft oder Industriegesellschaft die Rede –, wie diese durch kulturelle, politische und ökonomische Revolutionen geformt und etabliert, und die Frage danach, wie sich diese weiterentwickelt hat, bildete und bildet weiterhin das große Thema der Soziologie. Dabei ist in den Gesellschaftsanalysen eine ambivalente Haltung gegeben: Die Faszination des sozialen

Wandels geht hier mit der Besorgnis über die Folgen einher, wobei das Pendel in die eine oder andere Richtung ausschlagen kann. Wenn sich auch in modernen Gesellschaften immer wieder Phasen besonders massiver Umbrüche – wie z.B. nach dem 2. Weltkrieg oder durch die deutsche Wiedervereinigung (zu letzterem vgl. Hettlage/Lenz 2013) – ereignen, ist sozialer Wandel in dieser Gesellschaft ein Dauerphänomen. Veränderungsprozesse, vielfach auch kurzfristig, sind nicht mehr die Ausnahme, sondern die Normalität.

Im Zuge der Gesellschaftsanalysen ist die Erforschung sozialer Ungleichheit zu einem zentralen Forschungsfeld aufgestiegen (vgl. ausführlich Hradil/Schiener 2005). Ralf Dahrendorf (1974: 353) geht sogar soweit, die Frage nach dem Ursprung der Ungleichheit unter den Menschen als „die erste Frage" der soziologischen Wissenschaft zu bezeichnen. Zum Thema wurde die soziale Ungleichheit, da sie – anders als in der traditionellen Gesellschaft – nicht länger als Gott gewollt oder natürlich aufgefasst wurde. Von sozialer Ungleichheit wird dann gesprochen,

> „wenn die Ressourcenausstattung (zum Beispiel der Bildungsgrad oder die Einkommenshöhe) oder die Lebensbedingungen (beispielsweise die Wohnverhältnisse) von Menschen aus gesellschaftlichen Gründen so beschaffen sind, dass bestimmte Bevölkerungsteile regelmäßig bessere Lebens- und Verwirklichungschancen als andere Gruppierungen haben." (Hradil 2013: 153)

Entscheidend ist, ob die Möglichkeiten zu einem „guten Leben" und zur Entfaltung einer eigenen Persönlichkeit gegeben sind. Zur Erfassung der typischen Ungleichheitsstrukturen ist es üblich, unterschiedliche Formen sozialer Ungleichheit zu unterscheiden:

- *Stand:* Die Position im Gefüge sozialer Ungleichheit wird durch die soziale Herkunft und die Geburt bestimmt. Die Geburt in eine Familie des Bauernstandes oder des Adelsstandes bestimmte weitgehend über den Lebensweg. Die traditionelle Gesellschaft war ganz wesentlich durch die Trennung der Stände geprägt. Üblich ist es deshalb auch von einer Ständegesellschaft zu sprechen.
- *Klasse:* Entscheidend für die Stellung ist der (Nicht-)Besitz an Produktionsmitteln. Dadurch bilden sich zwei große Klassen, die Besitzenden („Bourgeoisie") sowie diejenigen, die nur ihre Arbeitskraft verkaufen können (Arbeiterklasse). Gesellschaften, die durch den Gegensatz dieser beiden Klassen bestimmt sind, werden als Klassengesellschaften bezeichnet.
- *Soziale Schicht:* Die Stellung eines Menschen wird durch sein Berufsprestige, seine Bildung sowie sein Einkommen bestimmt. Dadurch ergeben sich immer nur graduelle Unterschiede. Auch kommt es zu Statusinkonsistenzen, da der jeweilige Rang in diesen drei Dimensionen nicht immer übereinstimmt.
- *Soziale Milieus:* Abgesehen von vertikalen Unterschieden kommen auch horizontale dazu. Neben den Schichtunterschieden sind bei den sozialen Milieus auch kulturelle Unterschiede in Form ähnlicher Werthaltungen und Grundeinstellungen bedeutsam.

Ein Grundmerkmal moderner Gesellschaften ist die funktionale Differenzierung (vgl. Schimank 1996). Der Begriff der sozialen Differenzierung hat in der Soziologie bereits eine lange Tradition; er reicht in die Anfänge des Faches bei Herbert Spencer, Emile Durkheim und Georg Simmel zurück. Aufbauend auf diese Tradition hat Niklas Luhmann den Begriff der funktionalen Differenzierung ausgebaut. Das Prinzip der Arbeitsteilung ist nicht auf die Produktion und das Wirtschaftsleben beschränkt, es erstreckt sich auf alle Sphären des sozialen Lebens. In den zentralen Lebensbereichen kommt es zu einer Spezialisierung von Tätigkeiten, Zuständigkeiten und Kenntnissen. Die moderne Gesellschaft ist ein Ensemble von Teilsystemen; sie wird gebildet aus – um nur die wichtigsten zu nennen – dem Wirtschaftssystem, dem politischen System, dem Rechtssystem, dem Bildungssystem, dem Kunstsystem und dem Wissenschaftssystem. Anders als bei der stratifikatorischen Differenzierung, die der funktionalen Differenzierung vorangegangen ist, werden diese Teilbereiche nicht mehr von einer hierarchischen Position aus gelenkt, sondern haben sich zu autonomen Funktionsbereichen entwickelt, die einer eigenen Funktionslogik folgen. Das Wirtschaftssystem hat sich aus dem unmittelbaren Zugriff des politischen Systems befreit. Das Streben nach Profit dominiert das Wirtschaftssystem, während der Fokus des politischen Systems vor allem auf der Gewinnung von Massenloyalität liegt. Auch die Wissenschaft hat sich – um ein drittes Beispiel anzufügen – von religiösen Überzeugungen oder politischen Vorgaben unabhängig gemacht; als Wissenschaft soll nur gelten, was wissenschaftlichen Kriterien entspricht. In der modernen Gesellschaft sind die Teilsysteme nicht länger in eine übergreifende, gemeinsame Grundsymbolik integriert, sondern diese operieren eigenständig aus ihrer jeweiligen, funktionsspezifischen Perspektive. Diese hohe Eigenständigkeit der Teilsysteme schließt nicht aus, dass es im Verhältnis der Teilsysteme zueinander zu Konflikten kommt, insbesondere dann, wenn ein Teilsystem eine Dominanz gegenüber anderen gewinnt. Der heute vielfach, sei es in der Wissenschaft oder Kunst, beklagte Ökonomisierungsdruck ist ein Beispiel für eine solche Verschiebung zwischen den Teilsystemen.

Charakteristisch für die moderne Gesellschaft ist auch, dass diese mit einer wachsenden Autonomie des Individuums einhergeht. Der Beruf, politische Einstellungen, religiöse Überzeugungen oder auch der/die Beziehungspartner/in können von den Individuen weitgehend eigenständig gewählt werden; sie können ihr Leben selbst gestalten und planen. Dieser grundlegende Prozess wird vielfach als *Individualisierung* gefasst. Obwohl sich schon eine Reihe von Soziolog/innen mit dem Individualisierungsprozess ausführlich befasst haben, ist dieser in der jüngeren Fachdiskussion im Besonderen mit dem Namen von Ulrich Beck verknüpft. Nachdrücklich hat Ulrich Beck, zum Teil zusammen mit Elisabeth Beck-Gernsheim, darauf aufmerksam gemacht, dass sich seit den 1960er Jahren ein neuer Individualisierungsschub ereignet hat. In seinem Buch „Risikogesellschaft“ hat er vorgeschlagen, Individualisierung in die drei folgenden Dimensionen zu fassen:

- Freisetzungsdimension: Herauslösung aus historisch vorgegebenen Sozialformen und -bindungen,
- Entzauberungsdimension: Verlust von traditionellen Sicherheiten (Handlungswissen, Glauben, Normen),
- Kontroll- und Reintegrationsdimension: Aufkommen neuer Formen der Einbindung.

Als ein „individualistisches Missverständnis" der Individualisierungsthese haben Beck und Beck-Gernsheim (1993) eine Vernachlässigung der dritten Dimension bezeichnet. Bei diesem Missverständnis wird unterstellt, dass die Individualisierungsthese behaupte, dass die Individuen völlig frei und ungezwungen zwischen Entscheidungsmöglichkeiten ihre Wahlen treffen könnten. Dabei wird übersehen, dass die Auflösung traditioneller Vorgaben keineswegs ein gesellschaftsfreies Vakuum hinterlässt, in dem ein unbestimmbares, individuell beliebiges Allerlei Platz greifen könne. Beck (1986: 210) bezeichnet die „Individuallagen", die sich aus traditioneller Verfestigung herauslösen, als „institutionenabhängig", um deutlich zu machen, dass die Freisetzung und Entzauberung mit verstärkten Abhängigkeiten von neuen institutionellen Vorgaben einhergehen. Die Definitions- und Kontrollmacht wandert ab an neue, oder genauer, dominanter gewordene Institutionen, sei es der Arbeitsmarkt mit seinen Handlungsdirektiven, der Sozialstaat oder die Medien, die allesamt dem Individuum vielfältige Grenzen setzen und neue Standardisierungen bewirken. Von daher kann auch keine Rede davon sein, dass sich durch die Individualisierung „soziale Tatsachen" verflüchtigen, was Hartmut Esser (1989) mit der Frage „Verfällt die soziologische Methode?" als Gespenst an die Wand malte. Gegen eine Allmacht des Subjekts als Folge der fortschreitenden Individualisierung wenden sich Beck und Beck-Gernsheim (1993) auch, indem sie auf ein weiteres Missverständnis in der Individualisierungsdebatte – dem „rationalistischen" – hinweisen. Hier werde unterstellt, dass Wahlmöglichkeiten immer ein Optimum von Optionen umfassen, zwischen denen das Individuum dann eine rationale Auswahl zu treffen habe. Dies übersteigt aber bei Weitem das, was die Individualisierungsthese vertritt und was für das Individuum im Regelfall im Bereich seiner Möglichkeiten anzutreffen ist. Wahlen müssen immer unter Restriktionen getroffen werden, sind vielfach von außen erzwungen, und getroffene Entscheidungen kommen kaum ohne Ambivalenzen und Zweifel zustande. Entscheidend ist nur, dass überhaupt eine Alternative, so wenig diese auch einem angestrebten Lebensideal entsprechen mag, offensteht.

Mit dem Verweis auf die Freisetzungs-, Entzauberungs- und Kontrolldimensionen wird die Individualisierungsthese aber noch nicht erschöpfend umschrieben. Ein wesentliches Versatzstück der Individualisierung ist, dass die Biografien selbst hergestellt werden (müssen), dies wird nicht als eigenständige Dimension herausgestellt. Es bietet sich als terminologische Ergänzung hierfür an, von einer „Biografisierungs- und Zuschreibungsdimension" zu sprechen. Damit soll betont werden, dass die Biografien „entscheidungsabhängig und als Aufgabe in das Handeln jedes einzelnen gelegt“ (Beck/Beck-Gernsheim 2012: 12) werden. Diese Biografisierungs- und Zuschreibungsdimension einerseits und Kontroll- und Reintegrationsdimension andererseits sind kein begrifflicher Widerspruch, sondern gehören beide zusammen zum Individualisierungsprozess; sie bilden die beiden unterschiedlichen Seiten der Medaille, das „widersprüchliche Doppelgesicht“ von Freiheit und Abhängigkeit. Wenn hier die Bezeichnung „Biografisierungs- und Zuschreibungsdimension“ gewählt wird, soll damit zum Ausdruck gebracht werden, dass die Handlungs- und Planungskompetenz in Sachen der eigenen Biografie vielfach von außen als Erwartung und Verpflichtung an das Individuum herangetragen, ihm „zugeschrieben“ wird (vgl. auch Wohlrab-Sahr 1992). Das Individuum ist gezwungen, sich als „Handlungszentrum“, als „Planungsbüro“ zu begreifen, und wird auch für das Nichterreichen versperrter Entscheidungsmöglichkeiten mit individueller Schuldzuweisung konfrontiert.

Neben den genannten Prozessen sind mit dem Aufkommen der modernen Gesellschaften weitere wichtige Veränderungsdynamiken verbunden, die an dieser Stelle nur noch stichworthaft erwähnt werden sollen. Zu nennen ist der umfassende Rationalisierungsprozess, der die Vorstellung dominant gemacht hat, dass die Welt in allen Dimensionen berechenbar ist und unter Effizienzgesichtspunkten geordnet werden könnte. Mit der Herkunft dieses Rationalitätsglaubens aus dem Protestantismus hat sich Max Weber in seiner Religionssoziologie ausführlich befasst. Der zweite, damit durchaus in Verbindung stehende Prozess, ist der von Norbert Elias (1976) ausführlich beschriebene Zivilisationsprozess, dessen Kern eine fortschreitende Umwandlung von Fremdzwängen in Selbstzwänge bildet (vgl. auch Rosa et al. 2007).

Auch wenn die moderne Gesellschaft den Ausgangspunkt für die Soziologie bildet, machen die tief greifenden Veränderungsprozesse, die sich seit dem 18. Jahrhundert ereignet haben, die Frage virulent, in welcher Gesellschaft wir heute leben. Ulrich Beck, Anthony Giddens und Scott Lash (1996) haben versucht, den Umbrüchen der Gegenwartsgesellschaft mit den Begriffen „reflexive Modernisierung“ und „zweite Moderne“ habhaft zu werden. Konstatiert wird eine Erosion der Industriemoderne, die sich seit dem 19. Jahrhundert in Europa entwickelt und in der Folgezeit in alle Welt ausgestrahlt hat. Während die erste Moderne die Ablösung traditioneller durch industrielle Gesellschaftsformen zum Inhalt hatte, werden in der sich in der Gegenwart vollziehenden reflexiven Modernisierung die Traditionen und Sicherheiten der Industriegesellschaft selbst zum Gegenstand von Auf- und Ablösungsprozessen (Beck 1996: 39). Im Nachhinein erweist sich die erste Moderne als eine „halbmoderne Gesellschaft“, in der traditionelle Elemente im modernen Kleid fortbestanden. Die zweite Moderne zeichnet sich – wie vor allem Giddens ausführlich aufzeigt – durch eine breitflächige Enttraditionalisierung aus. Die Traditionen verschwinden dabei nicht einfach, sondern verlieren ihre zirkuläre Selbstverständlichkeit. Sie treten miteinander in Konkurrenz, müssen nunmehr gewählt und begründet werden. In enttraditionalisierten Lebenswelten sind die Individuen gezwungen, reflexiv zu werden. Die posttraditionelle Lebensführung steht unter dem Zwang, biografisch zu denken. An die Stelle traditioneller Sicherheiten tritt der individualisierende Zwang, Chancen und Risiken abzuwägen.

Andere Autoren haben den Weg gewählt, neue Gesellschaftsbegriffe zu prägen, um in der ihrer Neuschöpfung zugrunde liegenden Gesellschaftsdiagnose die besonders relevanten Veränderungen prominent hervorzuheben. Armin Pongs (1999; 2000) hat in seinen beiden Bänden auf die Frage „In welcher Gesellschaft leben wir eigentlich?" insgesamt 24 Gesellschaftsbegriffe gesammelt, und diese lange Liste ist keineswegs abschließend. Weder sollen an dieser Stelle alle in den beiden Bänden genannten Gesellschaftsbegriffe aufgelistet, noch ein darüber hinausgehender Versuch unternommen werden, Vollständigkeit zu erreichen. Vielmehr begnügen wir uns an dieser Stelle mit vier Gesellschaftsbegriffen:

- *Postindustrielle Gesellschaft:* Dieser Begriff stammt von Daniel Bell aus seinem im Original 1972 erschienen Buch „The Coming of Post-Industrial Society" (dt. 1976). Bell konstatiert eine Verschiebung der Berufsstruktur vom sekundären zum tertiären Sektor, also von Industrieberufen zu Dienstleistungsberufen. Damit verbunden ist für ihn auch, dass das theoretische Wissen für die Berufe immer wichtiger wird. Auf diese Tendenz wird auch mit dem Begriff der *Wissensgesellschaft* Bezug genommen.
- *Netzwerkgesellschaft:* Manuel Castells hat diesen Begriff in seinem dreibändigen Werk „Das Informationszeitalter" (dt: 2001; 2002; 2003; orig.: „The Information Age") geprägt. Demnach werden im Informationszeitalter alle zentralen Funktionen und Prozesse in allen Bereichen der Gesellschaft zunehmend um Netzwerke organisiert.
- *Postmoderne Gesellschaft:* Bezug nehmend auf die in den Kulturwissenschaften geführte Debatte zur Postmoderne zeichnet sich eine postmoderne Gesellschaft durch fehlende Metaerzählungen aus (vgl. Lyotard 1994) bzw. – stärker soziologisch befasst – durch einen starken Geltungsverlust verbindlicher normativer Muster und Wertsysteme und die Freisetzung gebundener Identitäten (vgl. Bauman 1995; 1997).
- *Zwei-Drittel-Gesellschaft:* Dieser Begriff grenzt sich von dem in den 1950ern von Helmut Schelsky geprägten Begriff der *nivellierten Mittelschichtgesellschaft* ab und verweist darauf, dass im Gegensatz zu dieser Entwicklungstendenz in den letzten Jahrzehnten die Polarisierungstendenzen in der Gesellschaft, der Abstand zwischen Reichen und Armen, wieder deutlich zugenommen haben. Diese Polarisierungstendenzen bewirken, dass eine wachsende Anzahl von Menschen – ohne diese mit der Angabe eines Drittels exakt zu bestimmen – von den gesellschaftlichen Teilhabechancen ausgeschlossen sind.

Texte zum Weiterlesen

Schwietring, Thomas (2009): *Was ist Gesellschaft? Einführung in soziologische Grundbegriffe.* Konstanz: UVK.
Kneer, Georg (Hrsg.) (1997): *Soziologische Gesellschaftsbegriffe. Konzepte moderner Zeitdiagnosen.* München: UTB Fink.
Renn, Joachim (2011): Gesellschaft/Gesellschaftstheorien. In: Helmut Reinalter, Peter J. Brenner (Hrsg.): *Lexikon der Geisteswissenschaften*, 268-279. Wien, Köln, Weimar: Böhlau.

1.4 Soziale Grundprozesse

Nach den Grundformen der Vergemeinschaftung und Vergesellschaftung sollen in diesem Kapitel soziale Grundprozesse benannt und beschrieben werden, die in allen sozialen Konstellationen vorkommen. In einer knappen Auswahl werden wir im Weiteren auf soziale Konflikte, soziale Kontrolle, soziale Unterstützung sowie auf Machtprozesse eingehen.

In der Tradition von Max Weber war es lange Zeit üblich, soziales Handeln als die Grundeinheit des Sozialen aufzufassen. Als Handeln fasst Weber (1972: 1) „ein menschliches Verhalten (einerlei ob äußeres und inneres Tun, Unterlassen oder Dulden) (…), wenn und insofern als der oder die Handelnden mit ihm einen subjektiven Sinn verbinden“. Das soziale Handeln stellt eine Unterkategorie dar; neben der Sinnkategorie kommt noch die Orientierung auf das Verhalten anderer hinzu. Oder in den Worten von Max Weber (1972: 1) gesprochen: „Soziales Handeln (…) soll ein solches Handeln heißen, welches seinem von dem oder den Handelnden gemeinten Sinn nach auf das Verhalten anderer bezogen und daran in seinem Ablauf orientiert ist“. Mittlerweile findet man jedoch eine starke Verlagerung des Handlungsbegriffs zum Begriff der Kommunikation, was Autor/innen auch veranlasst hat von einer kommunikativen Wende in der Soziologie zu sprechen (vgl. Knoblauch 1995).

Mit besonderem Nachdruck hat dies Niklas Luhmann (1985) betont. Seine Argumentation ist besonders geeignet, die damit in Verbindung stehende folgenreiche – heute in der Soziologie weithin akzeptierte – Verschiebung deutlich zu machen. Im Zentrum der Argumentation steht die Kritik, dass der Handlungsbegriff zu sehr am Erleben und an der Selbsterfahrung des Handelnden orientiert ist (vgl. Nassehi 2011). Der Handlungsbegriff unterstellt, dass auf Seiten des Handelnden immer vorgelagerte Motive, Kalküle und Präferenzen vorhanden sind. Auch wenn man unterstellt, dass dies tatsächlich der Fall wäre, ist doch gleichzeitig zu konstatieren, dass diese innere Welt für den anderen – wie Schütz ausgiebig gezeigt hat (ausführlicher dazu in Kap. A 2.3) – intransparent und verschlossen bleibt. Die Handelnden können sich nicht gegenseitig in den Kopf blicken und so die zu Grunde liegenden Motive nicht unmittelbar erfassen, sondern müssen diese – wie Schütz am Prozess des Fremdverstehens deutlich gemacht hat – immer mühselig erschließen. Auch schon aus den Eigenerfahrungen im Alltag wissen wir, dass Handlungen keineswegs immer vorab geplant sind, was Schütz noch unterstellte. Vieles ereignet sich und wir machen uns erst im Nachhinein Gedanken darüber, was vor sich gegangen ist. Genauso läuft vieles mit einer hohen Routine ab, wir stützen uns auf Gewohnheiten, die es weithin überflüssig machen, vorab oder im Nachhinein Rechenschaft abzulegen. Das schließt nicht aus, dass wir manchmal gezwungen sind, uns mit diesen Handlungsroutinen zu befassen; dies ist immer dann der Fall, wenn – bildlich gesprochen – Sand ins Getriebe kommt. Dass den Handlungen Motive zugrunde liegen, erweist sich als – und das hat Luhmann scharfsinnig gezeigt – ein bloßes Beobachtungsschema, mit dem es uns fortlaufend gelingt, unsere sozialen Welt mit Sinn auszustatten.

> „Der soziologische Blick (...) muss sich von der alltäglichen Erfahrung distanzieren, das Handeln stets nur als das Ergebnis individueller Motive anzusehen, sondern als das eigentümliche Zusammenspiel von Ereignissen, in denen sich Personen wieder finden, denen Handlungen zugerechnet werden, die sie sich selbst zurechnen und die an sich selbst erleben, wie wenig linear die eigenen Motive in sozialer Praxis und in sozialen Sinn umzusetzen sind." (Nassehi 2011: 48f)

Wenn auch durch die Einbettung dieses frühen Fundierungsversuchs in die damaligen soziologischen und philosophischen Diskurse durchaus verständlich, erweist es sich als Problem, dass Weber die Soziologie aus der Perspektive eines einsamen Handelnden heraus begründen wollte, der immer schon über den Sinn seines auf andere bezogenes Handeln Bescheid weiß. Ein einsamer Handelnder ist er, da das soziale Handeln auf andere geplant wird, ohne dass dieser in direkte oder auch vermittelte Austauschbeziehungen mit einer anderen Person involviert ist. Erst wenn Weber vom sozialen Handeln in seinen „Soziologischen Grundbegriffen" zum Begriff der sozialen Beziehung übergeht, wird diese „Einsamkeit" überwunden. Der Soziologe bzw. die Soziologin als Beobachter/in des Sozialen ist aber nicht in der Position dieses Handelnden, der – wie Weber zu unterstellen scheint – die anderen Handelnden als Zielpunkt eines Tuns auffasst. Die Soziologie kann diese privilegierte Position des Handelnden, der scheinbar ein vollständige Wissen über den zugrunde liegenden subjektiven Sinn besitzt, nicht einnehmen. Sie hat es als Beobachtungswissenschaft vielmehr mit sozialen Prozessen zu tun, die aus dem mannigfaltigen Zusammenwirken von Handlungen entstehen bzw. entstanden sind. Um dem gerecht zu werden, muss von Handlungsprozessen, also dem Nacheinander von Handlungen, ausgegangen werden. Und das soll mit dem Kommunikationsbegriff zum Ausdruck gebracht werden. Auch Georg Simmels Begriff der sozialen Wechselwirkung geht bereits über den egologischen Ansatz von Weber hinaus und nimmt – wie der Kommunikationsbegriff – die fortlaufende Abfolge von Handlungen in den Blick. Diese damit einhergehende Erweiterung wird in ihrer Tragweite auch deutlich, wenn man den von Parsons stammenden Begriff der doppelten Kontingenz an dieser Stelle einführt (vgl. Parsons/Shils 1962). In der einfachen Handlungssituation mit zwei Akteuren A und B kann sich nicht nur A, sondern auch der andere, also B, immer auch anders verhalten. Die doppelte Kontingenz verweist also darauf, dass nicht nur A's Selektionen kontingent sind, sondern auch B's Selektionen auf die von A. Der Begriff der doppelten Kontingenz verweist auf eine Art „Ursituation des Sozialen" (Baecker 2009: 97). Indem man von der einzelnen Handlung zu Handlungsketten kommt, ergibt sich auch eine Verschiebung in der Rekonstruktion des Sinngehalts, und zwar vom subjektiv gemeinten zum sozialen Sinn, der sich aus dem Anschluss der Handlungsakte ergibt und an den jeweiligen sozialen Kontext gebunden ist.

1.4.1 Sozialer Konflikt

Mit dem Begriff des sozialen Konflikts ist eine Form sozialer Wechselbeziehung gemeint, in der gegensätzliche Interessen aufeinander treffen (ausführlich vgl. Messmer 2003). In unserem Alltagsverständnis werden Konflikte meist als destruktiv aufgefasst. Konflikte können eine destruktive Wirkung haben, vor allem, wenn sie mit physischer und psychischer Gewalt verbunden sind. Allerdings wäre es eine Verkürzung, sie darauf zu reduzieren. Schon früh hat Georg Simmel (orig. 1908) auf die positive Funktion von Konflikten hingewiesen, die sowohl auf der interpersonalen wie auf der gesellschaftlichen Ebene liegen kann. Simmel fasst Konflikte – er selbst verwendet den Begriff Streit – als Form der Vergesellschaftung auf. Für ihn ist der Konflikt eine „Auslösung der Spannung zwischen den Gegensätzen (…), eine Synthese von Elementen (…), ein Gegeneinander, das mit dem Füreinander unter einen höheren Begriff gehört" (1958: 186). Diese steht auch im Mittelpunkt der Konfliktsoziologie, wie sie vor allem von Lewis A. Coser (1965) und Ralf Dahrendorf (1957) entwickelt wurde. Coser hat diese epochale Vorgabe Simmels aufgegriffen und in seiner „Theorie sozialer Konflikte" dahingehend systematisiert, dass er Bedingungsfaktoren dafür herausgearbeitet hat, dass Konflikte sozialintegrative Wirkungen haben können.

Dahrendorf unterstreicht die Ubiquität des Konflikts und geht davon aus, dass er als sozialanthropologische Basisstruktur der Menschheitsentwicklung angesehen werden kann; „weil in der ungewissen Welt die Antwort des einen nicht richtiger sein kann als die des anderen, beruht aller Fortschritt auf der Vielfalt und Widersprüchlichkeit der menschlichen Gesellschaft" (Dahrendorf 1963: 149). Gesellschaften, Organisationen, Gruppen oder persönliche Beziehungen kann man danach unterscheiden und bewerten, ob und inwieweit sie Konflikte zur Austragung zulassen oder Konflikte unterdrücken bzw. abdrängen.

Soziale Konflikte sind struktureller Bestandteil moderner, arbeitsteiliger Gesellschaftssysteme und damit ein Medium gesellschaftlicher Ordnung. Grundlegend für die Entwicklung der Moderne ist in diesem Zusammenhang der strukturelle Konflikt zwischen Arbeit und Kapital. Nicht die Spaltung von Arbeit und Kapital und die Aufhebung der kapitalistischen Produktionserfassung, wie von Marx erwartet, sondern die spannungsreiche Integration ihrer gegensätzlichen Grundprinzipien, vor dem Horizont des Aufeinander-Angewiesen-Seins, war das Resultat der Geschichte. Nur so war die Modernisierung des Kapitalismus möglich (vgl. Heimann 1980). Gesellschaftliche Konfliktaustragungen, unter der dialektischen Perspektive der Integration, werden vor allem auch im Bereich der Geschlechterverhältnisse, der multiethnischen Konstellationen (interkultureller Konflikt) und der Werteordnung einer Gesellschaft (Wertepluralismus und Wertekonflikt) thematisiert.

Um ein Thema der Mikrosoziologie aufzugreifen, soll im Weiteren auf Konflikte in Zweierbeziehungen eingegangen werden (vgl. Lenz 2009a). Auch wenn Ehe und nichteheliche Lebensgemeinschaften gemeinhin als Hort der Harmonie und des Glückes gelten, ist dennoch zu konstatieren, dass das hohe Ausmaß an Interdependenz, wie es in Zweierbeziehungen in einer einmaligen Ausprägung gegeben ist, Konflikte dort wahrscheinlicher macht als in anderen Formen persönlicher Beziehungen. Zwischen Beziehungspersonen gibt es ungleich mehr Ansatzpunkte für Konflikte als zwischen Fremden oder auch Bekannten und Freund/inn/en. Ein Paar verbringt sehr viel Zeit miteinander, seine Interaktionen erstrecken sich über eine Unzahl von Inhalten und schließen unterschiedliche Ziele bzw. Verhaltensweisen ein, die im engen Raum der Zweierbeziehung zu koordinieren sind. Sie sind füreinander in einer besonderen Weise Zielort eines breiten Spektrums kognitiver und emotionaler Erwartungen und beeinflussen sich gegenseitig nachhaltig. Diese Besonderheiten schaffen eine Fülle von Gelegenheiten für Auseinandersetzungen und diese nehmen umso mehr zu, je stärker Zweierbeziehungen emotional fundiert sind. Aufgrund ihres reichhaltigen, persönlichen Wissens voneinander sind Beziehungspersonen zugleich gefährliche Gegner, die wie niemand anderes zahlreiche Chancen kennen, den Partner bzw. die Partnerin tief zu verletzen.

Konflikte in Zweierbeziehungen können sich über eine breite Palette von Themen erstrecken. Nach Wagner/Weiß (2005) werden am häufigsten Konflikte bei der Freizeitgestaltung und der Kindererziehung berichtet. Paare entwickeln nach und nach wiederkehrende Muster, wie Konflikte zu vermeiden sind und wie man sich in aktuellen Konflikten zu verhalten hat (vgl. Kline/Pleasant/Whitton/Markmann 2006). Im Verlauf einer Beziehung erwerben die Beteiligten ein reichhaltiges Wissen, welche Themen und Verhaltensweisen „heiß" sind und wie mit diesen „konfliktträchtigen" Themen und Verhaltensweisen im Rahmen dieser Beziehung am besten umgegangen wird. Jede Zweierbeziehung besitzt Regeln, um Themen und Verhaltensweisen zu umgehen bzw. – wenn dies nicht möglich ist – in einer Form und zu einem geeigneten Zeitpunkt anzugehen, Konflikte zu vermeiden oder in ihrer Reichweite zu begrenzen. Diese Regeln der Konfliktvermeidung sorgen meist dafür, dass das vorhandene Konfliktpotenzial nur zu einem kleinen Teil zum Ausbruch kommt. Zugleich kann dieses Regelwissen aber auch als Mittel für die Generierung und Eskalierung von Konflikten verwendet werden. Wer einen Konflikt sucht, kann dazu vorhandenes Wissen in Anspruch nehmen; er/sie kann explosive Themen und Verhaltensweisen aufgreifen, um einen Konflikt auszulösen bzw. einen vorhandenen Konflikt zu verschärfen. Konfliktinteraktionen weisen aber Grenzen auf, da die Kontrahenten dahingehend vorbauen, dass es nach dem Konflikt wieder „irgendwie“ weitergehen muss und die vorhandenen Bindungen – setzt man die Existenz der Beziehung nicht aufs Spiel – nicht irreparabel beschädigt werden dürfen (vgl. Turner 1970). Eine der wichtigsten Festlegungen ist, welche Mittel und Wissenselemente zum Einsatz kommen dürfen und wie weit man in der Verletzung der Identität des anderen gehen darf.

Texte zum Weiterlesen

Simmel, Georg (1958): Streit. In: Georg Simmel(Hrsg.): *Soziologie. Untersuchungen über die Formen der Vergesellschaftung*, 4. Auflage, 186-255. Berlin: Duncker und Humblot.

Messmer, Heinz (2003): *Der soziale Konflikt. Kommunikative Emergenz und systemische Reproduktion.* Stuttgart: Lucius & Lucius.

1.4.2 Soziale Kontrolle

Der Begriff der sozialen Kontrolle wurde Anfang des 20. Jh. von Edward A. Ross in die Soziologie eingeführt (zur Begriffsgeschichte vgl. Janowitz 1973). Darunter werden alle Strukturen, Prozesse und Mechanismen verstanden, mit denen soziale Einheiten versuchen, ihre Mitglieder zur Befolgung der bestehenden Normen zu bringen und abweichendes Verhalten zu vermeiden. Sie ist ein fester und unverzichtbarer Bestandteil sozialer Integration und dient zur Aufrechterhaltung bzw. Wiederherstellung sozialer Ordnung. Normen sind mehr oder minder verbindliche Vorschriften, wie in bestimmten sozialen Situationen gehandelt werden soll. Vielfach wird zwischen Kann-, Soll- und Muss-Normen unterschieden, wodurch unterschiedliche Grade der Verbindlichkeit und auch der Unabwendbarkeit und Schärfe der Sanktionen zum Ausdruck gebracht werden (vgl. Menzel/Wehrheim 2010). Damit steht auch eine Definition von dem, was als Normalität gilt, in Verbindung. Die Menschen als soziale Wesen wachsen in gesellschaftliche Erwartungskontexte hinein und leben in diesen, die auf gemeinsam getragenen Normalitätsvorstellungen aufbauen. Auch wenn es Normen und Normalitätsdefinitionen in allen Gesellschaften gibt, unterscheiden sie sich in ihren Inhalten. In komplexen Gesellschaften gibt es keine einheitlichen Normen und Normalitätsvorstellungen, sondern ein Nebeneinander unterschiedlicher Vorgaben.

Weiterhin wird zwischen formeller und informeller sozialer Kontrolle unterschieden, je nachdem, wer Träger der sozialen Kontrolle ist. Staatliche Instanzen wie Polizei und Jugendamt gelten als formell, Familien, Nachbarschaft oder auch Betriebe als

informell. Entscheidend für diese Klassifikation ist, ob für die Ausübung der sozialen Kontrolle ein Mandat besteht oder diese ein Nebenprodukt sozialer Nähe ist. Soziale Kontrolle kann manifest oder latent erfolgen, personell oder institutionell bzw. strukturell. Deutlich wird aus dieser Unterscheidung, dass sie nicht immer einer bestimmten Person zurechenbar ist. Das naheliegendste Beispiel hierfür ist das Recht, das als zentrales Mittel sozialer Kontrolle wirkt, ohne immer schon personengebunden zu sein. Soziale Kontrolle ist immer verknüpft mit negativen Sanktionen als unmittelbare Reaktion auf die Verletzung sozialer Normen. Ihre Bandbreite reicht von einem bloßen Kopfschütteln bis zu langjährigen Gefängnisstrafen. Was als Sanktion zur Anwendung kommt, hängt von der Verbindlichkeit der verletzten Norm, der jeweiligen sozialen Situation, dem Beziehungskontext und auch vom möglichen Repertoire des Trägers sozialer Kontrolle ab. Disziplinierung, Stigmatisierung und Etikettierung sind Mittel sozialer Kontrolle. Bei ihrer Ausübung wird z.T. die gesellschaftliche Konstruktion von Randgruppen durch Marginalisierung bis hin zur Kriminalisierung billigend in Kauf genommen (ausführlicher hierzu Kap. D 4.3).
Soziale Kontrolle ist keineswegs immer ein Zwang, der von außen auf die Individuen einwirkt. Noch ungleich wirksamer ist die soziale Kontrolle, wenn das Individuum die vorhandenen Normen internalisiert und zur verbindlichen Richtlinie des eigenen, als richtig aufgefassten Handelns macht. Norbert Elias (1897-1990) geht davon aus, dass der Zivilisationsprozess von der höfischen Gesellschaft bis ins 20. Jahrhundert ganz wesentlich als Übergang von äußerem Fremdzwang zum internalisierten Selbstzwang zu verstehen ist. Während Menschen zunächst ihre spontanen Regungen, wie Elias (1976) zum Beispiel an Körperfunktionen zeigt, noch weitgehend unkontrolliert ausgeübt haben und Normalität primär durch Strafandrohungen aufrechterhalten wurde, setzte sich nach und nach eine verinnerlichte Kontrolle durch, auf deren Grundlage bestimmte eigene Verhaltensweisen als unangemessen, peinlich und weit über den eigenen Selbstansprüchen auffasst wurden. Was vorher von außen erzwungen werden musste, wurde so zu selbst gewählten und als „richtig" aufgefassten Handlungen.
Es wäre aber sicherlich verkürzt zu behaupten, in modernen Gesellschaften wirke soziale Kontrolle nur über Internalisierung. Auch wenn direkte Zwänge weniger offensichtlich sind, sind Kontrollmechanismen in der Gesellschaft weiterhin präsent. Dies wird – in Anlehnung an Foucault – mit dem Begriff des „Kontrolldiskurses" erfasst. In solchen Diskursen, vor allem medial vermittelt, verdichten sich Vorstellungen und Muster von Normalität und Devianz, ohne dass sie über Regeln und Sanktionen eingefordert werden. Zwar wird mit guten Argumenten die These vertreten, dass die Individualisierung und vor allem die Informalisierung Tendenzen der Normen-Erosion fördern und aus wachsender Devianzakzeptanz bzw. Delinquenztoleranz eine fortschreitenden Ent-Ordnung des Sozialen resultiere (vgl. Hahn 1995). Damit wird aber nur die eine Seite beschrieben. Hand in Hand mit dieser Entwicklung geht eine rasant fortschreitende Technisierung sozialer Kon-

trolle, wodurch mit neuen Möglichkeiten der IuK-Technologien veränderte Kontrollformen und umgestaltete Kontrollarrangements geschaffen werden, die sich vor allem durch weitreichende Unsichtbarkeit auszeichnen. Wie die breite Debatte zum Datenschutz zeigt, wird dadurch die Kontrolle der möglichen und praktizierten Formen sozialer Kontrolle immer mehr zum zentralen Thema, da damit hohe Risiken für grundlegende Freiheitsrechte verknüpft sind.

Texte zum Weiterlesen

Peters, Helge (Hrsg.) (2000): *Soziale Kontrolle.* Opladen: Leske & Budrich.
Hahn, Cornelia (1995): *Soziale Kontrolle und Individualisierung – zur Theorie moderner Ordnungsbildung.* Opladen: Leske & Budrich.

1.4.3 Soziale Unterstützung

Im Alltagsleben sind die Agenten sozialer Kontrolle zugleich auch jene, die vielfältige soziale Unterstützung leisten. Im öffentlichen Bereich fallen die Träger sozialer Kontrolle und die Agenten sozialer Unterstützung meistens auseinander. Während die soziale Kontrolle nahezu von Anfang an ein wichtiges Thema der Soziologie ist, hat die soziale Unterstützung erst in den vergangenen Jahrzehnten – weiterhin vielfach getragen von außerhalb des Faches – eine hohe Aufmerksamkeit erfahren (vgl. Nestmann 2010). Der Begriff stammt ursprünglich aus der Sozialepidemiologie der 1950er Jahre, die die Auswirkungen schwerer Belastungen erforschte und erkannte, dass große Unterschiede existieren, wie Menschen damit umgehen. Auch heute steht dieser Begriff in der Soziologie noch deutlich im Schatten des älteren, wenngleich er nicht weniger wichtig ist. Anton-Rupert Laireiter (2009) hat darauf hingewiesen, dass sich bei diesem Begriff vier verschiedene Bedeutungsvarianten differenzieren lassen:

- Soziale Unterstützung als Ressource: Es geht dabei vor allem um die Verfügbarkeit von bestimmten Personen und Personengruppen, die Feedback vermitteln oder die eigenen Erwartungen bestätigen.
- Soziale Unterstützung als Information: Als das Eigentliche wird die Vermittlung des subjektiven Gefühls des Unterstütztseins aufgefasst.
- Soziale Unterstützung als unterstützendes Verhalten: Der Ausdruck positiver Gefühle für die eigene Person, Bestätigung der eigenen Sichtweisen oder symbolische, materielle Hilfen werden als Unterstützung aufgefasst.
- Soziale Unterstützung als Bedürfnisbefriedigung: Sie wird realisiert, „wenn die Verfügbarkeit anderer, deren Verhalten oder die Wahrnehmung von Information aus der Umwelt zur Befriedigung bestimmter menschlicher Bedürfnisse beitragen“ (Laireiter 2009: 85f).

Vor diesem Hintergrund erweist sich der Begriff als „mehrdimensionales" Konstrukt, der unterschiedliche Ebenen, Komponenten und Perspektiven umfasst. Wichtig erscheint dabei zu unterscheiden, ob soziale Unterstützung aus der Sicht des Gebers, des Empfängers oder eines Beobachter betrachtet wird. Unabhängig von der Mehrdimensionalität des Begriffs ist auch darauf hinzuweisen, dass soziale Unterstützung in unterschiedlicher Form erfolgen kann. Die daraus resultierenden Klassifikationsversuche nehmen einen breiten Raum ein. Auch wenn die vorgelegten Klassifikationen unterschiedlich umfangreich und detailliert sind, lassen sich bei diesen in aller Regel die folgenden drei Grundformen erkennen: instrumentelle, kognitive und emotionale Unterstützung. Eine instrumentelle Unterstützung zeichnet sich vor allem durch Taten aus, das können z.B. Arbeitshilfen oder materielle Zuwendungen sein. Von einer kognitiven Unterstützung wird dann gesprochen, wenn die Bereitstellung von Wissen und Kompetenzen im Vordergrund steht und von einer emotionalen, wenn es primär um Akzeptanz und Gefühlsregulation geht. Zu beachten ist dabei allerdings, dass es sich vielfach nicht nur um eine Leistung handelt. So kann z.B. eine finanzielle Zuwendung nicht nur dazu dienen, dass man Schulden vermeiden bzw. begleichen kann. Die Unterstützungsleistung bringt auch zum Ausdruck, dass man sich in einer Notlage auf eine andere Person verlassen kann und nicht allein da steht. Breite Aufmerksamkeit hat auch die Frage nach Wirksamkeit oder Effekten sozialer Unterstützung errungen. Grundlegend ist die Unterscheidung zwischen den Direkteffekten und den Puffereffekten. Im ersten Fall wird angenommen, dass die Unterstützungsleistung unmittelbar eine Entlastung beim Subjekt bewirke, im zweiten Fall erfolgt diese vermittelt über eine Veränderung der belastenden Situation bzw. ihrer Wahrnehmung (vgl. Nestmann 2010). Während zunächst kritische Lebensereignisse unter Vernachlässigung des sozialen Kontextes betrachtet wurden, besteht inzwischen weitgehend Konsens, dass die Wirkung sozialer Unterstützung von den persönlichen Beziehungskontexten abhängt (vgl. Lenz/Nestmann 2009). Erst vor diesem Hintergrund kann man erkennen, wer und wann jemand als hilfsbedürftig aufgefasst wird, wer, wann und wie Hilfeleistungen erbringt, wie diese von beiden Parteien wahrgenommen werden und welche Wirkungen damit verbunden sind. In seiner Studie „Die alltäglichen Helfer" hat Frank Nestmann (1988) ausführlich herausgearbeitet, dass Menschen mit Problemen sich nicht vorrangig an professionelle Helfer/innen wenden, sondern an Personen aus ihrem engeren oder weiteren Lebensraum. Informelle Hilfe zeichnet sich nach Nestmann (1988: 5) dadurch aus, dass diese in einen bereits gegebenen Beziehungs- und Interaktionskontext eingebettet ist. Für die Tätigkeit liegt weder eine Ausbildung noch ein formaler Kontrakt vor. Vielfach werden darüber hinaus die beiden Rollen der Hilfesuchenden und -gebenden nicht bewusst wahrgenommen und reflektiert ausgeübt.

Ein vielfach bestätigtes Ergebnis ist es, dass der Beziehungspartnerin bzw. die Beziehungspartner für in Zweierbeziehung lebende Personen die wichtigste Unter-

stützungsperson ist. Auch lässt sich feststellen, dass die Familienmitglieder wechselseitig in starkem Maße Geber und Empfänger von sozialer Unterstützung sind. Deutlich werden darüber hinaus Unterschiede zwischen den Geschlechtern, die Frank Nestmann und Christiane Schmerl (1991) schon früh mit der Kurzformel „Frauen, das hilfreiche Geschlecht" zum Ausdruck gebracht haben. Nicht nur verfügen Frauen häufiger über mehr Netzwerkangehörige, die im Bedarf unterstützend tätig werden, Frauen dominieren ebenfalls bei den potenziellen Unterstützer/innen. Über eigene Probleme mit Frauen zu sprechen, ihnen gegenüber Hilfsbedürftigkeit und Gefühle der Schwäche zeigen, ist offensichtlich sowohl für Frauen wie auch für Männern einfacher. Von Frauen wird vielfach erwartet, dass sie empathischer darauf reagieren und zudem bereit sind, die erforderliche Zeit für diese Problemgespräche aufzubringen, und sie erfüllen auch diese Erwartung.
Mit seiner empirischen Studie zu den Settings Taxi, Gasthaus, Massagepraxis und Friseursalon hat Nestmann (1988) deutlich gemacht, dass die informelle Hilfe aber keineswegs auf einen engen Kreis vertrauter Personen beschränkt ist. Zum festen Berufsalltag der in diesem Setting Beschäftigten gehören entsprechende Hilfeleistungen. Bei den Masseuren/Masseurinnen geben 75% an, ein oder mehrmals täglich Problemgespräche zu führen; bei den Gastwirten/Gastwirtinnen 41%; bei den Friseuren/Friseurinnen 34%, und bei den Taxifahrer/innen 15%. Diese letzten drei Gruppen sagen häufiger, dass es einmal in der Woche vorkommt. Im Taxi-Setting sind es meist unbekannte Einmalkunden, während in den drei anderen Settings vor allem mit Stammkunden gesprochen wird. An Masseure/Masseurinnen und Friseure/Friseurinnen wenden sich vor allem Frauen, an Gastwirte/Gastwirtinnen Männer, an Taxifahrer/innen beide Gruppen. In allen vier Settings gehörten die Themenbereiche Familie, Gesundheit/Krankheit, Arbeit/Beruf und Ehe- und Paarbeziehung zu den wichtigsten Problembereichen.

Texte zum Weiterlesen

Laireiter, Anton-Rupert (2009): Soziales Netzwerk und soziale Unterstützung. In: Karl Lenz, Frank Nestmann (Hrsg.): Handbuch Persönliche Beziehungen, 75-99. Weinheim: Juventa.

Nestmann, Frank (2010): Soziale Unterstützung – Social Support. In: Wolfgang Schröer, Cornelia Schweppe (Hrsg.): *Enzyklopädie Erziehungswissenschaft Online. Fachgebiet Soziale Arbeit Grundbegriffe*. Weinheim: Beltz Juventa. DOI 10.632/EEO 1400113.

1.4.4 Macht und Machtprozesse

Grundlegend für das soziologische Verständnis von Macht ist weiterhin Webers Definition. Er fasst Macht auf als die „Chance, innerhalb einer sozialen Beziehung den eigenen Willen auch gegen Widerstreben durchzusetzen, gleichviel worauf diese Chance beruht" (1976: 28). Aufbauend auf dieser Definition kann Macht definiert werden als die Potenzialität, beabsichtigte Wirkungen auf das Handeln, Denken und Fühlen anderer auszuüben. Machtausübung ist nicht nur auf die Handlungsebene begrenzt, sondern reicht darüber hinaus, was hier mit Denken und Fühlen zum Ausdruck gebracht werden soll. Macht wird auch ausgeübt, indem man z.B. Vorstellungen von dem, was richtig oder was falsch ist, prägt bzw. es darauf anlegt, Schuldgefühle hervorzurufen. Macht kann eine Veränderung des Handelns, Denkens und Fühlens bewirken, aber auch gerade darin bestehen, eine Veränderung zu verhindern. Bei Macht handelt es sich um eine „beabsichtigte" Einflussnahme. Dieser Bestandteil der Definition macht deutlich, dass es um die Durchsetzung von Interesse und die Realisierung von Zielen geht. Zu ergänzen ist, dass Macht nicht nur darin besteht, Entscheidungen herbeizuführen. Aus Gemeindestudien ist hinlänglich bekannt, dass Macht sich gerade darin zeigen kann, das Zustandekommen einer Entscheidung erfolgreich zu verhindern (vgl. Bachrach/Baratz 1977).

Macht ist nicht etwas, was man besitzt, sie ist kein Persönlichkeitsmerkmal, sondern immer auf eine Beziehungskonstellation bezogen. Macht kann man immer nur in Relation zu anderen haben (vgl. auch Elias 1981). Da Beziehungen durch das Moment der Wechselseitigkeit gekennzeichnet sind, ist es – sieht man von Extremfällen ab – nicht so, dass in einer Beziehung ein Teil die Macht hat und der andere dieser ausgeliefert ist. Angemessener erscheint es, davon auszugehen, dass beide Teile zumindest über etwas Macht verfügen. Statt der Dichotomie Macht und Ohnmacht sind in den allermeisten Situationen lediglich Machtunterschiede auffindbar, die allerdings unterschiedlich stark ausgeprägt sein können. Auch kann die Machtbalance in verschiedenen Problembereichen und sogar bei verschiedenen Ereignissen im selben Bereich unterschiedlich ausfallen.

Unterschieden werden kann zwischen Machtgrundlagen, Machtprozessen und Machtresultaten. In der Machtforschung stehen meist die *Machtresultate* im Mittelpunkt. Zu beachten ist, dabei nicht nur Entscheidungen, sondern auch Nicht-Entscheidungen einzubeziehen. Machtresultate werden stets von subjektiven Bewertungen geformt und überformt, die mit den vorhandenen Fairness-Vorstellungen, äußeren Umständen und vorhandenen Motivationen in Verbindung stehen. Subjektive Bewertungsvorgänge machen Redefinitionen des Ausgangs eines Machtprozesses und auch ein Auseinanderfallen der Wahrnehmung des Machtresultats durch Beteiligte möglich. Dadurch können die Nachwirkungen einer „Niederlage" oder auch eines „Sieges" gemildert werden.

Häufig gelingt es nicht, im vollen Umfang zu bewirken, was „beabsichtigt" war. In „weiser Voraussicht" werden deshalb manchmal die Ansprüche zu Beginn überhöht, um ein Verhandlungspotenzial zu haben. Machtausübung heißt nicht, sich voll und ganz durchsetzen zu können, sondern lediglich, einen beabsichtigten Einfluss auf die andere Seite auszuüben, in welchem Umfang auch immer. Es ist aber auch möglich, dass derjenige, der etwas fordert, verliert, die beabsichtigte Beeinflussung nicht zustande kommt oder abgewehrt wird. In einigen Fällen steht am Ende ein Kompromiss, der mehr oder minder die Ansprüche beider Seiten verbindet. Ob damit auch die Machtansprüche der initiativen Seite aufgegeben werden, steht auf einem anderen Blatt. Manche Kompromisse werden nur geschlossen, da es nicht möglich war, sich durchzusetzen, ohne auf die Ansprüche an sich zu verzichten. Ob ein Kompromiss eine Kristallisation von Macht ist oder ob es im Kompromiss der Gegenseite gelungen ist, den Machtanspruch abzuwehren, ist nicht verbindlich, sondern nur von Fall zu Fall beantwortbar.

Macht kann auf unterschiedlichen *Grundlagen* beruhen. Von Heinrich Popitz (1999) stammt die Unterscheidung zwischen Verletzungsmacht, instrumenteller, autoritativer und objektvermittelter Macht. Von Verletzungsmacht spricht Popitz dann, wenn versucht wird, das Ziel mit Gewalt zu erreichen. Bei der instrumentellen Macht geht es nicht um direkte Aktionen, sondern darum, Regeln zu setzen, die bestimmte Handlungen erlauben oder verbieten. Bei der autoritativen Macht sind es die Subjekte selbst, die das wollen, was von außen festgesetzt ist. Bei der vierten Form, der objektvermittelten Macht, werden durch Veränderungen der Umwelt Tatsachen geschaffen; Beispiele hierfür sind das Strom- oder Verkehrsnetz. Eine andere Klassifikation stammt von Bertram H. Raven (1993), der zwischen Zwangsmacht („coercive power“), Belohnungsmacht („rewarding power“), Expertenmacht („expert power“), legitimer Macht („legitimate power“), Referenzmacht („referent power“) und Informationsmacht („informational power“) unterscheidet. An dieser Stelle soll die Brauchbarkeit dieser Klassifikation nicht diskutiert werden. Das Einbeziehen der jeweiligen Machtgrundlagen scheint in mehrfacher Hinsicht geeignet, zu einem besseren Verständnis der Machtdynamik beizutragen. Zuallererst wird dadurch deutlich gemacht, dass Macht keineswegs nur in einer Anwendung und Androhung von physischer Gewalt besteht. Auch ist physische Gewalt nur eine und auch nicht die einzige Ausprägung von Zwangsmacht. Das Spektrum von Macht ist viel breiter und erschöpft sich auch nicht in einem negativ behafteten Bild von Macht. Macht hat verschiedene Seiten und ist keineswegs unlösbar mit Unterdrückung assoziiert. Manchmal ermöglicht die Machtausübung erst eine Entscheidung, kürzt den Aushandlungsprozess ab oder trägt dazu bei, dass die „bessere“ der wählbaren Alternativen ergriffen wird. Machtausübung kann sich in einer Situation auf unterschiedliche Grundlagen stützen und es ist auch denkbar, dass die Beteiligten in einem Machtprozess versuchen, unterschiedliche Machtgrundlagen in Anspruch zu nehmen.

Machtprozesse wurden in der Machtforschung bislang am stärksten vernachlässigt. Auch wenn es sicherlich wichtig ist zu wissen, wer gewinnt, wer sich durchsetzt, gibt das noch wenig Aufschluss über den Machtprozess per se. Wie gelingt es einer Person oder einer Interessengruppe, sich bei politischen Entscheidungen oder einer Person in einer Paarbeziehung mit der eigenen Absicht durchzusetzen, Machtgrundlagen zu aktivieren, um das Handeln, Denken und Fühlen einer anderen oder mehrerer anderer Person(en) zu beeinflussen? Die Beantwortung dieser Frage verweist auf Austausch- und Aushandlungsprozesse, die in den sozialen Prozessen der Interaktionen eingebettet sind. Auch wenn eine Partei in einer Situation über Vorteile in den Machtgrundlagen verfügt, müssen diese immer erst zur Geltung gebracht werden. Es müssen geeignete Strategien angewendet werden, um das vorhandene Potenzial auszuschöpfen. Der Gebrauch von besonders effektiven Strategien kann dabei durchaus eine ungleiche Verteilung der Machtgrundlagen unter den Beteiligten ausgleichen. Hier nur ein Beispiel aus der Paarforschung; Cornelia Koppetsch und Günter Burkart (1999: 10) machen anschaulich darauf aufmerksam, dass der vorgegebene männliche Machtvorsprung durch subtile Machttechniken unterlaufen werden kann:

> „Unsere Gesprächspartnerinnen aus dem traditionellen Milieu verfügen in der Regel über zahlreiche Strategien, auch gegen den Willen des Mannes eigene Interessen zu verfolgen. (... Dies zeigt sich bei den) innerhalb dieses Milieus so zentralen ‚Geldkonflikten'. Elke Kunze (...) nutzt jede Gelegenheit, ihren Mann über den wahren Umfang ihrer Ausgaben zu täuschen. Sie führt heimlich Ferngespräche mit ihrer Schwester und täuscht Sonderangebote vor, um größere Ausgaben gegenüber dem Mann zu rechtfertigen." (Koppetsch/Burkart 1999: 81f)

Die Machtbalance ist also nicht einmal festgeschrieben, sondern bildet sich als interaktiv-emergentes Phänomen im Machtprozess heraus. Auch wenn soziale Prozesse sich nicht auf Kostenkalküle reduzieren lassen, ist es möglich, dies anhand von Kosten der Machtausübung zu illustrieren. Für diejenige Partei, die Macht auszuüben versucht, fallen Kosten an, die sich unmittelbar durch den Beeinflussungsversuch ergeben (z.B. Kosten der versprochenen Belohnung), oder solche, die entstehen, wenn das Vorhaben scheitert. Auch für die Gegenseite entstehen Kosten, nämlich die des Sich-Widersetzens, sei es die Zeit und Energie, die man dafür aufzuwenden hat, oder auch die spannungsgeladene Atmosphäre, die dadurch entsteht. Ebenso kann das Nachgeben Kosten herbeiführen, da attraktive Alternativen aufgegeben oder verschoben werden müssen. Selbst das Gefühl, verloren zu haben, unterlegen zu sein, kann maßgeblich die Kosten des Nachgebens erhöhen. Je nachdem, wie diese ‚Verlustrechnungen' subjektiv bewertet werden, wird sich die Beharrung auf der eigenen Position unterschiedlich darstellen. Eine Aufgabe der Machtstrategien ist es, diese Kostenkalkulationen zu beeinflussen. Derjenige, der Macht auszuüben versucht, wird also oftmals bemüht sein, die Kosten des Nachgebens als klein und/oder die Kosten des Widerstands als groß erscheinen zu lassen.

Texte zum Weiterlesen

Popitz, Heinrich (1999): *Phänomene der Macht.* 2., stark erw. Auflage, Tübingen: Mohr.
Lukes, Steven (2005): *Power. A radical view.* 2. erw. Auflage, Basingstoke: Palgrave Macmillan.

2 Theoretische Grundlagen

Die Soziologie ist eine multiparadigmatische Disziplin. Im Fach gibt es nicht die eine dominierende Theorie, sondern ein Nebeneinander unterschiedlicher Theoriemodelle. Auch existiert keine einheitliche Klassifikation der Theorien. Einführungen in die soziologischen Theorien liegen unterschiedliche Systematiken zugrunde. Im vorliegenden Zusammenhang werden drei soziologische Theoriemodelle vorgestellt, die für pädagogische Fragestellungen besonders relevant sind und auch besonders stark aufgegriffen werden. In zwei Fällen werden Theoretiker in den Mittelpunkt gestellt. Im dritten Fall werden aufgrund der hohen internen Heterogenität drei unterschiedliche Theorierichtungen dargestellt. Ausgewählt werden im Weiteren die folgenden Theorien:

- Systemtheorie,
- Kritische Theorie,
- Interpretative Soziologie.

Durchaus möglich wäre es, weitere Theoriemodelle aufzuführen. Ein besonderer Anwärter wäre dabei der vor allem aus Frankreich stammende Strukturalismus mit Pierre Bourdieu als wichtigsten Theoretiker der Gegenwart (als Überblick vgl. Schwingel 1998). Aus Platzgründen werden wir uns aber auf die drei genannten beschränken.

2.1 Systemtheorie: Niklas Luhmann

Die Systemtheorie wird – zumindest im deutschsprachigen Raum – ganz wesentlich vom Theorieentwurf von Niklas Luhmann (1927-1999) bestimmt. Seine Arbeiten stehen in der Traditionslinie von Emile Durkheim und Talcott Parsons. Durkheim hat – wie bereits erwähnt – die Arbeitsteilung als Strukturmerkmal moderner Gesellschaft aufgefasst. Daran anschließend hat Parsons die Gesellschaft nicht nur als arbeitsteilig organisiert verstanden, sondern als durchgängig differenziert gegliedert. Für Parsons ist die Differenzierung in Funktionsbereiche – wie für Hartmut Rosa, David Strecker und Andrea Kottmann (2007: 123) – „das generelle Strukturprinzip moderner Gesellschaften". Parsons Gesellschaftstheorie ist für Luhmann die elaborierteste soziologische Theorie, aber sie hat Schwächen, die Luhmann in seinen Theorieentwurf überwinden möchte. Eine zentrale Schwachstelle sieht Luhmann darin, dass bei Parsons die gesellschaftliche Ordnung durch einen Wertekonsens hergestellt wird. Angesichts der Individualisierung der Lebensstile und der Pluralisierung der kulturellen Orientierung kann der Zusammenhalt nicht durch einen Wertekonsens getragen werden. Bei Parsons sind – aus seiner Sicht – die Funktionsbereiche noch zu sehr an die Absichten und Überzeugungen der Subjekte gebunden. Für Luhmann muss Gesellschaft unabhängig vom Subjekt gedacht und das Differenzierungsprinzip stärker generalisiert werden. In Abgrenzung zu Parsons' strukturell-funktionaler Theorie hat Luhmann seinen eigenen Theorieentwurf als „funktional-strukturell" bezeichnet (vgl. Kneer/Nassehi 1993). Angezeigt wird damit eine Verlagerung von Struktur auf Funktion als das vorrangige Prinzip. Nicht wie Ordnung erhalten wird, steht im Mittelpunkt, sondern es sind die unterschiedlichen Möglichkeiten, die vorhanden sind, um zentrale gesellschaftliche Aufgaben zu erfüllen. Mit Parsons teilt Luhmann den Anspruch einer umfassenden Theoriebildung und für beide ist der Systembegriff geeignet, hierfür eine wichtige Grundlage zu bilden. Betont wird, dass sich der Modernisierungsprozess als Rationalisierungs- und Differenzierungsprozess bei gleichzeitigem strukturellen Zwang zur gesellschaftlichen Integration über die Individuen hinweg vollzieht. Während Parsons soziale Systeme aus sozialen Handlungen hervorgehen sah und aufzuzeigen versuchte, dass Systeme Formen sozialen Handelns ermöglichen, stellt Luhmann die Eigenmächtigkeit und Eigendynamik sozialer Systeme in den Mittelpunkt (vgl. Dieckmann 2004).

Auch wenn Luhmann den Begriff der soziologischen Aufklärung verwendet – eine Auswahl seiner Aufsätze ist mit diesem Titel schon zu seinen Lebzeiten in sechs Bänden erschienen – verfolgt er keine gesellschaftskritische Absicht. Aussagen darüber, wie sich Gesellschaften zu entwickeln haben oder was „gute" oder „gerechte Gesellschaft" sei, entziehen sich aus seiner Sicht der soziologischen Kompetenz. Sein Anspruch ist lediglich der einer angemessenen Beschreibung entwickelter Gesellschaften. Erkenntnistheoretisch betrachtet verbindet Luhmann mit seiner umfassenden Theoriebildung geringere Ansprüche. Streng genommen geht es ihm überhaupt nicht um Erklärungen, sondern er begnügt sich mit Beschreibungen. Sein Hauptanliegen ist, der Soziologie ein begriffliches Instrumentarium für den eigenen Gegenstandsbereich zur Verfügung zu stellen.

Während Luhmann in seiner ersten Phase vom Konzept der offenen Systeme und einer System-Umwelt-Differenz ausgegangen ist, hat er seiner Theoriebildung ab dem Buch „Soziale Systeme" auf die Theorie selbstreferenzieller Systeme umgestellt. Grundlegend hierfür ist das Konzept der *Autopoiesis*, das Luhmann von den beiden chilenischen Biologen und Neurophysiologen Humberto R. Muturana und Francisco Varela (1985) übernommen hat. Autopoiesis ist ein Kunstwort, das sich aus den griechischen Worten autos (= selbst) und poiein (= machen) zusammengesetzt. Maturana und Varela nutzen den Begriff, um die Eigenart der Organisation von Lebewesen zu beschreiben.

> „Als autopoietisch wollen wir Systeme bezeichnen, die die Elemente, aus denen sie bestehen, durch die Elemente, aus denen sie bestehen, selbst produzieren und reproduzieren. Alles, was solche Systeme als Einheit verwenden: ihre Elemente, ihre Prozesse, ihre Strukturen und sich selbst, wird durch eben solche Einheiten im System erst bestimmt." (Luhmann 1995a: 56)

Autopoietische Systeme lassen sich von allopoietischen abgrenzen; letzteres sind nicht-lebende Maschinen, wie z.B. ein PKW-Motor. Im Unterschied zu autopoietischen Systemen werden diese in einem linearen Input/Output-Schema von außen gesteuert. Ein defekter PKW-Motor muss durch einen äußeren Eingriff repariert werden.

Nicht nur ein Organismus ist ein autopoietisches System, sondern auch – so Luhmanns Grundüberzeugung – soziale Systeme. Autopoietische Systeme beziehen sich aufgrund ihrer Geschlossenheit ausschließlich auf sich selbst. Sie operieren *selbstreferenziell.* Wie ein Körper erhält sich ein soziales System, indem es die eigenen Elemente ausschließlich selbst durch die eigenen Operationen erzeugt. Autopoietische Systeme sind zugleich *offene Systeme,* sie sind keineswegs von der Umwelt unabhängig, sondern reagieren mehr oder weniger angemessen auf Umweltherausforderungen. Geschlossenheit und Offenheit gehören somit notwendig zusammen; sie stehen in einem Bedingungsverhältnis: Die Geschlossenheit des autopoietischen Systems ist die Voraussetzung für ihre Offenheit. Nicht die Umwelt legt die Formen des Austausches fest, diese werden vielmehr von der geschlossenen Organisationsweise des autopoietischen Systems bestimmt. Dieser Zusammenhang lässt sich – wie Georg Kneer und Armin Nassehi (1993: 51) ausführen – mit den Begriffen Autonomie und Autarkie verdeutlichen:

> „Autopoietische Systeme sind autonom, aber nicht autark. Sie sind nicht autark, insofern sie in einer bestimmten Umwelt, in einem Milieu leben, auf dessen materielle und energetische Zufuhren sie angewiesen sind. Sie sind aber autonom, insofern die Aufnahme bzw. Abgabe von Energie und Materie allein von den Systemoperationen eigengesetzlich bestimmt wird."

Neben dem Autopoiesisbegriff übernimmt Luhmann von Maturana/Varela auch die Grundidee des *Konstruktivismus* als Grundlegung der Erkenntnis- und Wahrnehmungstheorie (vgl. Scheffer 2012). Vom System kann die Umwelt zu keinem Zeitpunkt adäquat widergespiegelt werden. Es handelt sich niemals um eine bloße Abbildung. Die Umwelt wird vom operativ geschlossenen System in Reaktion auf Irritation konstruiert. Geleistet wird eine „systeminterne Konstruktion einer systemexternen Welt" (Kneer/Nassehi 1993: 54). Durch diese starke konstruktivistische Ausrichtung ergibt sich eine hohe Anschlussfähigkeit an soziologische Theorien aus dem interpretativen Paradigma.

In der allgemeinen Systemtheorie lassen sich Maschinen, Organismen, psychische Systeme und soziale Systeme unterscheiden. Gegenstand der Soziologie sind ausschließlich soziale Systeme, die Interaktionen, Organisationen und Gesellschaft als Systemebenen umfassen (vgl. Luhmann 1975). Soziale Systeme sind Sinnsysteme, aber nicht alle Sinnsysteme sind soziale Systeme. Nach Luhmann operieren auch psychische Systeme im Medium „Sinn". Von Sinn wird dann gesprochen, wenn bei der Verwirklichung von Möglichkeiten der Ausschluss von Möglichkeiten registriert wird (vgl. Kirchmeier 2012). Dies trifft für Bewusstseinsvorgänge ebenso zu

wie für soziale Prozesse. Die Besonderheit der sozialen Systeme besteht darin, dass Kommunikation ihre Grundeinheit bilden (vgl. Luhmann 1995b). Soziale Systeme sind Kommunikationssysteme. Sie reproduzieren sich dadurch, dass fortlaufend Kommunikation auf Kommunikation folgt. Eine Kommunikation erzeugt eine eigene Nachfolgekommunikation oder das jeweilige soziale System löst sich auf.
Für Luhmann reicht es nicht aus, Kommunikation als Übertragung einer Botschaft von einem Sender zu einem Empfänger aufzufassen. Vielmehr ist Kommunikation ein dreistelliger Selektionsprozess aus Information, Mitteilungen und Verstehen (vgl. Luhmann 1984). Eine Kommunikation umfasst immer alle drei Selektionsleistungen, eine Informationsauswahl, eine Auswahl aus mehreren Mitteilungsoptionen und auch mehrere Verstehensoptionen. Ausgeblendet bleiben dabei die Probleme des Fremdverstehens, die ausführlich Alfred Schütz beschrieben hat, wie auch die für die Kommunikation typischerweise gegebene Sinnvagheit oder die hohe Verbreitung von Missverständnissen und Täuschungen, Themen, die von der Ethnomethodologie bzw. Erving Goffman behandelt wurden. Nach Luhmann ist eine erfolgreiche und folgenreiche Kommunikation zwar an und für sich unwahrscheinlich. Jedoch dienen Medien dazu, dass das Unwahrscheinliche in eine Wahrscheinlichkeit transformiert wird. Ein grundlegendes Medium ist die Sprache, die eine Kommunikation über den gemeinsamen Wahrnehmungskontext hinaus möglich macht. Dazu dienen auch die symbolisch generalisierten Kommunikationsmedien in den gesellschaftlichen Teilsystemen, wie das Geld im Wirtschaftssystem, Macht im politischen System und Wahrheit im Wissenschaftssystem.
Luhmann wendet sich damit gegen die gängige Auffassung, dass der Mensch die Grundeinheit des Sozialen bildet. Menschen kommen für Luhmann ausschließlich in der Umwelt vor und werden auch nicht als Urheber von Kommunikationen betrachtet. Für ihn ist Kommunikation kein Ergebnis menschlichen Handelns, sondern ein Produkt sozialer Systeme. Luhmann (1990: 31) fasst das in dem vielfach zitierten Satz: „Der Mensch kann nicht kommunizieren; nur die Kommunikation kann kommunizieren“ zusammen. Diese These ergibt sich unmittelbar aus der Feststellung, dass Systeme selbstreferenziell-geschlossen operieren. Es gibt keinen direkten Austausch zwischen psychischen und sozialen Systemen.

> „Kein Bewusstsein kann mit seinen Operationen an den Gedanken und Vorstellungen eines anderen Bewusstseins anschließen, kein Bewusstsein kann außerhalb seiner Grenze operieren. Insofern gilt: Das Bewusstsein denkt, es schreitet von Gedanke zu Gedanke fort, aber es kommuniziert nicht mit anderen psychischen Systemen.“ (Kneer/Nassehi 1993: 67)

Luhmann behauptet damit nicht, dass soziale Systeme unabhängig vom Menschen operieren. Jede Kommunikation ist auf neuronale und psychische Vorgänge und Zustände angewiesen. Luhmann möchte damit lediglich deutlich machen, dass Kommunikation weder eine neuronale Aktivität noch ein Bewusstseinsakt ist und folglich nicht auf die entsprechenden Systemzustände der Menschen reduziert werden kann, die an der Kommunikation beteiligten sind. Vielmehr bildet Kommunikation eine eigenständige, emergente Ordnungsebene, die in dieser Komplexität betrachtet werden muss. Um Kommunikationsprozesse angemessen zu beschreiben, reicht weder eine bewusstseinsphilosophische noch psychologische Begrifflichkeit aus. Entscheidend ist vielmehr, Kommunikation als etwas Eigenständiges, eine emergente Ordnung aufzufassen.

Um den Zusammenhang von sozialem und psychischem System zu beschreiben, verwendet Luhmann den ebenfalls von Maturana entlehnten Begriff der strukturellen Kopplung. Damit ersetzt er den von Parsons stammenden Begriff der Interpenetration. Darunter werden Strukturen verstanden, „die festlegen, in welcher Hinsicht die Systeme füreinander relevant sind" (Rosa et al. 2007: 188). Nur in strukturellen Kopplung sind „Bewusstseinssysteme fähig, kommunikative Systeme zu beobachten, aber auch umgekehrt: kommunikative Systeme fähig, Bewusstseinssysteme zu beobachten" (Luhmann 1995: 47). Zwischen psychischem und sozialem System ist Sprache die strukturelle Kopplung. Dies ändert aber nichts daran, dass Kommunikation und Bewusstsein füreinander Umwelt bleiben. Sie bilden kein Supersystem, das beide übergreift.

Die Systemtheorie ist immer am integrativen Gesamtergebnis der Systementwicklung und nicht am Anteil bzw. dem Schicksal der Menschen interessiert. So kann sie z.B. auch den geschlechtshierarchischen Charakter der industriellen Arbeitsteilung nur äußerlich erfassen: Weiblich definierte Hausarbeit und männlich definierte „Reproduktionsarbeit" sind danach funktionale Elemente sozialer Differenzierung, deren integratives Gesamtergebnis – der industrielle Fortschritt mit seiner gesellschaftsformierenden Kraft – systemtheoretisch maßgebend ist. Ebenso verhält es sich mit dem Problem der sozialen Ungleichheit: Systemtheoretisch ist es ein Differenzierungskriterium der eigentums- und konkurrenzorientierten industriekapitalistischen Gesellschaft. Die sozialen Kämpfe gegen die Ungleichheit, wie wir sie seit der zweiten Hälfte des 19. Jahrhunderts bis heute erleben, sind aus systemischer Sicht ein System-Umwelt-Problem, das historisch gelöst worden ist, indem die Struktur sozialer Ungleichheit im Gesellschaftssystem umgebaut wurde, Ungleichheit materiell entschärft (Sozialpolitik) und kulturell – vor allem über die Ausweitung des Bildungswesens – nivelliert bzw. pluralisiert werden konnte. Dadurch wurde die drohende Spaltung der Gesellschaft verhindert und es konnten – im Zusammenspiel von Integration und Evolution – breite Modernisierungsschübe erreicht werden.

In diesem Kontext ist es auch plausibel, dass soziale Systeme Konflikte nicht als Widerspruchs- und Machtkonstellation begreifen, sondern von ihrer Logik her als neue Formen von Komplexität und Kontingenz, die es systemgerecht und selbstreferenziell zu reduzieren und auszubalancieren gilt, definiert werden müssen. Komplexität und Kontingenz sind umgekehrt aufeinander bezogene Systemeigenschaften: Während das System Kontingenz zwar zulässt, ihr aber mit einer Fülle von Institutionalisierungen – Rollen, Regeln, Verfahren – begegnet, um flexibel bleiben zu können und ihr nicht ausgesetzt zu sein, gilt die Komplexität als Möglichkeitsraum, den es aus dem Kontingenzbezug heraus durch Adaption zu nutzen gilt. Alles, was das System an Neuem aufnimmt, wird nach den systemischen Prinzipien definiert und integriert. Wir kennen diesen Mechanismus vor allem aus den Erfahrungen mit Schulreformen: Die Bildungspolitik nimmt Reformbestrebungen auf, modelt sie aber so um, dass sie für sie systemisch handhabbar werden. Politische Forderungen werden in fachliche Konzepte umgemünzt, Modelle werden geschaffen, die den Systemen vorgelagert sind und in denen die Möglichkeiten und Grenzen der Interpenetration ohne akutes Systemrisiko erprobt werden können. So gestattet die Autonomie der Subsysteme zum einen eine wesentlich verfeinerte Differenzierung und damit höhere Komplexität der Integration, was umgekehrt die Möglichkeiten der Reduktion von Komplexität im System-Umwelt-Verhältnis variabler und intelligenter macht, andererseits das gesellschaftliche Gesamtsystem partiellen Integrationskrisen nicht unmittelbar aussetzt. Die Schulkrise betrifft zuerst das soziale System Schule und dann erst das übergeordnete Erziehungssystem, in dem Fall aber schon in einer vom System Schule verarbeiteten Form.

Nach Luhmann dürfen wir die systemischen Prozesse nicht mechanisch verstehen, sondern sinnhaft, da es im Sinne der Gewährleistung des Sozialen vernünftig ist. Sinn entsteht gleichsam im Zuge der Reduktion von Komplexität und der Schaffung systemgerechter Komplexität. Dieses systemische Verständnis von Sinn begegnet uns oft im Alltag, wenn es heißt, dass diese oder jene Regel, ein neues Verfahren etc., das innersystemisch (z.B. aus der Administration heraus) entstanden ist, „schon seinen Sinn haben wird oder muss", gerade auch dann, wenn es unserem normativen Sinnverständnis zuwiderläuft. Deshalb ist es auch bei Konflikten nicht so einfach, jenen, die aus einer Systemlogik heraus bürokratisch, administrativ oder technologisch argumentieren, Sinn abzusprechen, da gerade sie von dem „systemischen" Sinn ihrer Argumente überzeugt sind. Spätestens an dieser Stelle dürfte klar geworden sein, dass der systemtheoretische Zugang nicht pädagogisch denunziert werden darf, auch wenn er mit seinem kategorischen Ausschluss der Menschen und seiner funktionalen Segmentierung uns, die wir normativ-aufklärerisch am ganzen Menschen und seiner „dualen" Emanzipation orientiert sind, Unbehagen bereitet.

Texte zum Weiterlesen

Rosa, Hartmut, David Strecker, Andrea Kottmann (2007): *Soziologische Theorien.* Konstanz: UVK: 173-195.

Jahraus, Oliver, Armin Nassehi, Mario Grizelj, Irmhild Saake, Christian Kirchmeier, Julian Müller (Hrsg.) (2012): *Luhmann-Handbuch. Leben Werk Wirkung.* 1. Auflage, Stuttgart: J.B. Metzler'sche Verlagsbuchhandlung und Carl Ernst Poeschel Verlag GmbH.

Kneer, Georg, Armin Nassehi (1993): *Niklas Luhmanns Theorie sozialer Systeme. Eine Einführung.* München: UTB Fink.

▶ Exkurs 6: Schule als soziales System

Wenn wir nun die Schule als System und damit in ihren abstrakten Binnen- und Umweltrelationen betrachten, erhalten wir Aufschluss darüber, wie sie als selbstständiges und verselbstständigtes Gebilde *neben* den Menschen existiert, die in ihr als Lehrer/innen und Schüler/innen erzieherisch interagieren. Wir erfahren über diese systemische Perspektive viel über pädagogische Handlungsspielräume und Grenzen von Schule und auch einiges darüber, wie sich Schule in ihrer Selbstreferenzialität gegenüber ihrer Umwelt verhält – systemisch verhalten *muss* –, wenn sie neuen thematischen und sozialen Anforderungen ausgesetzt ist.

Talcott Parsons hat als einer der ersten Soziologen eine Beschreibung der Schule als soziales System vorgelegt. Seine systemtheoretische Sichtweise richtet sich – im Vergleich zu Luhmann – allerdings weniger auf die Struktur und Ablaufslogik sozialer Systeme, die Systemeigenschaften selbst, sondern auf die gesellschaftlichen Systemfunktionen. Wir werden aber sehen, dass beide Zugänge zusammenspielen, wenn wir die Systemtheorie an der gesellschaftlichen Wirklichkeit Schule anwenden. Parsons geht in seiner systemischen Bestimmung der Schule von deren kleinster Systemeinheit, der Schulklasse, aus.

„Unser Hauptinteresse ist [...] auf ein doppeltes Problem gerichtet: erstens wie die Schulklasse funktioniert, um bei den Schülern Bereitschaft und Fähigkeit zur erfolgreichen Erfüllung ihrer späteren Erwachsenenrollen zu verinnerlichen, und zweitens, wie sie funktioniert, um diese menschlichen Ressourcen innerhalb der Rollenstruktur der Erwachsenengesellschaft zu verteilen“ (Parsons 1968: 162).

Die Schule hat also demnach eine Sozialisations- und eine Allokationsfunktion (Verteilungsfunktion). Parsons versteht Sozialisation als lebensphasentypischen Prozess der sukzessiven Rollenübernahme und Internalisierung der gesellschaftlichen Normen. Diese beiden Komponenten sind entsprechend auch in der Sozialisationsdimension der Schule enthalten: Sie soll Bereitschaft und Fähigkeiten (Qualifikationen) erzeugen. In der Allokationsfunktion steckt nicht nur das Problem der Verteilung der schulisch Ausgebildeten nach jeweils gesellschaftlichem Bedarf, sondern vor allem auch der Aspekt der Verteilung der individuellen Bildungs- und Lebenschancen. Damit ist die Schule eine zentrale Instanz der gesellschaftlichen Auslese. Dieses Selektionsprinzip wirkt wiederum als Strukturprinzip des sozialen Systems Schule.

Selektions- und Integrationsfunktion der Schule bedingen einander – nach der systemtheoretischen Logik – auch hier: Schulische Differenzierung befördert die Integration in das Gesellschaftssystem, das auf Arbeitsteilung, sozialer Differenzierung und damit verbunden auch sozialer Ungleichheit aufgebaut ist. Und darüber hinaus kann Schule in ihrer staatlich-hoheitlichen Rückbindung diese Selektion gleichsam aus sich selbst heraus legitimieren, d.h. für den Einzelnen einsichtig und begründbar machen, dass seine sozialen Chancen an seine Schullaufbahn und -leistung gebunden sind. Diese systemische Korrespondenz von Selektions- und Integrationsfunktion spiegelt sich auch in der Struktur des sozialen Systems Schule wider: die Schüler und Schülerinnen werden (systemisch) zwar gleich behandelt, sozial und individuell werden dabei aber differenzierende und Ungleichheit produzierende Effekte erzielt. Systemtheoretisch gesehen ist das Leistungs- und Selektionskriterium aber kein Ungleichheitskriterium, sondern eines der Reduktion von Umweltkomplexität (es kommen viele unterschiedliche Schüler/innen zur Schule) und damit ein Kriterium der systemischen Integration.

Seit der Schulanalyse von Parsons hat die Schule in der modernen Gesellschaft aber eine gewisse Funktionsverschiebung erfahren: Mit der durch den technologischen Strukturwandel der Arbeitsgesellschaft induzierten, tendenziellen Entkoppelung von Bildungs- und Berufssystem bleibt zwar die Auslesefunktion der Schule bestehen, ihre Qualifikations- und Allokationsfunktion ist aber längst nicht mehr selbstverständlich und durchgängig gegeben. Gero Lenhardt (1994) unterscheidet – in Anlehnung an David Lockwood (1970) – zwischen der sozialintegrativen und der systemintegrativen Bedeutung von Schule. Während die Schule für den Einzelnen scheinbar immer weniger oder zumindest nicht mehr so ohne Weiteres gewährleisten kann, dass er seine kulturellen und sozialen Ziele über die Schule erreichen und in ihr einen entsprechenden Sinn sehen kann (Sozialintegration), ist sie dennoch als staatlich-hoheitliche Organisation gesellschaftlich gefestigt und systemisch – d.h. in ihrer gesellschaftlichen Ordnungsfunktion – stabil (Systemintegration): Man geht nicht gern in die Schule, aber man muss und kann sich auch nicht vorstellen, dass es eine Gesellschaft oder ein Leben ohne Schule geben könnte. Die staatliche Schule hat also vor allem eine systemisch orientierte Sozialisationsfunktion: die sukzessive Durchsetzung des Gesellschaftlichen (der gesellschaftlichen Normen und Ordnungsprinzipien) im Prozess des Aufwachsens von Kindern und Jugendlichen. Dies ist die systemische Seite der Internalisierung, und sie funktioniert offensichtlich auch dann, wenn die sozialintegrative Dimension ausgedünnt ist. Die systemintegrative Stabilität der Schule beruht damit auf ihrer Staatlichkeit, der damit verbundenen Durchsetzungsfunktion staatlicher Autorität, ihrer öffentlichen Neutralität (über den partikularen Interessen stehend) und ihrer daraus abgeleiteten bürokratischen Struktur (vgl. dazu ausführlich Graf 1988). Gerade ihren Bürokratismus, der als Hintergrundstruktur verdeckt wirkt und deshalb in der flexiblen Alltagskommunikation des erzieherischen Verhältnisses oft nicht als solcher erkennbar ist, bindet das System Schule in seinen Umweltgrenzen und seiner Selbstreferenzialität besonders eng und erhöht seine Selektivität. Deswegen ist es nicht verwunderlich, dass oft eine große Kluft zwischen dem besteht, wie die Lehrer/innen alltäglich Schule und die Beziehung zu ihren Schüler/innen gestalten möchten, und dem, was Schule letztendlich zulässt. Denn die Schule besteht aus systemischer Sicht nicht aus Menschen, sondern aus Funktionen (die in Lehrer- und Schülerrollen eingegangen sind), die aus der leistungs- und selektionsorientierten Erwartungsstruktur heraus definiert sind.

Darin steht sie auch in einer spezifischen System-Umwelt-Beziehung: „Ausgangspunkt der systemtheoretischen Analyse ist die Differenz von System und Umwelt. Ein Schulsystem steht jeweils in einem besonderen Verhältnis zu seiner Umwelt. [...] Die Grenzerhaltung eines schulischen Systems ist gleichbedeutend mit Systemerhaltung; denn zu jedem Bezugsfeld zieht die Schule Grenzen, [...] um ihren eigenen Bestand nicht zu gefährden" (Dieckmann/Breitkreuz 1996: 64). Diese systemische „Angst" um ihre Grenz- und damit Bestandserhaltung demonstriert die Schule nahezu alltäglich, wenn es darum geht, schulfremde Aktivitäten aus dem Schulbereich herauszuhalten, sei es im Falle der Nutzung von Schulgebäuden und -geländen für die Jugendarbeit, oder bei der Kooperation mit Vereinen und Verbänden, die zwar immer wieder angestrebt wird, wo aber die Schule in der Regel darauf bedacht ist, dass sie in Sachen Leistungsanerkennung und -bewertung das letzte Wort behält. ◀

2.2 Kritische Theorie: Jürgen Habermas

Der Bezugsklassiker der Kritischen Theorie ist Karl Marx (1818-1883). Marx selbst hat sich noch nicht als Soziologe bezeichnet, sondern als Philosoph und Vertreter der politischen Ökonomie. Heute aber sind seine Themen fest in der Soziologie verankert (vgl. Dahrendorf 1999). Es ist sicherlich nicht übertrieben, wenn man heute Marx als den einflussreichsten soziologischen Klassiker bezeichnet. Seine Ideen haben das Fach nachhaltig geprägt, nicht nur durch die Übernahme, sondern ebenso stark und noch stärker in der kritischen Rezeption, wie dies bei Webers Protestantismus-These oder Simmels Philosophie des Geldes der Fall war. Zu seinem Einfluss gehört auch seine starke politische Wirkung, über sozialistische und später kommunistische Parteien sowie über die Sowjetunion und andere sozialistische Staaten, die Ideen von Marx aufnahmen oder sich zumindest darüber legitimierten. Diese politische Inanspruchnahme bedingt zugleich auch, dass Marx immer noch der umstrittenste Soziologe ist, der wie kein anderer polarisiert. Unter seinen zahlreichen Schriften, die er zum Teil mit seinem Freund und Förderer Friedrich Engels verfasst hat, bildet „Das Kapital", das in drei Bänden erschienen ist, sein Hauptwerk (vgl. Rosa et al. 2007).

Marx' Denken ist bestimmt durch die gewaltigen Umwälzungen der industriellen Revolution und die dadurch aufgekommene Soziale Frage. Vor allem gegen den Idealismus von Georg Friedrich Wilhelm Hegel gewandt, formuliert er eine materialistische Position der Gesellschaftsanalyse. Die ökonomische und technische Entwicklung hat für ihn einen absoluten Vorrang gegenüber Ideen. Die wirtschaftlichen und technischen Strukturen, die sog. Basis, ist bestimmend für die gesellschaftlichen Verhältnisse. Die politische, religiöse und kulturelle Ordnung, der Überbau, ist eine bloße Widerspiegelung und dient der Rechtfertigung dieser. „Es ist nicht das Bewusstsein der Menschen, das ihr Sein, sondern umgekehrt ihr gesellschaftliches Sein, das ihr Bewusstsein bestimmt" (Marx 1974: 8).

Die Antriebskraft der Gesellschaftsentwicklung sind für Marx die Produktivkräfte, worunter die Kenntnisse, Fähigkeiten und Instrumente der Naturbeherrschung verstanden werden. Sie sind eingepasst in die Produktionsverhältnisse, also der gesellschaftlichen Organisation der Produktion und Verteilung. Entscheidend für Marx ist die Frage, wer über die Produktionsmittel verfügt. Auch wenn Marx die gesamte Gesellschaftsentwicklung im Blick hat, richtet sich seine Analyse auf die kapitalistische Gesellschaft und ihre Entwicklungslogik. Aufgezeigt wird ihre besondere Dynamik und ihre Krisentendenzen. Sie ergeben sich aus dem Auseinanderfallen von Produktivkräften und Produktionsmitteln und den damit verbundenen Widersprüche der Klassenstruktur. Die Konstellation führe – so Marx – notwendigerweise zur revolutionären Umwälzung.

Die Anfänge der Kritischen Theorie gehen auf die Weimarer Republik zurück, als das Institut für Sozialforschung an der Frankfurter Universität eingerichtet wurde. Max Horkheimer (1895-1973) und Theodor W. Adorno (1903-1969) waren die bestimmenden Kräfte in der ersten Generation der Frankfurter Schule, wie die Kritische Theorie in Bezugnahme auf ihren Gründungsort genannt wird (vgl. Joas/ Knöbl 2004; ausführlich vgl. Wiggershaus 1986). In der Nazizeit mussten Horkheimer und Adorno – wie viele Mitarbeiter des Instituts für Sozialforschung – fliehen und emigrierten nach den USA, wo sie bis zu ihrer Rückkehr nach Frankfurt tätig waren. Die nationalsozialistische Barbarei bildete in ihrer Emigration und danach das zentrale Thema ihres Schaffens. In dieser Zeit ist auch das gemeinsam verfasste Buch „Dialektik der Aufklärung" (orig. 1944) entstanden, das heute als das Hauptwerk der ersten Generation der Frankfurter Schule gilt.

Auch wenn die Marxsche Gesellschaftsanalyse den Ausgangspunkt der Kritischen Theorie bildeten, teilt die Kritische Theorie nicht seinen Fortschrittsglauben (Dubiel 2001). Unter dem Eindruck des totalitären Regimes und auch angesichts der hohen Beständigkeit des Kapitalismus sehen die Vertreter die gesellschaftliche Entwicklung eher als eine Verfallsgeschichte. Der Raum für Spontanität und eine autonome Entfaltung des Individuums werde im Spätkapitalismus immer mehr vernichtet; ausgebreitet habe sich eine total integrierte Gesellschaft. Die Kritische Theorie wirft die Frage auf, wie es möglich ist, dass die Menschen ihr Leid nicht erkennen und die Möglichkeit des Entwicklungsstandes der Gesellschaft nicht nutzen. Adorno und Horkheimer sind überzeugt, dass es für die Antwort notwendig ist, der Kultur einen deutlich höheren Stellenwert zuzumessen, als es Marx getan hat. Der gesellschaftliche Überbau lässt sich nicht voll und ganz auf die ökonomischen Verhältnisse zurückführen; den Bewusstseinsphänomenen kommt eine Eigendynamik zu. Die Menschen bilden kein revolutionäres Bewusstsein, weil sie total im gesellschaftlichen Reproduktionsprozess verfangen sind. Einen wesentlichen Anteil an ihrem Glauben, dass die Gesellschaft genau so ist, wie sie sein muss, hat die Kulturindustrie. Sie ist ein Herrschaftsmittel. Indem sie auf ihren Warencharakter reduzierte, kulturelle Erzeugnisse bereitstellt und ihr Streben auf den Konsum umlenkt, stellt die Kulturindustrie die Menschen zufrieden und bestärkt bzw. rechtfertigt die bestehenden gesellschaftlichen Verhältnisse, die als alternativlos erscheinen.

Ausführlicher soll im Weiteren auf Jürgen Habermas, als dem wichtigsten Vertreter der zweiten Generation der Kritischen Theorie, eingegangen werden. Habermas, geboren 1927, war Assistent bei Adorno, konnte aber – aufgrund eines Vetos von Horkheimer – nicht in Frankfurt habilitieren. Seine Habilitationsschrift „Zum Strukturwandel der Öffentlichkeit" (1963) wurde stattdessen in Marburg eingereicht und angenommen. Später kehrte er – was für ihn sicherlich eine Genugtuung darstellte – als Nachfolger von Horkheimer nach Frankfurt zurück und lehrte dort mit einer Unterbrechung seiner Tätigkeit am Starnberger Max-Planck-Institut bis zu seiner Emeritierung. Seit vielen Jahren ist Habermas einer der einflussreichsten Intellektuellen in Deutschland. In seinem fachlichen Selbstverständnis sieht sich Habermas nicht als Soziologe, sondern als Sozialphilosoph. In seinem umfangreichen Schaffen stellt sein zweibändiges Buch „Theorie des kommunikativen Handelns", das 1981 erschienen ist, das opus magnum dar (vgl. Rosa et al. 2007; Honneth 1999).

Habermas teilt mit der gesamten Kritischen Theorie die Überzeugung, dass es nicht ausreiche, die Gesellschaft zu beschreiben. Vielmehr sei es die Aufgabe, die Sozialpathologien aufzuzeigen und so einen Beitrag zu einer gerecht(er)en und besseren Gesellschaft zu leisten. Während sich Adorno und Horkheimer von der „anderen Soziologie" mit einem pauschalen Positivismus-Vorwurf abgrenzten, findet man bei Habermas eine sehr breite Rezeption soziologischer Theorien und auch der Sprachphilosophie (vgl. Joas/Knöbl 2004).

In Abgrenzung zur ersten Generation betrachtet Habermas die Gegenwartsgesellschaft nicht als totalitär, sondern erkennt eine grundlegende Differenz zwischen dem Faschismus und der Nachkriegsgesellschaft. Anstatt von einer Verfallsgeschichte auszugehen, ist für Habermas die Moderne ein gefährdetes Projekt (vgl. Honneth 1999). Er erkennt einerseits das emanzipatorische Potenzial an, die Chance auf ein autonomes Leben, verkennt aber andererseits nicht die bestehenden Gefahren – mit starker Bezugnahme auf den Nationalsozialismus – für den zivilisatorischen Fortschritt. Betont wird die Ambivalenz der Moderne, die sich nach der einen oder anderen Seite entwickeln kann. Anders als bei Marx und der bisherigen Kritischen Theorie wird der Modernisierungsprozess von ihm vor allem als Rationalisierungsprozess aufgefasst (vgl. Rosa et al. 2007). Er rückt damit nah an die Problemanalyse von Max Weber heran, mit der er auch die handlungstheoretische Grundlegung seiner Gesellschaftstheorie teilt. Noch konsequenter als Adorno und Horkheimer wendet sich Habermas vom Marxschen Primat der Ökonomie ab. Nicht die ökonomischen Verhältnisse sind bestimmend für die Struktur der Gesellschaft, sondern die Frage der Legitimation der Machtbeziehungen. Dieser Vorrang der Legitimationsfrage bestand auch schon – so Habermas – zu Marxens Zeiten; konnte aber durch die bestehende Konkurrenz privater Unternehmen noch leicht übersehen werden.

Die zentralen Bestandteile von Habermas' Theorie des kommunikativen Handelns setzen sich aus der Rationalitätstheorie, der Handlungstheorie und der Gesellschaftstheorie zusammen (vgl. Rosa et al. 2007). Seine Formalpragmatik hat die formalen und universalen Strukturen der Verständigung unter Menschen zum Gegenstand. Aufgegriffen werden die Aussagen der Sprachakttheorie zu den Geltungsansprüchen auf Wahrheit, Richtigkeit und Wahrhaftigkeit, die auf die objektive, soziale und subjektive Welt bezogen sind. Mit diesen universellen Strukturen menschlicher Rede will Habermas eine kommunikative Vernunft freilegen, die als Bezugspunkt für die Richtung der gesellschaftlichen Entwicklung dienen soll.

Dieses gesellschaftlich wirksame Rationalitätspotenzial durchdringt die Handlungen der Gesellschaftsmitglieder. Habermas (1981; Bd. 1: 126ff) grenzt seinen Zentralbegriff des kommunikativen Handelns von drei gängigen Handlungsbegriffen – dem teleologischen, normenregulierten und dramaturgischen Handeln – ab. Diese drei Handlungsbegriffe sind defizitär, da sie jeweils nur beschränkte Ausschnitte der Wirklichkeit bzw. einer jeweiligen Welt erfassen können. Nur das kommunikative Handlungsmodell

> „setzt Sprache als ein Medium unverkürzter Verständigung voraus, wobei sich Sprecher und Hörer aus dem Horizont ihrer vorinterpretierten Lebenswelt gleichzeitig auf etwas in der objektiven, sozialen und subjektiven Welt beziehen, um gemeinsame Situationsdefinitionen auszuhandeln." (Habermas 1981, Bd. 1: 142)

Wie bei Luhmann findet sich auch bei Habermas eine Hinwendung zum Kommunikationsbegriff, wenn auch nicht als Ersatz, sondern als Spezifikation des Handlungsbegriffs. Die beiden verwendeten Kommunikationsbegriffe unterscheiden sich allerdings. Habermas meint damit die von den Subjekten hervorgebrachten Manifestationen, die sprachlichen Deutungen und Verständigungen im Kontext symbolischer Reproduktion. Es geht also nicht so sehr um die direkte Verständigung – also um einfache Kommunikation –, die mit dem arbeitsteiligen Fortschreiten der Moderne gesellschaftlich an Bedeutung verloren hat. Dagegen hat die Bedeutung der Metakommunikation, der diskursiven, das heißt der reflexiven und rational begründeten, gesellschaftlichen Auseinandersetzung über diese Verständigung angesichts der unübersichtlich gewordenen gesellschaftlichen Verhältnisse zugenommen. Das kommunikative Handeln ist dasjenige Handeln, bei dem die Handlungskoordinierung der Agierenden im Mittelpunkt steht. Es ist weder erfolgsorientiert noch strategisch, sondern auf Verständigung ausgerichtet.

> „Im kommunikativen Handeln sind die Beteiligten nicht primär am eigenen Erfolg ausgerichtet; sie verfolgen ihre individuellen Ziele unter der Bedingung, dass sie ihre Handlungspläne auf der Grundlage gemeinsamer Situationsdefinitionen aufeinander abstimmen können." (Habermas 1981; Bd. 1: 385)

Das Lebenswelt-Konzept stellt die Verbindung zwischen seiner Handlungstheorie und seiner Gesellschaftstheorie her. Die Lebenswelt ist der für die Individuen selbstverständliche Hintergrund für kommunikatives Handeln und damit Grundlage für die Verständigung. Die Sinn erzeugenden Wissensvorräte (Kultur), die Solidarität herstellende soziale Ordnung und Zugehörigkeit (Gesellschaft) sowie die Ich-Stärke generierende Handlungsfähigkeit (Persönlichkeit) bilden die symbolischen Grundlagen der Lebenswelt. In der gesellschaftlichen Evolution bildet die Lebenswelt den Ausgangspunkt. Durch Mythos und Tradition sind in dieser frühen Phase der Entfaltung der kommunikativen Vernunft dem kommunikativen Handeln Grenzen gesetzt. Erst mit dem Fortschreiten des Rationalisierungsprozesses, wodurch die Akteure die Geltungsansprüche autonom akzeptieren oder zurückweisen können, kann die kommunikative Vernunft ihr Potenzial entfalten.

In diesem Prozess kommt jedoch auch zur Verselbstständigung der materiellen Grundlagen der Lebenswelt in Form der Subsysteme Wirtschaft und Staat. Habermas greift hier den Systembegriff auf. Auch wenn die Bezugnahme auf Parsons dominant ist, hat sicherlich seine öffentliche Debatte mit Niklas Luhmanns dazu beigetragen. Statt der Idee der funktionalen Differenzierung als Basis moderner Gesellschaft verbindet Habermas mit System die Gefahr der Verselbstständigung im Zuge der ökonomisch-technologischen Modernisierung. Diese steht aber noch nicht von Anfang an im Vordergrund. Die Herausbildung des kapitalistischen Marktes und des modernen Verwaltungsapparates wird von ihm zunächst durchaus als evolutionäre Errungenschaft gesehen, wodurch Autonomiegewinn produziert und eine effiziente materielle Reproduktion geschaffen wird (vgl. Rosa et al. 2007). Allerdings ist damit die Grundlage für den Umschwung gelegt. Entscheidend hierfür ist, dass die Subsysteme Wirtschaft und Staat mit ihren Kommunikationsmedien Geld und Macht nicht auf den Verständigungsmechanismus angewiesen sind. Die Produktion von Gütern und Verwaltungshandeln ist ohne Verständigung über Handlungsziele möglich. Die beiden Subsysteme sind in der modernen Gesellschaft im Gegensatz zur sozialen Integration systemisch integriert. Ob das System sich der Lebenswelt gegenüber überfremdend und einseitig vereinnahmend entwickelt, hängt von dem jeweiligen historischen Verlauf der Vergesellschaftung ab. Habermas unterscheidet in diesem Zusammenhang zwischen *Mediatisierung* und *Kolonialisierung*. Der Begriff der Mediatisierung verweist auf die basale Notwendigkeit, die der Struktur moderner, arbeitsteiliger Gesellschaften immanent ist: Mit fortschreitender Differenzierung und damit verbundener gegenseitiger Entfernung von subjektiven Lebenswelten und systemischen Gesellschaftsprozessen müssen – im Sinne gesellschaftlicher Integration – „Verständigungsformen" (Habermas) gefunden werden, die es den Menschen erlauben, systemische Ansprüche so in ihre lebensweltliche Befindlichkeit zu integrieren, dass sie mit sich identisch und in diesem Sinne autonom sein können. Von der Kolonialisierung der Lebenswelt spricht Habermas, wenn die Mechanismen systemischer Integration nicht auf Wirtschaft und Staat begrenzt bleiben, sondern für die Lebenswelt bestimmend werden. „Die Imperative der verselbstständigten Subsysteme dringen, sobald sie ihres Schleiers entkleidet sind, von außen in die Lebenswelt – wie Kolonialherren in eine Stammesgesellschaft – ein und erzwingen die Assimilation" (Habermas 1981, Bd. 2: 522). Denn „über die Steuerungsmedien schaffen sich die systemischen Mechanismen ihre eigenen normfreien, über die Lebenswelt hinausragenden Alltagsstrukturen und ziehen dabei auch den lebensweltlichen Alltag in ihren Bann" (Habermas 1981, Bd. 2: 257). Die Folge ist, dass die Sinn-, Solidaritäts- und Persönlichkeitsressourcen beschädigt werden und sich sozialpathologische Erscheinungen wie Sinnverlust, Anomie und Psychopathologie ausbreiten.

Während Adorno die Chance für eine nicht-instrumentelle Vernunft als gering einschätzt, ist für Habermas ein „anderer Weg" der Moderne durchaus möglich.

Entscheidend kommt es hierbei auf die Vitalität der Öffentlichkeit an, die sich für die Idee der autonomen Lebensgestaltung stark macht. Alternativen zur Kolonialisierung der Lebenswelten liegen im Aufschließen neuer, erst diskursiv zu begründender/konfliktreich durchzusetzender Spielräume für ein verständigungsorientiertes Handeln, das seine Grundlage in der Lebenswelt und der ihr zugehörigen Sprache hat. Dieses verständigungsorientierte Handeln kann sich vor allem im Bereich der Kultur, der Sozialisation, in alltäglichen Gemeinschaftsbezügen und natürlich auch in pädagogischen Handlungsfeldern entwickeln. Entsprechend ist auch der Beitrag der habermasschen Theorie darauf gerichtet, eine solche kommunikative Kompetenz zum Diskurs einzufordern. Diese orientiert sich an der Idealsituation herrschaftsfreier Kommunikation, in der nur das bessere Argument sich durchzusetzen in der Lage ist und die gleichsam als ideale Lebensform avisiert wird.

Der System-Lebenswelt-Ansatz ist vor allem in die pädagogische Schulkritik eingegangen. Das System Schule schotte sich gegenüber den Lebenswelten der Schüler/innen ab, indem es nicht nur bestimmte Fähigkeiten bevorzuge, sondern auch andere, im Alltag und in der bisherigen Biografie erworbene Kompetenzen und Lebensäußerungen zurückweise. Nur ein bestimmtes Lernen, bestimmtes Wissen und bestimmte Erfahrungen werden zugelassen. Damit ist der Tatbestand der Kolonialisierung erfüllt. Gleichzeitig wird ein Sinnproblem freigesetzt: Kinder und Jugendliche müssen in die Schule gehen, auch wenn sich das Leben in der Schule oft nur schwer mit dem Alltagsleben und den Alltagsträumen verbinden lässt und der Schule somit der (lebensaltertypische) Sinn abgeht. Kolonialisierung und Sinnverlust hängen bei Habermas eng zusammen. Die Schule hilft einem wenig dabei, die Welt und sich in ihr zu erleben und zu begreifen, sie lehrt die Ordnung der Welt so, wie sie vorgegeben ist. Den Sinn an der Schule müssen sich die Kinder und Jugendlichen in der Regel biografisch irgendwie selbst zusammenbasteln.

Texte zum Weiterlesen

Habermas, Jürgen (1981): *Theorie des kommunikativen Handelns. Bd. 1: Handlungsrationalität und gesellschaftliche Rationalisierung, Bd. 2: Zur Kritik der funktionalistischen Vernunft.* Frankfurt/ Main: Suhrkamp.

Honneth, Axel (1999): Jürgen Habermas. In: Dirk Kaesler (Hrsg.): *Klassiker der Soziologie. Bd. 2: Von Talcott Parsons bis Pierre Bourdieu*, 230-251. München: Beck.

Joas, Hans, Wolfgang Knöbl (2004): *Sozialtheorie. Zwanzig einführende Vorlesungen. 9. Vorlesung: Habermas und die Kritische Theorie, 10. Vorlesung: Habermas' Theorie des kommunikativen Handelns*, 284-350. Frankfurt/Main: Suhrkamp.

2.3 Interpretative Soziologie: Symbolischer Interaktionismus, Phänomenologische Soziologie und Ethnomethodologie

Als interpretative Soziologie – oder „interpretatives Paradigma" (Wilson 1973) – wird ein Theoriemodell bezeichnet, das davon ausgeht, dass soziale Wirklichkeit durch aufeinander bezogenes Handeln von Individuen und damit einhergehenden Bedeutungszuweisungen konstituiert wird. Das wechselseitig aufeinander bezogene Handeln schließt Austausch- und Verständigungsprozesse ein. In die sozialen Situationen werden immer auch vorgegebene, ebenso wie biografisch sedimentierte Bedeutungen eingebracht (vgl. Joas/Knöbl 2004). Als Klassiker lassen sich in dieser Traditionslinie Max Weber, Georg Simmel, George H. Mead und Alfred Schütz einreihen. Die interpretative Soziologie ist kein einheitliches Theoriegebäude, sondern ein Sammelbegriff für verwandte Theorieansätze. Um dieser besonderen Heterogenität Rechnung zu tragen, werden wir im Weiteren drei Theorien präsentieren: den Symbolischen Interaktionismus, die phänomenologische Soziologie und die Ethnomethodologie (vgl. Keller 2012). Als Bezeichnung für diese Traditionslinie findet man auch „interaktionistischen Soziologie", was mit einer starken Gewichtung des Symbolischen Interaktionismus in Verbindung steht.
Während sich die bisher vorgestellten Theorieansätze – Systemtheorie und Kritische Theorie – primär auf die pädagogischen Organisationen (wie z.B. die Schule) beziehen lassen, ist diese dritte Theorietradition vor allem für das Verstehen pädagogischer Prozesse wichtig. Im Kapitel zu den soziologischen Grundbegriffen haben wir die Mikroprozesse – von Interaktionen über persönliche Beziehungen bis hin zu Gruppenprozessen – bereits beschrieben und pädagogisch vermittelt. Nun laden wir dazu ein, diese für die Pädagogik hochrelevante interpretativen Theorien in einer soziologischen Vertiefung kennenzulernen.
Diese Ansätze haben einen deutlich erkennbaren Schwerpunkt auf der Ebene der Vergemeinschaftung; Makrophänomene werden weitgehend nur erfasst, indem diese auf die Handlungsebene zurückgeführt werden. Besonders deutlich wird dies beim Gesellschaftsbegriff, der in dieser Theorietradition unterbestimmt bleibt. Ähnlich wie Luhmann geht es in dieser Theoriegruppe um die Beschreibung sozialer Phänomene, nicht um Erklärung; ebenso wird weitgehend auf eine Kritik an den Verhältnissen verzichtet.

2.3.1 Symbolischer Interaktionismus

Der Begriff wurde von Herbert Blumer (1900-1987) in einem 1937 erschienenen Überblicksartikel zur Sozialpsychologie eingeführt. Nachdem dieser Begriff fast 20 Jahre nahezu ungenutzt blieb, wurde er dann ab Ende der 1950er Jahre für ein eher loses Netz von Soziologen und Soziologinnen revitalisiert. Angesichts der Dominanz des Strukturfunktionalismus, mit Talcott Parsons an der Spitze, sollte damit angezeigt werden, dass neben dieser Position noch eine andere Theorietradition in der Soziologie existiert, in der die alte Chicagoer Schule mit William I. Thomas (1863-1947) und Robert Ezra Park (1864-1944) als deren zentrale Figuren fortlebt (vgl. Fine 1994). Diese Namensgebung war am Anfang umstritten. Nicht alle Soziologen, die in dieser Tradition standen, übernahmen diese Selbstetikettierung. Fortgeführt wurde von diesen Autoren das Postulat der empirisch fundierten Theoriebildung der Chicagoer Schule. Gemeinsam war ihnen die Überzeugung der Fruchtbarkeit von empirischer Forschung aus erster Hand und eine gewisse Verachtung gegenüber allen bloßen Theoriespekulationen (vgl. Chapoule 1996). Als durchaus paradigmatisch gelten die Studien „Boys in White" von Howard S. Becker, Blanche Geer, Everett C. Hughes und Anselm L. Strauss (orig. 1961), „Outsiders" von Howard S. Becker (orig. 1963), „Psychiatric Ideologies and Institutions" von Anselm L. Strauss und Leonard Schatzman (orig. 1964).

In der Forschungsmethodologie schreibt der Symbolische Interaktionismus die naturalistische Forschungsstrategie der alten Chicagoer Schule fort. Der Erfahrungsraum des Forschers dürfe nicht durch vorgängige, methodologische Dekrete eingeengt werden. Gefordert wird ein unmittelbarer Zugang zur empirischen sozialen Welt. Außerdem soll auf vorschnelle Operationalisierungen verzichtet und vom Begriffsgebrauch der Alltagshandelnden ausgegangen werden. Die elaborierteste Forschungsstrategie aus dem Symbolischen Interaktionismus ist die „Grounded Theory", die ursprünglich von Barney Glaser und Anselm Strauss (1967) gemeinsam entwickelt, später aber getrennt weitergeführt wurde. Nach der Grounded Theory werden theoretische Konzepte durch abduktive Schlüsse aus dem Material gewonnen, und diese müssen sich dann an diesem bewähren. Dieser Analyseprozess ist dabei zirkulär angelegt und wird dann abgebrochen, wenn ein Sättigungspunkt erreicht ist. Datenerhebung und -analyse sollen weitgehend parallel nebeneinander und nicht nacheinander verlaufen.

Die deutsche Rezeption neigt stark dazu, dem Symbolischen Interaktionismus ein geschlossenes Theorieprogramm zu unterstellen, das allerdings so gar nicht vorhanden ist. Dazu hat nachhaltig beigetragen, dass dieser Theorieansatz mit dem durch den erfolgreichen Reader der Arbeitsgruppe Bielefelder Soziologen (orig. 1973) verbreiteten Blumer-Artikel „Der methodologische Standort des symbolischen Interaktionismus" gleichgesetzt wird. Nicht berücksichtigt wird dabei, dass Blumer in diesem, primär mit methodologischen Fragen befassten Beitrag (orig. 1969), im Vorspann lediglich den Versuch unternommen hat, über eine Fülle heterogener Arbeiten hinweg, ein Minimum an Gemeinsamkeiten in der theoretischen Perspektive aufzuzeigen. Schon Blumers materiale Arbeiten zu Massenmedien, Industrialisierung und Rassenproblemen sind durchaus breiter angelegt als dieser Artikel vermuten lässt. Auch hat Blumer im Symbolischen Interaktionismus niemals eine vergleichbare hervorragende Stellung innegehabt wie z.B. Harold Garfinkel in der Ethnomethodologie. In den Anfängen des Symbolischen Interaktionismus war ebenso einflussreich, wenn nicht sogar einflussreicher, Everett C. Hughes (1897-1983; vgl. Chapoule 1996), und auch die jüngere Generation hatte mit Howard Becker, Alfred Lindesmith, Arnold Rose, Tomatsu Shibutani, Anselm L. Strauss und Ralph Turner – um nur diese zu nennen – sehr eigenständige Forscherpersönlichkeiten.

Eine Verzerrung ist es auch, den Symbolischen Interaktionismus als eine direkte Fortführung des Denkens von George Herbert Mead (1863-1931) aufzufassen und ihn als den „eigentlichen" Begründer der Traditionslinie anzusehen. Mit Nachdruck hat Hans Joas (1980: 12) darauf aufmerksam gemacht, dass der Symbolische Interaktionismus „nicht als die autorisierte Interpretation von Meads Werk anzusehen" ist. Das Werk Meads findet sich im Symbolischen Interaktionismus nur sehr fragmentarisch wieder. Berenice M. Fisher und Anselm L. Strauss (1978: 483) haben in ihrem informativen Überblick für die meisten Arbeiten aufgezeigt: „the use of Mead's overall thinking has been either very partial or negligible". Deutlich stärker ist die Bezugnahme auf Thomas und Park. Von Thomas stammt als einflussreiches Konzept das der *Situationsdefinition*. Um soziale Verhaltensweisen zu verstehen, ist ein Wissen über die subjektive Bedeutung nötig, welche die Individuen ihren Handlungen zuschreiben. Eng damit verbunden ist das berühmt gewordene *Thomas-Theorem*: „If men define situations as real, they are real in their consequences". Es lässt sich auch erkennen, dass es das besonderes Anliegen von Blumer – und auch seine Eigenleistung – war, die soziologische Relevanz des Werkes von Mead aufzuzeigen und diese in den Symbolischen Interaktionismus einzuführen. Ein Unternehmen, das erst nach und nach Erfolg zeigte: Bis weit in die 1970er Jahre hinein wird Mead im Symbolischen Interaktionismus vor allem zu einer philosophischen Untermauerung verwendet; erst in den letzten beiden Dekaden ist dann die Rezeption des Werkes von Mead im Symbolischen Interaktionismus breiter geworden, ohne die Dominanz zu erhalten, die vielfach unterstellt wird.

Eine Sonderstellung in diesem Zusammenhang nimmt das Werk von Erving Goffman (1922-1982) ein (vgl. auch das Porträt in Kap. B 1.2.1). Lange Zeit war es üblich, Goffman ohne Einschränkungen dem Symbolischen Interaktionismus zuzurechnen. Dies erscheint auf dem ersten Blick auch naheliegend, da er in den späten 1940er Jahren in Chicago studiert und 1953 dort auch promoviert hat. Noch zu seinen Lebzeiten wurden dagegen kritische Stimmen laut, die die Unterschiede zum Symbolischen Interaktionismus betonten und z.T. sogar so weit gingen, Goffman als einen Vertreter des amerikanischen Strukturalismus aufzufassen (als Überblick vgl. Lenz 1991b). Goffman selbst hat sich gegen letztere Einordnung gewandt, zugleich aber auch eine inhaltliche Distanz zum Symbolischen Interaktionismus erkennen lassen. Unterschiede lassen sich bereits beim Forschungsgegenstand ausmachen. Deutlich wird dies an seiner Kritik am Thomas-Theorem:

> „Wahrscheinlich lässt sich fast immer eine ‚Definition der Situation' finden, doch diejenigen, die sich in der Situation befinden, schaffen gewöhnlich nicht diese Definition (...); gewöhnlich stellen sie lediglich ganz richtig fest, was für sie die Situation sein sollte, und verhalten sich entsprechend." (Goffman 1974: 9)

Stärker als der Symbolische Interaktionismus ist sein Theorieprogramm bestrebt, Handeln und Struktur für diese mikrosoziologische Fragestellung zu verknüpfen. Es ist heute weithin üblich, Goffman ein eigenständiges Theorieprogramm zu attestieren, das – unter Rückgriff auf einen in seiner Ansprache als Präsident der American Sociological Association, die aufgrund seiner schweren, zum Tod führenden Krankheit verlesen werden musste, verwendeten Begriff – als Soziologie der interaction order bezeichnet wird (vgl. Lenz 1991a; Keller 2012).

2.3.2 Phänomenologische Soziologie

Die Phänomenologische Soziologie ist ein weiteres zentrales Theoriemodell des interpretativen Paradigmas der Soziologie (vgl. Keller 2012). Kennzeichnend ist die Grundlegung der Betrachtungsweise des Gegenstands durch die phänomenologische Philosophie. Schon Max Scheler, Theodor Litt, Alfred Vierkandt oder auch Hellmuth Plessner befassten sich mit einer Einbeziehung des phänomenologischen Denkens in die Soziologie. Aber als der eigentliche Begründer und die zentrale Figur der Phänomenologischen Soziologie gilt inzwischen Alfred Schütz (1899-1959) und damit ein Soziologe, der zu seinen Lebzeiten nur wenig Aufmerksamkeit gefunden hat (vgl. Endress 2006). Erst durch den großen Erfolg von „The social construction of reality" (1966) seiner Schüler Peter L. Berger und Thomas Luckmann und dem Einfluss der Ethnomethodologie wurde Schütz als soziologischer Klassiker entdeckt. Zum geringen Bekanntheitsgrad zu Lebzeiten hat neben seiner 1938 erzwungenen Emigration aus Österreich sicherlich seine berufliche Doppelexistenz maßgeblich beigetragen. Die meisten seiner ganz überwiegend posthum erschienenen Arbeiten hat Schütz neben seiner Tätigkeit als Bankangestellter verfasst. Erst in seinen letzten Lebensjahren konnte er als Hochschullehrer an der New School of Social Research in New York die Soziologie zu seiner Haupttätigkeit machen.

Sein Ausgangspunkt ist die verstehende Soziologie von Max Weber (vgl. Schütz 2004; orig. 1932). Gemeinsam wird die Auffassung geteilt, dass eine Theorie des sozialen Handelns für eine Soziologie grundlegend sei. Schütz kritisiert jedoch die unzureichende Klärung des Sinnbegriffs bei Weber, die nur durch eine vorab zu leistende Analyse der alltäglichen Sinndeutungs- und Sinnsetzungsprozesse zu erreichen ist. Um dies zu leisten, greift Schütz auf die Phänomenologie vor allem von Edmund Husserl zurück. Später lässt sich bei Schütz eine gewisse Abkehr von Husserl erkennen (vgl. Srubar 1988). Im Anschluss an seine intensive Beschäftigung mit dem amerikanischen Pragmatismus während der Emigration hat sich Schütz verstärkt der Aufdeckung der invarianten Strukturen der Lebenswelt zugewandt. Im „Sinnhaften Aufbau der sozialen Welt" ist Schütz noch überzeugt, dass es Husserl gelingen wird, die Intersubjektivität allen Erkennens und Denkens transzendental abzuleiten. Später erkennt er, dass Husserls Versuch nicht gelungen ist. Schütz verwirft die Frage nach einer transzendentalen Fundierung des Wir. Die Intersubjektivität ist kein

> „innerhalb der transzendentalen Sphäre lösbares Problem der Konstitution, sondern eine Gegebenheit der Lebenswelt (...). Sie ist die ontologische Grundkategorie des menschlichen Seins in der Welt und somit aller philosophischen Anthropologie. Solange Menschen von Müttern geboren werden, fundiert Intersubjektivität und Wirbeziehung alle anderen Kategorien des Menschseins." (Schütz 2009: 254)

Schütz nimmt damit Abschied von der transzendentalen Konstitutionsanalyse und wendet sich den Phänomenen der mundanen Intersubjektivität zu. Aufgabe der Sozialwissenschaften ist eine „Ontologie der Lebenswelt", und zu diesem Zweck lehnt Schütz die phänomenologische Methode der Reduktion als ungeeignet ab. Schütz verlässt den Begründungsboden der transzendentalen Phänomenologie, auch wenn die in phänomenologischer Reduktion durchgeführten Analysen innerhalb der Lebensweltanalyse durchaus weiterhin Geltung haben.

In Anlehnung an Husserl ist Schütz' Begriff von Lebenswelt weiter als der (spätere) von Habermas. Lebenswelt ist für ihn der umfassende Sinnhorizont aller geschlossenen Sinngebiete, von denen die Lebenswelt des Alltags als der „vornehmlichste Wirklichkeitsbereich" abgehoben ist (vgl. Schütz/Luckmann 1975). Beispiele für weitere Sinngebiete sind die Welten der Phantasie oder die Welt der Wissenschaft. Die Lebenswelt des Alltags ist der Wirklichkeitsbereich, an dem die Menschen unausweichlich regelmäßig teilnehmen, in die sie eingreifen, die sie verändern und in der sie sich mit Mitmenschen verständigen können. Sie ist der selbstverständliche, unbefragte Boden jeglichen Handelns und Denkens. Der Erlebensstil der alltäglichen Lebenswelt ist durch die „Epoche der natürlichen Einstellung" gekennzeichnet. In der natürlichen Einstellung werden die Existenz der äußeren Welt und die Gewissheit ihrer Gegenstände nicht prinzipiell in Zweifel gezogen. In der natürlichen Einstellung ist die Welt fraglos gegeben, die Gegenstände der äußeren Wahrnehmung und auch ihre Bedeutungen. Es wird schlicht als gegeben hingenommen, dass die Alltagswelt von Anfang an intersubjektiv ist. In der natürlichen Einstellung wird als selbstverständlich angenommen, dass die Gegenstände der Welt dem Wissen der Mitmenschen zugänglich sind. Da verschiedene Perspektiven vorhanden sind – ich nehme die Gegenstände von „hier" wahr, mein Mitmensch von „dort" – und da unsere biografisch bestimmte Situation unterschiedlich ist, wird angenommen, dass genau genommen „derselbe" Gegenstand für mich etwas anderes bedeuten muss als für jeden beliebigen Mitmenschen. Diese Differenz wird im Alltag durch zwei grundlegende Idealisierungen überwunden: Es wird unterstellt, dass ich die Welt sehen würde wie mein Mitmensch, wenn ich mich an seine Position begäbe („Idealisierung der Vertauschbarkeit der Standorte"), und dass die Verschiedenheit der Perspektiven für die Verständigung in der aktuellen Situation irrelevant ist, zumindest solange bis das Gegenteil nicht offenkundig wird („Idealisierung der Kongruenz der Relevanzsysteme").

Die Alltagswelt ist Kulturwelt, die Welt des täglichen Lebens ist ein Sinnzusammenhang, den wir interpretieren müssen. Alle Interpretationen bauen auf dem

Wissensvorrat auf, der dem handelnden Subjekt in einer biografisch bestimmten Situation verfügbar ist. Im Alltagswissen ist die Welt nicht in der Totalität ihrer ungeordneten Mannigfaltigkeit enthalten; die Welt erscheint immer schon im Licht einer bestimmten Typik und ist durch diese bestimmt. Typisierung ist ein Charakteristikum aller Wahrnehmungserfahrungen; die Gegenstände, Ereignisse und Vorgänge in der alltäglichen Lebenswelt treten dem handelnden Subjekt von vornherein in ihrer Typenhaftigkeit entgegen. Die Typik der Alltagswelt ist in hohem Umfang sprachlich vermittelt. Wissenserwerb und Wissensvorrat sind durch die subjektiven Relevanzstrukturen bestimmt.

2.3.3 Ethnomethodologie

Die Ethnomethodologie, die dritte Traditionslinie der interpretativen Soziologie, die hier vorgestellt werden soll, wurde Mitte der 1950er Jahre von Harold Garfinkel (1917-2011) entwickelt (vgl. Bergmann 1974; vom Lehn 2012). 1967 veröffentlichte Garfinkel das Buch „Studies in Ethnomethodology“, eine Sammlung von Aufsätzen, das zum zentralen Werk der Ethnomethodologie wurde (vgl. Rawls 2002). Was sicherlich überrascht, Garfinkel kommt aus der Schule von Parsons und seine Dissertation ist auch bei ihm entstanden (vgl. Joas/Knöbl 2004). Am Strukturfunktionalismus Parsons kritisiert Garfinkel, dass das kulturelle Wertesystem als systemintegrierende und legitimationssichernde Basis des sozialen Handelns vorausgesetzt wird. Es wird ein kognitiver Konsens unterstellt und nicht die Frage aufgeworfen, wie die Handelnden zu einer intersubjektiven Verständigung kommen. Handelnde sind aber nicht nur passive Wesen oder – wie es im Orginal heißt – „cultural dopes“ (Garfinkel 1967: 68), die ihren sozialen Zwängen oder sozialisierten Bedürfnissen unterworfen sind. Stattdessen möchte er aufzeigen, wie soziale Wirklichkeit als sinnhafter Handlungszusammenhang fortlaufend hergestellt wird. In seiner 1952 abgeschlossenen Dissertation „The Perception of the Other: A Study in the Problem of Social Order“ (1952) hat er diese Intention mit dem Satz zum Ausdruck gebracht: „This thesis is concerned with the conditions under which a person makes continous sense of the world around him“ (1952: 1, zitiert nach Bergmann 1988, 1, 19). Er knüpft dabei stark an die phänomenologische Soziologie von Schütz an (vgl. Joas/Knöbl 2004). Dennoch existieren zwischen den beiden Autoren Unterschiede. „Der wesentliche Gegensatz zwischen Garfinkel und Schütz“, so fasst Psathes (1979: 184) diese zusammen, liegt darin,

> „dass Garfinkel eine Beschreibung, Analyse und Klassifikation der Methoden der Gesellschaftsmitglieder zu entwickeln sucht (...), während Schütz auf der Ebene der Alltagswelt damit beschäftigt war, eine Beschreibung, Analyse und Klassifikation der Strukturen des unter den Gesellschaftsmitgliedern geteilten und verteilten Wissens zu entwickeln. Schütz richtet sein Augenmerk mehr auf das, was die Gesellschaftsmitglieder wissen, während Garfinkel damit beschäftigt ist, wie die Gesellschaftsmitglieder wissen, was sie wissen, und wie sie das, was sie wissen, verwenden.“

Damit wird zugleich der Name plausibel, den Garfinkel dieser neu kreierten Theorierichtung gibt. Mit der Vorsilbe „Ethno" wird angezeigt, dass es nicht um wissenschaftliche, sondern alltagspraktische Methoden der Gesellschaftsmitglieder handelt. Oder in Worten von Jörg Bergmann (1988, 1: 23) gesprochen:

> „Ethnomethodologie bezeichnet die von den Mitgliedern der Gesellschaft im Handlungsvollzug praktizierende Methodologie, über welche die von den Handelnden als vorgegeben erfahrende und selbstverständlich hingenommene gesellschaftliche Wirklichkeit und soziale Ordnung erst produziert werden. (...) Ziel der empirischen Untersuchungen ist es, das ‚wie', d.h. die Methoden, die Verfahren, die Mechanismen dieser Produktion von sozialer Wirklichkeit im Detail zu erfassen."

Für die Ethnomethodologie ist die gesellschaftliche Wirklichkeit immer eine „Vollzugswirklichkeit" (Bergmann), ergo eine Wirklichkeit, „die lokal (also: vor Ort, im situativen Ablauf des Handelns) und (...) audiovisuell (also: durch Hören und Sprechen, durch Wahrnehmen und Agieren) in der Interaktion der Beteiligten erzeugt wird" (Bergmann 1988, 1: 23). Sichtbar wird der Gegensatz zu Durkheim (1961). Während dieser in seinen „Regeln der soziologischen Methode" den Rat erteilt, soziale Phänomene wie Dinge zu behandeln, fasst Garfinkel diese als „ongoing accomplishment", als fortlaufende Hervorbringungen der Handelnden auf. Die permanent zu stellende Frage nach dem „Wie" praktischer Handlungen bildet die ethnomethologische Basisanweisung an Forscher/innen. Durch das systematische In-Frage-Stellen von Selbstverständlichkeiten soll die situative und methodische Produziertheit sozialer Phänomene am empirischen Material gezeigt werden. Der früh verstorbene Harvey Sacks, neben Garfinkel der originellste und ideenreichste Vertreter der Ethnomethodologie – und insbesondere der ethnomethodologischen Konversationsanalyse – hat dies in die methodische Anweisung gekleidet, dass alle sozialen Phänomene als „doing" betrachtet werden sollen (vgl. Bergmann 2012). Besonders bekannt wurde diese Anweisung durch Candace West und Don Zimmermans Formulierung des „doing gender" (2002), also dem Herstellungsprozess von Geschlecht in Interaktionen. Das doing ist aber nicht allein auf Geschlecht bezogen, ebenso kann man das Warten als „doing waiting" oder Familien als „doing family" betrachten.

Die Ethnomethodologie löst die Alltagswelt, die wir in der „Epoche der natürlichen Einstellung" (Schütz) als fraglos gegeben hinnehmen, in eine Welt fortwährender Sinnkonstitution auf. Es wird davon ausgegangen, dass durch die Sinnkonstitution jene Merkmale, die dieser Welt ihren vertrauten Charakter verleihen, methodisch erzeugt werden. Sinn produzieren die Gesellschaftsmitglieder, indem sie sich gegenseitig die Geordnetheit und Rationalität ihrer Handlungen anzeigen. Die Ethnomethodologie erforscht die methodische Erzeugung von sozialer Wirklichkeit im alltäglichen Handeln. Ziel ist es aufzudecken, wie die Alltagshandelnden sich wechselseitig den Sinn ihrer Alltagshandlungen aufzeigen und herstellen. Als sehr anregend hat sich diese Perspektive in der Geschlechterforschung erwiesen. Dass es zwei unveränderliche Geschlechter gibt, die durch Genitalien eindeutig markiert sind und demnach einer der beiden Geschlechterklassen zugeordnet werden können, wird als eine alltagspraktische Herstellung aufgefasst. Das scheinbar natürliche Phänomen wird dadurch als eine kulturelle Setzung erkennbar. Aufbauend auf die Vorarbeiten von Garfinkel (1967) in seiner Agnes-Studie haben Suzanne J. Kessler und Wendy McKenna (1978) gezeigt, dass die Genitalien nicht gleichermaßen das Geschlecht markieren, sondern dass der Penis das ausschlaggebende Merkmal der Zuordnung ist. Das Vorhandensein oder Fehlen eines Penis' entscheidet über die Mann- oder Frau-Zuschreibung. Abgesehen von einigen Naturvölkern ist der Penis allerdings in Interaktionen dem Blick entzogen und wird durch Kleidung unsichtbar gemacht. Es stellt sich folglich die Frage, wie es unter diesen Bedingungen in aller Regel zuverlässig gelingt, die Geschlechtszugehörigkeit einer Person – ohne dass man sich ausführlich damit befassen muss – zu identifizieren. Die Stimme, Kleidung, Blicke, die Situation und vieles mehr können Indizien für die Geschlechtsattribution liefern (vgl. Hirschauer 1993; Lindemann 1993). Wie es Stefan Hirschauer (1993: 36) formuliert:

> „Betrachter ‚wissen' schon, dass jemand eine Frau oder ein Mann ist, bevor sie ‚Geschlechtsmerkmale' identifizieren können, die ihre Zuschreibung begründen. Eine Geschlechtszugehörigkeit wird aus Indizien konstruiert, die nur auf dem Hintergrund einer bereits identifizierten Geschlechtszugehörigkeit als ‚Indizien' erscheinen."

Besonders geeignet, um Einblick in das Theorieprogramm und in die ethnomethodologische Praxis zu geben, ist das Konzept der *Indexikalität* (vgl. Joas/Knöbl 2004). Mit diesem Konzept wird auf die Kontextabhängigkeit sprachlicher Äußerungen und auch „sprachloser" Handlungen aufmerksam gemacht. Alle Äußerungen und Handlungen sind immer nur dann verstehbar, wenn der Kontext berücksichtigt wird, in dem diese erscheinen.

> „The behavior and talk that we see, hear, and perform amounts to an unending set of indexical expressions. That is to say, their meaning is relative to the context in which they occur. Without a context, behavior and talk become plurisemantic; more than one meaning can be assigned to them. To decide which meaning among many we choose, talk and behavior occur in an ethnographic context of who the speaker is; his biography; his purpose and/or intent; the setting in which the remarks were made; and the present setting." (Leiter 1980: 137)

Indexikalität kann nicht eliminiert werden. Jeder Versuch, indexikale Ausdrücke zu „heilen", d.h. darzulegen, was mit einer Äußerung gemeint ist, vervielfältigt lediglich die Zahl der heilungsbedürftigen Ausdrücke. Diese Nichteliminierbarkeit der Indexikalität hat eine prinzipielle Vorläufigkeit und Ungewissheit aller Sinndeutungen zur Folge. Das Phänomen der Indexikalität stellt sich für Alltagshandelnde und Wissenschaftler/innen gleichermaßen dar; Garfinkel kritisiert an der herkömmlichen Soziologie, dass sie indexikale durch „objektive Ausdrücke" ersetzt, d.h. durch

Ausdrücke, die Untersuchungsgegenstände als kontextunabhängig bestimmen, wodurch der besondere Charakter ihres Gegenstandbereichs verfehlt wird. Anders als im wissenschaftlichen Zusammenhang ist die Indexikalität im Alltag kein Ärgernis. Die durchgängige Indexikalität erzwingt eine starke Bezugnahme auf den Kommunikationskontext, wobei die Entscheidung über Sinnalternativen offen bleibt.

> „Der Sinn sprachlicher Äußerungen in sozial organisierten Handlungszusammenhängen ist strukturell ungewiss, die Vagheit und der elliptische Charakter von Aussagen gelten im Alltag nicht als ‚Fehler', sondern sind sozial sanktioniert und konstitutiv für den situationsadäquaten Gebrauch der Umgangssprache; die Kommunikationspartner vertrauen darauf, dass der jeweils andere schon verstehen werde, was man mit seiner Äußerung gemeint hat, und dass das, was man selbst momentan nicht verstanden hat, schon einen Sinn haben wird, der sich im weiteren Lauf des Gesprächs noch klären wird." (Bergmann 1988, 1: 40)

Lediglich über die strukturelle Sinnungewissheit von Äußerungen kann Sinngewissheit immer nur eine vorläufige sein, die sich aus dem Kontextwissen speist. Die von Garfinkel initiierten *Krisenexperimente*, die eine hohe Bekanntheit erlangt haben, hatten den Zweck, die unauflösbare Vagheit der Alltagskommunikation sichtbar zu machen. Sie hatten zum Inhalt, die Verwendung indexikaler Ausdrücke zu monieren und auf ihre Korrektur zu beharren. Indexikalität und die Vagheit von Äußerungen sind Bedingungen umgangssprachlich generierter Verständigung. Der Versuch, diese soziale Ordnung zu unterlaufen, macht jene Strukturmerkmale sichtbar, die der sozialen Ordnung zugrunde liegen. Hier nur ein Beispiel:

> „Das Opfer winkt fröhlich. P: ‚Wie geht's?' E: ‚Wie geht es mir in Bezug worauf? Meine Gesundheit, meine Finanzen, meine Seminararbeiten, meinen Seelenfrieden, meine...?' P: (rot im Gesicht und plötzlich außer Kontrolle) ‚Hör mal! Ich wollte nur höflich sein. Wenn ich ehrlich bin, ist es mir total wurscht, wie es dir geht.'" (zit. nach Bergmann 1988: 42)

Texte zum Weiterlesen

Keller, Reiner (2012): *Das interpretative Paradigma. Eine Einführung.* Wiesbaden: Springer VS

Endress, Martin (2006): *Alfred Schütz.* Konstanz: UVK.

Joas, Hans, Wolfgang Knöbl (2004): *Sozialtheorie. Zwanzig einführende Vorlesungen. 6. Vorlesung: Interpretative Ansätze (1): Symbolischer Interaktionismus, 7. Vorlesung: Interpretative Ansätze (2): Ethnomethodologie*, 183-250. Frankfurt/Main: Suhrkamp.

C Grundkategorien des Sozialen

Soziale Phänomene sind immer zeit- und raumgebunden. Sie finden zu einer bestimmten Zeit und in einem bestimmten Raum statt. Unmittelbar evident wird die Zeit- und Raumgebundenheit in unserem Handeln. Ich blicke auf mein vergangenes Handeln zurück und plane, was ich morgen oder nächste Woche machen möchte. Wenn ich kochen möchte, muss ich zunächst die erforderlichen Zutaten einkaufen. Meinen aktuellen Ort kann ich nicht beliebig mit einem anderen Ort wechseln. Wenn ich in meinem Büro sitze, kann ich nicht gleichzeitig zuhause sein. Aber nicht nur Zeit und Raum stellen Grundkategorien des Sozialen dar, sondern auch das Geschlecht. Wenn wir eine Straße entlang schlendern, begegnet uns kein „geschlechtsloser" Mensch, sondern immer schon eine Frau oder ein Mann. Auch wenn ich das Geschlecht ausblenden kann, mir egal ist, ob ich das Gemüse für das Abendessen von einer Verkäuferin oder einem Verkäufer bekomme, weiß ich doch, wer es mir verkauft hat. Auch bedeutet es für uns keine besondere Anstrengung die Geschlechtszugehörigkeit unserer Interaktionspartner/innen zu aktivieren. Dass es eine Frau oder ein Mann war, darüber wissen wir immer schon präreflexiv Bescheid, auch dann, wenn wir uns dafür nicht interessieren.

1 Zeit als Grundkategorie

Pädagogik braucht Zeit, wenn sie auf die Einzelnen und ihre biografischen Besonderheiten eingehen, offene Gruppenprozesse und fördernde Beziehungen ermöglichen soll. Gleichzeitig steht sie immer wieder unter Zeitdruck, wenn institutionelle Vorgaben verkürzt und organisatorische Verfahren unter dem Diktum der Effizienz zeitlich rationalisiert werden. Die Notwendigkeit pädagogischer Umwege ist fachlich vielfach belegt, wenn es in der Schule darum geht, „schwache" Schüler/innen zu fördern oder – wie in sozialpädagogischen Hilfen – benachteiligten Jugendlichen soziale Anschlüsse zu ermöglichen. Gerade an der linear „getakteten" Zeitstruktur der Schule ist immer wieder heftige Kritik geübt worden. In ihrer Verstrickung von Stoff- und Zeitdruck gerät sie immer wieder in Beschleunigungsdilemmata. Es kommt damit unweigerlich zu Konflikten zwischen pädagogischer und organisatorischer Zeit.

1.1 Beschleunigung, Verdichtung, Entschleunigung

Die lineare Zeitordnung, an der wir uns üblicherweise orientieren, ist nicht naturgegeben, sondern eine soziale Konstruktion der Moderne und ihrer Produktions- und Arbeitslogik. Daran orientieren sich im Grunde auch die Bildungszeiten. Dennoch bleibt – wenn auch oft überformt – das individuelle Empfinden der naturbezogenen zyklischen Zeit, das mit dem abstrakten arbeitszentrierten Zeitregime immer wieder in Konflikt gerät. Dies ist ein zentrales Thema der Stressforschung. Die Relativität von Zeit zeigt sich auch im unterschiedlichen biografischen Zeitempfinden und letztlich vor allem darin, dass Zeit biografisch und endlich empfunden wird, obwohl sie das individuelle menschliche Dasein übergreift. Solche Zeitkonflikte bei unterschiedlichen Zeitlogiken treten vor allem im Spannungsverhältnis von zyklischem Zeitempfinden bei Kindern sowie offener jugendkultureller Experimentier-Zeit bei Jugendlichen einerseits und dem geschlossenen, verdichteten Zeitrhythmus der Schule andererseits auf.

Beschleunigung und Verdichtung, die den Zeitrhythmus der zweiten Moderne prägen, setzen gleichzeitig bei den Menschen Sehnsüchte nach „Innehalten", „Eigenzeit" und vor allem „Entschleunigung" und „Entdichtung" frei, denn die Balance zwischen der industriell getakteten Zeit und der am Menschen und seinem biozyklischen Rhythmus gebundenen Eigenzeit ist gestört. Private Zeit wird zunehmend ökonomisiert, von der Erwerbsarbeit durchdrungen. Die Dynamik der sozialen Entbettung, welche durch die neuen Technologien vorangetrieben wird, lässt dem Menschen „seine" Zeit als Orientierungskontext des Lebens immer wieder entgleiten. In dem Maße, in dem die Verfügung über Zeit nicht mehr über die überkommenen Kontexte von Bildung und Arbeit verlässlich mitgegliedert wird, muss Zeit *bewältigt* werden:

> „Das Beharrungspotenzial, das in der Regelmäßigkeit und der Berechenbarkeit von sozialer und aufgabenorientierter Zeitorganisation verankert war und ist, geht mit wachsender Entgrenzung verloren. Es steigt die Anzahl kurzfristiger Dispositionen. Der Druck zum permanenten Zeitmanagement nimmt zu." (Geißler 2004: 9)

Gleichzeitig durchdringt die Zeitstruktur des Internets das Alltagsleben und schafft damit die Suggestion, dass unterschiedliche Zeitlogiken nahezu beliebig aufeinander beziehbar und miteinander verbindbar sind. Im Alltag der konkreten Lebensführung stellt sich das aber meist nicht ein und es entstehen Zeitdilemmata.

Gegen diese Digitalisierung und Beschleunigung der sozialen Zeit richtet sich ein sozialwissenschaftlicher Zeitdiskurs, in dem Perspektiven der „Entschleunigung" entwickelt und herrschende Zeitstrukturen dekonstruiert werden sollen (vgl. Rosa 2006). Die gegenwärtig freigesetzten Beschleunigungen beziehen sich auf alle Lebensalter und -bereiche. Es ist unübersehbar, dass etwa die Menge der regelmäßig zu bearbeitenden neuen Informationen nicht nur unvergleichlich größer ist als noch vor wenigen Jahrzehnten, sondern weiter wächst.

Marie Jahoda (1907-2001)

arbeitete als Sozialwissenschaftlerin in den 1930er Jahren bei dem Soziologen Paul F. Lazarsfeld in Wien. Sie war an der für die empirische Sozialforschung klassischen Studie „Die Arbeitslosen von Marienthal" (1932) maßgeblich beteiligt. Nach ihrer Emigration war sie bis 1958 Dozentin an der New School for Social Research in New York und hatte – nach ihrer Übersiedlung nach England – eine sozialwissenschaftliche Professur an der University of Sussex inne.
Marie Jahoda gilt als Pionierin der qualitativen Sozialforschung in der Verbindung soziologischer und psychologischer Zugänge. Sie interessierte sich vor allem für psychische und soziale Strukturen, die unterhalb der Oberfläche des alltäglichen Soziallebens liegen. Ein entsprechendes Methodenbuch legte sie 1951 (zusammen mit anderen) vor. Hier flossen auch ihre methodischen Erfahrungen aus der Marienthal-Studie ein. Für uns sind hier besonders die Methoden der Erfassung und Strukturierung sozialer Zeit interessant, die damals erprobt wurden. Sie analysieren die Veränderung von Zeitstrukturen und Zeitempfinden unter dem Einfluss sozialer Probleme und können damit Prozesse der sozialen Konstruktion von Zeit empirisch belegen. In der Marienthal-Studie wurde erstmals systematisch – mittels Verfahren der Zeitbeobachtung und -messung – erhoben, wie mit dem Wegfall der Erwerbsarbeitszeit aufgrund von Arbeitslosigkeit auch die gewohnte alltägliche Zeitordnung wegbricht. Vor allem waren es die Männer, bei denen ein dramatischer Zerfall des Zeitbewusstseins und damit auch ein Verlust an Selbstwert und Lebenssinn beobachtbar waren. Dass dies vor allem darauf zurückzuführen ist, dass männliche Identität bis heute einseitig an die Erwerbsarbeitsrolle gebunden ist, verweist auf die Geschlechtsspezifik sozialer Zeiterfahrung.

Literatur

Jahoda, Marie, Paul F. Lazarsfeld, Hans Zeisel (1933): *Die Arbeitslosen von Marienthal.* Leipzig: Hirzel (Neuausgabe: Frankfurt/Main: Suhrkamp 1975).
Jahoda, Marie et al. (1951): *Research Methods in Social Relations.* New York: Dryden Press.
Ich habe die Welt nicht verändert. Gespräch mit Marie Jahoda. In: Mathias Greffrath (Hrsg.) (1989): *Die Zerstörung einer Zukunft. Gespräche mit emigrierten Sozialwissenschaftlern*, 95-136. Frankfurt/Main: Campus.

Dies zeigt sich nicht nur in der technischen Welt des schnellen Wachstums der Kommunikationsmedien, sondern auch in sozialen Bereichen, wenn rechtliche Regelungen schnell überholt und traditionelle Berufs- und Aufstiegsmuster veraltet sind. In einer umfassenden Analyse zur Veränderung von Zeitstrukturen in der zweiten Moderne schlägt Rosa (ebd.) eine Typologie vor, in der drei Formen sozialer Beschleunigungsprozesse unterschieden werden können: die technische Beschleunigung, die Beschleunigung des sozialen Wandels sowie die Beschleunigung des Lebenstempos. Diese drei Formen sieht Rosa in einem Beschleunigungszirkel verknüpft, sodass ein wechselseitiges Steigerungsverhältnis zwischen ihnen angenommen werden kann: „Beschleunigung innerhalb dieses Zirkels erzeugt daher stets und unvermeidlich mehr Beschleunigung, sie wird zu einem sich selbst verstärkenden Feedback-System" (ebd.: 243). Dies bedeutet, dass die Menschen nicht einfach unter Beschleunigungsdruck stehen, sondern selbst in die Beschleunigungsdynamik involviert sind und sich damit gleichzeitig als Akteure wie als Opfer der Beschleunigung fühlen können. Optionen und Zwänge liegen somit dicht beieinander, Handlungsfähigkeit muss immer wieder neu hergestellt und digitalisierten Strukturen angepasst werden. Zwar wächst die Zahl der Optionen, zwischen denen entschieden werden kann, es sind aber nicht nur Freiheiten, die genutzt werden können, sondern zugleich auch Entscheidungszwänge, denen man ausgesetzt ist. Hier stellt sich die Frage, ob es gelingt, Zonen des Innehaltens zu schaffen.

1.2 Zeitstruktur der Schule

Zonen des Innehaltens braucht vor allem auch die Schule. Denn schon die Kinder und vor allem die Jugendlichen sind von diesen Beschleunigungsprozessen betroffen. Sie wirken gleichsam als Mechanismen, die die soziale Kategorie des Mithaltens noch stärker und damit exklusionsfördernder ins pädagogische Spiel bringen.

> „Es liegt im Trend der Zeit, dass man eigentlich immer Zeit gewinnen will (Effizienzgesichtspunkt). Unter dem Aspekt von Bildung aber taucht die Gegenfrage auf, ob Zeit zu verlieren nicht ein wesentliches Desiderat einer guten Schulpädagogik wäre." (Bönsch 2008: 23f)

Damit ist gemeint, dass die Schule in ihre lineare Zeitstruktur, die sich vor dem Hintergrund eines internationalen Bildungswettbewerbs noch mehr beschleunigt und verdichtet hat, viel mehr *zyklische* Elemente des Innehaltens und damit der Eigenzeit einführen müsste. Eigenzeit und Innehalten sind Bedingungen für Kritik, Transparenz und die Erfahrung von Selbstwirksamkeit.

Unterhalb dieser Metaebene werden vor allem curriculare und didaktische Vorteile angeführt, die aus dieser Zeitreform für Schüler/innen und Schule herausspringen können.

> „Der Unterrichtsalltag wird ruhiger und entspannter. (...) Gegenüber den Schnell- und Kurzzeitangeboten erfährt das Lernen eine Verstetigung, auch sinnvolle Verlangsamungen, aber eben auch Chancen konzentrierten Arbeitens. Die Unterrichtskultur ändert sich in Richtung Differenzierung und Individualisierung (...). Die Schulkultur gewinnt insgesamt von veränderten Zeitstrukturen." (Bönsch 2008: 24)

Vor allem wird eine neue Rhythmisierung des Lernens möglich: „Das Lernen der Schüler/innen ist zu verbessern im Rhythmus von Anspannung und Entspannung, von Kennenlernen von Neuem und eigenständiger Befassung, um die Möglichkeit des Nachsteuerns der eigenen Lernprozesse zu erlauben“ (ebd.).
Die Rhythmisierung der Schulzeit wird vor allem für die Grundschule und die Gesamtschule thematisiert. Gerade Grundschulkinder lebten noch im zyklischen Zeitverständnis der naturgebunden Tageszeiten und werden hier erstmals durchgehend mit einem linear-abstrakten Zeitregime konfrontiert. Deshalb müssen auch Ermüdungs- wie Pausenzeiten als Phasen des Lernprozesses anerkannt werden. Bei älteren Schüler/innen, die inzwischen im linearen Zeitverständnis leben, ist dagegen eher das Erleben von Zeitautonomie und Mitbestimmung von Bedeutung. Wie so eine Rhythmisierung der ganztägigen Schulzeit ausfallen kann, ist inzwischen an verschiedenen Modellen erprobt worden. Dabei stößt man immer wieder auf das Pioniermodell der Neue(n) Max Brauer Schule in Hamburg (vgl. Riekmann 2005). Hier wird die Balance zwischen stoffbezogenen Lerneinheiten, Projekten, Werkstätten, Aktivitäten außerhalb der Schule und eigenverfügten Pausen gesucht. Dabei wird deutlich, dass Veränderungen der Zeitstruktur auch erhebliche curriculare und didaktische Umorientierungen verlangen. Über diese neuen professionellen Angebote hinaus kann Rhythmisierung aber auch eine Stärkung der professionellen Autonomie bedeuten. Denn diese beinhaltet ebenso Zeitautonomie,

> „also Autonomie im Hinblick auf Entscheidungen, warum und wofür Zeit verwendet wird, was zu welchem Zeitpunkt pädagogisch notwendig ist. An dieser Stelle muss es – zumindest in einem erlebbaren Zeitrahmen – für die Lehrkräfte erlebbar sein, dass die verlorene Autonomie über die Gestaltung des Nachmittags, über die Gestaltung der Vor- und Nachbereitungsarbeit von Unterricht ‚ersetzt‘ wird durch neue zeitliche Ressourcen für die kommunikative ‚Randarbeit‘ des Unterrichts, die diesen sowohl effektiver, wie auch weniger belastend macht. Dazu gehören offenere Kommunikations-Räume mit Schüler/innen, als Arbeitszeit akzeptierte und so auch offiziell anerkannte Kooperationszeiten mit Lehrer/innen und (…) Rückzugsmöglichkeiten.“ (Kolbe et al. 2006)

1.3 Biografie und Lebenslauf

Mit der Geburt beginnt und mit dem Tod endet das individuelle Leben. Die Anzahl der Lebensjahre zwischen Geburt und Tod ist die Lebenszeit. Im Prozess der Vergesellschaftung werden mit dem Lebensalter bestimmte Zäsuren (z.B. Einschulung; Renteneintritt) verknüpft. Mit diesen dadurch geschaffenen Übergängen sind altersspezifische Handlungsmuster und Identitätszuschreibungen verbunden. Zu unterscheiden ist zwischen dem chronologischen (kalendarischen) Alter und dem sozialen Alter. Ein Kind mit dem chronologischen Alter von sechs Jahren gilt im Allgemeinen als „schulreif“. An das chronologische Alter wird die soziale Zuschreibung Schulreife geknüpft und zugleich mit diesem Übergang das soziale Alter des

Vorschulkindes von dem des Schulkindes abgrenzt. Das soziale Alter verweist also darauf, dass der Lebenslauf in sozial relevante Einheiten unterteilt wird.
Mit „Lebens(ver)lauf" und „Biografie" haben sich zwei Begriffe etabliert, die die Lebenszeit aus unterschiedlicher Perspektive thematisieren (vgl. Hahn 2000; Meulemann 1999).

> „Der Lebenslauf ergibt sich aus einer Reihe von Entscheidungen, die das weitere Leben auf längere Frist festlegen und die Person binden. Diese Bindekraft zwingt die Person dazu, sich die Entscheidung ‚für sich' bewusst zu machen, sie zu planen und zu reflektieren; und sie legt es den betroffenen anderen und gesellschaftlichen Instanzen wie der Kirche, dem Staat oder Betrieben nahe, die Entscheidung festzuhalten, zu dokumentieren. Der Lebenslauf (oder der Lebensverlauf) ist die Summe der ‚im Lauf des Lebens' getroffenen Entscheidungen. Eine Biografie (griechisch: Lebensbeschreibung) blickt auf das bis zum Augenblick geführte Leben, also auch den Lebenslauf zurück. Sie repräsentiert das Leben ‚für die Person' in einer für sie besonderen, persönlichen Form; sie umfasst die Deutungen der Motive und Ursachen einzelner Entscheidungen und die Bewertung des Lebenslaufs in Abschnitten oder Bereichen oder insgesamt." (Meulemann 1999: 306)

Kurzgefasst ist der Lebenslauf oder – wie Karl Ulrich Mayer vorschlägt – der *Lebensverlauf* die dokumentierte bzw. dokumentierbare Abfolge von Lebensereignissen in verschiedenen Lebensbereichen (z.B. Einschulung, Berufseintritt, Heirat, erster Umzug), während die Biografie die vom Subjekt selbst gedeutete Lebensgeschichte, also Rekonstruktion von dem, wie es dazu kam und wie es dann weitergegangen ist, umfasst. In der Biografie macht das Individuum den eigenen Lebenslauf zum Thema (vgl. Hahn 2000). Diese Thematisierung ist und kann keine bloße Spiegelung des Lebenslaufes sein; Biografien sind stets eine selektive Vergegenwärtigung vom dem, was sich ereignet hat. Sie sind aber im hohen Maße sozial bedeutsam, da sie für das Individuum kondensieren, was sich *wirklich* ereignet hat und was für sein Selbstbild entscheidend ist. Mit diesen beiden Begriffen verknüpft sind zwei unterschiedliche Forschungsprogramme: die Lebensverlaufsforschung und die Biografieforschung.
Da die Datenbasis für die Biografieforschung die vom Subjekt selbst gedeutete Lebensgeschichte ist, arbeitet sie ganz überwiegend mit der qualitativen Sozialforschung. Erhoben werden die Lebensgeschichten meist mit biografischen Interviews. Stark verbreitet ist die von Fritz Schütze entwickelte Technik des narrativen Interviews (vgl. Rosenthal 2011). Bei dieser Interviewtechnik wird der Befragte ausgehend von einem Erzählstimulus zu einer längeren, ununterbrochenen Stegreiferzählung animiert. Erst nach einem sichtbaren Abschluss folgen immanente und exmanente Nachfragen. Neben Interviews finden in der Biografieforschung auch lebensgeschichtliche Zeugnisse (wie z.B. Tagebücher, Briefsammlungen) Verwendung. Obwohl sich die Biografieforschung erst in den letzten drei Jahrzehnten etabliert hat, reichen ihre Anfänge bereits in die Chicagoer Schule des frühen 20. Jahrhunderts zurück. Die Studie über polnische Bauern in Europa und in Amerika,

verfasst von William I. Thomas und seinem polnischen Kollegen Florian Znaniecki (1918/22), gilt allgemein als ihr Beginn (vgl. Fuchs-Heinritz 2010).
Die Biografie wird „als eine Konstruktionsleistung des Subjekts" (Rosenthal 2002: 138) aufgefasst. Es geht primär um das Verstehen der Biografie. Den Ausgangspunkt bildet der Einzelfall, über das kontrastive Vergleichen mehrerer Fälle wird eine Typenbildung angestrebt. Erreicht wird auf diesem Weg keine numerische, sondern eine theoretische Verallgemeinerung. Die Biografieforschung arbeitet sich stets an der Spannung zwischen Erzählen, Erinnern und Erleben ab. Den Stoff bildet – sofern mit biografischen Interviews gearbeitet wird – die erzählte Lebensgeschichte. Jede Erzählung über die Vergangenheit ist an die Gegenwart des Erzählens gebunden. Die Auswahl von Erlebnissen und Erfahrungen, ihre temporalen und thematischen Verknüpfungen und auch die Art ihrer Darbietung sind durch die Gegenwart bestimmt. Das bedeutet nicht, dass die Erzählungen von der erlebten Vergangenheit völlig losgelöst wären. Die Erzählungen eigenerlebter Erfahrungen besitzen einen starken Vergangenheitsbezug; das in der Vergangenheit Erlebte ist ihr Anker. Deutlich gemacht werden soll damit lediglich, dass das Erzählte mit dem Erlebten nicht identisch ist und auch nicht sein kann. Das ist nicht möglich, da das Vergangene stets im Lichte der Gegenwart gesehen und erzählt wird. Und es kann nicht sein, da die Fülle des Erlebten nicht eins zu eins wiedergegeben werden kann. Dafür hat der bzw. die Erzähler/in nicht die Zeit und er bzw. sie wurde bei den Zuhörenden in dieser Detaillierung auch keine Aufmerksamkeit finden. Überdies ginge dies auch nicht, da das Erlebte in der Erinnerung immer nur partiell verfügbar ist. Erzählt werden kann nur das erinnerte Erleben und auch das ist immer schon weniger als das, was sich tatsächlich ereignet hat. Oder in den Worten von Gabriela Rosenthal (2002: 137) gesprochen:

> „Die in der Vergangenheit liegenden Erlebnisse können sich dem Biografen in der Gegenwart des Erinnerns und Erzählens nicht darbieten, wie sie erlebt wurden, sondern nur im Wie ihrer Darbietung, d.h. nur im Wechselverhältnis zwischen dem sich in der Gegenwart der Erzählung Darbietenden und dem Gemeinten. Doch nicht nur die Erzählsituation konstituiert die im Erzähl- und Erinnerungsprozess vorstellig werdende Erfahrung, sondern auch das aus dem Gedächtnis vorstellig werdende Erinnerungsnoema gibt bereits eine Strukturiertheit vor."

Im Gegensatz zur Biografieforschung ist die Lebensverlaufsforschung ganz überwiegend quantitativ ausgerichtet. Dieses interdisziplinäre Forschungsprogramm hat sich in den letzten 20 bis 25 Jahren in Westeuropa und den Vereinigten Staaten herausgebildet (vgl. Mayer 1990). Als traditionsbildend gilt die Studie „Children of the Great Depression" von Glenn H. Elder (1974).

> „Die grundlegende Idee des Lebensverlaufsansatzes ist (...), dass gesellschaftliche Ordnungen und deren Stabilität und Wandel sich am besten dadurch erfassen lassen, dass man untersucht, wie individuelles Entscheiden und Verhalten in Auseinandersetzung mit kulturellen, institutionellen und strukturellen Rahmenbedingungen das Leben der

> Gesellschaftsmitglieder prägen und eine charakteristische, mehr oder weniger homogene ‚Ablaufstruktur' des Lebens produzieren – im Vergleich zwischen verschiedenen Bevölkerungsgruppen, im historischen und internationalen Vergleich." (Diewald 2013: 552)

Bei der Beschreibung der Lebensverlaufsmuster geht es vor allem um das Eintreten eines bestimmten Lebensereignisses (z.B. Heirat), dem Zeitpunkt, die Häufigkeit und auch die zeitliche Verknüpfung von Lebensereignissen (z.B. Familiengründung und Erwerbsarbeit). Dabei richtet sich das Forschungsinteresse nicht auf persönliche Einzelschicksale, „sondern auf regelhafte dynamische Ausprägungen der Sozialstruktur, die eine Vielzahl von Menschen betreffen" (Mayer 2001: 439).
Die Datenbasis bilden standardisierte Erhebungen in Form von Retrospektiv- oder Panelbefragungen. In *Retrospektivbefragungen* werden der Befragtengruppe einmalig Fragen zu zurückliegenden Lebensereignissen vorgelegt. Der Nachteil ist, dass selbst bei scheinbar einfachen Zeitangaben im Falle von weiter zurückliegenden Ereignissen immer auch Erinnerungsfehler auftreten können. Bei *Panelbefragungen* wird dieselbe Personenauswahl wiederholt befragt, wie z.B. beim seit über 30 Jahren durchgeführten Sozio-oekonomischen Panel (SOEP). Dadurch wird der Abstand zwischen Lebensereignissen und Befragung deutlich vermindert; allerdings haben Panelstudien mit der fortgesetzten Teilnahmebereitschaft („Panelmortalität") zu kämpfen. Für die Auswertung über das Wann und Wie der Lebensereignisse steht mit der Ereignisanalyse eine spezielle Form der Datenanalyse zur Verfügung. Die sogenannte Übergangsrate von einem Zustand in einen anderen bildet in den statistischen Modellen das Kernkonzept für die abhängige Variable. Sie ermöglicht

> „zeitpunktbezogene Beschreibungen des Verlaufs von Prozessen bzw. der Intensität des ‚Ereignisflusses'. Man kann die Rate als die zeitpunktbezogene Neigung einer Person interpretieren, im Lebenslauf zum Zeitpunkt t von einem Ausgangszustand j (z.B. dem Zustand ‚arbeitslos') in einen Zielzustand k (z.B. in den Zustand ‚erwerbstätig') zu wechseln." (Mayer 1990: 445)

Die verstärkte Hinwendung zur Lebenszeit hat zentrale Wandlungstendenzen sichtbar gemacht: Die Individualisierung der Lebensverhältnisse hat eine zunehmende Biografisierung des Lebenslaufs mit sich gebracht. Die Kernstruktur des Lebenslaufes wird zwar weiter durch Bildung und Arbeit gelegt, die Verläufe differenzieren sich aber biografisch. Der Lebenslauf ist also gleichermaßen vorgezeichnet wie gestaltbar. Dabei wird in der Lebenslaufdiskussion darauf hingewiesen, dass sich sozialstrukturelle Hintergründe und soziale Ungleichheiten im Verlauf des Lebenslaufs immer wieder durchsetzen können, auch wenn sie aktuell-situativ verdeckt scheinen. Obschon man nicht mehr an Milieus und vorgegebene Laufbahnen gebunden ist wie früher, spielen doch die soziale Herkunft und ihr Rückhalt im Verlauf des Lebens eine wichtige Rolle. Jugendliche und junge Erwachsene mit sozial höherem Herkunfts- und Bildungsstatus mögen zwar aktuell „einbrechen", finden aber in der Regel – dank der Stützung durch das Elternhaus und erworbenen kulturellen Ressourcen – Möglichkeiten, ihre Biografie in einen sozial gesicherten Fluss des Lebenslaufs zu bringen, auch wenn sie auf andere Berufe oder Lebensformen umsteigen. Dieser „lange Atem der Herkunft" (Blossfeld/Mayer 1990) holt den Menschen gerade bei risikoreichen biografischen Einbrüchen oder krisenhaften Lebensereignissen immer wieder ein, obzwar die individuellen Chancen, die soziale Herkunft zu relativieren, innerhalb der verschiedenen biografischen Konstellationen (Schule, Ausbildung, Berufskarriere) gestiegen sind.

Dies zeigt, dass das Biografiekonzept nicht nur in seiner interaktiven Handlungsdimension (doing biography), sondern auch unter dem Aspekt des „den Verhältnissen Ausgesetzt-Seins" thematisiert werden muss. Beides ist für die Pädagogik und vor allem die Sozialpädagogik wichtig. Die neuere Biografieforschung hat in diesem Zusammenhang das Konzept der „Verlaufskurve" entwickelt: Einen ganz wichtigen Beitrag hierzu hat Fritz Schütze (1996) geleistet. Damit

> „werden die Entwicklungsprozesse des Erleidens und ihre identitätsverändernden Wirkmechanismen theoretisch konzeptionell gefasst (…). Der davon Betroffene macht in seinem Alltagserleben in der einen oder anderen Hinsicht schmerzhafte Erfahrungen. Diese Erfahrungen beginnen sich wie ein unüberwindbares Hindernis vor ihm aufzutürmen. Die Situationsentwicklung für sein Leiden erscheint ihm immer auswegloser. Sein (intentionales) Handeln, das er bislang mehr oder weniger selbst geplant und bestimmt hat, wird nun zunehmend durch von außen gesetzte Rahmenbedingungen determiniert. Er erlebt sich durch diese Ereignisse, die auf ihn einzustürzen scheinen, überwältigt und regelrecht in Situationsentwicklungen hineingetrieben, in denen er lediglich auf die Ereignisse reagieren kann. Das intentionale Handeln wird durch ein lediglisches Reagieren auf konditionale Relevanzen abgelöst. Der Betroffene erlebt sich in seinem Handeln fremdbestimmt. Ein Ereignis scheint nun das andere zu bedingen und es kommt zu einer verhängnisvollen Verkettung von Ereignissen für den Betroffenen. Sein soziales Umfeld wird ihm fremd und auch er selbst wird sich allmählich fremd." (Glinka 2013: 813)

Texte zum Weiterlesen

Diewald, Martin (2013): Lebensverlauf. In: Steffen Mau, Nadine M Schöneck (Hrsg.): *Handwörterbuch zur Gesellschaft Deutschlands. Bd. 1*, 552-564. Wiesbaden: Springer VS.

Rosa, Hartmut (2006): *Beschleunigung. Die Veränderung der Zeitstrukturen in der Moderne.* Frankfurt/Main: Suhrkamp.

Rosenthal, Gabriele (2002): Biographische Forschung. In: Doris Schaeffer, Gabriele Müller-Mundt (Hrsg.): *Qualitative Gesundheits- und Pflegeforschung*, 133-148. Bern, Göttingen, Toronto, Seattle: Huber.

2 Raum als Grundkategorie

Soziale Räume bezeichnen in der Wissenschaftstradition der Soziologie seit Georg Simmel (1958) nicht einfach Territorien im physikalisch-geografischen Sinn, sondern räumlich bezogene und erfahrene Kontexte sozialen Handelns. Erst über die Tätigkeit des Menschen wird ein Territorium zum sozialen Raum und die Menschen erfahren dementsprechend den Raum als Ortszusammenhang von zugänglichen Möglichkeiten und einschränkenden Verwehrungen. So zentral diese soziale Mediatisierung des territorialen Raums auch für die Bestimmung räumlichen Handelns ist, so skeptisch muss man gegenüber manchen theoretischen Bestrebungen sein, die Raumperspektive zu entterritorialisieren. Sicher bewahrt die soziologische Perspektive davor, „Strukturen durch räumliche Einschreibungen zu naturalisieren" (Werlen/Reutlinger 2005: 62) oder in diesem Sinne Vorstellungen von Räumen als „Containern" zu verdinglichen, in die Soziales hineingepackt beziehungsweise draußen gelassen wird, aber die Erdgebundenheit und Territorialität menschlicher Existenz kann nicht so unkompliziert wegdefiniert werden. Auch das Surfen in virtuellen Welten geschieht von konkreten sozialen Orten aus. Und gerade aus der Forschung zu den neuen Medien wissen wir, welche Rolle die konkreten sozialen Settings der Rezeption, wie der medialen Interaktion, spielen. Die parasoziale Interaktion, welche in und mit den elektronischen Medien inszeniert werden kann, wird immer auch von einem „festen Ort" aus gestartet und auf diesen schließlich auch rückbezogen.

Diese Zusammenhänge kann unseres Erachtens jene Definition von Sozialräumlichkeit ausdrücken, wie sie Werlen und Reutlinger (2005: 58) vorgeschlagen haben: Raum und Räumlichkeit beruhen danach

> „auf der Erfahrung der eigenen Körperlichkeit, deren Verhältnis zu den übrigen ausgedehnten Gegebenheiten (inklusive der Körperlichkeit der anderen Subjekte) und deren Bedeutung für die eigenen Handlungsmöglichkeiten und -unmöglichkeiten."

Diese Erfahrung von Körperlichkeit im Verhältnis zur Umwelt und damit die räumliche Erfahrung von sich selbst ist in der noch wenig institutionalisierten Rollenwelt des Kindes- und Jugendalters, aber auch später in der Rollenarmut des Alters, spürbarer und handlungsleitender als im Erwerbsalter, das in ein institutionalisiertes Rollengefüge eingetaktet ist. Allerdings: Mit dem Strukturwandel der Arbeitsgesellschaft und ihren Entgrenzungstendenzen kommen viele der Erwachsenen in die Situation des Ausgesetzt-Seins und in Lagen, in denen es „eng" wird und damit wieder stärker in Zonen der Erfahrung von räumlicher Körperlichkeit. Depressive Rückzüge sowie gewaltförmige Abspaltungen signalisieren dann auch

Konstellationen biografischer Handlungsunfähigkeit, in die solche plötzliche Körperlichkeit als Erfahrung der Enge und des Ungeschützt-Seins führen kann.

2.1 Das Konzept der sozialräumlichen Aneignung

Das diese Zusammenhänge aufnehmende Konzept der sozialräumlichen Aneignung wird in erster Linie auf Kindheit und Jugend angewandt (vgl. Deinet/Reutlinger 2005). Kinder entwickeln sich danach vor allem auch dadurch, dass sie ihre Lebensräume immer mehr erweitern. Sie stoßen damit immer wieder auf neue Vergegenständlichungen von Gesellschaft und die in ihnen enthaltenen Bedeutungen. Die Gegenstände der räumlichen Umwelt – auch wenn sie längst erbaut und gestaltet sind – erfahren ihre zweite, je individuelle Produktion in den Menschen selbst, die ihnen gegenübertreten. Gerade Kinder und Jugendliche, die sich vor allem sozialräumlich orientieren – im Gegensatz zu der Rollen- und Organisationenorientierung der Erwachsenen – werden mit den in den Gegenständen liegenden Bedeutungen, beim Versuch des Zugangs und ihrer gebrauchswertorientierten Umwidmung, direkt konfrontiert. In diesem Aneignungsprozess verwandelt sich die scheinbar tote sozialräumliche Welt der Gegenstände in ein je individuelles sozialräumlich-personales Erlebnissetting. Man muss sich dabei diesen Umwandlungsprozess so vorstellen, dass aus den äußeren, praktisch-konkreten Aktivitäten – wenn sie vom Kinde nachhaltig, d.h. wiederholt und mit bleibendem Empfindungsgefühl erlebt werden – psychische Abbilder entstehen, die gemäß der Theorie der psychischen Strukturierung (Holzkamp 1973) so symbolisch verallgemeinert werden können, dass sie qualitativ über die äußeren Tätigkeiten hinausgehen und damit den Entwicklungshorizont der Kinder erweitern. Die Gegenstandsbedeutungen vermitteln sich vor allem über die räumliche Umwelt, weil die selbsttätige Praxis des Kindes (im Kontrast zu Anpassungserwartungen beim kognitiven Lernen in der Schule) über das Spiel, das eine signifikante räumliche Struktur aufweist, verläuft. Mit zunehmendem Alter ist dann das Spiel der Kinder nicht mehr über den Erwachsenen vermittelt, sondern durch die Gleichaltrigenkultur geprägt.

Im Jugendalter verläuft der sozialräumliche Aneignungsprozess vor allem über die Peergroup und die von ihr vermittelte gemeinsame Aneignung von Räumen und Stilen. Diese Peerkultur mit ihrem sich stark von der Erwachsenenwelt abgrenzenden Habitus wird in der Jugendforschung gemeinhin mit dem Begriff „jugendzentriert" – im Gegensatz zu „familienzentriert" – gekennzeichnet. Das Begriffspaar wurde in den 1970er Jahren entwickelt und hat sich bis heute gehalten. Mitglieder jugendzentrierter Gleichaltrigenkulturen betonen in Einstellungen und im räumlichen Auftreten jugendkulturelle Gemeinsamkeit, Selbstständigkeit und Abgrenzung gegenüber der Erwachsenenkultur, aber auch untereinander – cliquenzentriert – in der Jugendkultur selbst. „Familienzentrierte" Jugendliche dagegen identifizieren sich früh mit Normen und Modellen der Lebensführung der Erwachsenen, meist über die Orientierung an den Eltern vermittelt. Diese Muster werden bei Jungen und Mädchen gleichermaßen vorgefunden. Die beiden Orientierungsmuster der Gleichaltrigenkultur sind idealtypisch und müssen sich nicht gegenseitig ausschließen. Im Gegenteil: Jugendstudien machen deutlich, dass zwar die jugendzentrierte und cliquenbezogene Orientierung in der Jugendpopulation verbreitet ist, dass aber gleichzeitig eine bemerkenswerte Nähe zu den Eltern bleibt. Wenn auch die Freizeitorientierung überwiegend jugendzentriert abläuft, zeigen sich in anderen sozialen und kulturellen Einstellungen der Jugendlichen deutliche Affinitäten zu den Eltern. Man spricht in diesem Zusammenhang von einer *Doppelorientierung an Eltern und Gleichaltrigen.* In der Regel ist es dann auch so, dass die Orientierungen an der Gleichaltrigenclique und am Elternhaus in der Wahrnehmung der Jugendlichen durchaus miteinander vereinbar sind und nicht kollidieren.

Martha Muchow (1892-1932)

arbeitete bis zur nationalsozialistischen Machtergreifung, der darauf folgenden Entlassung und ihrem damit zusammenhängenden Freitod bei dem Kinderpsychologen William Stern an der Universität Hamburg. Sie war ausgebildete Psychologin, aber in ihrer wissenschaftlichen Arbeit erziehungs- und sozialwissenschaftlich orientiert. In ihren Studien zur Entwicklung des Kindes und der Kindergartenerziehung – orientiert an Fröbel und Montessori – stellte sie vor allem die Schaffung und Gestaltung des Lebensraums für Kinder in den Mittelpunkt, wobei sie den Standpunkt des Kindes einzunehmen versuchte, indem sie Kinder und Jugendliche als gestaltende Subjekte ihres Lebensraums sah. Bleibende Bedeutung für die Sozialwissenschaften und vor allem für die Sozialisationstheorie hat ihr – posthum von ihrem Bruder herausgegebene – Hauptwerk „Der Lebensraum des Großstadtkindes“ (1935), mit dem sie einen Grundstein sozialökologischer Sozialisationsforschung legte. Sie entwickelte ein differenziertes Modell empirischer Sozialraumanalyse und erkannte die besondere Aneignungsqualität der räumlichen Umgebung für die Identitätsentwicklung der Kinder und Jugendlichen. Vor allem konnte sie zeigen, dass sich Kinder und Jugendliche Räume aus ihrer Entwicklungsdynamik heraus anders aneignen als Erwachsene, die Räume primär funktional betrachten und erleben. Dies wird vor allem an ihrem Beispiel des Warenhauses deutlich, dessen Interieur von den Kindern und Jugendlichen – typisch je nach Alter – aus deren soziokulturellen Eigensinn heraus umgewidmet wird. Da sie unterschiedliche Altersgruppen (Kinder, Kids und Jugendliche) betrachtet, kann sie herausarbeiten, wie sie sich über die Erweiterung der räumlichen Umwelt weiterentwickeln. Ihr dialektischer Ansatz – die Spannung zwischen den sozialen Bedingungen des Raumes und dem Raumerlebnis der Kinder – ist bis heute methodologischer Maßstab sozialräumlicher Forschung.

Literatur

Muchow, Martha, Hans Heinrich Muchow (1935): *Der Lebensraum des Großstadtkindes.* Hrsg. von J. Zinnecker (1998). Weinheim und München: Juventa.

Mit dem Konzept der sozialräumlichen Aneignung lässt sich auch die inzwischen gängige Unterscheidung zwischen formalem und informalem Lernen operationalisieren. Informales Lernen entwickelt sich – im Kontrast zu den überwiegend kognitiven Strukturen des formalen Lernens z.B. in der Schule – über räumliche Aneignungsprozesse in der Erweiterung und zunehmenden Aufschichtung der hier gemachten Erfahrungen. Das geschieht vor allem, aber nicht nur, in außerschulischen Räumen. Aber auch die Schule kann als von den Schüler/innen gesuchter sozialräumlicher Aneignungsraum thematisiert werden (vgl. hierzu ausführlicher Kap. C 2.2).
Die von Martha Muchow entwickelte und in der „ökologischen Sozialisationstheorie" (vgl. Bronfenbrenner 1981; Krisch 2009) gleichsam weitergeführte Vorstellung von einer sukzessiven, in konzentrischen Kreisen eigentätigen Raumerweiterung ist bis heute als ein Grundmodell sozialräumlichen Lernens pädagogisch anerkannt. Es muss aber dort relativiert werden, wo Jugendliche aus öffentlichen Räumen verdrängt, mithin „unsichtbar" und oft auch in antisoziales Verhalten gedrängt werden. Sie schreiben dann ihre eigenen „Bewältigungskarten" der Selbstbehauptung, „die sich aus dem Verlust der integrativen Kraft der Aneignung gesellschaftlicher Strukturen" ergeben (Werlen/Reutlinger 2005: 63).

2.2 Mädchen- und Jungenräume

Jungen werden in der Erziehung früh emotional von sich weg nach außen gedrängt, Mädchen wird dagegen die innere Gefühlswelt eher zugestanden, aber dafür wird das Ausagieren nach außen eher kontrolliert oder gar verwehrt (vgl. Böhnisch 2013). Soziales Geschlechterverhalten und die darauf bezogenen pädagogischen Reaktionen sind demnach vor allem auch sozialräumlich vermittelt und geformt. Auch wenn über eine zunehmende egalitäre Geschlechterrollenorientierung der Eltern und die längst etablierte Koedukation im Schulsystem die institutionelle Ungleichheit der Geschlechter in Erziehung und Bildung weitgehend abgebaut wurde, scheint sie in den sozialräumlichen Bezügen fortzubestehen. Auch wenn die Eltern ihre Kinder nicht mehr nach den traditionellen Geschlechterrollenstereotypen erziehen wollen, zeigt sich, dass sich die geschlechtsspezifischen gesellschaftlichen Definitionen im Alltag über indirekte Mechanismen durchsetzen und sozialräumlich strukturieren. Simmel und auch Leontjew haben gezeigt, dass und wie die räumlichen Erscheinungsformen soziale Inhalte vermitteln (vergegenständlichen), ohne dass sie als solche manifest erkennbar, dafür aber in der emotionalen Befindlichkeit (hier: der Jungen und Mädchen) spürbar und erfahrbar sind. So wollen inzwischen viele Eltern ihre Mädchen – zumindest intentional – nicht anders als die Jungen erziehen, trotzdem werden Mädchen weiter von Eltern stärker beaufsichtigt und kontrolliert (vgl. Grabrucker 2001). Die Ambivalenz von Schutz und Kontrolle, welche das Elternverhalten Mädchen gegenüber bestimmt, führt somit dazu, dass Mädchen in ihren sozialräumlichen Erkundungsmöglichkeiten weitaus beschränkter sind als Jungen. Die Angst vor sexueller Gewalt, die sich vor allem gegen Mädchen und Frauen richtet, wirkt – wenn auch meist unbewusst oder latent – in das Erziehungsverhalten der Eltern ein: Die Eltern wollen das Mädchen früh schützen. Sie werden dabei nicht gewahr, dass sie das Mädchen auch kontrollieren, ja einer zunehmenden Ritualisierung der räumlichen Kontrolle unterliegen. Wir sehen hier wieder den typischen sozialräumlichen Mechanismus wirken: Das soziale Wollen der Eltern – Schutz vor Übergriffen in familienfernen Räumen – schlägt im räumlichen Erleben der Kinder in Kontrolle und Vorenthaltung um.

Mädchen und Jungen unterscheiden sich im Alltag und in ihrer Freizeit vor allem darin, wie sie sich in Körper und Ausdruck bewegen. Männliches Verhalten ist über sich hinausgehend, Räume beanspruchend, besetzend. Mädchen und junge Frauen suchen auch die Ausdrucks- und Entfaltungsräume, die ihnen als Kinder verwehrt waren. Ihnen bleibt aber meist nur die Selbststilisierung in der Mode, im auf den eigenen Körper begrenzten Ausdrucksverhalten. Jungen und Männer können das Laute meist von sich geben, Mädchen müssen an sich halten. Laute Mädchen werden schief angeschaut, laute Jungs sind selbstverständlich. Für junge Mädchen existieren engere Definitionen vom dem, was „anständig" ist. Die elterliche Ambivalenz von Schutz und Kontrolle verlängert sich außerhalb des Elternhauses entweder in die imaginäre oder als Sanktion spürbare Selbstkontrolle. Immer noch wird es missinterpretiert, wenn Mädchen von sich aus in der Öffentlichkeit auf Jungen zugehen.

Vor dem Hintergrund dieser sozialräumlichen Phänomenologie des Geschlechterverhaltens lassen sich drei sozialräumliche Ebenen ausdifferenzieren (auf die sich auch die Mädchenpädagogik praktisch beziehen kann): Die *körperlich erfahrbare* Ebene des Raums, der Raum als *Bedeutungsraum*, die Trennung von *öffentlich* und *privat.*

Räumliche Erfahrungen für Mädchen und Jungen sind zuerst Körpererfahrungen. Ob eine Bewegung kontrolliert oder nicht kontrolliert wird, wie man den Raum nutzen kann und wie man in ihm beschränkt ist – sichtbar oder unsichtbar –, beeinflusst das Selbstwertgefühl und das Bewusstsein von eigenen Fähigkeiten und eigenem Vermögen. Die räumliche Haltung ist zugleich Ausdruck einer seelischen Haltung. Dies hat für die Mädchen – und in negativer Abgrenzung dazu auch für die Jungen – die Frauenforschung entdeckt: Jemanden abdrängen, sich breit machen, jemanden übergehen und beschränken, geht in der alltäglichen Erfahrungswelt über die direkte wie über die Metasprache der Körper. Sich entfalten können, heißt demgegenüber für Mädchen: sich raumgreifend, im unkontrollierten Raum ausleben können.

Raum ist aber mehr als Körperlichkeit. Wir haben schon im Zusammenhang mit der sozialräumlichen Aneignung gesehen, dass in Räumen Bedeutungen, Festlegungen, Macht- und Besitzansprüche enthalten, dass sie besetzt sind und so auch sozialräumlich erfahren werden. Räume sind von Jungen und Männern besetzt, patriarchalisch vorstrukturiert, man kann in ihnen keine eigenen Erfahrungen als Mädchen oder Frau machen. Eigene Räume als Mädchen suchen, heißt damit auch eigene Erfahrungen in weiblicher Selbstständigkeit machen wollen (vgl. Bitzan/Funk 1995). Dazu gehört auch, dass Räume traditionell in private und öffentliche Räume aufgeteilt werden. Dies hat eine geschlechtsspezifische Struktur: Frauen waren (und sind in vielen Bereichen immer noch) auf das Private verwiesen, das Öffentliche ist vor allem männlich. Die Problematik sexueller Gewalt in der Familie zeigt uns, wie ideologisch besetzt diese Trennung von öffentlich und privat ist: Der Privatraum galt vor allem für Mädchen und Frauen immer schon als Schon- und Schutzraum, der öffentliche Raum als Raum der Gefährdung. In der Diskussion um sexuelle Gewalt in den Familien haben sich diese Bedeutungen eher verkehrt, zumindest ist massiv in Frage gestellt, ob die Familie Schutzraum ist. Abweichendes Verhalten wiederum ist bei Jungen eher öffentlich, lebt sich aus, wird auch öffentlich sanktioniert. Lebensschwierigkeiten und abweichendes Verhalten von Mädchen sind weniger öffentlich, sondern privatisiert und müssen von den Mädchen und jungen Frauen oft allein und isoliert bewältigt werden: mit Tabletten, Depressionen, Selbstaufgabe (vgl. Böhnisch 2010). Wo können also neue Räume, die zwischen dem traditionell Privaten und dem traditionell Öffentlichen liegen, aufgemacht werden, damit Frauen – mit anderen zusammen und in einer von ihnen bestimmten Öffentlichkeit – auf sich aufmerksam machen und ihre Lebensprobleme bewältigen können?

Jungenverhalten dagegen ist augenfällig und offensichtlich räumliches Verhalten. Eine Jungenclique entsteht im ausdrücklichen räumlichen Bezug einer Gleichaltrigengruppe. Wenn man von „auffälligen Jugendlichen" spricht, sind vor allem Jungen gemeint (vgl. Lenz/Adler 2010). Sie sind es auch, welche die öffentlichen Deliktarten in den Jugendkriminalitätsstatistiken bevölkern: Schlägereien, Randale, Sachbeschädigungen, Ruhestörungen. Jungen besetzen, kontrollieren Räume: Ihr Verhalten ist *Territorialverhalten.* Männliche Dominanz drückt sich vor allem in verschiedenen Formen räumlicher Dominanz aus. Männliches Raumverhalten ist Kontrolle, Ausgrenzung, Zurückdrängung anderer Jungen, die nicht der Clique angehören, zugleich aber auch räumliche Zurücksetzung von Mädchen. Die männliche Abwertung des Weiblichen äußert sich gerade im räumlichen Jungenverhalten der Anmache, aber auch in der räumlich demonstrierten Beschützerpositur der Jungen.

Unter dieser sozialräumlichen Perspektive kann auch deutlich gemacht werden, wie milieuspezifisch differenziert Jungenverhalten ist. Je weniger Jungen – gerade solche aus sozial schwächeren Familien mit beengten Wohnverhältnissen, aus Wohnquartieren mit deutlich begrenzten und blockierten Aneignungschancen – Möglichkeiten und Ressourcen der sozialräumlichen Aneignung haben, desto eher rekurrieren sie auf Verhaltens- und Umgangsformen, welche das männliche Dominanzgehabe betonen, desto mehr reduzieren sie ihre sozialen Ausdrucksmuster auf die Betonung der Körpermacht.

Dabei darf aber nicht übersehen werden, dass Mädchen ihre eigenen Beziehungsräume gleichsam in den Zwischenwelten der Jugendöffentlichkeit suchen und gestalten. Wenn sie aus diesen hervortreten, stehen sie meist wieder im Schatten der Jungen, werden von diesen fremddefiniert und sexualisiert. „Daran beteiligen sich auch Mädchen aktiv. Dieses wird jedoch innerhalb der Geschlechtergruppe nicht reflektiert – demnach können sie den Abwertungen auch keine kollektive Gegenwehr entgegensetzen“ (Bütow 2006: 225f). Deshalb ist es ein Ziel der sozialpädagogischen Mädchenarbeit, Mädchen in ihrer Eigensinnigkeit und Selbstbestimmtheit vor allem auch *räumlich* sichtbar zu machen, um kulturelle Gegenwelten zum männlichen Blick ermöglichen zu können.

Über diese sozialräumliche Perspektive wird uns die Äußerlichkeit deutlich, welche in der Objekthaftigkeit der Sozialbeziehungen von Jungen und Männern oft enthalten ist. Die Jugendarbeit als *kritische Jungenarbeit* muss also versuchen, dem sozialräumlichen Verhalten der Jungen ihre Äußerlichkeit zu nehmen, ihnen zu zeigen, dass qualitative Möglichkeiten in Räumen stecken, sie sich aber dazu erst auf sich selbst beziehen und von da aus zu einem neuen sozialräumlichen Verhalten gebracht werden müssen. Sie müssen lernen, Räume anderen (die sie bisher ausgegrenzt haben) zu überlassen, zu erfahren, dass in Räumen noch andere gegenseitige Möglichkeiten stecken, als die, sich nur dauernd selbst darin in Szene zu setzen.

Während es in der Mädchenarbeit darum geht, Mädchen Räume erst zu eröffnen und zu ermöglichen, ist es in der kritischen Jungenarbeit wichtig, Jungen erst einmal aus der selbstverständlichen Nutzung ihrer Räume heraus zu sich selbst zurückzuführen und von da aus ihr Außenverhalten neu zu qualifizieren. Die in der Praxis der Jungenarbeit inzwischen geübte Pädagogik der Rollenerweiterung auf die Eigenschaften und Fähigkeiten des anderen Geschlechts hin kann dabei in der Lage sein, neue innere Persönlichkeitselemente in das Jungenverhalten zu bringen und so die jugendkulturellen Räume von dem klassischen außenorientierten, männerdominanten Jungenverhalten zu entlasten. Jungen lernen so, auch Räume im übertragenen Sinne zu erfahren, sich in sensiblen sozialen Zwischenräumen zu verhalten und nicht nur Sozialräume äußerlich zuzudecken.

2.3 Schule als Sozialraum

Neben die traditionelle Spannung des Verhältnisses von Schulklasse und Gleichaltrigenkultur ist in der Zwischenzeit eine Entwicklung getreten, in der die Schule selbst für Kinder und Jugendliche immer mehr zum Sozialraum geworden ist. Dieser sozialräumliche Aufforderungscharakter wird umso stärker, je weniger sozialräumliche Möglichkeiten die Kinder und Jugendlichen im außerschulischen Bereich haben. Die Schule wird also auch als Ort angesehen, an dem man sich treffen und „als Jugendliche“ beisammen sein kann. Die Schule kann dem entgegenkommen, indem sie außerhalb der Unterrichtszeiten den Jugendlichen ihre Gebäude und Räume zur jugendkulturellen Nutzung überlässt: In Form von Schuljugendclubs, Schülercafés, Schülerveranstaltungs- und Übungsräumen.

Wenn es der Schule gelingt, trotz ihrer jugendkulturell gegenläufigen Organisationsstruktur im Interaktionsgeschehen des Schulalltags, Bezug zur Jugendkultur und ihren Gesellungsformen zu nehmen, ist sie auch auf dem Weg, sich sozialräumlich zu erweitern. Denn jugendkulturelle Gesellungsformen sind immer sozialräumlich vermittelt und brauchen räumliche Ausdrucks- und Abgrenzungsmöglichkeiten. Die Schule kann sich damit über ihre sozialräumliche Erweiterung jene Welt des Alltagslernens hereinholen, die sonst – trotz aller Didaktik – für sie ausgeschlossen ist und jenseits der kognitiven Lernstrukturen des Unterrichts liegt. Kinder und Jugendliche lernen (und entwickeln sich) vor allem auch über sozialräumliches Aneignungsverhalten. Sie erfahren im räumlichen Aneignungsverhalten direkt und unmittelbar, welche sozialen Gestaltungsmöglichkeiten ihnen offenstehen oder verweigert werden. Viele Räume sind ökonomisch funktionalisiert, bieten Kindern und Jugendlichen wenig Chancen, sie nach ihren Vorstellungen zu gestalten und sich ihnen hinzugeben. In der Art, wie Räume einseitig funktionalisiert und dehumanisiert sind, wohnt ihnen Gewalt inne, die nicht sichtbar ist, deren Ausgrenzungsdruck Kinder und Jugendliche aber spüren. In der Art und Weise, wie Kinder und Jugendliche in ihrem sozialen Nahraum etwas *bewirken* können, bilden sich ihr Selbstwertgefühl und ihre soziale Orientierung aus. Hier liegt vielleicht auch der Schlüssel zur Beantwortung der Frage, wo der emotionale Argwohn und die Abwehr herkommt, die Kinder und Jugendliche immer wieder der Schule entgegenbringen: Sie erleben täglich, wie sich ihnen die Schule sozialräumlich verschließt, obwohl man doch in und mit dieser Schule, ihren Fluren, Treppen, Räumen und Höfen – alles Möglichkeiten des jugendkulturellen Beisammenseins – so viel anfangen könnte. Und dies wird dadurch verstärkt, dass die Kinder außerhalb der Schule auf dürftige Straßenecken, Kaufhaustreppen und Unterführungen verwiesen sind.

Die Schule reproduziert sich nicht nur über ihr Lern- und Leistungssystem und die damit verbundenen Verfahren, sondern gerade auch über die sozialräumliche Schul- und Schülerkultur. Unter *Schülerkultur* werden die sich im Schulalltag darstellenden Selbstäußerungen und Ausdrucksformen der Schüler/innen verstanden, unter *Schulkultur* die Anstrengungen der Schule, die Schule *lebbar* zu machen, das heißt in die Lebenswelt der Kinder und Jugendlichen zu vermitteln. Als Schulkultur begreift sich die Schule als Sozialraum, in dem die Kinder über den engeren Unterricht hinaus Aneignungs- und Ausdrucksformen entwickeln und darüber eine lebensweltliche Identifikation mit der Schule erlangen können. Wenn wir uns an die Unterscheidung von (institutioneller) Schülerrolle und (personal-ganzheitlichem) Schülersein erinnern, sehen wir, wie Schulkultur und Schülerkultur ineinander übergehen können: Die Schüler/innen sollen Selbstwertbezüge und Identifikationen, Beziehungsmuster und Verständigungsformen von sich aus in die Schule einbringen und die Schule muss sie aufnehmen können. Dies tut sie sicher nicht unmittelbar, sondern durchaus im Sinn einer „fördernden Umwelt“ (vgl. Winnicott 1984), in der lebensweltliche Akzeptanz, zugelassener Experimentierraum und Grenzen setzen eng beieinanderliegen und aufeinander bezogen sind. Solche Überlegungen werden in Verbindung mit dem Konzept der „Lebensweltschule“ thematisiert:

> „Entwicklungen im Jugendalter vollziehen sich vor allem durch Mitmachen, Miterleben und Mitfühlen. Die Lebensweltschule will Erlebnis- und Handlungsfelder schaffen, um den Schüler nicht nur als lernendes Wesen zu behandeln, sondern neben dem Fördern auch das Fühlen zuzulassen.“ (Schubarth/Ackermann 1997: 77)

Vor allem scheint – neben der Erweiterung des schulischen Spektrums der Selbstwertschöpfung und der Identifikationsangebote (wir wissen ja, dass deviante Schüler meist keine Bindung an die Schule haben) – wichtig, dass die Schule von sich aus auffordernde Gelegenheit zur Entwicklung sozialer und sozialräumlicher Handlungskompetenzen anbietet: Klassenverträge, Konflikttraining, Rollenspiele und Gruppentraining zum Miteinanderleben und Einanderhelfen (vgl. Rixius 1996) in der Schule.

Bei all diesen sozialräumlichen und sozialemotionalen Zugängen zur Schule darf nicht vergessen werden, dass auch die institutionellen Arrangements der Schule Gegenseitigkeit erlauben, die Schulhierarchie also durchbrochen werden muss. Dies wird – vom hoheitlichen und generationenhierarchischen Charakter der Schule her – nie ganz gelingen, kann aber als Tendenz immer wieder neu in Gang gebracht werden. In der Diskussion um die „Gesunde Schule“ sind in diesem Zusammenhang jene Überlegungen interessant, welche „die Schule als lebenswerte(n) Arbeitsplatz für Schüler/innen und Lehrer/innen“ (Schirp 1993) thematisieren. Von diesem Verständnis her kann auch eine institutionelle Haltung der Gegenseitigkeit und Vertraglichkeit begründet werden. Indem von „Humanisierung der Schule“ gesprochen wird, wird bewusst versucht, die Schulreformdiskussion an die Diskussion der „Humanisierung der Arbeitswelt“ anzubinden. Es geht um den Arbeitsplatz Schule, der sozial und personal verträglich sein muss. Ein „humaner, entwicklungsfördernder Arbeitsplatz“ kann für Schirp dort entstehen, wo sich die Produktivitätsdefinition nicht nur auf unterrichtliche Leistungen, sondern auch auf soziale und sozialräumliche Kompetenzen bezieht, wo Selbstwert multipel vermittelt werden kann und Raum für fachlich-kognitive und emotionale Auseinandersetzungen und Konflikte gleichermaßen gegeben ist. Die Schule wird so zum Ort, an dem Bewältigungshandeln (vgl. Böhnisch 2010) gelernt werden kann. Über diese Bewältigungsdimension kann Schule *im Schulalltag* Anschluss an den Alltag des Schülerseins finden. Das neue institutionelle Selbstverständnis des „humanen Arbeitsplatzes Schule“ hilft dabei, die Schule als ernsthaften Teil der Biografie betrachten zu können, sich wohlzufühlen und die Verantwortung für andere (und damit

für die Schule) auch in der Spannung jugendkultureller Abgrenzung als Eigenes zu erfahren. Natürlich ist die Schule in ihrer institutionellen und biografischen Stellung kein Arbeitsplatz wie der Erwerbsarbeitsplatz. Sie steht strukturell – auch wenn sie sich noch so sehr räumlich und emotional öffnet – im Widerspruch zur Jugendkultur und auch die schulischen Konflikte lassen diese Gegensätzlichkeit immer wieder neu aufbrechen. Dieses neue institutionelle Verständnis kann aber dazu führen, dass die Schule den Schüler/innen nicht als „Unmündigen" betrachtet, sondern seiner soziokulturellen Selbstständigkeit entgegenkommt. Dann kann er/sie sich auch als Jugendliche(r) auf sie einlassen.
Da die Schule in ihrem Kern eine öffentliche Organisation bleiben wird, die Lehren und Lernen organisiert, wird sie die sozialen und jugendkulturellen Herausforderungen systemisch nie hinreichend ausbalancieren können. Dies ist eine Überlegung, die in der inzwischen traditionsreichen Diskussion zur „Öffnung der Schule" immer eine Rolle gespielt hat. Die „Öffnung der Schule" wurde aber in der Regel *von der Schule* her gedacht. Mit dem nachhaltigen Strukturwandel der Arbeitsgesellschaft muss diese Perspektive revidiert, die Idee der Öffnung der Schule in einem nun sozialräumlich übergreifenden Bezugsrahmen reformuliert werden. Die Schule ist in diesem Sinn nicht nur selbst Sozialraum, sondern wird zum Lernort in einer *Lernregion* („Bildungslandschaft") mit pluralen Gelegenheitsstrukturen des Lernens (vgl. ausführlicher Kap. B 1.3.1).

2.4 Virtuelle Räume

Die Pädagogik hat es heute und in Zukunft mit Adressat/innen zu tun, die in und mit der digitalen Welt der neuen Medien aufwachsen und leben und diese als Bewältigungsräume erfahren. Das betrifft Kinder und Jugendliche besonders. Man spricht seit einiger Zeit nicht umsonst von Medienkindheit und Medienjugend.
Im Konzept der Aneignung ist – zumindest implizit – eine gesellschaftliche Umgebung vorausgesetzt, der sich das Individuum aus seiner Perspektive bemächtigen kann, auch wenn sie schon gesellschaftliche Vorgaben, Zugänge sowie Barrieren enthält. Mit der Entwicklung der *interaktiven Technologien* hat die Aneignungsperspektive eine neue Qualität bekommen. Die mediale Umwelt ist gleichzeitig aneignungsoffen, wie sie schon selbst Aneignungsmuster enthält. Dies lenkt gleichzeitig den Blick auf die Frage, welche Konsequenzen sich für den Zusammenhang von Aneignung und Moralentwicklung in allen Lebensaltern ergeben können. Der sozialräumliche Prozess der Aneignung ist damit heute wesentlich parasozial erweitert und strukturiert.

> „Kinder und Jugendliche, die in der Mediengesellschaft beziehungsweise einer verinselten Lebenswelt aufwachsen, entwickeln nicht nur gleichzeitig unterschiedliche Raumvorstellungen (…), sondern auch die Fähigkeit, sozusagen in unterschiedlichen Räumen gleich-

zeitig zu agieren. Sie stellen Verbindungen her zwischen unterschiedlichen Räumen, etwa dem konkreten biografischen Ort, an dem sie sich gerade befinden (dem durch Aneignung eine Sinndeutung gegeben wurde, sodass ein sozialer Raum entsteht) und in entfernteren Orten und sozialen Räumen, mit denen sie jederzeit kommunizieren können (über Handy oder PC) sowie virtuellen Räumen im Internet (Chatrooms), die zum Teil auch als soziale Räume verstanden werden." (Deinet/Reutlinger 2005: 304)

Damit schiebt sich der Aspekt des aktiven „Aneignungshandelns" in den Vordergrund und darin die Fähigkeit der „Verknüpfung" unterschiedlicher Räume, vor allem der Verknüpfung von sozialräumlich konkreter und virtueller Welt. Peergroups Jugendlicher erweitern und bewegen sich heute zunehmend über virtuelle Räume. Onlinedatings sind an der Tagesordnung. Aber: Die Jugendlichen müssen sich wirklich treffen, sonst besteht die Gefahr, dass sich das virtuelle Netzwerk ausdünnt. Der virtuelle Raum unterscheidet sich also vom konkreten Sozialraum durch seine *Nicht-Präsenz des Körperlichen*. Man kann das Geschlecht, vor allem aber das Alter und den Status im Internet simulieren. Für das Chatten wurden Zeichen entwickelt, die Emotionalität ausdrücken können. Öffentlichkeit und Privatheit verfließen im Internet. All dies reicht aber nicht an die gespürte körperliche Nähe heran, die die Begegnung im konkreten Raum auszeichnet.
Das für die soziale Bedeutung der neuen Technologien und ihrer Medien Neue ist, dass sie nicht mehr mit der Sprache, sondern vor allem mit Bildern arbeiten:

„Die Kraft der Bilder beruht darauf, dass sie wie Wirklichkeit und nicht wie verschlüsselte Zeichensysteme wahrgenommen werden. Unter den Bedingungen von Technik II geht es um die bei den Subjekten erzeugte Wirkung von Bildern und um die gesellschaftlichen Umgangsweisen mit Wissen und Unterhaltung. (...) Es geht nicht notwendig darum, ob, wie die Kritiker meinen, mit den Bildern das Ende des Denkens einsetzen würde. (...) Viel wichtiger erscheint, dass mit Bildern die Art der Wissensweitergabe, die Form der Bündelung von Informationen und das Denken geformt werden. Bilder sind heute beliebig produzier- und veränderbar. Sie sind damit leichter für jedermann in eigene Präsentationen einzubinden." (Tully 2003: 208f)

Durch die parasoziale Dynamik der Abstraktion, die vom digitalen Netz ausgeht, werden die Menschen in einen anderen Bezug zur Welt gebracht. Indem die Techniken der neuen Technologien heute „verwendungs- und ergebnisoffen" (Tully) sind, können sie sich mit den Menschen verbinden, in menschliches Handeln so eingehen, dieses in einer Weise zu formen, dass die Menschen glauben können, sie selbst haben diese Formung in der Hand. Dabei ist aber ein entscheidender Vorgang zu beachten: Während die traditionellen technischen Bezüge funktions- und damit rationalitätsorientiert waren (und auch noch sind), sind die digitalen Technologien nicht mehr an vorgegebene Konzepte und Verhältnismäßigkeiten gebunden. Wechselnde Bilder setzen Emotionen frei. Es zählt, was dem Individuum – dem Einzelnen als „Einzigen" – die situative oder biografische Erfüllung verspricht. Die Bindung an die biografische Erfüllung, die eher libidinös besetzt denn sozial

strukturiert ist, führt dazu, dass funktional distanzierter Gebrauch der Technik in identitätswirksame Inkorporation der Anmutungen ihrer Bilder umschlägt.
Gerade die Pubertät in ihrer eigenartigen Verkettung von Wirklichkeit und Unwirklichkeit erhält im virtuellen Netz ein Medium, das Jugendliche entsprechend anzieht (vgl. Wahler/Tully/Preiß 2004). Es bietet einen virtuellen Raum, in den man „hinein erzählen“ kann, in dem geschlechtstypische soziale Schwellen sinken und im Alltag zurückgehaltene Wünsche und Träume offengelegt werden können (vgl. Tillmann 2008). Auch können die Netzwerke Gleichaltriger in Bewegung gehalten werden. Bei alldem ist es aber weiterhin die soziale Lage, welche die medialen Möglichkeiten strukturiert:

> „Die ungleiche Verfügbarkeit von Ressourcen im ‚real life‘ hat auch Implikationen für die Mediennutzung (…). Dies zeigt sich beispielsweise in der verfügbaren Variationsbreite an Strategien für die Aneignung unbekannter Angebotsstrukturen, am Grad des reflexiven Umgangs mit Informationen und Identitäten, aber auch im Ausmaß bzw. der räumlichen Ausdifferenzierung von Beteiligungsformen.“ (Kutscher/Otto 2006: 98)

Insgesamt kann davon ausgegangen werden, dass unter den Nutzer/innen „die klassischen Variablen sozialer Ungleichheit und Unterschiede in der Nutzung des Internets“ korrespondieren (Iske et al. 2007: 54). Das betrifft sowohl die Nutzung unterschiedlicher Angebote als auch die unterschiedlichen Nutzungsweisen.

Texte zum Weiterlesen

Löw, Martina (2001): *Raumsoziologie.* Frankfurt/Main: Suhrkamp.

Deinet, Ulrich, Christian Reutlinger (2005): Aneignung. In: Fabian Kesslet al. (Hrsg.): *Handbuch Sozialraum,* 295-311. Wiesbaden: VS.

3 Geschlecht als Grundkategorie

3.1 Geschlecht als soziale Konstruktion

Wenn in den Sozialwissenschaften von Geschlecht gesprochen wird, richtet sich die Aufmerksamkeit nicht auf morphologische, chromosomale, gonadale oder hormonelle – kurz: biologische – Unterschiede zwischen Frauen und Männern (vgl. Lück 2014). Im Zentrum steht vielmehr die Gesamtheit der Zuschreibungen, die in einem Sozialsystem mit dieser Differenzierung verbunden werden. Anders als die deutsche Sprache hat die englische für diese beiden Sachverhalte zwei unterschiedliche Begriffe: „gender" und „sex". „Gender" meint die soziale Zuschreibung, die kulturell definierten Vorstellungen von Frauen und Männern in der Gesellschaft; „sex" bezeichnet dagegen die biologischen Differenzen. Da im Deutschen diese Unterscheidung fehlt, behelfen sich manche Autorinnen und Autoren damit, vom „sozialen" und „biologischen" Geschlecht zu sprechen. Auch die bloße Übernahme des englischen Begriffspaares „gender" und „sex" ist stark verbreitet (vgl. Lenz/Adler 2010).
Die Geschlechterzugehörigkeit ist für unser Alltagsleben von zentraler Bedeutung; sie ist eines der grundlegenden Organisationsprinzipien der Sozialwelt. „It organizes our identities and self-concepts, structures our interactions, and is one basis upon which power and resources are allocated" (Wharton 2005: 9). Im modernen Leben sind zwar unterschiedliche Identitäten möglich, jedoch setzt die Geschlechterkategorie einen Rahmen, über den hinauszugehen soziale Sanktionen evoziert. Die Geschlechteridentität formt nachhaltig das Bild, das sich eine Person von sich selbst macht und andere von ihr entwerfen. Im Alltag erweisen wir uns als nahezu unfähig zu interagieren, wenn wir das Geschlecht des anderen nicht wissen, was nachdrücklich die hohe Bedeutsamkeit der Geschlechtsklassifikation unterstreicht. Interaktionen sind zugleich ein wichtiges soziales Setting, in dem das Geschlecht aufgezeigt und dargestellt wird. Die Relevanz von Geschlecht ist dabei nicht auf direkte Kontakte begrenzt. Alle gesellschaftlichen Bereiche wie Arbeit, Bildung oder Recht sind „vergeschlechtlicht". Sie lassen sich nicht hinreichend verstehen, ohne dass betrachtet wird, welche Geschlechterzuschreibungen sie umfassen, in ihnen wirksam werden und folglich auch verstärken. Das Geschlecht verleiht den Interaktionen, persönlichen Beziehungen, Organisationen und auch der Gesellschaft Bedeutung; ohne Berücksichtigung der Geschlechterkategorie kann die Sozialwelt nicht entsprechend erschlossen werden. Es hat aber lange gedauert bis sich Geschlecht als Grundkategorie des Sozialen in der Soziologie, wie überhaupt in den Sozialwissenschaften, etabliert hat. Bis in die jüngste Vergangenheit war eine Geschlechter-

blindheit verbreitet. Die Aufmerksamkeit richtete sich auf „den Menschen", ohne dass die Geschlechterzugehörigkeit Beachtung fand. In den Humanwissenschaften herrschte lange eine Objektivierung des Männlichen – wie schon früh scharfsinnig von Georg Simmel (1985a) gezeigt – zum Allgemein-Menschlichen vor, das zum gängigen wissenschaftlichen Wahrnehmungsmuster avancierte. Die Disziplinen befassten sich mit dem Menschen und suggerierten, dass beide Geschlechter gemeint seien. Aber durch diese Gleichstellung des Männlichen mit dem Allgemein-Menschlichen ist nur – oder vor allem – der Mann gemeint. Sicher gab es schon früh immer wieder Versuche, aus dieser Verengung auszubrechen – wie z.B. Simone de Beauvoir –, aber eine nachhaltige Geschlechtersensibilisierung erfolgte erst durch die Frauenforschung. Erst sie hat die Geschlechterhierarchie und überhaupt die hohe Relevanz der Geschlechtszugehörigkeit als Strukturkategorie aufgezeigt. Die Frauenforschung ist – in Deutschland wie auch in anderen Ländern – mit der Schubkraft der zweiten Frauenbewegung in den 1970er Jahren entstanden und hat sich nach und nach in den Hochschulen etabliert.

Dass es zwei Geschlechter gibt, gehört zum allgemeinen Wissensbestand eines jeden kompetenten Gesellschaftsmitglieds. Frauen und Männer werden nicht nur hinsichtlich ihrer Körper oder ihrer Reproduktionskompetenzen als unterschiedlich wahrgenommen, die Differenzen werden auch auf ihr Handeln, Denken und Fühlen ausgedehnt. Anders als in der sozialwissenschaftlichen Geschlechterforschung werden im Alltag diese Unterschiede auf die „Natur" der Geschlechter und damit die Biologie zurückgeführt. Im Alltagsdenken werden differente Verhaltensweisen und Persönlichkeitseigenschaften der beiden Geschlechter durch die Biologie determiniert aufgefasst. Diese Auffassung, dass die geschlechterspezifischen Unterschiede im Handeln, Denken und Fühlen durch vorhandene biologische Unterschiede determiniert sind, wird als *Natur-Modell der Geschlechter* bezeichnet (vgl. Lenz/Adler 2010). Dieses Modell der Geschlechter ist aber keineswegs nur auf das Alltagsdenken bezogen. Von der sozialwissenschaftlichen Geschlechterforschung weitgehend ignoriert, hat dieses Erklärungsmuster im wissenschaftlichen Diskurs (wieder) Fuß gefasst (vgl. Wilson 1980; Wickler/Seibt 1998; Barash/Lipton 1997). Es wird argumentiert, dass Frauen und Männer unterschiedliche Biogramme, d.h. genetisch fixierte Programme besitzen, die die Geschlechter zu verschiedenartigem Verhalten prädisponieren. Das männliche Biogramm bedingt, dass Männer aggressiv und dominant sind, das weibliche Biogramm, dass Frauen fürsorglich und zurückhaltend sind.

Für eine sozialwissenschaftliche Geschlechterforschung ist es aber konstitutiv, das Natur-Modell in Frage zu stellen und seine Reichweite zumindest erheblich einzuschränken. Bei dieser Thematik ist es – wie auch bei anderen – erforderlich, sich von Alltagsplausibilitäten zu verabschieden. Es reicht also nicht aus, Geschlecht bzw. die Geschlechterdifferenzen als vorgegebene Tatsache, als natürliches Faktum aufzufassen. Das, was uns als geschlechtsspezifische Eigenheiten und Unterschiede entgegentritt, existiert nicht unabhängig von der Einbettung in eine bestimmte Gesellschaft, Kultur und Zeit. Dem Natur-Modell der Geschlechter wird entgegengehalten, dass Geschlecht immer bzw. zumindest vorrangig als eine *gesellschaftlich konstruierte und kulturell bestimmte Kategorie* aufzufassen ist, für deren Erfassung der Verweis auf die Natur nicht ausreicht.

Simone de Beauvoir (1908-1986)

Die gelernte Philosophin zu den Klassiker/innen der Soziologie und hier der Geschlechtersoziologie zu zählen, stand bis in die 1990er Jahre nicht zur Diskussion. Zwar hatte ihr Hauptwerk „Das andere Geschlecht" (Orig.: „Le Deuxieme Sexe" 1949, 1. dt. Übersetzung 1951) die neuen Frauenbewegungen der 1970er Jahre in Europa und auch weltweit so stark inspiriert, zuweilen wurde dieses Buch als „Bibel der Frauenbewegung" bezeichnet, jedoch nicht theoretisch, sondern in erster Linie aus der Betroffenheit von Frauen heraus rezipiert. In Deutschland war wohl Carol Hagemann-White (1992) die erste, die „Das andere Geschlecht" in den sozialwissenschaftlichen Diskurs holte und die Bedeutung des Werkes für die soziale Konstruktion von Weiblichkeit und Männlichkeit würdigte. Beauvoirs damalige zentrale These, dass die Frau vom Mann als das Andere definiert wird und sich nur aus dieser patriarchalen Abhängigkeit heraus Weiblichkeit sozial entwickeln und gestalten konnte, wurde später zur Ausgangshypothese der feministischen Geschlechterforschung. Die Frau wurde von ihr als Mit-Konstrukteurin ihrer eigenen Entwertung aufgefasst, indem sie sich in diese Fremdbestimmung fügt und ihre Subjekthaftigkeit nicht sucht. Darüber hinaus bietet das Werk mannigfaltige Anknüpfungspunkte geschlechtersoziologischer Themenkreise. „Viele der Themen, die später in der soziologischen Frauenforschung Bedeutung bekommen sollten, wie Sozialisation von Mädchen, Ehe, Hausarbeit, Matriarchat, Ideologie und Sexualität (wurden von ihr) bereits behandelt" (Gather 1999). Ihr Vorgehen ist – so würden wir heute sagen – interdisziplinär. Sie argumentiert nicht nur im Spannungsfeld von psychischen (weibliches Erleben), sozialen und gesellschaftlichen Bedingungen des Frau-Seins, sondern untersucht vor allem auch die Frage, warum diese Fremdbestimmung von Weiblichkeit immer noch und immer wieder mit dem Signum des Naturhaften versehen wird und führt das Konzept der *Mythen* – als der Begründung entzogene – Herrschaftsmuster ein. Mythen sind kollektive Erzählungen, die sich mit der Zeit von ihrer Entstehungsgeschichte lösen und überzeitlich verfestigen und verstetigen. Beauvoir findet und beschreibt solche patriarchalisch konstruierten Weiblichkeitsmythen in der Kulturgeschichte und vor allem in der Religion: „So stellt das mythische Denken der verstreuten, kontingenten, vielfältigen Existenz der Frauen das einmalige und starre Ewigweibliche gegenüber" (Beauvoir 1996: 319). Zu mythischen Naturalisierungen von Weiblichkeit – wie z.B. dem Muttermythos – kommt es auch heute immer wieder, wenn zum Beispiel in Männerstudien eine relativ hohe Anzahl der befragten Männer der Meinung ist, frühkindliche Erziehung sei eine naturgegebene Fähigkeit der Frau.

Weiterführende Literatur

Hagemann-White, Carol (1992): Simone de Beauvoir und der existenzialistische Feminismus. In: Gudrun Axeli-Knapp, Angelika Wetterer (Hrsg.): *TraditionenBrüche*, 21-64. Freiburg: Kore.

Gather, Claudia (1999): Simone de Beauvoir, eine Klassikerin der feministischen Soziologie? *Labyrinth*, Bd. 1, Nr. 1.

Es sind vor allem die folgenden drei Argumentationskomplexe, auf die sich die Falsifikation des Natur-Modells der Geschlechter stützen lässt:

1) Viele der immer wieder herausgestellten, scheinbar naturbedingten Geschlechterunterschiede im Handeln, Denken und Fühlen halten einer *kritischen Prüfung* nicht stand. Nur in wenigen Kompetenzfeldern lassen sich Unterschiede belegen. Und selbst da, wo „eindeutige" Belege existieren, sind die Differenzen – wie im Fall der Sprachfähigkeit, der räumlich-visuellen Wahrnehmung und der mathematischen Kompetenzen – nur sehr gering ausgeprägt oder wie bei höherer männlicher Aggressionsneigung stark umstritten (vgl. auch Hagemann-White 1984). Vor allem gibt es, wie die Biologin Anne Fausto-Sterling (1988) aufzeigt, keinen überzeugenden Grund, für diese Verschiedenheiten – soweit sie überhaupt vorhanden sind – biologische Ursachen anzunehmen. Um ein mögliches Missverständnis nicht aufkommen zu lassen: Keineswegs wird damit bestritten, dass es Unterschiede zwischen den Geschlechtern gibt. Im Gegenteil, das Aufzeigen von Differenzen nimmt in der sozialwissenschaftlichen Geschlechterforschung einen breiten Raum ein; mit Nachdruck bestritten wird allerdings, dass die Geschlechterdifferenzen (im Wesentlichen) in Form von biologisch determinierten Persönlichkeitseigenschaften fassbar sind.
2) Einen reichen Fundus an Materialien für eine Falsifikation des Natur-Modells der Geschlechter liefern *ethnologische und historische Studien*. Zwar gibt es in (zumindest nahezu) allen Gesellschaften Definitionen, welche Aufgaben für Frauen bzw. Männer „passend" sind und folglich diesem Geschlecht übertragen werden. Entscheidend aber ist, dass die Ausfüllung dieser geschlechterspezifischen Aufteilung von Zuständigkeiten, Tätigkeiten und typischen Verhaltensmustern eine große Variationsbreite ausweist und eine Fülle von Differenzen existiert. Vielgestaltig fällt in den Gesellschaften auch die Grenzziehung zwischen Frausein und Mannsein und auch die Rigidität dieser Grenzziehung aus (vgl. Mead 1992, orig. 1949). Nicht nur zwischen den Gesellschaften bestehen Unterschiede in diesen geschlechterspezifischen Zuweisungen. Historische Arbeiten zum Geschlechterarrangement machen zudem deutlich, dass die Festlegungen von Kompetenzen, Tätigkeitsfeldern und Verhaltensspielräumen wie auch die Exklusivität dieser Festlegungen ebenso innerhalb einer Gesellschaft wandelbar sind. Die konkrete Ausfüllung der geschlechtlichen Differenzierung, der Inhalt davon, wie eine Frau oder ein Mann zu sein hat, erweist sich kulturell und historisch als höchst variabel.
3) Schließlich richtet sich gegen das Natur-Modell ein *Ideologieverdacht*, da die biologischen Differenzen nicht nur mit den Zuweisungen spezifischer Aufgaben und Fertigkeiten verknüpft sind, sondern damit zugleich – wie von der feministischen Frauenforschung ausführlich gezeigt wurde (vgl. stellvertretend Beer 1990; Beauvoir 1996) – die Statusunterschiede der Geschlechter und jeweils ungleiche Lebenschancen und -perspektiven als naturgegeben legitimiert

> werden. Die geschlechtliche Arbeitsteilung beschränkt sich nicht darauf, unterschiedliche Zuständigkeitsbereiche zu eröffnen, sondern diese sind in den Kontext eines Über- und Unterordnungs-Systems einzuordnen. Die uns bekannte geschlechtliche Arbeitsteilung ist eine geschlechtshierarchische, in der die Tätigkeiten der Männer in aller Regel als die „wertvolleren", „wichtigeren" und „prestigeträchtigeren" erscheinen und auch als solche materiell und ideell honoriert werden. Das Geschlecht erweist sich im hohen Maße als Bezugspunkt ungleicher Statuslagen und Lebenschancen, einer Verschiedenheit, die sich in vielen Bereichen als Benachteiligung und Diskriminierung von Frauen niederschlägt. Gudrun-Axeli Knapp (1987: 292) spricht in diesem Zusammenhang von einer „Platzanweiserfunktion" der Geschlechterzugehörigkeit, da das Geschlecht gekoppelt ist mit einer spezifischen Verortung von Frauen und Männern im Kontext eines hierarchischen Systems (vgl. auch Nickel 1999) ist. Im Natur-Modell der Geschlechter werden die Ungleichheiten zwischen den Geschlechtern als unverrückbar, weil naturgegeben aufgefasst. Dieser Verweis auf die Natur wird zur Legitimation männlicher Privilegien *ge*braucht oder – präziser formuliert – *miss*braucht.

Diese Argumentationskomplexe machen deutlich, dass der Versuch, Geschlecht bzw. die Geschlechterdifferenzen als vorgegebenes natürliches Faktum aufzufassen, zu kurz greift. Geschlecht ist mehr als ein biologisches Phänomen. Um der vorhandenen Komplexität des Gegenstandes gerecht zu werden, ist es erforderlich, Geschlecht als eine soziokulturelle Erscheinung zu verstehen. Wie Geschlecht als soziokulturelle Erscheinung erfasst wird, dafür lassen sich in den Sozialwissenschaften zwei Theorietraditionen unterscheiden (ausführlicher vgl. Lenz/Adler 2010):

Ein erster, und weiterhin in den Sozialwissenschaften weit verbreiteter Versuch, das Natur-Modell der Geschlechter zu überwinden, ist das *Sex-Gender-Modell.* In diesem wird Geschlecht als soziokulturelles Phänomen aufgefasst, ohne jedoch die biologische Fundierung zu negieren. Herausgestellt wird, dass die soziokulturelle Überformung – gender also – ein Übergewicht gegenüber der biologischen Grundausstattung hat (vgl. Tyrell 1986). Deutlich gemacht wird in diesem Modell, dass das Meiste, was wir als Geschlechterdifferenzen wahrnehmen, nicht Effekte natürlicher Unterschiede (also Sex-Differenzen) sind, sondern das Resultat soziokultureller Prozesse (also Gender-Differenzen). Kritisiert wird am Sex-Gender-Modell jedoch der versteckte Biologismus, da hier weiterhin unterstellt werde, dass es ein eindeutig biologisches und damit natürliches Geschlecht gäbe. Das Modell werde zwar vielfach mit dem Anspruch vertreten, anti-biologistisch oder anti-essenzialistisch zu argumentieren, es verfalle aber mit dieser impliziten Annahme dennoch wieder in ein biologisches Begründungsmuster.

Das Sex-Gender-Modell war lange Zeit in der Geschlechterforschung dominant, auch nachdem die Frauenforschung die Strukturrelevanz der Geschlechterkategorie aufgezeigt hatte. Mittlerweile herrscht in der sozialwissenschaftlichen Geschlechterforschung eine Perspektive vor, welche die Unterscheidung von sex und gender, und damit die in diesen Begriffen zum Vorschein kommende Dichotomisierung von Natur und Kultur verwirft bzw. zumindest deutlich zurückstellt. Demgegenüber wird eine „größere Eigenständigkeit des Sozialen" (Hirschauer 1993: 21) akzentuiert. Es hat sich eingebürgert, diese neue Sichtweise als *konstruktivistisch* zu bezeichnen (vgl. z.B. Meuser 2006; Villa 2000). Aus der Perspektive des sozialen Konstruktivismus gibt es in der Sozialwelt keine unabhängig existierende Wahrheit, die es zu erkennen gilt. Es wird argumentiert, dass die Wahrnehmung der Wirklichkeit vom sozialen Kontext der Betrachter abhängig ist. Daher finden die Wissenschaften nicht etwa *die* Wahrheit, sondern konstruieren Wissen.

Von der konstruktivistischen Geschlechterforschung wird herausgestellt, dass die Eindeutigkeit der Zuordnung in zwei Geschlechter ein soziales Phänomen ist und nicht unmittelbar aus dem biologischen „Rohmaterial" erwächst. In der Biologie gibt es kein Kriterium, das die Geschlechter eindeutig unterscheidet (vgl. Fausto-Sterling 1988; Lück 2014). Der Wirkungsbereich des Sozialen beginnt nach der konstruktivistischen Perspektive nicht erst auf der Basis der biologischen Identifikation als weiblich und männlich, sondern schließt diese eben selbst bereits ein. Diese Perspektive wendet sich gegen eine ontologische Setzung der Wirklichkeit als ein „An-sich-Seiendes" (vgl. Knorr-Cetina 1989) und betont ihren Herstellungscharakter; die Wirklichkeit wird in Interaktionen und durch die Sprache als symbolisches System geschaffen. Ein Rekurs auf „natürliche Unterschiede" setzt immer schon – wie Stefan Hirschauer (1993) aufzeigt – eine kulturell konstituierte Zeichenrealität voraus, die es möglich macht, Genitalien als Geschlechtszeichen zu „lesen". Bezug genommen wird auf ein biologisches Wissen, das scheinbar fraglos an das kulturell etablierte Alltagswissen der Zweigeschlechtlichkeit anschließt. Es stützt sich auf eine Unterscheidungspraxis, die die Produktion dieses expliziten Wissens erst möglich macht.

Was als konstruktivistische Perspektive in der Geschlechterforschung aufgefasst wird, ist kein einheitliches Theorieprogramm (vgl. Gildemeister/Hericks 2012). Zu ihr werden aus der Ethnomethodologie stammende Arbeiten (als klassische Beiträge vgl. Garfinkel 1967; Kessler/McKenna 1978, West/Zimmerman 2002), die sich mit der interaktiven Herstellung von Geschlechtszugehörigkeit („doing gender") befassen, ebenso gerechnet wie Arbeiten, die Geschlecht als Diskurskategorie rekonstruieren (z.B. Butler 1991). Auch die konstruktivistische Perspektive ist nicht frei von Kritik. So wird kritisiert, dass sie die sozialstrukturelle Einbettung vernachlässige, den Wandel der Geschlechterordnung nicht erklären könne, den Körper negiere und das Subjekt auf eine diskursive Formation reduziere (ausführlicher hierzu vgl. Lenz/Adler 2010).

3.2 Zweigeschlechtlichkeit und Polarisierung der Geschlechtercharaktere

Auch wenn es Kulturen gibt, die mehr als zwei Geschlechter kennen – Beispiele für sog. dritte Geschlechter sind die Hijras in Indien, Xanith in Oman oder die Berdache bei nordamerikanischen Indianern – ist zu konstatieren, dass das exklusive Zweigeschlechtersystem weit verbreitet ist. Selbst Gesellschaften mit einem dritten Geschlecht kommen ohne eine klare Unterscheidung zwischen Frauen und Männern nicht aus. Die geschlechtliche Differenzierung ist offensichtlich für alle Kulturen ein grundlegendes Klassifikationssystem, das mit einer Fülle von Vorteilen und Anschlussmöglichkeiten verbunden ist (vgl. Tyrell 1989).

Mittlerweile liegt eine Reihe von historischen Arbeiten (vgl. z.B. Duden 1987; Honegger 1991; Laqueur 1990, dt. 1992) vor, die zeigen, dass der biologische Geschlechtsunterschied erst im 18. Jahrhundert die uns heute als selbstverständlich erscheinende Bedeutung gewonnen hat. Erst im medizinischen Diskurs der damaligen Zeit ist die Annahme eines natürlichen Geschlechtskörpers und einer biologisch-anatomischen Evidenz der Zweikörperlichkeit entstanden. Deutlich wird dadurch, dass – was Barbara Duden (1987: 138) sehr pointiert auf den Punkt gebracht hat – „Geschlecht (…) im Auge des Betrachters" liegt.

Bis ins 18. Jahrhundert war Geschlecht in erster Linie eine Kategorie, die sich auf zugewiesene Rollen und Aufgaben bezog, nicht aber auf den anatomischen Körper. Der amerikanische Historiker Thomas Laqueur (1992) hat in seiner einflussreichen Studie „Making Sex" (dt.: „Auf den Leib geschrieben") gezeigt, dass jahrhundertelang ein „Ein-Geschlechter-Modell" vorherrschte. In diesem galten Männer und Frauen lediglich als unterschiedliche Ausprägungen von ein und demselben anatomischen Geschlecht. Die weiblichen Geschlechtsorgane galten als nach innen gekehrte Kopien der männlichen; die Vagina erschien als der nach innen gewendete Penis. Dabei galt der Mann als das Maß des Menschen. Die männlichen Geschlechtsorgane wurden als die vollkommene Variante aufgefasst. Die Ähnlichkeit der Körper kommt zudem darin zum Ausdruck, dass – wie auch Barbara Duden (1987) gezeigt hat – Menstruationsblut, Milch oder Samen noch keine Flüssigkeiten waren, die nur bei einem Geschlecht vorkamen. In dieser bis ins 18. Jahrhundert dominierenden Lehrmeinung konnten auch Frauen ejakulieren bzw. Männer menstruieren oder über Milch verfügen. Anhand der Aufzeichnungen des Eisenacher Arztes Johann Storch und seiner Patientinnen zeigt Duden, dass eine eindeutige Zweiteilung anatomischer Unterschiede noch nicht vorgenommen wurde. Geschlecht wurde noch mit relationalen Kategorien beschrieben: „Frausein" hatte noch „keinen Ort" (Duden 1987: 132).

Da der anatomische Körper in der Vormoderne noch nicht die Grundlage für die Unterscheidung der Geschlechter bildete, war ein Geschlechterwandel ungleich leichter möglich als heute. Zwar gab es auch im vormodernen Europa kein institutionalisiertes drittes Geschlecht, aber schon ein Kleiderwechsel konnte eine Geschlechtsänderung bewirken. Zahlreich sind die historisch belegten Fälle von Menschen, die im anderen Geschlecht lebten. Für die Niederlande haben Rudolf Dekker und Lotte van de Pol (1990; orig. 1989) im Zeitraum von 1550 bis 1839 insgesamt 119 bekannt gewordene Fälle dokumentiert, in denen Frauen zu Männern wurden. Da Frauen und Männer als schwer lesbare Abstufungen eines einzigen körperlichen Geschlechts galten, mit dem Frau- oder Mannsein aber eine unterschiedliche soziale Stellung verbunden war, stellte der Geschlechtswechsel für Frauen eine Möglichkeit dar, sich von den gesellschaftlichen Restriktionen des weiblichen Standes zu befreien und sich männliche Privilegien anzueignen.

Im Laufe des 18. Jahrhunderts wurde das Ein-Geschlechter-Modell durch das Zwei-Geschlechter-Modell abgelöst und damit kam es zu einer folgenreichen Neubestimmung der Geschlechter (vgl. Laqueur 1992). Nunmehr wurden Bilder des männlichen und weiblichen Körpers entworfen, die die fundamentale Differenz konstatieren und diese an der Natur der Geschlechter festmachen. Getragen wurde dieses neue Modell durch eine rasch fortschreitende Verwissenschaftlichung des Geschlechtsdiskurses (vgl. Eder 2009). In ihrer Studie „Die Ordnung der Geschlechter" (1991) hat Claudia Honegger den maßgeblichen Einfluss der Anthropologie als neue Wissenschaft auf diesen Umbruch detailliert nachgezeichnet. Die damalige Anthropologie hatte die biologischen Unterschiede nicht nur beschrieben, sondern als konstitutives Moment der Geschlechterdifferenz erst hervorgebracht. In dieser neuen Wissenschaft kam es zu einer Verschränkung von Anatomie und Philosophie; vertreten wurde die Auffassung, dass der Geist vom Körper beeinflusst wird. Es wurde zum Ausdruck gebracht, dass Frauen und Männer sich nicht nur durch die Genitalien unterscheiden, sondern in allen Fasern ihrer Körper. Mehr noch: Die konstatierte enge Verknüpfung von Physis und Psyche schaffte eine am Körper festgemachte intellektuelle und psychische Andersartigkeit von Frauen und Männern. Als wissenschaftliche Wahrheit wurde betrachtet, dass Männer nicht nur einen festen Knochenbau, starke Muskeln und straffe Nerven besitzen, sondern sich zugleich durch Mut, Unternehmungsgeist und Verstand auszeichnen. Die vermeintliche Schwäche des weiblichen Körpers bringt ihre Affektivität und Sensibilität hervor.

Honegger (1991) beschreibt detailliert, wie sich das Interesse der neuen Wissenschaft immer stärker auf die Frauen verlagerte; es bildete sich eine weibliche Sonderanthropologie heraus: In der sich ausdifferenzierenden Humanwissenschaft wurde die Frau als Sonderfall dem Grundmodell des Mannes als Menschen gegenübergestellt. Während beim Mann die Geschlechtlichkeit ausgeblendet wurde, reduzierte man die Frau immer stärker auf ihren geschlechtlichen Körper. Der wissenschaftliche Blick richtete sich vor allem auf ihre Reproduktionsorgane. Mit der Entdeckung der Eizelle des Säugetiers durch den Zoologen Karl Ernst von Baer – publiziert in einem Aufsatz im Jahre 1827 –

> „wurden die Ovarien endgültig zum Kristallisationskern der weiblichen Psycho-Physiologie und verdrängten den Uterus aus seiner (…) angestammten Position, um sich fortan als nie mehr übersehene Sinn- und Zwecksetzungsinstanz weiblichen Lebens und Leidens zu etablieren.“ (Honegger 1991: 210)

Wie sehr die Frau über ihre Reproduktionsfähigkeit bestimmt wurde, hat einer der bekanntesten Ärzte des 19. Jahrhunderts, Rudolf Virchow, in die Worte gefasst (zit. nach Honegger 1991: 210): „Alles, was wir an dem wahren Weibe Weibliches bewundern und verehren, ist nur eine Dependenz des Eierstocks“.

Dieser Wandel der Geschlechterbilder ist verknüpft mit einer tief greifenden sozialstrukturellen Transformation: Der Übergang von der traditionellen zur modernen Gesellschaft begann mit dem Aufkommen des Bürgertums. Eingeleitet wurde damit auch ein Prozess, in dem der primäre Sektor, also die Landwirtschaft, die Dominanz in der Berufsstruktur an den sekundären Sektor verlor. Die traditionelle Gesellschaft war ganz überwiegend eine Bauerngesellschaft. Um 1800 waren ca. 80% der Bevölkerung in der Landwirtschaft beschäftigt. Die dominante Lebensform der Bauern auf dem Lande und auch der Kaufleute und Handwerker in den Städten war die des „Ganzen Hauses“. Dort arbeiteten, wohnten und lebten Menschen verschiedenster Beziehungen zusammen, wobei die Blutsverwandtschaft für die Zugehörigkeit nur eine nachgeordnete Relevanz hatte (vgl. Sieder 1995).

Das „Ganze Haus“ darf allerdings nicht als Großfamilie im Sinne des Zusammenlebens von drei und mehr Generationen verstanden werden. Diese lange Zeit gängige Auffassung wurde inzwischen von der historischen Familienforschung für die traditionelle Gesellschaft in Nord-, Mittel- und Westeuropa eindeutig falsifiziert. Auch in den allermeisten Hausgemeinschaften der traditionellen Gesellschaft lebten nur zwei Generationen. Für die Bauernfamilien ist das darauf zurückzuführen, dass in diesen Teilen Europas die Heirat des Erben in aller Regel an die Hofübergabe gekoppelt war.

Die bäuerliche Hausgemeinschaft war eine Subsistenzwirtschaft. Bis ins 19. Jahrhundert hinein produzierte die Mehrzahl der Höfe hauptsächlich für den Eigenbedarf. Nur ein geringer Teil der Produkte wurde getauscht oder auf dem Markt verkauft. Das „Ganze Haus“ bildete eine Einheit aus Produktion, Konsumtion und Gemeinschaftsleben. Man aß und feierte zusammen, und alle Mitglieder jeden Alters – Männer, Frauen, Kinder – waren unter der Anleitung des Hausherrn in den Arbeitsprozess eingebunden.

In der bäuerlichen Hausgemeinschaft bestand zwar auch schon eine geschlechtsspezifische Arbeitsteilung, jedoch keine rigide Trennung von „weiblicher“ und „männlicher“ Arbeit (vgl. Mitterauer 1989). Je kleiner die jeweilige soziale Einheit, desto stärker überlappten sich – mit einigen wenigen Ausnahmen – die Zuständigkeitsbereiche. Zu diesen Ausnahmebereichen gehörten der engere Haushalt (Kochen, Waschen usw.) als eine ausschließliche Frauendomäne sowie die Außenvertretung des Hauses als Privileg des Hausvaters. Die Bäuerin war jedoch keinesfalls – und

dies ist im Blick auf die moderne Familie wichtig herauszustellen – auf den Haushalt beschränkt, sondern stets auch in die Produktion eingebunden. Die Stalltiere, das Federvieh, der Garten, die Hackfrüchte und auch die Herstellung von Lebensmitteln und Kleidung waren produktive Arbeiten, die die Bäuerin allein oder im Zusammenwirken mit anderen weiblichen Arbeitskräften ausgeübt hat. Auch wurden Frauen bei Bedarf, z.B. bei der Ernte, zu nahezu allen „Männertätigkeiten" hinzugezogen. Männer leisteten dagegen eher selten „Frauentätigkeiten" wie Kochen oder Wäschewaschen.
Eine Veränderung der Geschlechtsordnung vollzog sich zunächst im aufkommenden Bürgertum und strahlte von dort aus auch in andere soziale Milieus aus. In Deutschland gelang dem Bürgertum der Aufstieg vor allem als Dienstklasse der absolutistischen Herrscher und nicht primär – wie in England – als freie Unternehmer. Anders als die traditionellen Stände konnte sich das Bürgertum weder auf Vorrechte der Geburt noch auf ererbten Besitz stützen, sondern musste die eigene gesellschaftliche Stellung auf individuelle Leistungen fundieren. Aus dieser Soziallage erwuchs der ausgeprägte Individualismus des Bürgertums wie auch die neue Familienidee, ausgedrückt und gelebt in deutlicher Abgrenzung gegen den „Müßiggang" des Adels wie auch gegen die „Derbheit" des einfachen Volkes.
Im Bürgertum zerfielen Produktion und Reproduktion in zwei getrennte Lebensbereiche, die jeweils der alleinigen Zuständigkeit eines Geschlechts zugeordnet wurden. Der Mann ging außerhalb des Hauses der Erwerbsarbeit nach, musste sich dort behaupten und erwarb durch seine Berufsarbeit den monetären Unterhalt der Familie. Die Frau wurde von solchen produktiven Tätigkeiten entbunden, damit sie sich voll und ganz dem häuslich-familiären Bereich widmen konnte. Neben der Haushaltsorganisation war sie hier vor allem für emotional-psychische Aufgaben zuständig. Sie hatte für die Erholung und Entspannung des von der anstrengenden Berufsarbeit heimkehrenden Mannes zu sorgen und die Kinder zu tugendhaften Menschen zu erziehen. Statt eines unmittelbar greifenden Beitrags zur täglichen Existenzsicherung verlagerte sich ihre Aufgabe gleichsam auf eine – von außen betrachtet – unsichtbare Ebene, auf das „Dasein für die Familie" (Beck-Gernsheim 2006: 34). Das Familienleben wurde zum zentralen Inhalt ihrer Existenz. Dieser Lebensbereich, der dem bürgerlichen Mann zur Erholung und Entspannung diente, wurde für die Frau zum Ort ihrer Arbeit – eine Arbeit, der aber der Arbeitsstatus vorenthalten wurde, da sie aus Liebe getan wurde bzw. zu erfolgen hatte.
Mit dieser neuen geschlechtsspezifischen Aufteilung der Aufgaben- und Zuständigkeitsbereiche entstanden neue Geschlechterbilder, die eine starke Kontrastierung der Geschlechter zum Inhalt haben. Die Ausbildung dieser polaren Geschlechtercharaktere wurde – wie Karin Hausen (1976) anhand der Analyse von Konversationslexika in einem mehrfach zitierten Artikel schon Mitte der 1970er Jahre gezeigt hat – aus den „Wesensunterschieden" der Geschlechter abgeleitet (vgl. auch Frevert 1995). Während noch Anfang des 18. Jahrhunderts die „überlieferten Aussagen

über den Mann und die Frau Aussagen über den Stand, also über soziale Positionen und die diesen Positionen entsprechenden Tugenden" waren (Hausen 1976: 370), wurden diese nunmehr durch Charakterdefinitionen abgelöst. Diese bestimmten allgemeine, abstrakte Eigenschaften für das gesamte männliche oder weibliche Geschlecht als typisch. Durch diese Ausdehnung über das ganze Geschlecht wurde es möglich, die neuen Geschlechtercharaktere – wie es in der wissenschaftlich fundierten Naturrechtslehre von Johann Gottlieb Fichte (1960; orig. 1796) der Fall ist – aus der Natur abgeleitet zu legitimieren und als „Wesensmerkmale" in das Innere der Menschen zu verlagern. Von Natur aus – so die neuen Zuschreibungen – sei die Frau passiv und emotional und von daher zu personenbezogenen Dienstleistungen in der Familie prädestiniert. Von Natur aus sei dagegen der Mann aktiv und rational veranlagt, was ihn für produktive Tätigkeiten auszeichne. Diese Wesensmerkmale gewannen Gestalt in der neuen geschlechtsspezifischen Arbeitsteilung und legitimieren diese zugleich als natürliche Ordnung.

Die Auswirkungen dieser kulturellen Codierung waren vielfältig: Mit Hilfe der Wissenschaft wurde die Arbeitsteilung der Geschlechter als die natürliche Ordnung festgeschrieben; jede Zuwiderhandlung und Auflehnung erschien folglich als ein Verstoß gegen die Natur. Diese neuen Geschlechterbilder wirkten in vielfältiger Weise wirklichkeitsbildend: als staatliche Regelungen ebenso wie als biografische Vorgaben. Sie fanden ihren Niederschlag z.B. im Bildungssystem, in dem Mädchen bis gegen Ende des 19. Jahrhunderts kaum Bildungsangebote hatten. Die Forderung nach gleichen Bildungschancen konnte fortan mit dem Verweis auf die Besonderheiten des weiblichen Körpers abgewiesen werden. Stellvertretend aus einer Flut misogyner (frauenverachtender) Schriften sei nur das 1900 erschienene Buch „Über den physiologischen Schwachsinn des Weibes" des Nervenarztes Paul Julius Möbius genannt, demzufolge – selbstverständlich ausschließlich bei Frauen – sich übermäßige Gehirntätigkeit negativ auf die Fortpflanzung auswirke. Aus diesem Grunde sollten Frauen – und das war das zentrale Anliegen dieser Publikation – aus dem Medizinstudium ausgeschlossen bleiben.

Die sich aus der Natur der Frau unmittelbar ergebene „eigentliche" Aufgabe der Frau als Mutter diente als Standardbegründung für den Ausschluss von Frauen aus der Erwerbsarbeit – zumindest für die bürgerlichen Frauen, für Arbeiterfrauen nur soweit man sich das überhaupt leisten konnte. Der Nachhall dieses Arguments reicht noch bis in die Gegenwart. Auch im Rechtssystem haben diese Geschlechterbilder zur Verweigerung von bürgerlichen Grundrechten beigetragen. Frauen wurden lange Zeit nicht als eigenständige Personen aufgefasst, sondern waren dem Willen und den Weisungen des Mannes unterworfen. Im Vergleich zu den Rechtsordnungen vor der Aufklärung stellte dies vielfach eine Verschlechterung dar (vgl. Schwab 1991). Frauen hatten zwar auch damals im Vergleich zu (standesgleichen) Männern eine geringere Rechtsstellung inne, jedoch war das Recht offen für Varianten und für Anpassungen an den konkreten Fall. In einigen Fällen konnte dies

soweit gehen, dass es zu einer weitgehenden rechtlichen Gleichstellung von Frauen und Männern kam. Dies war möglich, da in dem vormodernen Rechtssystem noch eine Ideologie fehlte, die allen Frauen einen niedrigeren Status zuwies.
Weitreichend waren auch die Auswirkungen in der Medizin: Da die Vorstellung vorherrschte, dass der Körper der Frau durch die unberechenbaren Reproduktionsorgane dominiert wird, war die Tendenz vorhanden, alle physischen und psychischen Probleme der Frauen in den Ovarien zu verorten. Sie wurden auch zum Sitz einer weiblichen Hysterie erklärt. Aufgrund dieser umfassenden Pathologisierung begannen Mediziner im 19. Jahrhundert mit der Entfernung gesunder Eierstöcke und gegen Ende des Jahrhunderts nahmen diese Operationen dramatisch zu. Weitere Folgen waren das Verbot körperlicher Anstrengungen und der lange andauernde Ausschluss aus sportlichen Aktivitäten. Ihren Niederschlag fand dieses Frauenbild auch in der Mode, die ihrerseits zur Bestätigung des Mythos von der weiblichen Schwäche beitrug, indem der Frauenkörper gewaltsam in einengende Korsette eingeschnürt wurde und so Bewegungsunfähigkeit und Schwindelanfälle produzierte.
Mit dem im Bürgertum entstandenen Frauenbild gingen aber nicht nur Einschränkungen einher, sondern auch neue Chancen. Elisabeth Beck-Gernsheim (2006) betont, dass mit dem Aufstieg der Mutterrolle eine Aufwertung der Frau begonnen habe. Mit der Erziehungsaufgabe wurden den Frauen neue Handlungskompetenzen zugesprochen und erste Möglichkeiten der Bildungsteilhabe eröffnet. Für eine angemessene Erziehung der Kinder wurde eine gewisse Allgemeinbildung für Frauen als notwendig und wünschenswert angesehen, auch wenn sich die Bildungseinrichtungen für Frauen erst allmählich geöffnet haben. Durch diese Wertschätzung ihrer Erziehungsleistung in Verbindung mit der – im Unterschied zur traditionellen Gesellschaft – vollzogenen Freistellung von körperlicher Arbeit und Ausgestaltung der Ehe als Gefühlsgemeinschaft konnten Frauen dieser neuen Geschlechterordnung durchaus auch positive Aspekte abgewinnen. Sie schien lange Zeit ausgereicht zu haben, die massive Ungleichheit der Geschlechter zu verdecken, die aus heutiger Sicht offenkundig ist. Eine Ungleichheit, die sich daraus ergab, dass die in der Polarisierung der Geschlechtercharaktere zum Vorschein kommende Komplementarität nur eine scheinbare war. In diese Geschlechterordnung war unauflösbar ein Dominanzanspruch des Mannes eingebaut, was ein machtpolitisches Interesse der Männer vermuten lässt. Mit der Rolle des Ernährers und Familienoberhaupts war ein als „natürlich" aufgefasster Autoritätsanspruch des Mannes verknüpft. Die Frauen gerieten in eine völlige ökonomische Abhängigkeit vom Ehemann und verzichteten auf ihre individuelle Autonomie zugunsten ihres Daseins für Mann und Kinder (vgl. Beck-Gernsheim 2006).
Durch die Polarisierung der Geschlechter hat das System der Zweigeschlechtlichkeit eine weitreichende Zuspitzung erfahren: Da Frauen und Männer grundlegend anders waren, konnte es nur noch Frauen und Männer geben und das ein Leben

lang. Damit erzwang die Kultur eine Eindeutigkeit, die die Biologie nicht zu leisten im Stande ist. Eine Kategorie, die es in dem rigiden System der Zweigeschlechtlichkeit nicht geben darf, sind die intersexuellen Personen (vgl. Kessler 1998; Lang 2006). Als intersexuell werden Personen bezeichnet, die weder eindeutige weibliche noch männliche körperliche Geschlechtsmerkmale aufweisen. Als ältere Begriffe für intersexuelle Personen findet man in der Literatur vielfach auch noch „Hermaphrodit" oder „Zwitter". Die Schätzung über den Anteil der intersexuellen Personen geht weit auseinander, sie reicht von einer auf 50 bis einer auf 6.000 Geburten. Im polarisierten System der Zweigeschlechtlichkeit wurden Intersexuelle zum störenden Hindernis der Natürlichkeit. Nicht nur konnte nicht zugelassen werden, dass es auch Menschen gibt, die keine Frauen oder Männer sind, auch die alte Praxis, dass intersexuelle Personen als Erwachsene selbst ihr Geschlecht bestimmen, ging im 19. Jahrhundert verloren. Das preußische Allgemeine Landrecht stellte es intersexuellen Personen bis zu ihrer Volljährigkeit noch frei, entweder das männliche oder das weibliche Geschlecht anzunehmen.

Die Medizin wurde immer stärker zum Reparaturbetrieb der Natur. Ab der zweiten Hälfte des 19. Jahrhunderts wurde von der Medizin der Anspruch erhoben, dass es wissenschaftlich möglich wäre, das „richtige" Geschlecht eines Menschen zu bestimmen (vgl. Fausto-Sterling 1993; Lang 2006). Die auserkorenen Kriterien änderten sich allerdings über die Zeit hinweg, wodurch die Willkürlichkeit sichtbar wird. Begründet wurde das medizinische Handeln dadurch, dass es im Interesse intersexueller Personen liege, ihren Körper „richtigen" Frauen oder Männern anzupassen. Fortschritte der Chirurgie ließen in der zweiten Hälfte des 20. Jahrhunderts die Praxis entstehen, intersexuelle Personen durch Operation in „richtige" Frauen oder Männer umformen zu können. Vorreiter war der amerikanische Arzt und Psychiater John Money. Nach ihm sollte die fehlende Geschlechtseindeutigkeit spätestens bis zum zweiten Lebensjahr durch massive chirurgische und hormonelle Eingriffe behoben werden, wobei er als internationalen Standard etablierte, das künftige Geschlecht des Kindes einfach nach Machbarkeit zu wählen. Erst Ende des 20. Jahrhunderts wurde diese Vorgehensweise durch Proteste von intersexuellen Menschen als auch durch die Kritik aus der Medizin selbst zunehmend infrage gestellt.

In diesem starren System der Zweigeschlechtlichkeit konnte Transsexualität und Travestie nur noch als sexuelle Perversion und Krankheit aufgefasst werden. Transsexualität liegt vor, wenn Menschen körperlich dem männlichen oder weiblichen Geschlecht angehören, sich jedoch selbst als Angehöriger des anderen Geschlechts sehen (Geschlechtsidentität) und auch bestrebt sind, sich körperlich diesem anderen Geschlecht anzunähern (vgl. Hirschauer 1993). Als Travestie wird das Tragen der Bekleidung des anderen Geschlechts als Ausdruck der eigenen Geschlechtsidentität verstanden. In dieser polaren Geschlechterordnung wurden alle Formen des gender crossings ausgeschlossen, mehr noch: Sie wurden pathologisiert oder krimi-

nalisiert. Das gilt auch für Homosexualität, da diesem System eingeschrieben war, dass Männer Frauen zu begehren haben und Frauen – natürlich mit der bereits beschriebenen Zurückhaltung – Männer. Nur diese sexuelle Orientierung entsprach der natürlichen Ordnung der Geschlechter. Die Zwangsheterosexualität war in dieser Ordnung fest eingeschrieben. Bereits im 18. Jahrhundert sind Homosexuelle in das Blickfeld der Wissenschaften geraten und es setzte ein, was Michel Foucault als „Einpflanzung der Perversionen" (1983: 50) und „Psychiatrisierung der perversen Lust" (1983: 127) benannt hat. Galt die Sodomie bis dahin als Sammelkategorie für alle sexuellen Praktiken, die nicht der Fortpflanzung dienten, wurde nun eine verbindliche Normalität im sexuellen Handeln festgeschrieben und jenseits davon eine breite Palette „perverser" Sexualitäten bestimmt und katalogisiert. Stark dazu beigetragen hat die im 19. Jahrhundert aufkommende Sexualwissenschaft; als einer ihrer Hauptvertreter gilt Richard von Krafft-Ebing mit seinem Hauptwerk „Psychopathia sexualis" (1886).
In der Grundstruktur der Gegenwartsgesellschaft wirken Geschlechterdifferenz und Geschlechterhierarchie – wenn auch heute oft verdeckt – weiter, aber eben nicht mehr so eindeutig. Der Alltag ist vielfach durch Geschlechternivellierungen gekennzeichnet. In der individualisierten Moderne sind die Chancen gewachsen, Geschlechterhierarchien durchbrechen und überwinden zu können. Weit verbreitet ist ein Nebeneinander unterschiedlicher Tendenzen: Einerseits wirken soziale Geschlechterdifferenz und -hierarchie weiter, andererseits haben die gegenteiligen emanzipativen und gleichberechtigten Möglichkeiten zugenommen. Dies manifestiert sich auf unterschiedlichen Ebenen: der Gesellschaft, der persönlichen Beziehungen und auch des Subjekts.

(1) Ebene der Gesellschaft: Das Geschlechterverhältnis und die daran gebundenen Lebenslagen des Mann- und Frauseins sind (weiterhin) durch das historisch gewordene System der *geschlechtshierarchischen Arbeitsteilung* strukturiert. Der Begriff verweist darauf, dass in der Moderne Produktions- und Reproduktionsbereich einer unterschiedlichen Wertung unterliegen. Obwohl die Reproduktionsarbeit – Familien-, Beziehungs- und Hausarbeit („care") – unabdingbare Voraussetzung für die Organisation der Erwerbsarbeit ist, wird diese gesellschaftlich geringer bewertet. Da der innerhäusliche Reproduktionsbereich traditionell – und heute vielfach immer noch – den Frauen zugeordnet ist, gehen Entwertung der Sorgearbeit und Benachteiligung von Frauen ineinander über. Auf der anderen Seite ist die männliche Identität in der Regel so stark an die Erwerbsarbeitsrolle gebunden, dass z.B. vielen jungen Vätern der Zugang in den inneren Kreis der Familien- und Erziehungsarbeit verwehrt wird. Die Struktur geschlechtshierarchischer Arbeitsteilung zeigt sich auch im Verhältnis der Bildungsinstitutionen: Je näher sie im Umkreis der Familie angesiedelt sind (Kindergarten, Grundschule), desto größer bis dominant ist der Anteil der Frauen, je näher sie an der Arbeitswelt liegen (z.B. Berufsschule), desto mehr Männer finden wir in den pädagogischen Positionen.

(2) Ebene der persönlichen Beziehungen: Das Leitbild der Partnerschaft hat in Paarbeziehungen inzwischen in weiten Kreisen eine kulturelle Dominanz gewonnen (vgl. Lenz 2009a). Es ist gekennzeichnet durch den Anspruch einer prinzipiellen Gleichheit der Geschlechter; Männern wie Frauen werden die gleichen Rechte und Pflichten zuerkannt. Starre Rollenvorgaben für die Geschlechter sind weitgehend verschwunden; fortlaufende Aushandlungsprozesse sind an ihre Stelle getreten. Trotz dieser Wandlungstendenzen zeigt sich doch, dass Frauen weiterhin deutlich mehr Aufgaben im Haushalt übernehmen und auch die primäre Bezugsperson für die Kinder sind. Auch wenn geschlechterdifferente Erziehungsdoktrinen seitens der Eltern verschwunden sind, bestehen Unterschiede in der Geschlechtersozialisation dennoch fort. Die Kinder wachsen in eine Welt hinein, in der sich soziale Geschlechterdifferenzierungen alltäglich (neu) konstituieren. Dabei haben sich geschlechterdifferente Sozialisationsmuster herausgebildet, mit denen die Pädagogik in ihren verschiedenen Arbeitsfeldern konfrontiert ist. Danach wird – wie in Kap. C 2.2 ausgeführt – Jungen und Männern ein in der Tendenz eher „außengerichteter", Mädchen und Frauen ein eher „innengerichteter" Geschlechterhabitus zugeschrieben.

(3) Ebene des Subjekts: Diese geschlechterdifferenten Muster wirken – tiefendynamisch – auf das Subjekt. Sie sind zwar im Zeichen der Geschlechternivellierung verdeckt, brechen aber in kritischen Lebenssituationen immer wieder auf. Betonte bis aggressive maskuline und feminine Reaktionen fungieren oft als Bewältigungsmuster von psychosozialen Problemen. Schule und Jugendarbeit brauchen entsprechende Professionalität, um solche Botschaften entschlüsseln zu können.

Wenn die Kategorie Geschlecht so dominant ist, wo bleibt da die Bedeutung anderer sozialer und kultureller Faktoren? Widerspricht das nicht dem *Diversitätsprinzip* der Anerkennung der Vielfalt, die den pädagogischen Blick schärfen soll? Wenn demnach Geschlechtssensibilität und Geschlechtsreflexivität als grundlegende und durchgängige Arbeitsprinzipien professioneller Pädagogik reklamiert werden, ist damit nicht gemeint, dass alle Mädchen und Jungen, Männer und Frauen gleich fühlen und sich sozial gleich verhalten? Die Anerkennung der Vielfalt des Begehrens und des gelebten Frau- und Mannseins ist auch hier der Prüfstein für eine diversitätssensible Professionalität. Es bestehen Unterschiede, welchem sozialen Milieu die Betroffenen angehören, welchen Bildungsstatus sie innehaben, ob sie einen Migrationshintergrund ausweisen, oder welchen Lebensstil sie biografisch gefunden hatten. Und wir wissen auch, dass diese Unterschiede nicht für sich bestehen, sondern in Interdependenzen zusammenwirken. Dies wird im Paradigma der *Intersektionalität* aufgenommen. Dabei darf aber nicht übersehen werden, dass das Geschlecht insofern eine besondere Kategorie darstellt, als es in der Tiefendynamik der Persönlichkeit genauso verankert ist wie in den unterschiedlichen sozialen Interaktionsgefügen und in der gesellschaftlichen Arbeitsteilung. Allerdings wird in der Diskussion zur Intersektionalität bislang viel darüber geredet, aber zu wenig darüber ausgesagt, *wie* die unterschiedlichen Faktoren zusammenwirken.

3.3 Frauen: Von der Bildungsbenachteiligung zum Bildungsvorsprung?

Mit dem Aufkommen der modernen Gesellschaft hat die Bildung für die Lebenschancen der Individuen einen hohen Stellenwert gewonnen. Das Bürgertum konnte sich viel weniger als die Menschen in der Ständeordnung der vormodernen Gesellschaft auf die Vorrechte der Geburt und den ererbten Besitz stützen. In diesem neuen Sozialmilieu musste der Erwerb der sozialen Stellung in hohem Maße auf individuell zuschreibbaren Leistungen fundiert werden. Einen wesentlichen Grundstock dafür lieferte die Bildung. Entsprechend der Polarisierung der Geschlechtercharaktere und der etablierten geschlechtshierarchischen Arbeitsteilung wurde im 18. und 19. Jahrhundert in der Bildung zwischen Mädchen und Jungen strikt differenziert. Galt es doch den bürgerlichen Jungen zum tüchtigen Berufsmenschen und das bürgerliche Mädchen zur liebevollen Mutter und Hausfrau zu qualifizieren. Fortgeschrieben wurde die schon ältere Annahme einer nur eingeschränkten Bildungsfähigkeit des weiblichen Geschlechts (vgl. Hohenzollern/Liedtke 1990). In der Aufklärung erhalten zwar die Erziehung zur Mündigkeit und die Allgemeinbildung eine besondere Bedeutung, dies ging aber einher – wie sich an der Bildungstheorie von Wilhelm von Humboldt zeigen lässt – mit fundamentalen Differenzen zwischen den Geschlechtern (vgl. Kraul 1993). Im Ergebnis bedeutete dies nicht nur andere Bildungsinhalte, sondern auch eine Aussperrung der Frauen aus den weiterführenden Bildungseinrichtungen.

Noch in der zweiten Hälfte des 19. Jahrhunderts endete für die meisten Frauen die Schulbildung mit der sogenannten Volksschule. Nur Mädchen aus wohlhabenden Familien war der Besuch der privaten „höheren Töchterschulen" möglich, an denen sich allerdings nur für einige wenige dann das Lehrerinnenseminar anschließen ließ. Aus diesem Grund war das Recht auf Bildung eine der zentralen Forderungen der ersten Frauenbewegung. Helene Lange (1848-1930), selbst Lehrerin, richtete mit weiteren Frauen 1887 eine Petition an das preußische Abgeordnetenhaus, in der zum ersten Mal an der Frauen- und Mädchenbildung öffentlich Kritik geübt wurde. Die Petition wurde zurückgewiesen, aber auf privatem Wege gelang Lange eine Verbesserung in der Mädchenbildung: Sie richtete die ersten sogenannten Realkurse für Frauen ein, die ein paar Jahre später zu Gymnasialkursen erweitert wurden.

Auch wenn die Frauen zu Beginn des 20. Jahrhunderts den Hochschulzugang gewinnen konnten, setzte sich die Ungleichbehandlung von Mädchen und Jungen im Bildungssystem weiter fort. Als in Westdeutschland in den 60er Jahren des 20. Jahrhunderts die „Bildungskatastrophe" (Picht 1965) konstatiert wurde, stand die Benachteiligung der Mädchen im Mittelpunkt der Ungleichheitsdiskussion. In der anschließenden bildungspolitischen Reformdiskussion wurde die Forderung nach besseren und gleichen Bildungschancen für Mädchen zu einer zentralen Forderung

(vgl. Pross 1969). Wir werden im Folgenden den Fragen nachgehen, wie sich seither die Geschlechterunterschiede im Bildungssystem entwickelt haben und ob die Bildungsbenachteiligung der Frauen inzwischen verschwunden ist. Vermehrt lassen sich Stimmen vernehmen, die von einer „Jungenkatastrophe" oder – weniger dramatisch ausgedrückt – von „Bildungs(miss)erfolgen von Jungen" (Budde 2008) sprechen. Sind Mädchen im Bildungssystem inzwischen auf der Überholspur, hat sich ihr Bildungsdefizit zum Bildungsvorsprung entwickelt (vgl. Geißler 2005)?
Vielfach wird zur Beantwortung dieser Frage auf die Entwicklung des Frauenanteils an den Abiturient/innen Bezug genommen. Die Zahlen zeigen, dass die Frauen nicht nur aufgeholt, sondern inzwischen die Männer deutlich übertroffen haben. Deutlich wird, dass sich diese Entwicklung in der DDR schneller vollzogen hat als in der alten BRD (vgl. Hettlage/Lenz 2013). An der Erweiterten Oberschule (EOS) wurde eine ausgeglichene Geschlechterrelation bereits Mitte der 1960er Jahre erzielt. In Westdeutschland aber war zu dieser Zeit nur ein Drittel der Schulabgänger/innen aus einer Allgemeinbildenden Schule mit allgemeiner Hochschulreife weiblichen Geschlechts. Erst Mitte der 1980er Jahre wurde dann ein ausgewogenes Verhältnis zwischen den Geschlechtern erreicht. Nach der Vereinigung ist der Frauenanteil unter den Abiturient/innen weiter angestiegen. Mittlerweile erwerben sowohl in Ost- wie auch Westdeutschland mehr Frauen als Männer die allgemeine Hochschulreife und der Vorsprung der Frauen ist seit einem Jahrzehnt relativ konstant. Im Schuljahr 2012/13 lag der Frauenanteil bei 54,7%. Völlig verschwunden sind hierbei auch die Ost-West-Unterschiede (vgl. Statistisches Bundesamt 2013).
Lange Zeit verhinderten Geschlechterstereotype, dass Mädchen jene Bildungszertifikate erwarben, die eigentlich ihren schulischen Leistungen entsprachen. Erst mit der Abschwächung dieser Rollenklischees wurden die sozialen Barrieren beseitigt und sie konnten ihre guten Schulleistungen in entsprechende Schulabschlüsse umsetzen. Den Jungen gerät zum Nachteil, dass sie die Schule stärker als einen sozialen Raum nutzen, in dem sie sich geschlechtlich positionieren (vgl. Budde 2008). Die Peergroup dient ihnen als Resonanzboden für Männlichkeitsinszenierungen. Als praktizierte Strategien zur Herstellung von Männlichkeit nennt Jürgen Budde (2008) die Parallelität von Solidarität und Konkurrenz, das Nebeneinander von Inklusion und Exklusion, die Homophobie gegen marginalisierte Minderheiten sowie die Sexualisierungen gegen Mädchen. Es fällt Jungen deutlich schwerer, sich an die Erfordernisse des Schulalltags anzupassen. Sie übernehmen in ihrem Selbstbild das Ideal des „coolen" und witzigen Schülers. Diese aus der geschlechtsspezifischen Sozialisation stammenden Männlichkeitsnormen führen dazu, dass sie schulischen Erfolg oft negativ bewerten. Sie möchten eher als Faulpelz, denn als Streber dastehen.
Neben den Abschlüssen ist auch möglich, Studien zum Kompetenzerwerb für den Geschlechtervergleich zu verwenden. Auf ein breites Interesse sind von den international vergleichenden Studien die sogenannte PISA-Studien gestoßen (als Über-

blick vgl. Stanat/Bergann 2009; Lenzen/Blossfeld 2009). Koordiniert von einer Forschergruppe der Organisation for Economic Co-Operation and Development (kurz: OECD), wurden in dieser Studie die Lesekompetenzen sowie die mathematischen und naturwissenschaftlichen Kompetenzen von 15-jährigen Schülern und Schülerinnen in verschiedenen Ländern getestet (vgl. Prenzel 2013).

Nach den Ergebnissen der PISA-Studien weisen die 15-jährigen Mädchen bei der *Lesekompetenz* in allen beteiligten Ländern einen Vorsprung gegenüber den gleichaltrigen Jungen auf. In Deutschland ist diese Differenz noch stärker ausgeprägt als im OECD-Durchschnitt. Mädchen kommen schon mit sprachlichen Vorteilen in die Schule und diese Unterschiede werden offensichtlich in der Schule größer (vgl. Stanat/Bergann 2009). Während es in der Grundschule noch gelingt, beiden Geschlechtern ein relativ hohes Niveau an Lesekompetenz zu vermitteln, nehmen die Unterschiede in der Sekundarstufe I dann erheblich zu. Mädchen weisen ein hohes Leseinteresse auf und verbringen auch täglich deutlich mehr Zeit mit dem Lesen (vgl. Budde 2008). Vor vereinfachenden Geschlechterinterpretationen muss auch an dieser Stelle ausdrücklich gewarnt werden: Auf der höchsten Kompetenzstufe des Lesens gibt es Mädchen und Jungen; nur die Verteilung der Geschlechter über die Kompetenzstufen ist eine andere. Hinzu kommt, dass bei einem gleich hohen Leseinteresse die Leistungsunterschiede in der Lesekompetenz zwischen den Geschlechtern weitgehend verschwinden.

Den PISA-Studien zufolge besitzen Jungen einen Kompetenzvorsprung in der *Mathematik*, der aber deutlich kleiner ist als der Vorsprung der Mädchen in der Lesekompetenz (vgl. Lenzen/Blossfeld 2009). In Deutschland sind diese Differenzen nach der PISA-Studie größer als im OECD-Durchschnitt. Nur Japan und Österreich haben ähnlich starke Geschlechterunterschiede. Nicht in allen OECD-Ländern weisen die Jungen signifikant bessere mathematische Kompetenzen auf. In einigen Staaten erreichen die Mädchen vergleichbare Leistungen in Mathematik. In Island übertreffen die Mädchen auf diesem Gebiet sogar die Jungen. In Deutschland vergrößert sich der Kompetenzvorsprung der Jungen, wenn man statt der Gesamtbilanz die Geschlechter innerhalb der jeweiligen Schulformen betrachtet. Die Differenzen zwischen Mädchen und Jungen innerhalb einer Schulform werden durch die stärkere Bildungsbeteiligung der Mädchen an höheren Schulen verkleinert. Allerdings sollte nicht außer Acht bleiben, dass sich auf der niedrigsten Kompetenzstufe der Mathematik mehr Jungen als Mädchen befinden.

Auf dem Gebiet der *Naturwissenschaften* weisen die Jungen bereits in den deutschen Grundschulen einen Kompetenzvorsprung auf. In der Sekundarstufe I sind die Geschlechterunterschiede sowohl national wie auch international zwar vorhanden, aber nicht signifikant. Signifikante Unterschiede zeigen sich nur in zwei Teilskalen: Beim Erkennen naturwissenschaftlicher Fragestellungen sind Mädchen besser, die Jungen dagegen beim Erklären naturwissenschaftlicher Vorgänge. Auch gibt es Differenzen zwischen den naturwissenschaftlichen Fächern: In den Fächern Physik und Chemie weisen die Jungen einen Leistungsvorsprung auf, in der Biologie sind dagegen die Mädchen besser (vgl. auch Lenzen/Blossfeld 2009).

Für eine Erklärung dieser Ergebnisse ist es wichtig, die Interessen von Mädchen und Jungen und ihre Selbstkonzepte heranzuziehen (vgl. Stanat/Bergann 2009). Die Herausbildung unterschiedlicher Interessen steht in einem engen Zusammenhang mit der Identitätsentwicklung im Kindes- und Jugendalter (vgl. Hannover 2004). Schon im Vorschulalter und verstärkt dann in der Adoleszenz wenden sich Mädchen und Jungen solchen Inhalten zu, die mit der eigenen Geschlechtsidentität im Einklang stehen. Sie engagieren sich vor allem in den Fächern, die als geschlechtsadäquat gelten und entwickeln besonders dort ihre Kompetenzen weiter. Aufbauend auf geschlechtsspezifische Sozialisationsprozesse haben Kinder und Jugendliche eine klare Vorstellung von der Geschlechtskonnotation von Fächern. Das Lesen gilt als „weiblich“ und ganz besonders der Physik haftet das Image an, ein „Jungenfach“ zu sein. Diese geschlechtsspezifische Wahrnehmung von Schulfächern führt nicht nur dazu, dass das Interesse an diesen Fächern geringer ist, sondern auch dazu, dass weniger Kompetenz selbst zugeschrieben und Misserfolge stärker antizipiert werden. Dies scheint im besonderen Maße für Mädchen zu gelten. Es gibt eine Reihe von Belegen dafür, dass Mädchen weniger Vertrauen in ihre eigene Leistungsfähigkeit haben (vgl. Faulstich-Wieland 2004). Mädchen neigen vielfach zu misserfolgsorientierten Attributionen und zur Unterschätzung ihrer Leistungsfähigkeit. Jungen wiederum tendieren viel stärker dazu, ihre Leistungsfähigkeit zu überschätzen. Diese Unterschiede finden sich bereits in der Grundschule und setzen sich über die gesamte Schullaufbahn – und zu vermuten ist auch im Studium – fort. Hinzu kommt, dass man schon im Alter von zehn Jahren unterschiedliche Bewertungskriterien für bestimmte Aktivitäten beobachten kann. Jungen neigen stark dazu, verschiedene Tätigkeiten nach dem damit verbundenen Prestige zu bewerten. Für Mädchen steht dagegen viel stärker die soziale Relevanz von Tätigkeiten im Vordergrund. Sie begeistern sich primär für jene Bereiche, die soziale Fähigkeiten erfordern und stärken (vgl. Bergmann/Eder 2000).

Eine zentrale Bedeutung kommt den Lehrkräften bei der Interessenentwicklung sowie der Entwicklung des Selbstkonzepts zu. Die Lehrkräfte neigen stark dazu, Leistungseinbrüche bei Mädchen eher auf mangelnde Fähigkeiten zurückzuführen; bei Jungen werden im gleichen Fall häufiger fehlende Anstrengungen verantwortlich gemacht. Die verbreitete Misserfolgsorientierung in der Leistungsattribuierung wird bei Schülerinnen durch die Schule nicht aufgehoben, sondern eher noch verstärkt. Wie vorliegende Studien zeigen, ist es in den Alltagstheorien von Mathematik- und Physik-Lehrkräften weiterhin gängig, von Begabungsunterschieden bei Mädchen und Jungen auszugehen (vgl. Faulstich-Wieland 2004). Patricia Schmuck et al (2002) führen dies auf ein mangelndes „gender consciousness“ der Lehrkräfte und der Schulbürokratie zurück. Gemeint ist mit diesem Begriff die Erkenntnis, dass Geschlechterdifferenzen und Privilegien tief in gesellschaftlichen Annahmen,

Erwartungen und Praktiken verwurzelt sind und den Akteuren im Alltagshandeln das Bewusstsein dafür fehlt. Erforderlich ist eine gender-sensitive Lehramtsausbildung, in der die angehenden Lehrkräfte mit „gender consciousness“ ausgestattet werden und damit ein geschlechtergerechtes Unterrichtsklima für beide Geschlechter geschaffen werden kann.

Wie im Bereich der Allgemeinbildenden Schulen hatte die DDR auch an den Hochschulen einen Modernisierungsvorsprung in punkto Gleichberechtigung der Geschlechter (vgl. Hettlage/Lenz 2013). Schon Anfang der 1980er Jahre erreichte die DDR ein ausgeglichenes Verhältnis von Frauen und Männern. Für Gesamtdeutschland wurde das erst nach der Vereinigung erreicht, anfänglich maßgeblich vom höheren Frauenanteil in Ostdeutschland getragen. Seither liegt der Frauenanteil bei knapp unter 48% und inzwischen haben sich die Frauenanteile in Ost- und Westdeutschland weitgehend angeglichen. Der Vorsprung der jungen Frauen im Erwerb des (Fach-)Abiturs ist aber noch nicht an den Hochschulen angekommen ist. Dies kommt dadurch zustande, dass Abiturientinnen eine deutlich geringere Studierneigung haben als Abiturienten. Trotz dieser Angleichung in der Präsenz der Geschlechter an den Hochschulen existieren weiterhin geschlechtsspezifische Muster, wenn man die von Frauen und Männern gewählten Studienfächer betrachtet. Dies zeigt sich bereits bei den Fächergruppen, in denen verwandte Studiengänge zusammengefasst werden. Eine nahezu ausgeglichene Geschlechterrelation findet sich in der Gegenwart in der Fächergruppe der Rechts-, Wirtschafts- und Sozialwissenschaften. In den Agrar-, Forst- und Ernährungswissenschaften studieren zwar mehr Frauen, aber die Differenz ist geringer als 10%. Größere Unterschiede finden sich in den weiteren sieben Fächergruppen. In der Humanmedizin und der Kunst/Kunstwissenschaft überwiegen die Frauen und in Sport/Sportwissenschaft sowie Mathematik/Naturwissenschaft die Männer. Sehr stark geschlechtersegregiert sind die Sprach- und Kulturwissenschaften mit einem Frauenanteil von 70% und die Veterinärmedizin mit 85%. Weiterhin eine Männerdomäne sind die Ingenieurwissenschaften mit einem Männeranteil von knapp 80%.

Dass die Bildungsbenachteiligung von Frauen keineswegs vollständig verschwunden ist, wird sichtbar, wenn man den Blick auf die akademischen Qualifikationsstufen richtet. Frauen schließen zwar etwas häufiger als Männer ein Studium erfolgreich ab, ihr Anteil nimmt aber bei weiteren akademischen Abschlüssen sprunghaft ab. Zwar haben sich die Frauenanteile seit 1980 im Falle der Promotion von ca. 20% auf ca. 42% und im Falle der Habilitation von 4,5% auf 24% stark erhöht, aber weiterhin dokumentieren diese Daten eine Persistenz der vertikalen Segregation im Bildungssystem zuungunsten der Frauen. Ein weiterer Beleg hierfür ist der Frauenanteil bei den Professuren. Dieser ist von 5% (1980) auf knapp über 20% (2012) angestiegen, aber dieser Anteil ist immer noch weit vom Ziel einer Chancengleichheit entfernt (aktuelle Daten hierzu findet man unter http://www.gesis.org/cews/informationsangebote/statistiken). Insgesamt zeigt sich zwar, dass in

den letzten Jahrzehnten die Bildungsbenachteiligung von Frauen erheblich reduziert werden konnte. Gleichwohl kann aber nicht von einem Verschwinden der Bildungsbenachteiligung gesprochen werden. Dem stehen die beschriebenen Muster der horizontalen und vor allem vertikalen Segregation entgegen.
Die deutliche Unterrepräsentanz von Frauen in wissenschaftlichen Führungspositionen war in den letzten Jahren verstärkt Forschungsgegenstand. Angeregt durch die Debatte zu „gendered organizations" lenken neuere Ansätze den Blick weg von den Individuen hin auf die in der Praxis der Wissenschaft eingelagerten Mechanismen, die zur Reproduktion der hohen Geschlechterhomogenität in diesem Feld fortlaufend beitragen (vgl. Engler 2001; Beaufaÿs 2003; Beaufaÿs/Krais 2007; Haffner/Krais 2008). In der „illusio" (Bourdieu) der Akteure, also ihren festen Überzeugungen über das Funktionieren des Feldes und seiner Spielregeln, spiegelt sich die Praxis des sozialen Feldes wider. Sie bestimmt den „praktischen Sinn" (Bourdieu 1999), der die Zugehörigkeit zum sozialen Feld regelt und auch zur Orientierung in diesem dient. Ein Kernelement dieser illusio – und zugleich eine strukturelle Barriere für Frauen im Wissenschaftssystem – ist der Wissenschaftsmythos und die damit verbundene Arbeitskultur.

> „Wissenschaft gilt (...) nicht nur als Beruf, sondern als Berufung, die unbedingte Hingabe erfordert. Ein Wissenschaftler verfügt über außergewöhnliche Begabungen, ist vollkommen mit der Wissenschaft identifiziert und an diese gebunden. Die Wissenschaft stellt den alleinigen Lebensmittelpunkt des Wissenschaftlers dar." (Lind 2004: 97)

Vom wissenschaftlichen Nachwuchs wird die Ausformung eines diesen Erwartungen konformen Habitus erwartet. Um als hoffnungsvoll eingestuft zu werden, sind sie gezwungen, eine überbordende Arbeitsbereitschaft unter Beweis zu stellen. Dem Wissenschaftsmythos liegt eine Ausrichtung an männlichen Lebensmustern zugrunde (vgl. Wimbauer 1999). Viele Frauen können dieses Muster aufgrund ihres hohen Anteils an Sorgearbeit nicht übernehmen, oder wollen es aufgrund anderer Präferenzen nicht. Hinzu kommt, dass ihnen – wenn sie sich daran ausrichten – dies vielfach nicht geglaubt wird. Während Männer auf einen generellen Vertrauensvorsprung bauen können, müssen selbst kinderlose Frauen immer wieder unter Beweis stellen, dass sie, im gleichen Maße wie Männer, leistungsfähig und -bereit sind. Ein weiteres Kernelement der illusio des Wissenschaftssystems ist das Leistungsprinzip (vgl. Beaufaÿs/Krais 2007). Fortlaufend wird betont, dass die Leistung der ausschlaggebende Maßstab für die Rekrutierung des wissenschaftlichen Nachwuchses sei. Da Leistung aber nicht „objektiv" messbar ist, entscheiden Wissenschaftler/innen selbst durch peer-review darüber, was eine dem Feld angemessene Leistung ist. Die Grundlage hierfür bildet nicht die Leistung an sich, sondern immer nur die Darstellung von Leistung. Die verwendeten Indikatoren zielen in erster Linie auf das Potenzial zukünftig erwartbarer Leistung ab, wofür Eigenschaften wie Ausdauer, Einsatzbereitschaft und Disziplin herangezogen werden, die wiederum geschlechtsspezifisch zugeschrieben werden. Als ein weiterer Ausschlussmechanismus fungiert die hohe Relevanz informeller Strukturen und Netzwerke für Wissenschaftskarrieren. In Deutschland ist auf dem Weg zu einer Professur eine lange Phase der Abhängigkeit von einem Mentor vorhanden, einhergehend mit einer geringen Formalisierung bei der Stellenvergabepraxis und einer langen biografischen Unsicherheit (vgl. auch Wissenschaftsrat 2007). Nach Sandra Beaufaÿs und Beate Krais (2007: 82) zeichnen sich Unterstützungsnetzwerke durch eine „gewisse Gleichgestimmtheit im Selbstverständnis als Wissenschaftler" aus. Eigenschaften, die sich unterscheiden, werden als Störvariablen wahrgenommen. Eine solche Störvariable im Wissenschaftsbetrieb kann das Geschlecht sein.

3.4 Koedukative Schule als „geschlechtsneutrale" Schule?

Im Zuge der tiefgreifenden Umgestaltung des Bildungssystems wurde in Ostdeutschland nach dem 2. Weltkrieg sofort die Koedukation eingeführt. In Westdeutschland erfolgte diese Einführung erst nach und nach in den 1950er und 1960er Jahren als eine zeitgemäße Modernisierung an den Gymnasien und später auch an den Grund-, Haupt- und Realschulen. Das koedukative Prinzip galt als ein Garant für eine gleiche Unterrichtung der Geschlechter und damit der Chancengleichheit und Gleichberechtigung.

Die Koedukation, einst Symbol des Fortschritts, ist in den 1990er Jahren stark in die Kritik geraten. Auslöser waren Forschungsergebnisse, wonach Absolventinnen von Mädchenschulen eine stärkere Neigung zu technisch-naturwissenschaftlichen Fächern haben als Mädchen in koedukativen Schulen (vgl. als Überblick Faulstich-Wieland 1991; Stürzer 2003b; Boldt 2008). Die Koedukation – so die These – gehe zu Lasten der Mädchen; gefordert wurde ein getrennter Unterricht. Die neue Koedukationsdebatte hat Anstoß zu einer Reihe von Tagungen, Sammelbänden und empirischen Studien gegeben. Generell gilt, dass Befürworter der Koedukation davon ausgehen, dass Mädchen und Jungen eher gleich als verschieden sind, während Befürworter der geschlechtshomogenen Schulen annehmen, die Geschlechter seien mehr unterschiedlich als gleich (vgl. Schmuck/Nagel/Brody 2002).

Die Debatte der Koedukation hat gezeigt, dass es unerlässlich ist, den Blick auf Lehrmaterialien und die Interaktionen im Unterricht zu richten (vgl. als Überblick Stürzer 2003a). Inhaltsanalytische Studien zu den Schulbüchern der 1970er und 1980er Jahre verdeutlichen, dass Frauen in den Inhalten stark unterrepräsentiert waren und vor allem in ihrer Rolle als Mutter in Erscheinung traten. Inzwischen ist ihre Präsenz angestiegen. Männer und Frauen kommen nach den Ergebnissen einiger Studien beinahe gleich häufig in den Inhalten von Schulbüchern vor, zumindest sind Frauen inzwischen deutlich weniger unterrepräsentiert als noch zu Beginn der Schulbuchforschung (vgl. Hunze 2003). Ferner zeigt sich aber, dass die Schulbücher den Mädchen immer noch weniger vielfältige berufliche Identifikationsmöglichkeiten bieten als den Jungen. Männer werden in einem deutlich größeren Berufsspektrum dargestellt als Frauen. Im Bereich der Familie kommen inzwischen Männer häufiger vor, aber die Darstellung der Geschlechter ist weiterhin deutlich an stereotypen Geschlechterbildern ausgerichtet. Der Sexismus ist aus den Schulbüchern trotz aller Verbesserung noch nicht verbannt. Die Forderung, Frauen und Männer durchgängig gleichberechtigt in den Schulbüchern zu präsentieren, harrt noch ihrer Erfüllung (vgl. Hunze 2003).

Auch wenn bei den Unterrichtsinteraktionen zwischen Lehrkräften und Schüler/innen noch ein hoher Forschungsbedarf besteht, verdeutlichen die vorliegenden Studien dennoch, dass Lehrkräfte, unabhängig von ihrem eigenen Geschlecht, vielfach dazu neigen, Schüler und Schülerinnen unterschiedlich zu behandeln und an die beiden Geschlechter verschiedene Verhaltenserwartungen zu stellen (vgl. Stürzer 2003a; Diefenbach 2008). Mädchen werden im Unterricht vielfach weniger beachtet. Ungefähr zwei Drittel der Aufmerksamkeit sind auf die Jungen ausgerichtet. Versuchen Lehrkräfte ihre Aufmerksamkeit gleichmäßig über die Geschlechter zu verteilen, nehmen Jungen dies als Ungleichbehandlung und Vernachlässigung wahr. Jungen binden Aufmerksamkeit stark durch Regelverstöße an sich. Mädchen dagegen nehmen mehrheitlich am Unterricht deutlich aufmerksamer, ruhiger und angepasster teil und erfüllen damit die schulischen Erwartungen. Oftmals kommt ihnen im Unterricht eine tragende Rolle zu. Diese kooperative Grundhaltung trägt aber dazu bei, dass auf sie weniger Aufmerksamkeit gerichtet wird. Stillschweigend wird den Mädchen eine, an das Geschlecht gebundene, Zweitrangigkeit vermittelt. Sie lernen dadurch, dass ihr Verhalten weniger „wert ist" als das der Jungen. Jungen werden wegen ihres Verhaltens im Durchschnitt auch mehr bestraft als die Mädchen. Das führen Lehrer und Lehrerinnen gern an, wenn ihnen von der Geschlechterforschung vorgehalten wird, dass sie den Jungen mehr Aufmerksamkeit zukommen lassen als den Mädchen; sie strafen sie ja! Dass sich dabei ein verdecktes soziales Curriculum entwickelt, können die meisten nicht verstehen: Jungen erfahren unbewusst, dass sie durch antisoziales Verhalten Aufmerksamkeit auf sich ziehen, das Unterrichtsklima ändern und sich – indem sich Lehrer/in und Klasse ihnen zuwenden – zumindest situativ durchsetzen können. In der Struktur der Schule ist also angelegt, dass sie eine männliche Durchsetzungskultur und eine Kultur der weiblichen Zurücknahme fördert. Die Mädchen erbringen zwar im Durchschnitt die besseren Leistungen, wenn es aber um das Sozialverhalten und das soziale Durchsetzungsvermögen geht, vor allem nach der Schule in der Konkurrenz um die beruflichen Chancen, wirkt sich die männliche Dominanz- und Durchsetzungskultur deutlich aus, zumal sie sich in der sozialen Umgebung und der Gesellschaft spiegeln kann.

In der Unterrichtsplanung wird das Jungenverhalten als „gegeben" vorausgesetzt. Da in der Schule der Grad der Kontrolle über die Klasse ein wichtiger Gradmesser für die berufliche Kompetenz von Lehrerinnen und Lehrern ist (das wird von den Lehrenden selbst so wahrgenommen und bewertet) und Lehrer/innen sich oft in ihrer Überzeugung einig sind, dass Disziplinstörungen vor allem von Jungen ausgehen, ist diese geschlechtertypische Verzerrung des Unterrichts allgemein verbreitet. Dabei nehmen vor allem zwei Erwartungen Einfluss auf das Lehrerverhalten (vgl. auch Budde et al. 2008): So wird vermutet, dass Jungen einfach „von Haus aus“ aggressiver, unruhiger und weniger bereit sind, sich unterzuordnen, dass sie mehr reden und trotziger sind als Mädchen. Die Jungen werden dabei oft von vornherein in eine Täterposition geschoben. Die Gefahr, dass der Unterricht zusammenbrechen könnte, geht – nach Lehrermeinung – meist von den Jungen aus. Auch allgemein werden von Jungen auf Grund dieser Verhaltenszuschreibungen mehr Lernschwierigkeiten erwartet. Dies geht oft stereotyp in die schulischen Bewertungen der Jungen ein. Man kann zwar nicht von einem „Jungenmalus“ sprechen,

> „(d)ie auf Differenzen zielende Wahrnehmung zwischen Mädchen und Jungen lässt jedoch die leisen Jungen aus dem Blick verschwinden. Mit der stärkeren Fokussierung auf ‚typisches‘ Jungenverhalten wird dieses in den Interaktionen zumindest mitproduziert.“ (Budde et al. 2008: 275)

Im Schulalltag wird Geschlecht vielfach als Zuschreibungskategorie verwendet. Etwa wenn „die Mädchen“ oder „die Jungen“ zusammen zu bestimmten Aktivitäten aufgefordert werden (z.B. „Die Jungen räumen die Turnmatten weg“) oder ihr Verhalten als Kollektivsubjekt betrachtet wird. Hannelore Faulstich-Wieland (2004) bezeichnet dies als Dramatisierung von Geschlecht. Nicht immer muss die Aktualisierung dieser Zuschreibung von den Lehrkräften ausgehen, sie kann ebenso von Seiten der Schüler/innen selbst erfolgen. Aber auch eine Entdramatisierung von Geschlecht ist möglich und kommt in der Schule vor; dies ist immer dann der Fall, wenn von solchen geschlechterdifferenten Zuschreibungen abgesehen wird.
Die verstärkte Thematisierung der „Bildungs(miss)erfolge von Jungen“ (Budde 2008) und die Suche nach möglichen Gründen dafür hat sich die „Feminisierung der Schule“ zum Thema gemacht (vgl. Boldt 2008; Diefenbach 2008). In den Schulen habe der Anteil von Frauen als Lehrkräfte stark zugenommen, dadurch fehlen den Jungen männliche Vorbilder und dies erstrecke sich auch auf die Schulinhalte. Dies beginne bereits – wie wir im Exkurs 8 noch ausführen – in den Kindertageseinrichtungen (vgl. Blanck-Mathieu 2008; Wustmann 2009). Die Jungen finden in dieser weiblichen Welt, die sich in der Grundschule fortsetzt (vgl. Rohrmann 2008), unter den Erwachsenen keine Bündnispartner. Gleichwohl wird ihnen aber in aller Regel auch hier schon mehr Aufmerksamkeit zuteil.
Interaktionen in Schulen ereignen sich nicht nur zwischen Lehrkräften und Schüler/innen, sondern auch zwischen den Schüler/innen selbst. Als Referenzstudie zu Interaktionen unter Kindern in der Schule ist die ethnografische Studie von Barrie Thorne (1994) in zwei amerikanischen Grundschulen zu nennen. Geschlecht erweist sich in den Interaktionen der Kinder als „master status“. „Apart from age, of all the social categories of the students, gender was the most formally, and informally, highlighted in the course of each school day“ (Thorne 1993: 34). Die Studie

demonstriert, dass Mädchen und Jungen sich in der Schule deutlich stärker voneinander abgrenzen als in der Freizeit. Verantwortlich dafür werden die kollektiven Praktiken in der Schule gemacht. In altershomogenen Klassen wird das Geschlecht zum primären Steuerungsinstrument, auf das im Schulalltag vielfach zurückgegriffen wird (vgl. auch Breidenstein/Kelle 1998). Mädchen und Jungen spielen unterschiedliche Spiele und besetzen verschiedene Territorien. Das Hänseln und Necken dient dazu, die Geschlechtergrenzen zu markieren und aufrechtzuerhalten. Interaktionen zwischen Jungen und Mädchen in der Schule waren auch Gegenstand der Beobachtungsstudie von Lothar Krappmann und Hans Oswald (1995) zum Alltag von Schulkindern. Auch wenn die sich voneinander abgrenzende Mädchen- und Jungenwelt bei den untersuchten 10- bis 12-jährigen Kindern noch deutlich ausgeprägt war, gab es dennoch zahlreiche Interaktionen zwischen den Geschlechtern. Die gemachten Beobachtungen wurden in den vier Bereichen Hilfe/Kooperation; Quatschmachen, Ärgern/Zurechtweisen und körperliche Berührungen untersucht. Unter den 10-Jährigen ist geschlechterübergreifendes Helfen selten und verläuft häufig problematisch. Meist sind es die Mädchen, die helfen und vielfach verbinden sie dies mit einer Maßregelung der Jungen. Zwei Jahre später ist das Helfen häufiger und auch stärker geschlechtlich ausgeglichen. Jungen neigen aber stärker dazu, ungefragt Hilfe zu leisten; sie nutzen diese um Kontakte zu knüpfen. Quatschmachen ist die häufigste Interaktionsform. Meist haben die Jungen dabei den aktiven Part inne. Die Mädchen weisen die Jungen zurück, wenn diese dabei Regeln verletzen und Grenzen überschreiten. Bei den 12-Jährigen werden bereits sexuelle Untertöne deutlich. Auch beim Ärgern, worunter u.a. Verhöhnen, Verspotten, Sachen wegnehmen oder Balgen verstanden wird, waren die Jungen die Aktiveren. Seltener sind auch Mädchen beim Ärgern aktiv, jedoch greifen sie dabei meist auf verbale Mittel zurück. Körperliche Berührungen sind in diesem Alter noch sehr zahlreich. Allerdings haben viele Kinder dabei keinen nennenswerten körperlichen Kontakt zum anderen Geschlecht. Während sich bei den Jüngeren viele Berührungen in Form von körperlichen Auseinandersetzungen (Schlagen, Treten usw.) ereignen, sind diese bei den Älteren meist in Form von Neckereien (z.B. Verwuscheln der Haare) anzutreffen. An der Initiierung von Körperkontakt sind beide Geschlechter beteiligt. Nur dann, wenn es gewalttätig wird, sind es meist die Jungen, die in diese Art der Interaktion involviert sind.

Kommen wir nun jedoch zur Koedukationsdebatte zurück. Die vehemente Forderung nach einer Abkehr von der Koedukation ist mittlerweile weitgehend verstummt: Dazu haben Forschungsergebnisse beigetragen, die die früheren eindeutigen Aussagen deutlich relativiert haben. Die vorliegenden Ergebnisse sind weder eindeutig, noch weisen sie darauf hin, dass geschlechtshomogene Schulen besser als koedukative sind. Von Seiten der Schülerinnen werden koedukative Klassen allerdings oft bevorzugt, weil sie sich dort „sicher fühlen". Monika Stürzer (2003b: 186) hält in ihrem Überblick zur Koedukationsdebatte zusammenfassend fest:

> „In neueren Aufsätzen und Studien zum Thema wird kaum noch auf die Frage eingegangen, ob nun koedukativer oder monoedukativer Unterricht besser ist. Denn viele Untersuchungen zeigten, dass andere Faktoren mindestens ebenso viel Einfluss auf die Leistungs- und Interessensentwicklung von Schülerinnen und Schülern sowie das Unterrichtsklima haben, wie die getrennte oder gemeinsame Unterrichtung der Geschlechter."

Es stellt sich also die Aufgabe, die Komponenten einer „guten Bildung" jenseits der Gender-Segregation zu identifizieren. Statt der Rückkehr zu einem monoedukativen Unterricht steht in der aktuellen Diskussion das Konzept der reflexiven Koedukation oder die Forderung nach der Schaffung einer „geschlechtergerechten Schule" (Budde/Scholand/Faulstich 2008) im Zentrum. Den Begriff der reflexiven Koedukation hat Hannelore Faulstich-Wieland Anfang der 1990er Jahre eingeführt. Dabei geht es vor allem darum,

> „die jeweiligen Besonderheiten und Lernerfordernisse der Mädchen und Jungen bewusst zu machen, sie reflexiv zu bearbeiten und den Unterricht dementsprechend geschlechtergerecht durchzuführen, d.h. auch Geschlechterhierarchien gezielt abzubauen." (Stürzer 2003b: 182)

Die Schaffung von Geschlechtergerechtigkeit ist für Schulen eine komplexe Herausforderung. Es geht dabei nicht nur um die Implementierung einzelner Maßnahmen zur Jungen- oder Mädchenförderung, sondern die Geschlechtergerechtigkeit muss als Gestaltungsaufgabe von Schulkultur betrachtet werden. Als Fazit zu ihrer ethnografischen Studie an einem österreichischen Gymnasium stellen Jürgen Budde, Barbara Scholand und Hannelore Faulstich-Wieland (2008) eine Handlungsperspektive vor, deren Beachtung zu einer Geschlechtergerechtigkeit in der Schule beitragen kann: Geschlecht sollte kein permanentes Medium der Unterrichtsgestaltung sein, sondern den Status einer reflexiven Kategorie innehaben. Hierfür brauchen die Lehrkräfte Gender-Kompetenz, die sich auf genderbezogenes Wissen (Wissen über doing-gender-Prozesse, Machtprozesse usw.), genderbezogene Praxiskompetenz in der Unterrichtsgestaltung und genderbezogene Selbstkompetenz erstrecken sollte. Die Geschlechterperspektive soll aber in ein Diversity-Konzept – gleichzeitige Berücksichtigung sozialstruktureller und ethnischer Bezüge – eingebettet sein, damit die daraus erwachsende Heterogenität der Schülerinnen und Schüler zum Zuge kommen kann. Beachtet werden muss dabei allerdings, dass diese „Entdramatisierung" der Geschlechterkategorie „nicht zu einer Neutralisierung als doxischer ‚Nicht-Beachtung' wird, da letztere eine Verfestigung von Stereotypen (…) bewirken würde" (Budde/Scholand/Faulstich 2008: 281).

Grundsätzlich bleibt der Schule aber auch in ihrer inneren Schulorganisation die Aufgabe, dass in den Lerninhalten und den Umgangsformen im Unterricht eine größere Solidarität unter den Geschlechtern übermittelt und vorgelebt wird. Das bedeutet auch, dass Lehrer und Lehrerinnen die Chance bekommen, die Spannung zwischen der Lehrerrolle (die auch wieder nur ein Ausschnitt ihrer Persönlichkeit ist), welche die Schule ihnen abverlangt, und der Lehrerpersönlichkeit, die die Schüler herausfordern, zu reflektieren. In der Lehrerrolle tritt der Umstand zurück, dass Lehrer auch Männer und Frauen sind; dies wiederum wird aber in dem Maße freigesetzt, in dem die Schüler sozialräumlich agieren und Lehrer/innen entsprechende Beziehungsaufforderungen erfahren. Wenn Lehrer/innen mit ihrem Mann- und Frausein nicht im Kontext ihres Lehrerseins umgehen können, müssen sie zwangsläufig – von ihrer Rollenorientierung her – in traditionale, d.h. von der Schulorganisation her praktikable Geschlechterorientierungen verfallen. Dann suchen sie weiter die Mädchen als ruhenden Leistungspol und überlassen den Jungen den Auffälligkeitspol.

Die wichtigsten schulpädagogischen Konsequenzen im Hinblick auf die Geschlechterdynamik, gerade in der mittleren Kinder- und Jugendphase, liegen auf der Hand. Es geht einmal um eine gemeinsame „Sensibilisierung" in Bezug auf Geschlechterrollenstereotype in der Schule (Faulstich-Wieland et al. 2004). Vor allem sollten Lehrerinnen und Lehrer erkennen, dass sie den Jungen in ihrer Geschlechtsentwicklung nichts Gutes tun, wenn sie ihr männlich-dominierendes Außenverhalten durch erhöhtes „Darauf-Eingehen" nur bestärken. Die scheinbare Bevorzugung der Jungen gerät im Licht der kritischen Betrachtung männlicher Sozialisation eher zu ihrem Nachteil. Gleichzeitig werden durch die geduldete soziale Dominanz und Präsenz der Jungen die Mädchen in der Schule sozial (nicht so sehr, was ihr gegenüber den Jungen meist besseres Leistungsverhalten betrifft) zurückgesetzt. Wichtig ist deshalb die zielstrebige Einwirkung auf die jeweilige Geschlechtergruppe. Lehrerinnen und Lehrer sollten Mädchen stärker im Unterricht zum Zug kommen lassen und sie auch im Auftreten in der Schulöffentlichkeit ermutigen. Die Jungen müssten mehr aktivierend und projektaktiv, statt reaktiv und voraussetzungsvoll, angesprochen und aufgefordert werden, denn ein Grundproblem für Jungen in der Schule besteht wohl darin, dass sich die Schule zu wenig auf die Alltagswelt der Jungen einlässt.

> „In Bezug auf die Jungensozialisation entstehen Jungen Nachteile durch weniger schuladaptive Einstellungen und Verhaltensweisen, es scheint ihnen in geringerem Maße als Mädchen zu gelingen, Schule und Freizeit positiv miteinander zu verknüpfen, z.B. durch mehr Interesse und Freude am Lesen in der Freizeit – diese Variablen konnten in der Studie PISA 2000 das schlechtere Abschneiden der Jungen in Bezug auf die Lesekompetenz vollständig erklären." (Kuhn 2008: 68)

In der schulischen Gruppenarbeit wäre es ratsam, Mädchen und Jungen sowohl in gemischten als auch in geschlechtergetrennten Gruppen arbeiten zu lassen. Auch in den schulerweiternden Projektwochen und Landschulheimaufenthalten müsste mit den Jungen zwischendurch immer wieder allein ohne die Mädchen (sodass sie unter sich sind) gearbeitet werden, damit sie „zu sich kommen" und sich nicht immer über die Mädchen (Kompensation von Unterlegenheit, sexistische Abwertung) definieren müssen. Auch Jungen – nicht nur Mädchen – brauchen in diesem Alter eigene Räume, in denen sie auch mit „Schwächen" und Gefühlen – also mit sich –

konfrontiert werden können, ohne dabei Angst vor männlichem Gesichtsverlust und sozialen Niederlagen zu bekommen.

Texte zum Weiterlesen

Becker, Ruth, Beate Kortendiek (Hrsg.) (2004): *Handbuch Frauen- und Geschlechterforschung. Theorie, Methoden, Empirie.* Wiesbaden: VS.

Lenz, Karl, Marina Adler (2010): *Geschlechterverhältnisse. Einführung in die sozialwissenschaftliche Geschlechterforschung, Bd. 1.* Weinheim und München: Juventa.

Lenz, Karl, Marina Adler (2011): *Geschlechterbeziehungen. Einführung in die sozialwissenschaftliche Geschlechterforschung, Bd. 2.* Weinheim und München: Juventa.

Lück, Detlev, Waltraud Cornelißen (Hrsg.) (2014): *Geschlechterunterschiede und Geschlechterunterscheidungen in Europa.* Stuttgart: Lucius & Lucius.

D Ausgewählte Themenfelder

Im abschließenden Kapitel werden ausgewählte Themenfelder aufgegriffen, die in der Schnittfläche der Soziologie und Pädagogik liegen. Behandelt werden die Themen Familie, Lebensalter, Abweichung und Normalität, Medien sowie verschiedene soziale Probleme.

1 Familien: Vielfalt und Wandel

Trotz der Trennung von Arbeit und häuslichem Leben, außerfamilialer Produktion und familialer Reproduktion, sind Familien widersprüchlichen gesellschaftlichen Anforderungen ausgesetzt. Familien sollen zugleich Anforderungen, Lebensschwierigkeiten und soziale Probleme bearbeiten, die über ihre Mitglieder in den Familienkreis hineingetragen werden. Aus Sicht der Schule wird erwartet, dass innerhalb der Familie Leistungsforderungen der Schule unterstützt und zugleich Entlastung und selbstverständliche Wertschätzung für das Kind aufrechterhalten werden. Auch sollen sie durch gemeinsame Anstrengung Engpässe aus beruflichem Zeitdruck auffangen. Das Familienleben ist aber für die Öffentlichkeit tabu. Familien sollen die von außen induzierten Probleme privat lösen. Dies kann sie stärken, andererseits jedoch bei Versagen zu Überforderungssyndromen und enormen internen Belastungen führen, welche zunächst in der familialen Intimität verbleiben, aber einer äußeren Bewertung unterliegen. Aufgrund der allseits geteilten und geforderten Privatheit der Familie können diese Konflikte und Probleme dann nur unter Schwierigkeiten nach außen getragen und mittels Übersetzung in ein öffentliches Interesse oder soziales Problem weiter bearbeitet werden.
Emotionalisierung und Intimisierung des Familienlebens stellen, zusammen mit der Freiheit zur Gestaltung der privaten Elter(n)-Kind-Beziehungen, positive, aber

auch hoch ambivalente Eigenschaften des privaten Lebens dar, was nicht zuletzt an der Flut von Ratgeber-Texten ablesbar ist. Nicht-einlösbare Glücksansprüche und Leiden an der häuslichen Intimität kann sich von der sozialen Blockierung einzelner Familienmitglieder – vor allem der Kinder – bis hin zur „verhäuslichten Gewalt" ausdehnen. Diese sind eng mit (geschlechts-)hierarchischen Vorgaben verbunden, das bedeutet, dass Männer und Frauen jeweils anders betroffen und in Verantwortung verstrickt sind. Familien sind Intimitätsstrukturen, die durch Verinnerlichung in die Individuen hineinwirken; die gesellschaftliche Umwelt aber ist durch eine formal-abstrakte Kultur der Arbeit bestimmt (die heute mehr denn je durch informelle Beziehungen auf der Hinterbühne belastet sein kann). Beides sind dennoch notwendig unterschiedliche Formen des menschlichen Zusammenlebens, aber sie können – da sie verschiedenen Grundprinzipien gehorchen – nicht ineinander überführt und voneinander abgeleitet werden. Das kulturelle System der Arbeit ist durch universalistische, formell-rationale Normen und Symbole gekennzeichnet. Erwerbsarbeit ist durch konkurrenz-kapitalistische Sachzwänge geprägt, diese Normen ermöglichen aber dennoch eine (begrenzte) gesellschaftliche Regulierung und öffentliche Thematisierung. Die Familie und der private Reproduktionszusammenhang schließen sich auf ihre Art und Weise gegen Öffentlichkeit und Arbeitswelt ab und sind vom binnenorientierten Prinzip des Zusammenhalts und der Loyalitätsbindung gegen das Gesellschaftliche in sich hineingerichtet (vgl. dazu Erdheim 1988; Böhnisch/Lenz/Schröer 2009).

Seitens der Arbeitswelt sind Familien heute einem massiven *Erwartungsdruck* ausgesetzt, dem Zwang die Arbeitskraft der Familienmitglieder, nicht mehr nur des Mannes, nach Markterfordernissen zu verwerten und verfügbar zu halten. Die Anforderungen an ein anderes Zeitmanagement entstehen aus den familialen Verpflichtungen und der notwendigen Zeit für gedeihliches privates Zusammenleben, die – insbesondere unter Konkurrenzdruck gegenüber Kolleg/innen ohne Sorgepflichten – an ihre Grenzen geraten. Davon sind alle beruflichen Statuspositionen betroffen (vgl. Jurczyk et al. 2009). Familien suchen unterschiedliche Lösungen: die Entlastung durch private Dienstleistungen, eine bis auf 24 Stunden erweiterte Kinderbetreuung in Kitas, eine zwischen Mutter und Vater neu ausgehandelte oder frei gewählte „retraditionalisierte" Rollenverteilung. Diese Veränderungen verlangen Flexibilität in der Vereinbarkeit von Familie und Beruf, aber gleichzeitig auch die offene Aufforderung, Familie täglich neu herzustellen (vgl. auch 8. Familienbericht 2012). Es ergeben sich Chancen zu neuen Geschlechterarrangements, aber auch die Aufgabe, sich auf Neues einzulassen und darüber neu zu verständigen. Elterliches Konfliktverhalten und Paarkonflikte – insbesondere die Konfliktfähigkeit – werden nicht durch die Häufigkeit von Konflikten, sondern am häufigsten durch beruflichen Alltagsstress beeinträchtigt (vgl. Ossyssek 1995).

Zu den zentralen Leistungen der Familie gehört neben der sozialemotionalen Rahmung und Unterstützung des Aufwachsens von Kindern und Jugendlichen die erzieherische Vermittlung von Bildung. Der familiale Bildungsprozess passiert aber nicht formal und in diesem Sinne intentional, sondern resultiert aus der Routine von Familientraditionen und alltäglichen Familiengewohnheiten. Individuelle Bildungsbiografien sind durch intergenerationale Entwicklungen beeinflusst, die auf die Herkunftsfamilie und ihr gewachsenes Milieu zurückgehen. Bildungserwartungen der Eltern gegenüber ihren Kindern laufen demnach nicht nur nach einem eindeutigen Kosten-Nutzen-Modell ab. Die Aufmerksamkeit ist vielmehr über den engeren Entscheidungskontext hinaus auf die Bewältigungskonstellationen zu lenken, wie sie sich in Familienmilieus als beziehungsvolle Gegenseitigkeitsstrukturen entwickeln konnten. Wie und wann sich in der Familie erworbene Kompetenzen biografisch umsetzen, ist nicht eindeutig prognostizier- und messbar und tritt unterschiedlich sowie zeitlich verzögert in neuen Lebenssituationen zutage. Eltern wundern sich oft, wenn ihre Kinder erst später, im jungen Erwachsenenalter, in ihren Paarbeziehungen, kulturellen Orientierungen und in ihrem alltäglichen Verhalten, vieles tun, was sie als Kinder und Jugendliche, wenn es die Eltern von ihnen verlangten, nur widerwillig getan oder abgewehrt haben.

Familien sind heute starken Veränderungstendenzen unterworfen. Damit wird auch in einer prägnanten Weise die Frage virulent, was unter einer Familie verstanden wird. Dem soll im Weiteren nachgegangen werden.

1.1 Abkehr von der Normalfamilie

Um die Veränderungen sichtbar zu machen, ist eine kurze Rückschau auf die Begriffsgeschichte sowie die Etablierung des bürgerlichen Familienmodells erforderlich: Erst zum Ende des 17. und zu Beginn des 18. Jh. hat „Familie“ Eingang in die deutsche Alltagssprache gefunden (vgl. Schwab 1975). Anfangs noch weiter gefasst, erfährt dieser Begriff ab der zweiten Hälfte des 18. Jh. mit dem Aufkommen des zunächst im bürgerlichen Sozialmilieu situierten neuen Familienmodells eine Umformung. Es kommt zu einer folgenschweren Fusionierung des Familienbegriffs und des Familienmodells. Als Familie wird nun verstanden, was im Bürgertum als Ideal propagiert und zunehmend auch gelebt wurde. Im Weiteren werden einige Eckpunkte des *bürgerlichen Familienmodells* aufgezeigt (ausführlicher vgl. Sieder 1995; Gillis 1997):

- Dieses Modell zeichnete sich durch eine klare Grenzziehung zur Außenwelt aus. Durch den Ausschluss sog. familienfremder Personen (z.B. Dienstpersonal, Verwandte) beschränkte es sich nach innen auf die „eigentliche“ Familie, die als Vater, Mutter und die (leiblichen) Kinder aufgefasst wurde. Die „eigentliche“ Familie wurde zum Inbegriff des Privaten verklärt. Sie galt als die harmonische und friedliche Gegen-Welt zur kalten und als bedrohlich empfundenen Außenwelt. Zum Vorschein kommt hier die für die deutsche Geistesgeschichte zentrale Dichotomie von Gesellschaft und Gemeinschaft; Familie gilt als der Prototyp der Gemeinschaft, die der „kalten“ Gesellschaft entgegengestellt ist (vgl. auch Rosa et al. 2010).

- Grundlegend für diese Familienform war eine Trennung von Produktion und Reproduktion. Diese getrennten Lebensbereiche wurden jeweils der alleinigen Zuständigkeit eines Geschlechts übertragen. Der Mann ging außerhalb des Hauses der Erwerbsarbeit nach und hatte den monetären Unterhalt der Familie zu sichern. Die Frau wurde von solchen produktiven Tätigkeiten entbunden, damit sie sich voll und ganz dem häuslich-familialen Bereich widmen konnte.
- Diesem Modell lag eine enge strukturelle Koppelung von Ehe und Familie zugrunde. Die durch Liebe gegründete und durch sie getragene Ehe erfuhr ihre letzte Vollendung durch die Elternschaft. Die Familiengründung war zugleich der eigentliche Zweck der Heirat. Aus der Ehe folgte in diesem Modell unmittelbar die Familiengründung, und die Ehe ging voll und ganz in der Familie auf.
- Im bürgerlichen Familienmodell wurde die distanzierte Einstellung der Eltern zu den Kindern durch eine intensive emotionale Hinwendung abgelöst. Den Kindern als Produkt der liebenden Ehegatten wurde der Rang von Individuen zugesprochen, wodurch ein Verständnis für Eigentümlichkeiten des Kindlichen und für ihre besonderen Bedürfnisse geweckt wurde. Die Erziehung wandelte sich von einem Nebenbei-Geschehen zu einer Hauptaufgabe, die die liebende und aufopferungsbereite Mutter und niemand sonst zu leisten habe und in dieser besonderen Weise leisten könne. In der Folge wurden die Frauen wesentlich (manchmal geradezu ausschließlich) über die Mutterschaft definiert.

Familien sind in der Gegenwart massiven Wandlungstendenzen ausgesetzt (als Überblick: vgl. Peuckert 2008; Krüger/Herma/Schierbaum 2013). Vollzogen hat sich ein *Pluralisierungsprozess*. Die gelebten pluralen Familienwirklichkeiten stimmen mit dem historisch gebundenen Modell von Familie immer weniger überein. Was sich vor unseren Augen vollzieht, ist eine Abkehr von der lange Zeit dominanten Normalfamilie.

In einer gerafften Darstellung soll im Folgenden ein Überblick über die in der Gegenwart vorhandene Pluralität von Familienformen gegeben werden. Eben diese lassen sich nach unterschiedlichen Merkmalen systematisieren (vgl. Nave-Herz 2006), wobei nur die gegenwärtig Wichtigsten genannt werden sollen:

- *Nach dem Familienbildungsprozess:* Neben Eltern-Familien mit biologischen Eltern gibt es Adoptions-, Pflege- und Stief- oder Fortsetzungsfamilien. Eine weitere Form sind Patchworkfamilien, bei der einer oder beide Beziehungspartner Kinder aus früheren Beziehungen mitbringen und auch gemeinsame haben. Verbreitet sind inzwischen auch Inseminationsfamilien, bei denen der Kinderwunsch mit Unterstützung durch die Reproduktionsmedizin realisiert wurde.
- *Nach der Zusammensetzung der Elter(n)-Generation und der bestehenden Verbindung:* Neben Zwei-Eltern- gibt es Ein-Elter-Familien, in denen nur eine Elter-Position besetzt ist (zum Begriff „Elter“ vgl. Kap. B 2.2). Ganz überwiegend handelt es sich dabei um die Mutter (=Mutterfamilien), in Deutschland sind ca. 85% aller Alleinerziehenden Frauen (vgl. Statistisches Bundesamt 2010). Väter

übernehmen die alleinige Erziehungsverantwortung (=Vaterfamilien) weiterhin eher selten. Neben ehelichen Familien mit einem verheirateten Paar existieren nichteheliche Familien. Hat ein gleichgeschlechtliches Paar die Elternposition inne, wird von einer Regenbogenfamilie gesprochen.

- *Nach der Wohnform:* Familien können – wie auch Paare ohne Kind – über einen oder zwei Wohnsitze verfügen. Neben der freiwilligen Wahl eines Paares in zwei Haushalten zu leben, können zwei Wohnsitze aufgrund von beruflichen Notwendigkeiten erforderlich sein. Für letztere Form hat sich – aus dem Englischen übernommen – der Begriff der Commuter-Familien (also Pendler-Familien) eingebürgert. Für die erste Form gibt es noch keinen gängigen Begriff. Dass Familien in zwei getrennten Wohnungen leben, wird vielfach durch die Trennung bzw. Scheidung des Elternpaares hervorgebracht (vgl. Sieder 2008). Hinter dem, was üblicherweise als Ein-Elter-Familie aufgefasst wird, stecken vielfach „binukleare Familienformen". Durch die starke Fixierung der Familienforschung auf Haushalte, worauf noch ausführlicher eingegangen wird, wurde ihre Existenz lange und wird immer noch vernachlässigt.

Die nach diesen drei Merkmalen differenzierten Familienformen können in den verschiedensten Kombinationen auftreten: Möglich ist z.B. eine Patchworkfamilie, die zugleich eine Regenbogenfamilie und Commuter-Familie ist. Weit verbreitet ist auch, dass eine Person in ihrem Lebenslauf unterschiedliche Familienformen lebt. So kann z.B. eine nichteheliche Familie zu einer ehelichen werden und diese später in eine binukleare Familie übergehen, bevor dann eine Patchworkfamilie besteht. Aber das ist eine mögliche Kombination neben vielen anderen.

Eine weitere wesentliche Abkehr vom Modell der bürgerlichen Familie stellen die *Veränderungen der Arbeitsteilung* zwischen den Geschlechtern dar. Das bürgerliche Ideal, dass Frauen ein Leben lang nicht erwerbstätig werden, existiert inzwischen schon lange nicht mehr. Auch dass Frauen mit der Familiengründung dauerhaft aus dem Beruf aussteigen, kommt immer seltener vor. Obwohl in Westdeutschland seitens der Politik der Ausstieg der Frauen aus der Erwerbstätigkeit bei der Familiengründung befürwortet und auch massiv gefördert wurde, haben sich schon in den 1960er und 1970er Jahren immer mehr Frauen für die Erwerbstätigkeit entschieden. In den konservativen Wohlfahrtsstaaten, zu denen Westdeutschland zählt, ist damit die Politik immer stärker in Widerspruch zu den Familienwirklichkeiten geraten.

Dass sich Frauen für die Fortdauer ihrer Erwerbstätigkeit entschieden haben, resultiert aus mehreren Gründen: Aufgrund der im Zuge der Bildungsexpansion erheblich angestiegenen Bildungsqualifikationen besitzt eine wachsende Anzahl von Frauen gute Startbedingungen für ihre Erwerbsarbeit. Der Übergang in die Familienarbeit ist immer mit der ökonomischen Abhängigkeit verbunden, was auch mit einer Gemeinschaftsideologie nicht verdeckt werden kann. Eine wachsende Instabilität der Ehen macht das offenkundig und ist für Frauen, die sich auf die private

Sorgearbeit konzentrieren, mit erheblichen finanziellen Gefahren verbunden. Auch sind im Zuge eines starken Individualisierungsschubes die als selbstverständlich gesetzten Ansprüche an Selbstverwirklichung stark angestiegen, die in der Erwerbsarbeit besondere Realisierungschancen haben.
Die beschriebenen Tendenzen der Abkehr von der Normalfamilie machen eine Revision des Familienbegriffs unabdingbar. Im Weiteren sollen die zentralen Verengungen, die in den herkömmlichen Verwendungsweisen des Familienbegriffs zum Vorschein kommen, aufgezeigt werden, die in einem differenzierten Begriff überwunden werden müssen (vgl. Lenz 2003a).

(1) Strikt getrennt werden muss zwischen *Familie und Haushalt*, was umso schwerer fällt, da sich die Familienforschung in der amtlichen Statistik weitgehend auf eine Haushaltsstatistik stützt. Haushalt ist eine sozioökonomische Wohn- und Wirtschaftseinheit. Familie und Haushalt können zusammenfallen, müssen aber nicht. Verbreitet ist in Deutschland weiterhin, dass die Zusammengehörigkeit einer Elter(n)-Kind-Konstellation auch in einer über viele Jahre fortdauernden Hausgemeinschaft zum Ausdruck kommt. Nach den Ergebnissen des „Generations and Gender Survey", durchgeführt vom Bundesinstituts für Bevölkerungsforschung 2005 und 2006, wachsen in Deutschland zwei Drittel der unter 18-jährigen Kinder mit ihren verheirateten Eltern auf. Während dies in Westdeutschland auf knapp 70% der Kinder zutrifft, sind es in Ostdeutschland weniger als 50% (vgl. Hullen 2006). Hinzu kommen ca. 6% Kinder, die mit ihren Eltern zusammenleben, welche nicht verheiratet sind (im Osten: 14%; im Westen: 5%). Diese Zahlen machen jedoch zugleich deutlich, dass bei einer nicht gerade geringen Anzahl der Kinder ein Elter außerhalb des Haushalts lebt (vgl. Statistisches Bundesamt 2010). Ebenso ist es möglich, dass innerhalb eines Haushalts eine Person lebt, die nicht als Familienmitglied aufgefasst wird, z.T. die Großmutter oder/und der Großvater. Eine Familie endet nicht mit dem Ausziehen des Kindes oder eines Elters aus dem Haushalt. Das Zusammengehörigkeitsgefühl, die Verantwortung und die Sorge füreinander sowie die verschiedenen Formen von Unterstützungsleistungen bestehen auch dann in aller Regel fort. Zudem ist diese besondere Hinwendung vielfach eine lebenslange, die auch dann andauert, wenn die eigenen Kinder längst erwachsen sind. Mit dem inzwischen verbreiteten Begriff der „multilokalen Mehrgenerationenfamilie" (vgl. Bertram 2000; Lauterbach 2004) wird zum Ausdruck gebracht, dass eine Familie nach der Beendigung der Hausgemeinschaft fortdauert und überhaupt der überwiegende Teil der stark ausgedehnten gemeinsamen Lebenszeit von Eltern und Kindern an verschiedenen Orten, aber in engem Austausch miteinander verbracht wird. Vielfach sind in diesem engen Familienverbund auch noch weitere Generationen – aus Sicht der Kinder: Groß- und Urgroßeltern – einbezogen.
Auf zwei Probleme, die mit der Haushaltsfixierung in der Familienforschung einhergehen, soll im Weiteren kurz hingewiesen werden: Die Komplexität von Familienkonstellationen, die gerade durch Trennung und Scheidung entstehen, kann

damit nicht eingefangen werden. Sichtbar wird nur eine Ein-Elter-Familie oder eine Stieffamilie. Die unterschiedlichen binuklearen Familienformen, die gelebt werden, bleiben unsichtbar. Durchaus verbreitet ist aber, dass die Kinder nach einer Trennung abwechselnd für mehrere Tage oder gar Wochen in den getrennten Haushalten ihrer Eltern leben oder zumindest regelmäßig einige Stunden oder Tage den getrennt lebenden Vater oder die Mutter besuchen. Reinhard Sieder (2009) spricht bei diesen beiden Formen von „Pendel-" bzw. „Besuchs-Patchwork". Mit dieser Fixierung wird zudem der Anteil der Ein-Elter-Familie überschätzt. Viele, der in der Haushaltsstatistik als alleinerziehend ausgewiesenen, sind nicht „allein" mit ihrem Kind bzw. ihren Kindern. Ihre Kinder sind nach der Trennung der Eltern in binukleare Familien integriert bzw. ihre Eltern haben eine Distanzbeziehung, die auch nach der Familiengründung nicht in eine Haushaltsgemeinschaft umgewandelt wurde.

(2) Schließlich liegt dem herkömmlichen Familienkonzept auch ein *versteckter Biologismus* zugrunde. Von Biologismus kann gesprochen werden, wenn (stillschweigend) angenommen wird, dass zu einer Familie die leibliche Mutter und der leibliche Vater oder zumindest einer von beiden gehört. Schon das Rechtsinstitut der Adoption lässt erkennen, dass eine Familie nicht nur durch biologische Prozesse entsteht. Wäre dies nämlich der Fall, könnte dieser Rechtsakt niemals eine Elter-Kind-Beziehung begründen. Adoptiveltern stehen aber – zumindest im Falle der Fremdadoption – zu ihrem adoptierten Kind in einer voll ausgestatteten Eltern-Kind-Beziehung, ohne dass sie dieses Kind geboren bzw. gezeugt haben. Die Adoption macht deutlich, dass Elternschaft nicht nur biologisch, sondern auch rechtlich begründet werden kann.

Dieser Weg zeigt zugleich, dass die Biologie – zumindest im modernen Staatswesen – sogar immer das Recht braucht. Während Elternschaft ausschließlich rechtlich begründet werden kann, reicht dagegen die biologische Mutter- oder Vaterschaft noch nicht aus; sie ist immer auf die staatliche Anerkennung angewiesen. Nicht schon die Konzeption, Schwangerschaft oder Geburt generiert den Status als leibliche Mutter, ebenso nicht allein die Zeugung den Status als leiblichen Vater. Diese Statuszuweisung ist vielmehr immer daran gebunden, dass diese beiden Personen oder zumindest eine davon von staatlichen Instanzen als Mutter oder Vater registriert werden. Die lange Dauer und die Sichtbarkeit der Schwangerschaft sowie die Anwesenheit Dritter bei der Geburt haben zur Folge, dass bei Frauen dieser Rechtsstatus scheinbar unmittelbar mit der biologischen Mutterschaft verknüpft ist. Kinderaussetzung und seit 1999 in einigen deutschen Städten wieder eingeführte Babyklappen verdeutlichen jedoch, dass es – neben der Adoptionsfreigabe – weitere (wenn auch gesellschaftlich missbilligte bzw. umstrittene) Möglichkeiten gibt, der Rechtswirksamkeit der biologischen Mutterschaft zu entgehen. Der Evidenznachweis der Vaterschaft ist deutlich geringer und damit die Wahrscheinlichkeit

größer, dass die rechtliche und biologische Vaterschaft nicht übereinstimmen. Zwar gibt es zuverlässige Methoden, eine Vaterschaft nachzuweisen, allerdings setzt dies Misstrauen und die Bereitschaft voraus, daraus Handlungen folgen lassen.
Für eine soziologische Bestimmung des Familienbegriffs muss zusätzlich und vorrangig die Unterscheidung zwischen *sozialer und biologischer Elternschaft* betrachtet werden. Wenn ein Kind mit den beiden leiblichen Eltern aufwächst, fallen soziale und biologische Elternschaft zusammen. Wenn aber an die Position eines biologischen Elters eine dritte Person tritt, fallen soziale und biologische Mutter- oder Vaterschaft – eventuell sogar beide – auseinander. Mit der sozialen Vater- bzw. Mutterschaft wird die Übernahme und Ausübung der Vater- bzw. Mutter-Position gegenüber einem Kind im Lebensalltag bezeichnet. Für das Phänomen des Auseinanderfallens von sozialer und biologischer Elternschaft hat sich in der Familienforschung mittlerweile der Begriff der „fragmentierten Elternschaft“ (vgl. Hoffmann-Riem 1988; Schneider/Rosenkranz/Limmer 1998) eingebürgert. Neben der Adoption sind Stieffamilien und Familiengründungen durch heterologe Insemination („Inseminationsfamilie“) weitere Beispiele für fragmentierte Elternschaft.
Das Phänomen der sozialen Elternschaft hat für die Begriffsbestimmung von Familie weitreichende Auswirkungen. Die Fälle der sozialen Elternschaft zeigen, dass die Reproduktionsfunktion kein universelles Merkmal von Familie ist. Es gibt offensichtlich Fälle von Familien, die sich nicht durch Geburt konstituiert haben. Noch wichtiger ist: Die Fälle der Entkoppelung von biologischer und sozialer Mutter- und/oder Vaterschaft lassen auch erkennen, dass von einer Familie immer erst dann gesprochen werden kann, wenn die biologische zur sozialen Elternschaft wird. Durch die Geburt eines Kindes entsteht noch keine Familie, sondern erst wenn zumindest eine Person eine Elter-Position übernimmt. Die biologische Tatsache der Mutter- und Vaterschaft reicht nicht aus, auch – um dies am Rande zu ergänzen – die rechtliche Zuweisung nicht. Eine Mutter- oder Vaterschaft wird erst dann sozial relevant, wenn sie als solche anerkannt wird, das heißt, wenn sie in eine soziale Vater- und Mutterschaft überführt wird. Es kann Familien ohne biologische (und ohne rechtliche) Elternschaft geben, nicht aber Familien ohne soziale Elternschaft. Die Ausgestaltung der Mutter- und Vater-Positionen ist in hohem Maße kulturspezifisch und auch einem historischen Wandel unterworfen (vgl. Leeder 2004).

1.2 Familie als Ensemble persönlicher Beziehungen

Weiterhin verbreitet ist die Auffassung der Familie als „Gruppe besonderer Art“ (vgl. z.B. Tyrell 1983). Bei dieser These kommt die Gleichsetzung von Familie und Kernfamilie zum Vorschein, die als eine weitere Verengung zu kritisieren ist. Auch wird unterstellt, dass eine Familie immer mindestens drei Mitglieder umfasst, was aber nicht zutrifft, wie Ein-Elter-Familien, bestehend aus einer Mutter bzw. einem Vater und einem Kind, zeigen. Statt das Gruppenkonzept zu verwenden, ist für

Familien das – bereits im Kap. B 1.2.2 vorgestellte – Konzept der persönlichen Beziehungen angemessener. Elter(n)-Kind-Beziehungen sind ein Grundtypus von persönlichen Beziehungen; alle Grundmerkmale persönlicher Beziehungen finden sich in besonderer Ausprägung – wie bereits dargestellt – in dieser Beziehungsform. Ihre Besonderheit ergibt sich daraus, dass ihre Mitglieder unterschiedlichen, unmittelbar aufeinander bezogenen (Abstammungs-)Generationen angehören.

Auch wenn die Elter(n)-Kind-Beziehung(en) den Definitionskern von Familien bilden, sind diese in aller Regel nicht darauf beschränkt. Abgesehen vom Fall der kleinstmöglichen Familie, die nur aus zwei Personen (in den Positionen „Elter" und „Kind") besteht, umfassen Familien neben der bzw. den Elter-Kind-Beziehungen eine oder mehrere weitere Formen persönlicher Beziehungen. Mit einer *dritten Person* vermehrt sich das Ensemble der persönlichen Beziehungen in einer Familie auf drei. Gehört die dritte Person der Eltergeneration an, setzt sich die Familie aus zwei *Elter-Kind-Beziehungen* und einer *Zweierbeziehung* zusammen. Gehört sie der Kindgeneration an, wird die Familie aus zwei *Elter-Kind-Beziehungen* und einer *Geschwisterbeziehung* gebildet. Beide Male umfasst die Familie also zwei unterschiedliche Strukturtypen persönlicher Beziehungen (Elter-Kind-Beziehung, Zweierbeziehung bzw. Geschwisterbeziehung). Mit einer *vierten Person* erhöht sich die Anzahl der persönlichen Beziehungen bereits auf sechs. Kommt zu zwei Erwachsenen und einem Kind als vierte Personein Kind dazu, dann umfasst diese Familie vier *Elter-Kind-Beziehungen*, eine *Zweierbeziehung* sowie eine *Geschwisterbeziehung*. In diesem Falle zeichnet sich die Familie durch das Nebeneinander von drei Strukturtypen persönlicher Beziehungen aus. Unter der kulturellen Vorgabe der Monogamie ist in Familien die Anzahl der Zweierbeziehung auf eine festgelegt, die zulässigen Elter-Kind- und auch Geschwisterbeziehungen sind dagegen zahlenmäßig nicht beschränkt. Die Anzahl der Elter-Kind-Beziehungen einer Mutter- bzw. Vater-Position variiert mit der Kinderzahl. Ein Kind ist im Regelfall in maximal zwei Elter-Kind-Beziehungen integriert; in Sonderfällen einer binuklearen Familie ist allerdings eine Ausweitung möglich.

Neben den Mutter-, Vater- und Kind-Positionen können Familien weitere Positionen umfassen. Diese können (1) einer weiteren Generation (z.B. Großmutter, Großvater) angehören oder (2) die Elter-Generation horizontal erweitern (z.B. Onkel, Tante). Im Falle dieser Erweiterung spricht man von einer „erweiterten Familie". In unserer Gesellschaft sind erweiterte Familien heute eher selten. Dennoch kommt es durchaus vor, dass in einer bestimmten Lebensphase eine erweiterte Familie entsteht, z.B. wenn die alt gewordene und/oder pflegebedürftige Mutter in den Familienhaushalt eines Kindes zieht. Diese Personen werden nur dann zur Familie gerechnet, wenn sie tatsächlich als Familienmitglieder wahrgenommen werden; eine bloße Haushaltsgemeinschaft reicht nicht aus und ist dafür auch nicht zwingend vorausgesetzt. Es ist folglich immer eine *Definition der Grenzziehung* notwendig, wer neben dieser bzw. diesen Generationenbeziehung/en noch zur Familie gehört und wer außerhalb steht. Familien sind darüber hinaus immer in ein Geflecht persönlicher Beziehungen („soziales Netzwerk“) eingebunden. Zentrale Sektoren des sozialen Netzwerks sind das Verwandtschaftsnetz, das Freundesnetz und ein Netz von professionellen Helfer/innen (Erzieher/innen, Lehrer/innen, Sozialarbeiter/innen).

Auf dieser Basis ist es möglich, Familie ohne eine Verengung auf ein kulturell und historisch gebundenes Familienmodell als Allgemeinbegriff mit überzeitlicher und überräumlicher Geltung zu definieren: Familie ist eine Lebensform, in der zumindest eine Generationenbeziehung in Form einer Elter-Kind-Beziehung vorhanden ist. Eine Familie entsteht nicht durch die Geburt eines Kindes, sondern durch die Übernahme und das Innehaben einer oder beider Elter(n)-Position(en) und kann nur dadurch fortbestehen. Bei der durch Verantwortungsübernahme konstituierten Elter-Kind-Beziehung handelt es sich in aller Regel um eine lebenslang andauernde persönliche Beziehung. Ob neben Elter(n) und Kind(ern) noch weitere Personen zur Familie gehören, ist eine Frage der Grenzziehung, die kulturspezifisch, aber auch von Familie zu Familie variieren kann.

Oder kurz gefasst sind Familien in Generationenbeziehungen personalisierte Care-Strukturen, die durch Übernahme einer Mutter- und/oder Vater-Position im Lebensalltag des Kindes generiert werden und auf Grundlage dieses persönlichen Wissens einen lebenslangen Bestand haben können. Das Wissen um die eigene biologische Mutter- und Vaterschaft scheint offensichtlich kulturübergreifend in einem herausragenden Maße motivationsschaffend und -verstärkend zu wirken, elterliche Zuständigkeit für ein Kind zu übernehmen. Eine Vater- oder Mutter-Position kann jedoch auch übernommen und ausgeübt werden, ohne dass diese biologisch fundiert ist. Dieser Familienbegriff lässt offen, ob in der Elter(n)generation die Vater- *und* Mutter-Position besetzt ist oder nur eine von beiden, ebenso, ob die zur Familie gehörenden Personen eine Haushaltsgemeinschaft bilden oder nicht. Offen bleibt ebenso, ob das Elternpaar zwei Personen unterschiedlichen oder gleichen Geschlechts umfasst. Möglich ist nach diesem Verständnis also eine breite Palette von Ausgestaltungen dieser Generationenbeziehung, ohne eine davon – entgegen der in der Familienforschung lange Zeit gängigen Praxis – als die „eigentliche“ oder „richtige“ Familie zu privilegieren.

Durch die Festlegung der Familiengrenzen wird die Zugehörigkeit und Nichtzugehörigkeit zu einer Familie bestimmt. Bei den Ausgeschlossenen gibt es eine privilegierte Gruppe von Personen. Sie gehören zwar auch nicht zur Familie, werden aber in einem besonderen Verhältnis zur Familie stehend aufgefasst: Diese Gruppe sind die *Verwandten*. Bei der Bestimmung von Verwandtschaft muss zwischen Verwandtschaftssystemen und -graden unterschieden werden (vgl. Segalen 1990; Vivelo 1995; Wagner/Schütze 1998). Bei den Verwandtschaftssystemen kann – um nur die Grundtypen zu nennen – zwischen Patrilinearität, Matrilinearität und Bilinearität unterschieden werden. Damit wird zum Ausdruck gebracht, ob sich Verwandtschaft nur über die Vaterlinie, Mutterlinie oder über beide generiert hat. Der Verwandtschaftsgrad definiert die *Nähe* der Verwandtschaft einer Person zu einer anderen. Nach dem deutschen Recht bestimmt sich der Grad der Verwandtschaft nach der Zahl der sie vermittelnden Geburten. Eltern und Kinder sind Verwandte ersten Grades (eine vermittelnde Geburt); Geschwister, Großeltern, Enkelkinder sind im zweiten Grad verwandt (zwei vermittelnde Geburten) usw.

1.3 Elter-Kind-Beziehung: Grundmerkmale und Wandlungstendenzen

Konstitutives Merkmal einer jeden Familie ist – wie gezeigt das Vorhandensein zumindest einer Elter-Kind-Beziehung. Im Weiteren sollen einige Grundmerkmale dieser Beziehungsform und auch Wandlungstendenzen aufgezeigt werden.

(1) Modernisierung der Kindheit und Machtasymmetrie: Die Generationsdifferenz bewirkt in Elter(n)-Kind-Beziehungen eine strukturell vorgegebene Machtdifferenz. Als „physiologische Frühgeburt" (Portmann) und als „Mängelwesen" (Gehlen) ist das Kind längerfristig auf einen familialen Kontext angewiesen. Das Kind ist alternativlos von einer besonderen Zuwendung und der Übernahme von vielfältigen Unterstützungsleistungen durch Angehörige der älteren Generationen abhängig, um zu überleben und sich erforderliche Handlungskompetenzen aneignen zu können. Das bedeutet nicht, dass ein neugeborenes Kind ein völlig passives Wesen ist. Beobachtungsstudien haben vielmehr gezeigt, dass sich Bezugsperson und Kind schon in sehr frühen Interaktionen wechselseitig beeinflussen. Diese Wechselseitigkeit ist aber in eine hohe Unselbstständigkeit eingebettet, die erst in einem langfristigen Prozess schrittweise abgebaut wird.
Jean Piaget (1986) hat die Elter(n)-Kind-Beziehung deshalb – im Kontrast zu den Beziehungen zu Gleichaltrigen – als unilateral komplementär bezeichnet. Sie ist durch Zwang gekennzeichnet, da die ältere Generation dem Kind Weisungen erteilt und Regeln auferlegt. Diese Austauschform ist für Piaget mit einer heteronomen Moral verknüpft. Das Kind hält sich nicht deshalb an Regeln, weil es diese für vernünftig hält, sondern weil es anderenfalls mit der Missbilligung rechnet (vgl. auch Schuster 1998). Deutlich stellt Piaget die anthropologisch vorgegebene Grundsituation der Elter(n)-Kind-Beziehung heraus. Wenig Beachtung schenkt er jedoch der inhärenten Veränderungsdynamik der Elter(n)-Kind-Beziehung und verzichtet völlig darauf, die historische Variabilität dieser Beziehungsform in den Blick zu nehmen.
Seit dem Zeitraum dieser Analysen von Piaget haben sich – folgt man den vorliegenden Forschungsergebnissen – massive Verschiebungen im Umgang der Eltern mit ihren Kindern ereignet. An die Stelle der lange dominanten Erwachsenenzentrierung in den familialen Interaktionen ist eine *Kindzentrierung* getreten. Damit

eng verknüpft ist ein Wandel der Erziehungsleitbilder: Die Selbstverwirklichung des Kindes hat Anpassung und Gehorsam als Erziehungsideale abgelöst (vgl. Reuband 1999). Parallel dazu hat sich auch das Erziehungsverhalten verändert; körperliche Strafen haben gegenüber kommunikativen Praktiken deutlich an Bedeutung verloren. Gleichsam gebündelt werden diese Befunde in der These des Übergangs vom Befehls- zum Verhandlungshaushalt dargestellt, die in länderübergreifenden Vergleichsstudien empirisch überprüft und differenziert wurden (vgl. DuBois-Reymond et al. 1994). Beim Befehlshaushalt wird die Generationenbeziehung durch verbindlich vorgegebene Regeln geprägt, erwartet werden Unterordnung und Gehorsam, Verfehlungen werden mit Bestrafungen, einschließlich physischer Gewalt, geahndet und die Eltern sind Respektspersonen. Im Verhandlungshaushalt ist die Machtbalance inzwischen zugunsten der Kinder verschoben. Sichtbar wird eine starke Informalisierung im Miteinander der Generationen; die starren Hierarchien zwischen Jung und Alt sind abgebaut, Möglichkeiten für Aushandlungsprozesse werden geschaffen und die Umgangsformen sind entkrampft. Damit wird Raum für eine alltagspraktische Verselbstständigung des Kindes und eine zunehmende Entflechtung von Familien- und Eigenzeit des Kindes hergestellt. Aus den Eltern als Respektspersonen werden – im positiven Falle – Vertrauenspersonen (vgl. Ecarius 2007). Verschiebungen zugunsten der Kinder zeigen sich inzwischen auch im Recht. Das „Kindeswohl“ ist in der Rechtssetzung mittlerweile zu einer zentralen Begründungskategorie aufgestiegen (vgl. Stein-Hilbers 1994; Bauer/Wiezorek 2007) und tritt dabei durchaus in Konkurrenz zum Elternrecht. Das „Wohl des Kindes“ gilt als Richtschnur für Eingriffe in die elterliche Sorge und für Familiengerichtsentscheidungen. Ebenso für die Einführung des gemeinsamen Sorgerechts im Falle einer Scheidung war das Kindeswohl ausschlaggebend, wodurch das Recht des Kindes auf Vater und Mutter gesichert werden solle.

Die These der Modernisierung der Kindheit ist aber in Gefahr, – sicherlich weitgehend ungewollt – das Zerrbild der heilen, glücklichen und konfliktfreien Kindheit zu produzieren. Dass die Kindheit heute weit davon entfernt ist, verdeutlicht ein Ergebnis aus der Dresdner Kinderstudie, in der im Rahmen einer lokalen Sozialberichterstattung über die Lebenslagen 2000, 2005 und 2010 jeweils ca. 2.000 Kinder befragt wurden: Ungefähr jedes fünfte Kind im Alter von 8 bis 14 Jahren sagt, dass es oft bzw. manchmal Angst vor den eigenen Eltern hat. Die Angst vor den Eltern erweist sich in diesem Lebensabschnitt als dauerhafter und beständiger als die Angst vor Mitschüler/innen und Lehrer/innen (vgl. Lenz/Schlinzig 2013). Sicherlich ist davon auszugehen, dass die Häufigkeit und Schwere körperlicher Strafen massiv abgenommen hat, dennoch zeigen die vorliegenden Studien, dass nur aus jedem vierten deutschen Kinderzimmer physische Gewalt völlig verschwunden ist (vgl. Melzer/Lenz/Bilz 2010). Auch ist die Modernisierungsthese der Kindheit zu stark auf die spätere Kindheit ausgerichtet. Außer Acht gelassen wird dabei, dass die Machtbalance im Laufe der Kindheit massiven Veränderungen unterliegt. So zeigt sich aus US-Studien, dass die Gewalt gegen Kinder mit dem Alter erheblich abnimmt; ein deutlicher Rückgang setzt ab dem zehnten Lebensjahr ein (vgl. Straus 1994).

Notwendig ist es, die Aussagen zum familialen Wandel stärker als bislang auf die Ablauflogik der Elter(n)-Kind-Beziehung zu beziehen, wobei von der anthropologisch vorgegebenen Asymmetrie auszugehen ist. Statt einer Modernisierungseuphorie zu verfallen, sollte in der Generationenforschung die Frage nach den institutionellen Mechanismen (vgl. Rehberg 2001) in den Vordergrund gestellt werden, durch die die elterliche Machtfülle – in der Gegenwart stärker – begrenzt und reglementiert wird. Die Sozialgeschichte der Kindheit ist insofern eine Geschichte der Zähmung und der Zähmungsversuche elterlicher Machtausübung. Die Verpflichtung zur Kindesliebe, die Norm der verantwortungsbewussten Elternschaft oder auch die rechtliche Verankerung des Kindeswohles in Verbindung mit dem staatlichen Wächteramt stellen institutionelle Mechanismen der Begrenzung elterlicher Machtfülle dar.

(2) Ungleichzeitigkeit des Alterns: Kontinuität und Dauerhaftigkeit persönlicher Beziehungen bewirken ein Altern. Während man in Zweier- und Freundschaftsbeziehungen gemeinsam altert, ist für Elter(n)-Kind-Beziehungen eine Ungleichzeitigkeit des Alterns charakteristisch. Die Generationsdifferenz bewirkt, dass Lebensereignisse synchronisiert zueinander ablaufen, die für die Eltern und Kinder sehr unterschiedliche lebenslaufpraktische Relevanzen besitzen.

Sehr deutlich kommt dies im Ablösungsprozess zum Ausdruck. Für Jugendliche und Eltern ist die Jugendphase gleichermaßen eine Umbruchsituation. Während diese von den Jugendlichen trotz aller Belastungsmomente in erster Linie voller Optimismus und Neugier als Möglichkeit der Verselbstständigung erlebt wird, stellt die Ablösung ihrer Kinder für die Eltern nicht selten eine massive Krisenerfahrung dar. Sie erleben eine immer stärker werdende Außenorientierung der Kinder, müssen verarbeiten, dass andere Bezugspersonen wichtiger als sie werden, und mit dem Ausziehen des letzten Kindes (wieder) eine kinderlose Zeit ehelichen Zusammenlebens beginnt, die vielfältige Neuorientierungen erforderlich macht. Dieser Ablösungsprozess ereignet sich nach ihrer durchschnittlich erwartbaren Lebensmitte; durch das Wieder-Alleinsein werden sie unweigerlich mit dem Älterwerden und der verbleibenden Lebenszeit konfrontiert

Dieses besondere Altersarrangement von Elter(n)-Kind-Beziehungen bringt mit sich, dass sich die Richtung der Unterstützungsleistungen im Lebensverlauf beider Generationen umkehren bzw. umkehren können: Sind es in der Kindheit die Eltern, die wesentliche Versorgungsleistungen für die jüngere Generation übernehmen, kehrt sich dies im fortgeschrittenen Alter um. Der Elter(n)-Kind-Beziehung ist eine Umkehrdynamik eingeschrieben: Aus den Versorgern von heute werden die Versorgten von morgen. Anders als in der Vergangenheit – und weiterhin in vielen Gesellschaften der Gegenwart – sind alte Menschen nicht mehr auf die materielle Versorgung durch die eigenen, nunmehr erwachsenen Kinder angewiesen. Die modernen Wohlfahrtsgesellschaften haben die materielle Altersvorsorge entfamilialisiert, sie durch Errichtung von Rentenkassen aus der Familie ausgelagert. Diese Regelung hat als Nebeneffekt nachhaltig zu einer Verbesserung der Generationsbeziehungen auf der emotionalen Ebene beigetragen. Trotz dieser Auslagerung der materiellen Alterssicherung dürfen die Leistungen, die Kinder für ihre alt gewordenen Eltern erbringen, nicht unterschätzt werden. Bei fortschreitender Altersgebrechlichkeit werden vielfach vormals getrennte Haushalte wieder zusammengelegt. Weiterhin findet die Pflege alter Menschen ganz überwiegend in Familien statt (vgl. Lenz/Rudolph/Sickendiek 1999).

Deutlich wird aber auch, dass diese Umkehrdynamik nach den beiden Seiten unterschiedlich normativ verbindlich geregelt ist. Während die Eltern gesetzlich zur Fürsorge verpflichtet sind und sich beim Nichteinhalten von Mindeststandards sogar strafbar machen, können sich Kinder der Betreuung und Pflege ihrer alten Eltern entziehen, ohne gegen Gesetzesnormen zu verstoßen. Die Sorge für die bedürftigen Eltern ist nur eine moralische Verpflichtung, die staatlich nicht erzwungen wird.

(3) Umgang mit Reziprozität: In persönlichen Beziehungen ist die Norm der Reziprozität (vgl. Gouldner 1984; Nestmann 1999) wirksam, mit Georg Simmel (1958: 443) gesprochen: „Aller Verkehr der Menschen beruht auf Hingabe und Äquivalent". In seinem Essay über Gabe hat Marcel Mauss (1968) das Prinzip der Reziprozität aus drei Bestandteilen zusammengesetzt beschrieben: (1) zu geben, (2) die Gabe anzunehmen und (3) die Gabe mit einer Gegengabe zu erwidern. Entscheidend dabei ist, dass – unabhängig von den Absichten und Kalkülen der Akteure – eine Gabe immer mit Verpflichtungen verbunden ist. Auch wenn die Reziprozitätsnorm in allen persönlichen Beziehungen vorhanden ist, tritt sie in den verschiedenen Beziehungsformen dennoch in unterschiedlicher Gestalt auf.

Trotz aller Individualisierung ist die Familie auch in der Gegenwart – wie bereits im Kap. B 1.4.3 dargestellt – ganz unbestritten das primäre Unterstützungssystem, auf das sich die Individuen stützen und auch stützen können (vgl. Diaz-Bone 1997). Für die Gegenwart lässt sich feststellen, dass es vor allem die Elter(n)-Kind-Beziehungen sind, auf deren Schiene – auch dann, wenn sich beide Teile längst verselbstständigt haben – wechselseitig Unterstützungsleistungen erbracht werden. Elter(n) und Kinder fühlen sich auch in besonderem Maße verpflichtet, einander mit Rat und Tat beizustehen, die ältere Generation mehr noch als die jüngere. Laszlo Vaskovics (1997) hat gezeigt, dass elterliche Transferleistungen in unterschiedlichen Formen bis weit in die Postadoleszenz und über unterschiedliche Verselbstständigungsschritte fortdauern (vgl. auch Masche 2000). Aus den Ergebnissen des Alters-Survey (vgl. Kohli/Künemund 2000) geht hervor, dass mehr Eltern sogar im Alter ihre erwachsenen Kinder mit Geld- und Sachleistungen unterstützen als umgekehrt; ein gewisser Ausgleich ergibt sich dadurch, dass die erwachsenen Kinder dagegen häufiger instrumentelle Hilfen leisten.

Charakteristisch für Familienbeziehungen ist die häufige Unausgeglichenheit der Gegenseitigkeitsverhältnisse; außerfamiliale Reziprozitäten sind meist sehr viel direkter als familiale. Unterstützungen für Freunde scheinen an die Erwartungen gebunden zu sein, dass in absehbarer Zeit eine Gegenleistung erfolgt („balancierte Reziprozität"). Bleiben die Unterstützungsleistungen zu lange einseitig, gehen Freundschaften auseinander. In Familienbeziehungen ist die Erwartung, bei Bedarf Hilfe und Unterstützung zu kommen, besonders groß. Und das ist entscheidend: Das System von Leistungen und Gegenleistungen ist ungleich offener gestaltet. Diese größere Offenheit bezieht sich auf die Inhalte des Austauschs, Gleichwertigkeit der Leistungen, auf die Zeit, die zwischen Geben und Zurückgeben vergeht, und auch auf die Unterstützungsumwege im System (vgl. Hollstein/Bria 1998). Dieses Muster kann als „generalisierte Reziprozität" bezeichnet werden. Typisch für Elter(n)-Kind-Beziehungen ist, dass durch phasenweise einseitige Versorgungsleistungen so etwas wie ein „Support-Konto" angelegt werden kann, von dem man erst sehr viel später profitiert. Auch möglich ist, das Konto zu überziehen und die Rückzahlung erst sehr viel später beginnen zu lassen. Es kommt auch vor, dass von einem Konto abgehoben und auf ein anderes eingezahlt wird. Im Unterschied zu anderen persönlichen Beziehungen – ausgenommen Zweierbeziehungen – sind Reziprozitätsnormen in Elter(n)-Kind-Beziehungen stärker generalisiert, situationsunabhängiger und -übergreifender und schließlich raumzeitlich flexibler gestaltet.

1.4 Kulturelle Legitimationsmuster der Elter(n)-Kind-Beziehung

Während der Wandel der Familien seit der frühen Nachkriegszeit demografisch und auch sozialstrukturell ausführlich beschrieben ist (vgl. Huinink/Konietzka 2007), hat die *kulturelle Fundierung der Lebensformen* in der Familienforschung kaum Aufmerksamkeit erfahren. Wie aber wird die Stabilität der Eltern-Kind-Beziehung in Zeiten pluralisierter Lebensformen kulturell abgesichert? Diese Frage stellt sich umso mehr, als dass die Familienordnung als Fundament der gesellschaftlichen Ordnung gilt, wie aktuelle Debatten um den „Verfall der Familie" belegen. Diesen Fragen ist einer der Verfasser im Rahmen eines Projekts „Transzendenz und Gemeinsinn im privaten Lebenszusammenhang" mit Sylka Scholz nachgegangen. Welche Legitimationsmuster finden sich in den aktuellen Diskursen über die Familie? Bestehen die Legitimationsmuster der 1950er Jahre trotz aller Wandlungstendenzen fort?

Die folgenden Ausführungen stützen sich auf einem gemeinsamen Aufsatz (Lenz/Scholz 2013), bei dem Erziehungsratgeber als Materialgrundlage verwendet wurden. Im Projekt wurden 250 Erziehungsratgeber von den 1950er Jahren bis zur Gegenwart aus Ost- und Westdeutschland erfasst (vgl. Scholz/Lenz 2013). Aus diesem Sample wurden mit Hilfe von Auflagenzahlen und verschiedenen Verkaufslisten

Long- und Bestseller ausgewählt; der Publikumserfolg gilt als das entscheidende Auswahlkriterium.

Ab den 1970er Jahren wird in den Ratgebern ein Paradigmenwechsel deutlich. Die Erziehungsratgeber der 1950er Jahre stehen noch in einer starken Kontinuität der Erziehungsratschläge aus der ersten Hälfte des 20. Jahrhunderts. Nur so war es möglich, dass Johanna Haarers „Die deutsche Mutter und ihr erstes Kind" (Erstauflage 1934) auch nach dem 2. Weltkrieg nur unter Weglassung von „deutsche" im Titel und der nationalsozialistischen Bekenntnisse, inhaltlich aber unverändert, weiter in immer neuen Auflagen erschienen ist (vgl. Benz 1988; Gebhardt 2009). Nach dieser, weit in die Nachkriegszeit geltenden Erziehungsdoktrin hatte die schnelle Eingewöhnung des Kindes in feste Zeit- und Raummuster, vehement betriebene Sauberkeitserziehung sowie die Eindämmung des kindlichen Eigenwillens im Zentrum des elterlichen Erziehungshandelns zu stehen. Am Anfang des Paradigmenwechsels stand das Aufkommen der antiautoritären Erziehung, in Deutschland insbesondere eingeleitet durch die breite Aufmerksamkeit, die das Buch „Theorie und Praxis der antiautoritären Erziehung" des Gründers von Summerhill Alexander S. Neill (1969) gewonnen hat. Dieser ganz andere Erziehungsentwurf war zunächst hoch umstritten und provozierte heftige Gegenreaktion, auch unter den Ratgeberautor/innen, wie das von Christa Meves bereits im Titel „Mut zum Erziehen" programmatisch zum Ausdruck gebracht wird. Nicht unwesentlich hat zur Verbreitung einer neuen Grundorientierung die 1966 erstmals erschienene Zeitschrift „Eltern" beigetragen (vgl. Gebhardt 2009).

Im Weiteren soll der Blick auf aktuelle Ratgeber gerichtet werden. In diesen wird die Erziehung weiterhin – zumindest an den präsentierten Fallbeispielen – als primäre Aufgabe der Mütter aufgefasst. Allerdings finden sich keine Formulierungen mehr, dass ein Kind vor allem die Mutter „brauche" oder nur eine Mutter diese Aufgabe erfüllen „könne" bzw. Garant für ein gutes Aufwachsen des Kindes sei. Der in den Fallbeispielen sichtbar werdende mütterliche Vorrang erweist sich als eine Wiedergabe der Zuständigkeitsregelungen in den heutigen Familien. Es fällt aber auf, dass diese Zuständigkeitsregelung keine normative Überhöhung mehr aufweist. Mit der weit in die Gegenwart reichenden Tradition, dass Erziehungsratgeber lange Zeit primär „Mütterratgeber" (Schmid 2010: 383) waren, wird gebrochen. Mehr noch, auch das in den Ratgebern der 1950er Jahre (und weit darüber hinaus) gängige Konstrukt der Mutterliebe als normatives Muster (vgl. Schütze 2010) ist verschwunden. Die Mutterliebe stößt z.T. sogar auf heftige Kritik und wird – wie im Ratgeber „Mann & Vater sein" von Jesper Juul (2011) – als „Mutterchauvinismus" bezeichnet. „Was ich Mutterchauvinismus nenne, rührt aus der tiefen Überzeugung einer Frau, dass sie als Mutter immer weiß, was am besten für ihr Kind ist" (Juul 2011: 7). Für Juul ist der Mutterchauvinismus „um keinen Deut besser (…) als der männliche Chauvinismus"; er wird als „äußerst destruktiv eingestuft" (ebd.). Kritisiert wird der Mutterchauvinismus, da dieser einem eigenständigen Zugang des

Vaters zum Kind im Wege steht. Dass Mütter für Kinder wichtiger seien als Väter, wird als „alter Mythos“ (ebd.: 31) bezeichnet. Trotz der rigiden Geschlechterkonstruktion bei Juul wird die naturgegebene Nähe der Mutter zum Kind aufgelöst. Zwar habe die Mutter den „großen Vorteil“, ihr Kind „neun Monate in ihrem Körper zu beherbergen“, was sie mit einem „Radarsystem“ (ebd.: 39) für die Belange des Kindes ausstatte, um dies aber zu kompensieren, müsse der Vater darauf bestehen, schon möglichst früh Zeit allein mit dem Kind zu verbringen:

> „zum Beispiel nach dem Motto: ‚Pump and go!‘ Das heißt: Wenn dein Kind fünf oder sechs Monate alt ist, ermutige deine Frau, Muttermilch abzupumpen und dann mit ihren Freundinnen auszugehen (…), während du mit dem Kind zu Hause bleibst.“ (ebd.: 39)

Es wird nicht nur das Konstrukt der natürlichen Mutterliebe verworfen, sondern – wie bei den „Glücklichen Scheidungskindern“ von Remo H. Largo und Monika Czernin (2011) deutlich wird – auch der Biologismus in der Familiendefinition aufgegeben. Kinder brauchen keine leiblichen Eltern, sondern lediglich Bezugspersonen, die ihr Wohlergehen dauerhaft sichern:

> „Es tönt etwas hart für Eltern, wenn man es so direkt sagt, aber es ist wirklich so: Wenn die psychischen und körperlichen Bedürfnisse des Kindes ausreichend befriedigt werden und es die notwendige Zuneigung erhält, wird es selbst seine leiblichen Eltern nicht vermissen.“ (Largo/Czernin 2011: 54)

Sie argumentieren, dass viele Mütter unersetzbar für ihre Kinder sind, sie waren es aber nicht von vornherein, sondern sind es geworden. „Wenn aber ein Vater, eine Großmutter oder eine Adoptivmutter das Kind ebenso umfassend betreut, wird diese Person genauso unersetzlich wie eine ‚echte‘ Mutter. Sie alle können Hauptbezugsperson werden“ (ebd.). Überhaupt sei man Vater oder Mutter nicht von Natur aus, sondern nur dann, wenn eine lebendige Beziehung zum Kind hergestellt werde. Die Elter(n)-Kind-Beziehung sei nicht natürlich vorgegeben, sondern müsse erst durch die Aktivitäten der Erwachsenen hergestellt werden. Es gebe eine lebenslange Verantwortung der Eltern für ihre Kinder, sobald sie diese in die Welt gesetzt haben. Diese Verantwortung sei nicht aufkündbar. Die Sorge für die Kinder sei eine moralische Verpflichtung.

Nicht nur die Natur der Frau als Mutter ist als Legitimationsmuster für die bereitwillige Übernahme der Sorgearbeit verschwunden. Unsere Ratgeberanalyse zeigt auch, dass die aktuellen Ratgeber ohne Rückgriffe auf die Religion als Stützkonstruktion auskommen. Nur noch als eine sinnentleerte Semantik tauchen religiös konnotierte Begriffe auf, wenn etwa Kinder als „Himmelsgeschenke“ (Largo/Czernin 2011: 31) bezeichnet werden. Trotz dieses doppelten Verzichts sind Transzendenzkonstruktionen aus den Ratgebern keineswegs gänzlich verschwunden. An Stelle der alten Stützkonstruktionen ist die aus der Romantik stammende und fortgeschriebene Idealisierung des Kindes getreten (vgl. Ewers 1989; Baader 1996). Schon Ende des 19. Jahrhunderts hat Emile Durkheim (1986) darauf hingewiesen, dass in modernen Gesellschaften die Person zu einem heiligen Objekt wird. Die von uns analysierten Erziehungsratgeber lassen eine *säkulare Sakralisierung des Kindes* erkennen, die als Basis für die freiwillige Übernahme von Sorgearbeit für das als liebendes Subjekt beschriebene Kind fungiert. Durchgehend weisen die Ratgeber eine starke Kind-Zentrierung auf: Während in den untersuchten Ratgebern aus den 1950er Jahren das Erziehungsverhältnis als einseitige, hierarchische Relation konstruiert wurde, wonach Eltern ihre Kinder erziehen, gehen die aktuellen Ratgeber davon aus, dass Eltern und Kinder Partner sind, die voneinander lernen können. So konstatiert etwa Jan-Uwe Rogge (2009: 40): „Eltern sind nicht nur Lehrer, sie sind auch Schüler, und Kinder sind nicht nur Schüler, sie sind auch Lehrer". Er argumentiert weiter, „Kinder ernst zu nehmen bedeutet auch, sie als Lehrer zu begreifen, von denen man viel erfahren kann: Mit Kindern zu leben, heißt nicht für sie zu leben, sondern gemeinsam mit ihnen zu lernen und zu leben" (ebd.: 9). Die Botschaft lautet: Die Eltern haben sich an ihren Kindern auszurichten. Sie müssen ihre Befindlichkeiten nachordnen, sich gegenüber dem Kind in ihrer Bedürftigkeit zurücknehmen. Nur so können sie für das Wohlergehen des Kindes sorgen. In diesem Ratgeber werden beide Eltern in die Pflicht genommen. Ratgeber machen deutlich, dass die Eltern dennoch nicht aus ihrer Verantwortung für die Kinder entlassen werden. Zwar gelten Trennungen als legitim, auch wenn sie nicht erwünscht sind, dennoch sind die Eltern, egal ob die biologischen oder die sozialen, ein Leben lang für ihre Kinder verantwortlich. Für die Eltern erwachsen daraus hohe Anforderungen an ihr Erziehungshandeln. Sie können nicht mehr auf die Selbstgewissheit der autoritären Eltern zurückgreifen, die von sich aus definieren, was für ihr Kind richtig ist. Elternschaft hat ihre vorgegebene Natürlichkeit eingebüßt; sie wird zu einem sozialen Lernprogramm, Vater und Mutter müssen sich die angemessenen, immer veränderbaren Kompetenzen aneignen und sich als Bezugsperson des Kindes erst „bewähren". Sie sind verpflichtet, das Wohlergehen ihres Kindes herzustellen.

1.5 Familien und Schulen – ein schwieriges Verhältnis

Mit Familien und Schulen treffen strukturell zwei unterschiedliche Welten aufeinander: Die Familie als intime Einheit persönlicher Beziehungen und die Schule als überpersönliche Organisation mit gesellschaftlich geregelten Ansprüchen und Leistungen. Aus der rollentheoretischen Perspektive ist der pädagogische Zugang zum Kind in diesen Welten verschieden: Die Schule orientiert sich in ihrem Leistungsbezug und gemäß ihrer Auslesefunktion an der Schülerrolle, die nur einen Ausschnitt der Persönlichkeit darstellt, die Familie dagegen an der Gesamtpersönlichkeit des Kindes und Jugendlichen, dem *Schüler-Sein*. Aus systemtheoretischer Sicht wiederum sind Schule und Familie in ihrem System-Umwelt-Verhältnis deutlich *selbstreferenziell* strukturiert. Von daher überwiegt die Tendenz, sich eher gegeneinander abzuschotten als sich im Verhältnis zueinander zu öffnen. Strukturelle Verbindungen bestehen aber dort, wo die traditionell *mittelschicht-codierte* Schule sich bezüglich der sozialen Reproduktion der Schülerrolle auf die bildungsorientierte Mittelschichtfamilie verlassen kann. Damit sind allerdings Exklusionstendenzen gegenüber sozial schwächeren bis benachteiligten Familien und ihren Kindern vorprogrammiert.

Intimwelt Familie und Vertragswelt Schule können sich dort verstricken, wo Schulprobleme zu Familienkonflikten führen und umgekehrt, wenn sich familiale Konfliktmuster in der Schule durchsetzen: Wenn also Lehrer/innen von Schüler/innen „enttäuscht" (ein Beziehungswort) von deren Leistungen sind, anstatt ihnen nachvollziehbare Bewertungen offenzulegen. Viele Familienkonflikte sind eigentlich Schulkonflikte; weil sie aber in der Schule nicht ausgetragen werden können, landen sie in den Familien und erfahren dort eine andere Rahmung: Schuldgefühle, Enttäuschungen, diffuse Versagensängste bei Eltern und Kindern. Deshalb ist es notwendig, dass sich Familien ihrer Stellung wie Bedeutung zur Schule bewusst werden und diese mit den Kindern auch immer wieder in ihren Möglichkeiten und Grenzen besprechen, damit sie nicht in die familiale Intimitätsfalle geraten.

> „Wie die Kinder als Akteure in schulischen Prozessen auftreten, ob sie sie erdulden, erleiden oder bewältigen, ist (…) auch davon abhängig, wie die Eltern selbst das Verhältnis zur Schule gestalten. (…) Empirische Studien zeigen, dass insbesondere die kulturelle Praxis der Mittelschicht von den Lehrern anerkannt wird und ferner der normativen institutionellen Praxis entspricht. Das ermöglicht den Mittelschichtseltern auch stärker in die Schulangelegenheiten einzugreifen, während die Eltern unterer sozialer Schichten dazu tendieren, ihre (Schul-)Verantwortung den Lehrern zu übertragen." (Soremski/Lange 2010: 38)

Mit der Einführung der *Ganztagsschule* ist diese Problematik der sozial ungleichen „Passungsverhältnisse" zwischen familialen und schulischen Milieus nun unübersehbar in den Vordergrund gerückt, da Schule und Freizeit über die Woche hinweg nun zeitlich übergreifender aufeinander bezogen sind und nicht mehr klar voneinander abgegrenzt werden können. Die Schule muss sich sozial öffnen, um über die Ganztagsbetreuung auch Kontakt zu den bislang eher ausgeschlossenen Elternmilieus finden zu können. Denn diese werden ja nun – vor allem am Nachmittag, der nun nicht mehr nur verlängerter Unterricht ist – im sozialräumlichen Verhalten der Schüler/innen freigesetzt. Das verlangt eine Anerkennung der Vielfalt in der Schulkultur (vgl. Helsper et al. 2009), die auch von den Eltern wahrgenommen und anerkannt werden kann.

In diesem Zusammenhang ist das Konzept der *Bildungs- und Erziehungspartnerschaften* in den Mittelpunkt der Diskussion gerückt. Dabei wird zwischen einer arbeitsteiligen und partnerschaftlich-kooperativen Form des Verhältnisses von Elternhaus und Schule unterschieden. Zu ersterer (home-based-involvement) zählen die lernunterstützenden Aktivitäten in den Familien, zur zweiten (school-based-involvement) die Kontakte der Eltern zur Schule (z.B. Elternsprechstunden, Mitwirkung an Schulprojekten). Das Konzept der Bildungspartnerschaft soll insofern darüber hinausgehen, als ein kontinuierlicher Austausch zwischen Familien und Schulen (unter Einbindung zumindest der älteren Schüler/innen) angestrebt wird, in dem Erziehungsprobleme wie soziale Belastungen in den Elternhäusern thematisiert werden können, bevor sie zu manifesten „Problemfällen" werden. Solche Partnerschaften der Mitverantwortung stehen aber oft vor der Schwierigkeit, dass viele Elterninteressen auf ihr eigenes Kind zentriert sind und sich deshalb kein familienübergreifendes Schulinteresse entwickeln kann. Auch sind die gegenseitigen Erwartungen an die professionelle Kompetenz der Lehrer auf der einen und die erzieherischen Fähigkeiten der Eltern auf der anderen Seite oft zu hoch, sodass es aufgrund solcher Überschätzungen oft zu Missverständnissen und Konflikten kommen kann. Dies sind Variablen des Austauschprozesses, die es zu thematisieren gilt, bevor über den Umfang der Beteiligung der Eltern verhandelt wird (vgl. Ulich 1993; Soremski/ Lange 2010).

Texte zum Weiterlesen

Schneider, Norbert F. (Hrsg.) (2008): *Lehrbuch Moderne Familiensoziologie.* Opladen: Barbara Budrich

Ecarius, Jutta (Hrsg.) (2007): *Handbuch Familie.* Wiesbaden: VS.

Krüger, Dorothea, Holger Herma, Anja Schierbaum (Hrsg.) (2013): *Familie(n) heute: Entwicklungen, Kontroversen, Prognosen.* Weinheim: Beltz Juventa.

2 Lebensalter Kindheit, Jugend, Erwachsenenalter und Alter

Nachdem die Zeitperspektive in Teil C bereits ausführlich betrachtet wurde, bedarf es keiner Begründung mehr, dass die Lebensalter – Kindheit, Jugend, Erwachsenenalter und Alter – ein wichtiger Gegenstand soziologischer Analyse sind. Personen sind an ihre Lebensverläufe gebunden und entwickeln in biografischen Zusammenhängen ihre Identität. Es gibt gesellschaftliche Bilder, die auch die persönlichen Selbstbilder von Alt- und Jungsein beeinflussen. Der soziologische Blick geht aber noch tiefer. Durch ihn werden die Lebensalter als historisch-gesellschaftliche Konstruktionen sichtbar, die sich über die biologische Uhr der Individuen hinweg wie durch sie hindurch herausbilden und gesellschaftlich wandeln. Für die Pädagogik eröffnet dieser soziologische Zugang zu den Lebensaltern eine weitere Perspektive: Lebensalter werden eben nicht nur biografisch durchlaufen, sie müssen im Hinblick auf ihre gesellschaftlichen Auf- und Anforderungsstrukturen „bewältigt" und gestaltet werden.

Jung waren die Menschen schon immer. Aber die *Jugend* als gesellschaftlich eingerichtete Phase der Bildung und Ausbildung, in der eine gesamte Altersgruppe aus der Arbeitsgesellschaft gleichsam herausgenommen wird, um später – nun auf neu entwickelter Stufe – wieder integriert zu werden, diesen Mechanismus von *Separation* und *Integration* gibt es in Europa erst seit der Moderne. Zuvor gab es für die Mehrheit der jungen Menschen diesen gesellschaftlich institutionalisierten und sozialstaatlich geschützten Entwicklungs- und Experimentierraum Jugend („Moratorium") nicht. Allenfalls adlige, später auch bürgerliche Kinder konnten in den Genuss dieser Jugend kommen. In der Moderne hat es lange gedauert, bis proletarische Kinder „Jugend" erleben konnten. Dem Kindesalter kaum entwachsen waren sie noch bis zum Ende des 19. Jahrhunderts der Welt der Erwachsenen zugerechnet und dann als billige Arbeitskräfte auch der Fabrikarbeit unterworfen.

Aber auch die *Kindheit* ist so, wie wir sie heute als eigenen soziokulturellen und pädagogischen Raum kennen, ein Produkt der Moderne. Erst im 18. und 19. Jahrhundert werden Kinder als eigene Persönlichkeiten erkannt und mit besonderer Fürsorge und Erziehung bedacht.

Und heute nehmen wir auch das Erwachsenenalter nicht mehr als einen erreichten Endpunkt von Entwicklung und damit als stabile Lebensphase wahr. Das Erwachsenenalter hatte erst durch die industrielle Moderne seine bis heute wirkende Grundstruktur erhalten: Es ist geprägt durch den Erwerbsstatus und den von ihm traditionell abgeleiteten Familienstatus. Wir sprechen deshalb nicht umsonst vom Erwachsenenalter als dem „Erwerbsalter“. Der Erwachsenenstatus ist eng verbunden mit einem erreichten Berufs- und Familienstatus, geprägt durch das „Normalarbeitsverhältnis“. In dem Maße, in dem dieses gegenwärtig für zunehmend mehr Menschen nicht mehr erreichbar ist, hat auch das Erwachsenenalter seine traditionelle Verankerung verloren, ist von Risiken und Brüchen gekennzeichnet, die eigene und bisher nicht gekannte Bewältigungsaufforderungen freisetzen. Dieser gegenwärtig andauernde Strukturwandel der Arbeitsgesellschaft, der das Erwachsenenalter als Erwerbsalter verunsichert, hat auch seine nachhaltigen Auswirkungen auf das *Alter*. Es ist heute nicht mehr „Restzeit“ des Lebens, sondern eine biografisch entwicklungsfähige Lebenszeit, die sich ausdifferenziert und von den Lebensformen her pluralisiert hat. Angesichts des demografischen Wandels in den westlichen Industrieländern mit einer zunehmenden „Überalterung“ der Gesellschaft wird es zur gesellschaftspolitischen und ökonomischen Zukunftsaufgabe, dem Alter wieder eine eigene und neue gesellschaftliche Bedeutung zu geben.

Der soziologische Zugang zu den Lebensaltern kann auch den Blick auf (sozial) pädagogische Aufgaben öffnen. Zum einen erkennen wir die Lebensalter als alterstypische Bewältigungskonstellationen, die als Strukturen jenseits der konkreten Personen existieren und denen sich die Einzelnen nicht ohne Weiteres entziehen können. Gleichzeitig wird aber auch deutlich, dass sich die Lebensalter historisch wandeln und nicht sozialanthropologisch festgeschrieben und überzeitlich starr sind. So wie in der Moderne, die die uns bekannten Konstellationen der Lebensalter geschaffen hat, beginnen sie sich in der zweiten Moderne zu verändern. Prozesse der *Entgrenzung* und *Individualisierung* haben auch die Lebensalter erfasst. Mit dem Strukturwandel der Arbeitsgesellschaft beginnen die überkommenen Grenzen zwischen den Lebensaltern zu erodieren. Offene und gleichzeitig riskante Übergänge treten hervor, in denen Fragen der sozialen Gestaltung, der Unterstützung und (sozial-)pädagogischen Begleitung in biografischen Übergängen ein besonderes Gewicht erhalten (vgl. Schröer et al. 2013).

Insgesamt können wir die Lebensalter auch unter dem Lebenslagenbegriff betrachten. Denn über Kindheit, Jugend, Erwachsenenalter und Alter als gesellschaftliche Konstruktionen hinweg bleiben Segmentierungen der sozialen Ungleichheit bestehen. Damit verbinden sich auch entsprechende gesellschaftliche und sozialpolitisch regulierte Spielräume und Verwehrungen, zugleich stellt sich die Frage sozialpolitischer Akzeptanz: Welche gesellschaftliche Anerkennung und Absicherung ihrer Lebensrisiken erfährt Jugend, welche gesellschaftlichen Möglichkeiten und existenziellen Absicherungen werden dem Alter zuerkannt? Aber auch die Kindheit, die weitgehend eingebettet in die Familie mit dem Schicksal verbunden war, wird heute soziologisch als „eigenständige“ Lebenslage gefasst.

2.1 Kindheit

Kindheit, so wie wir sie heute kennen, ist erst im Übergang von der vormodernen zur modernen Gesellschaft „entdeckt" worden.

> „Am wirkungsvollsten hat der französische Historiker Philippe Ariès die Aufmerksamkeit für Vielfalt und Unterschiedlichkeiten der sozialen und kulturellen Bedingungen und Formen des Kindseins geschärft; seither ist es schwierig geworden, von der Kindheit zu sprechen. Ariès meint die bürgerliche Familien- und Schulkindheit, wenn er von der ‚Entdeckung' (oder ‚Erfindung') der Kindheit spricht. Sie wird nicht als eine naturgegebene Lebensphase des Menschen entdeckt, sondern als ein gesellschaftlich zu realisierendes Projekt entworfen und zwar in einem dreifachen Sinn: Als Projekt der sozialen Emanzipation und Reproduktion des Bürgertums, als ein Projekt der individuellen Vervollkommnung durch Erziehung und nicht zuletzt als ein aufklärerisches Projekt der Versittlichung der Menschheit. In der Einheit dieser drei Dimensionen ist die Kindheit eine pädagogische Kategorie, sogar die pädagogische Kategorie schlechthin." (Honig 2008: 63)

Ariès beschreibt in seinem berühmten Buch zur „Geschichte der Kindheit" (1975) diese erste gesellschaftliche Entdeckung des Kindes durch die Moderne am Beispiel der Malerei und Bildenden Kunst des 18. Jahrhunderts, in der Kinder zum ersten Mal nicht mehr als kleine Erwachsene, sondern als eigene Kinderpersönlichkeiten dargestellt wurden. Die seit der Aufklärung erkannte besondere Angewiesenheit von Kindern auf Zuwendung und Pflege, die sie in den ersten Lebensjahren besonders verletzlich macht, kann im Generationenzusammenhang vielfältig eingelöst werden. Ein interkultureller und historischer Vergleich zeigt, dass es andere „Modelle" gibt, als dass eine meist weibliche von der Berufsarbeit freigestellte oder privat dafür bezahlte Frau die Hauptrolle dabei spielt und dafür besondere Fähigkeiten und Haltungen erwirbt. Die Trennung von beruflicher und familiärer Privatsphäre, die Verdichtung von industrieller Arbeit und Berufstätigkeit sowie der Organisation des öffentlichen Lebens sind für unsere heutigen soziokulturellen Formen von Kindheit ebenso bedeutsam, wie die veränderte Bedeutung von Kindern, die früher zum Familieneinkommen und zur Alterssicherung beitragen sollten und heute in der persönlichen Lebensplanung von Frauen und Männern einen hohen Wert und eine lebenslange familiale Verpflichtung darstellen. Die Durchsetzung gesellschaftlicher Institutionen, z.B. das Verbot von Kinderarbeit und die seit 1890 allgemein geltende Schulpflicht, haben ihre vielseitigen Wurzeln in der Anerkennung von Schutzrechten gegen Ausbeutung und der staatlichen Verantwortung für die steigenden Anforderungen in Bildung und Ausbildung. Dies erforderte auch die früh – in der Wende zum 18. Jahrhundert – einsetzende Vermittlung von Wissen an Mütter und die institutionelle Verantwortung für die sich selbst überlassenen und unversorgten Kinder. Familiale Lebensverhältnisse von Kindern lösten sich in Umbruchzeiten immer wieder auf und unterlagen dem Druck sich wieder verschärfender Lohnarbeitsbedingungen. Auf diese Einschnitte in den Reproduktionsbedingungen von Eltern und Kindern reagierten Wohlfahrtsverbände als auch die staatliche Familien- und Sozialpolitik. Das Wissen um entwicklungspsychologische Bedürfnisse und Anforderungen an Betreuung, Erziehung und Bildung haben das Bild und das Verständnis für Kinder einschließlich der Einsicht in besondere Gefährdungssituationen erweitert. Mit der gesellschaftlichen Einführung von Kindheit, ihrem erzieherischen Verstehen bis hin zum Eintreten für Kinderrechte wurde auf der einen Seite den Kindern ein eigener Raum bereitet, in dem sie kindliches *Eigenleben* entfalten konnten, gleichzeitig wird dieses Eigenleben wieder elterlicher Sorge und Anforderungen an Erziehung unterstellt, entwicklungspsychologisch untersucht und gedeutet und heute durch Kinderkrippe, Kindergarten und Schule mitdefiniert.

Kindheit ist so zunehmend aus der Familie herausgetreten, auch wenn sie ihr weiter verhaftet bleibt. Neben die Familienkindheit treten die Schulkindheit, die Medienkindheit und die Konsumkindheit. Der Familie bleiben vor allem die emotionalen Bindungs- und Beziehungsfunktionen. Kindheit ist also, soziologisch gesehen, nicht mehr nur institutionell über Familie und Schule vermittelt, sondern über Kita, Schule, Medien und Konsum in den Ernstcharakter alltäglicher Pflichten und Bewältigungsanforderungen (z.B. jeden Tag mit einer großen lärmenden oder still beschäftigten Gruppe von Gleichaltrigen zurechtzukommen und darin eigene Lernprojekte zu verfolgen) eingebunden. Kinder sind auch von familiären Belastungen – wie schweren Beziehungskonflikten, Berufsstress oder Zeitarmut der Eltern – direkt betroffen. Sie machen in diesen unterschiedlichen Welten widersprüchliche Erfahrungen, z.B. zwischen individualisiert zugestandener Unterstützung und konkurrenter Leistungsbemessung.

Diese Spannung von Erziehung, Betreuung, Bildung einerseits und kindlichem Eigenleben andererseits bildet eine sich historisch-gesellschaftlich wandelnde Formung des modernen Kindesalters bis heute. Dass jetzt gegenüber standardisierten Bildungsangeboten die je individuelle Eigeninitiative der Kinder im Lernen betont wird und die Versorgung in der Familie darauf gerichtet sein soll, dass ein Kind im Alter von neun sich selbst versorgen und allein überleben können müsste, kann einerseits als gegensteuernd gegen Überbehütung und als Fremdbestimmung korrigierende Einsicht gewertet werden, erhält Bedeutung aber andererseits im übergreifenden gesellschaftlich-ökonomischen Kontext unverbindlicher, flexibel-abstrakter Kompetenzerwartungen: Bildungsziele für eine Welt ohne Sicherheiten. Da, wo gerade auch Kinder immer neuen Gefährdungen ausgesetzt sind, bemessen sich Ansprüche auf Förderung weiterhin an sozial gespaltenen Lebenslagen. Auch heute werden für viele Kinder die Lebensbedingungen nach familien- und sozialpolitischen Mindest-Standards festgelegt und nur begrenzt gesichert.

Die soziologische Reflexion muss sich also einerseits des Wandels und der soziokulturellen Formen von Kindheit versichern, wie sie heute z.B. als speziell für Kinder inszenierte Welten hergestellt werden und sich eher in Binnenräumen bis hin zur *Verhäuslichung* abspielen. Andererseits sollten darin die individuellen Erfahrungen aus der Perspektive von Kindern – ihre vielseitig (un-)vermittelten Alltags- und Sozialwelten – erfasst werden (vgl. Honig 2008). Vor diesem Hintergrund ist die neuere soziologische Kindheitsforschung zu verstehen, wie sie von den angelsächsischen „new social studies of childhood" (vgl. Alanen 1988) ausgegangen ist. Sie sieht Kinder als „kompetente Akteure", die ihren Eigensinn für sich selbst entwickeln müssen. Sie kritisiert das institutionell-pädagogische Kindheitskonzept dahingehend, dass es Kindheit in eine generationale Ordnung einpasse und dabei von der Grundmatrix einer Differenz von Kindern und Erwachsenen ausgehe, in der die Kinder lediglich als Noch-nicht-Erwachsene von ihrem Erwachsenwerden und nicht von ihrem aktuellen und empirischen Kind-Sein her thematisiert würden. Kindheit werde so auf ein Entwicklungsalter verengt: Bewältigungserfahrungen von Kindern, wie sie sich im Prozess des Aufwachsens die Welt aneignen und diese für sie an Sinn gewinnt, blieben gesellschaftlich unberücksichtigt. Damit könne auch die Frage der Partizipation von Kindern nicht thematisiert werden. Kinder wüchsen nicht in die Gesellschaft hinein, wie dies vor allem die entwicklungspsychologisch ausgerichtete Sozialisationsforschung suggeriere, sondern seien von Anfang an in der Gesellschaft. Von frühester Kindheit an werden Erfahrungen aktiv von Kindern bearbeitet. In dieser Perspektive lassen sich z.B. Interaktionen von Kindern unter Gleichaltrigen in deren eigener Sicht erkunden. Dies erfordert, sich methodisch und theoretisch reflektierend in die Lage von Kindern zu versetzen und die eigenen Standards, was ein Kind kann und braucht und z.B. „spielerisch" erleben soll, theoretisch zu relativieren. Die eigenen Welten der Kinder entwickeln sich sowohl unterhalb und in den Logiken der Einrichtungen, vor allem auch bei der gemeinsamen Aushandlung von Zugehörigkeit und Ausgleich bei Konflikten unter Gleichaltrigen. „Kinder stehen mit anderen Kindern vor dem Ernstfall sozialer Koordination und Kooperation" (Krappmann 1999: 233). In diesen Welten bildet sich der Einfluss der Einrichtungen in einer je eigenen Weise ab: bei der Herstellung von sozialer Ungleichheit, von Geschlechterhierarchie und im Erleben von Migrationskonflikten, wie sie von einer neu in die Gesellschaft eintretenden Generation unter den jeweilig gegebenen Bedingungen angeeignet und erlitten werden (vgl. Betz 2008).

Die Kritik am Paradigma des „kompetenten Akteurs" hat sich vor allem an dem *Begriff* entzündet und darauf verwiesen, dass gesellschaftliche Handlungsfähigkeit immer neu im Verlauf der Entwicklung und Erziehung gewonnen werden müsse und dass die leibseelischen Entwicklungen und Reifungsprozesse bis zum Abschluss der Pubertät nicht durch Kompetenzsetzungen ohne Bezug zu jeweiligen sozialen Kontexten außer Kraft gesetzt werden können. Es handele sich daher lediglich um einen „konzeptuellen" Kompetenzbegriff, der das Angewiesen-Sein des Kindes auf existenzielle familiale und gesellschaftliche Unterstützungs- und Förderungssysteme verwische. Auch der „kindliche Akteur" sei ein Entwurf Erwachsener und dies mache doch deutlich, dass Kindheit kein autonomes, sondern ein relationales

Konstrukt darstelle. Auch bleibe die Einführung der Kompetenz- und Akteursperspektive in dem sozialwissenschaftlichen Kindheitsdiskurs einseitig, wenn sie die Spannung übergeht, in der die kindliche Eigenständigkeit zu den Machtverhältnissen steht, denen Kinder besonders ausgesetzt sind. Deshalb sei es notwendig, vor die Akteursperspektive die Betroffenenperspektive gleichsam vorzuschalten und erstere in ein Paradigma der „Konstitution von kindlicher Wohlfahrt“ (Joos 2001) einzubetten. Damit tritt der Lebenslagenbegriff wieder in den Vordergrund: Welche Spielräume haben Kinder, ihre Interessen jenseits von Familie und Schule in die Gesellschaft einzubringen und wie sieht die gesellschaftliche Akzeptanz gegenüber Kinderrechten aus?

Texte zum Weiterlesen

Honig, Michael-Sebastian (2008): Lebensphase Kindheit. In: Heinz Abels et al. (Hrsg.): *Lebensphasen.* Wiesbaden: VS.

Betz, Tanja (2008): *Ungleiche Kindheiten.* Weinheim und München: Juventa.

▶ Exkurs 7: Die Kindertagesstätte als Ort der Vergesellschaftung des Kindes

Mit den Kindertagesstätten setzt die Vergesellschaftung des Kindes, sein erstes Heraustreten aus dem privaten, sozialemotional strukturierten erzieherischen Kontext der Familie, ein. Unter Kindertagesstätten werden Kinderkrippen und -gärten zusammengefasst. Wenn auch die Kindertagesstätten noch in vielem lediglich Verlängerung des Familialen sind, wirken doch Elemente der außerfamilialen Kindergruppe zurück in das Familienmilieu, genauso wie sich die familiale Erziehung nun über sich selbst und die Nachbarschaft hinaus am neuen sozialen Kontext Kita orientieren muss. Es beginnt eine deutliche soziale Ausdifferenzierung der Erziehungs- und Lebensbereiche der Kinder, deren unterschiedliche Bezugsgruppenformen und Zeitrhythmen von den Kindern bewältigt werden müssen (vgl. Bamler/Schönberger/Wustmann 2010).

Die Kindergartenbewegungen in den 1970er Jahren hatten die Intention, den Kindergarten zu einer sozialpädagogischen Institution zu machen, zu einem Ort sozialen Lernens und Lebens, in dem das Spannungsverhältnis von Eigenleben und Erziehung von den Kindern ausagiert werden konnte. Der Kindergarten sollte nicht – wie in den schulpolitischen Absichten zur Elementarerziehung vielfach angelegt – ein Ort der „Vorschulung“ werden, in dem dieses Spannungsverhältnis latent gehalten worden wäre, was damit immer wieder zu Bewältigungsproblemen bei den Kindern selbst geführt hätte. Lieber den Kindergarten gleich sozialpädagogisch strukturieren, das heißt, diese möglichen Bewältigungsprobleme entschärfen, indem man ein Ausagieren dieser Spannungszustände zulässt, als nachträglich eine Kindergarten-Sozialarbeit zu riskieren. Deshalb entstanden damals – ausgehend von sozialpädagogisch orientierten wissenschaftlichen Einrichtungen wie vor allem dem Deutschen Jugendinstitut in München (vgl. Arbeitsgruppe Vorschulerziehung 1975-79, Krenz 1991;

Laewen/Neumann/Zimmer 1997) – curriculare Konzepte sozialen Lernens für den Kindergarten. Soziales Lernen im sogenannten Situationsansatz wird als Erwerb von Kompetenzen zur Bewältigung realer alltäglicher Lebenssituationen verstanden („ich verlaufe mich in der Stadt", „ich lerne verstehen, was in meiner Umgebung abläuft: Müllabfuhr, Geschäfte, Post", „ich bin allein zuhause", „ich bin im Krankenhaus" etc.). „Autonomie" und „Solidarität" sollen dabei die personalen und sozialen Antriebe sein. Die Situationsbausteine werden immer wieder erweitert und sollen in den Kindergärten nicht einfach so übernommen, sondern selbst gestaltet, variiert und ergänzt werden. Der Situationsansatz ist damit auch entsprechend unserem Bewältigungsansatz strukturiert: Kinder sollen früh lernen – vor allem in ihrem sozialräumlichen Aneignungsverhalten (vgl. Kap. C 2.1) –, handlungsfähig zu bleiben und dabei *als Kinder* ihr gesellschaftliches Umfeld erschließen und in ihm bestehen können. Indem das tägliche Leben zum Gegenstand des Lernens wurde, musste sich dieser Kindergarten nach außen sozial erweitern, Beziehungen zu den Familien der Kinder aufnehmen, sich in die Gemeinde hinein öffnen und verlängern können. Viele Konzeptionen gingen über diese pädagogischen Öffnungsperspektiven hinaus. So stellte man sich Kindergärten auch als Kristallisationspunkte des öffentlichen und privaten Lebens in der Gemeinde vor, als soziale Räume, in denen neue Lebensformen sowohl in der Familie als auch zwischen den Familien bis hin zum Gemeinwesen erprobt werden sollten. Grundzüge dieser Vorstellung sind auch heute Allgemeingut der Diskussion um die Erziehung in Kindertagesstätten geblieben.
Jeder Kita-Kultur liegt eine Vorstellung von einer durchschnittlichen Lebensform des Kindes zugrunde, die eben einrichtungsspezifisch ist, das heißt, wohl selten in der Realität der Familien ihre Entsprechung findet. Wir können auch sagen: Kitas versuchen die Spannung zwischen Erziehung und Eigenleben so auszubalancieren, dass sie eine eigene Kinderkultur entwickeln, die mit der Erziehungsfunktion der Kitas vereinbar ist. Sie sollen Kinder in ihrer sozialen Entwicklung unterstützen, auf Gruppenfähigkeit achten und die verschiedensten sozialräumlichen Kompetenzen fördern (vgl. Bamler/Schönberger/Wustmann 2010). Die pädagogische Bedeutung der Kindertagesstätten lässt sich vor allem im Vergleich zur Familie ermessen. Die Kita bietet den Kindern die erste anhaltende Lockerung der bisher engen Familienbindung und einen frühen Zugang zur Gleichaltrigenkultur. Grete Wolffheim (1973: 110), die in den 1920er Jahren den psychoanalytischen Zugang zum Kindergarten eröffnete, formulierte das damals so: „Wir glauben, dass durch Identifizierung mit den anderen Kindern, die die Kindergärtnerin in gleicher Weise lieben und von ihr geliebt sein wollen, die ersten Keime des Zusammengehörigkeitsgefühls gebildet werden". Hier entwickelt sich die soziale Selbstständigkeit der Kinder im Prozess gegenseitiger Wertschätzung, vermittelt durch die Erzieherin. So erhält das Selbst des Kindes, sein gefühltes und erlebtes Kindsein seine ersten außerfamilialen Konturen. Das Kind erhält Raum, sich von der Familie auch einmal zu distanzieren, die Lockerung der Familienbindung erleben zu können. Die innerfamilialen triebbesetzten Bindungs- und Verlustkonstellationen, in denen das Kind steht, können entlastet werden, wenn sich das Kind in der Kita auch mit anderen Erwachsenen als den Eltern identifizieren kann. Die Kindertagesstätte ist also nicht nur ein situationsstrukturierter Sozialraum, in dem sich Aneignungskompetenzen entwickeln können, sondern genauso Ort der Entwicklung des Selbst. Auch hier entscheidet sich – im Sinne Arno Gruens (2004) –, ob sich das Kind aus sich heraus ausdrücken und mitteilen kann oder es durch frühe Anpassungsforderungen und -situationen in seinen Selbstäußerungen unterdrückt wird (vgl. Roux 2002). Das pädagogische Medium dafür ist das freie Spiel, in dem Gefühle sozial ausgedrückt und somit auch Lebenseindrücke (und darin soziale Umwelt) bewältigt werden können.

Nach wie vor bestehen deutliche Unterschiede in der Nutzung von Kitas zwischen Ost- und Westdeutschland, auch wenn sich die krassen Unterschiede zur Wendezeit deutlich abgeschwächt haben (vgl. Hettlage/Lenz 2013). Während in der alten BRD Ende der 1980er Jahre eine Krippenunterbringung nahezu nicht existent war, waren in der DDR etwa die Hälfte der unter Dreijährigen in einer Krippe. Deutliche Unterschiede, wenn auch weniger ausgeprägt, gab es im Kindergartenbesuch. Mit der Einführung des Rechtsanspruchs zunächst auf einen Kindergartenplatz (ab 1999) und später (ab 2013) auch auf einen Krippenplatz setzte vor allem in Westdeutschland ein starker Ausbau des Kinderbetreuungssystems ein. Fortbestehende Unterschiede zwischen Ost- und Westdeutschland in der Nutzung von Kita-Einrichtungen werden sichtbar, wenn man das Alter der Kinder betrachtet. Unter einem Jahr sind sowohl im Osten wie auch Westen nur wenige Kinder in Betreuungseinrichtungen. Im Osten ist im Jahr 2010 der Anteil mit 5,0% geringfügig höher als im Westen (1,9%). Der Hintergrund ist die starke Inanspruchnahme der Elternzeit in beiden Teilen. Weiterhin sind es vor allem die Mütter, die die Elternzeit in Anspruch nehmen und damit unterstützt vom privaten Netzwerk die Betreuung leisten. Ostdeutsche Eltern nutzen Betreuungsangebote deutlich früher. Schon mehr als jedes zweite einjährige Kind (57,3%) hat einen Krippenplatz. In Westdeutschland ist es dagegen nur jedes siebte. Diese großen Unterschiede setzen sich im Alter von zwei Jahren fort. Im Alter von drei Jahren gibt es dann eine erhebliche Annäherung, wenngleich die außerfamiliale Betreuung im Osten weiterhin stärker in Anspruch genommen wird. Im Alter von vier und fünf Jahren ist für ost- und westdeutsche Kinder gleichermaßen der Kindergartenbesuch eine Selbstverständlichkeit. Unterschiede bestehen darüber hinaus in der Verweildauer in den Kita-Einrichtungen: Zwei Drittel der Kinder unter und auch über drei Jahren bleiben in Ostdeutschland täglich mehr als sieben Stunden in der jeweiligen Einrichtung. In Westdeutschland sind es bei den unter Dreijährigen ein Drittel und bei den über Dreijährigen nur ein Viertel, die so lange dort bleiben (vgl. Arbeitsgruppe Bildungsberichterstattung 2010). In beiden Teilen wurden in den letzten Jahren die Ganztagsangebote ausgeweitet; die Differenz zwischen Ost- und Westdeutschland ist jedoch weiterhin groß.

Die herkömmlichen Formen von Kinderkrippen und Kindergärten verlieren in beiden Teilen fortwährend an Bedeutung. Immer stärker breiten sich kombinierte Einrichtungen aus. In Ostdeutschland liegt ihr Anteil bereits bei über drei Vierteln des Gesamtangebots. Umfassende Veränderungen haben sich in der Trägerschaft ergeben. Die in der DDR stark verbreiteten Betriebskinderkrippen und -kindergärten sind weitgehend verschwunden; ausgebreitet hat sich in der Übernahme des Westmodells die freie Trägerschaft. Während 1990 erst 5% der Einrichtungen in freier Trägerschaft waren, ist dieser Anteil auf 52% (2008) angestiegen (Hettlage/Lenz 2013). In Westdeutschland sind weitgehend konstant ca. zwei Drittel der Einrichtungen in freier Trägerschaft. Bedeutende Veränderungen haben sich in Ostdeutschland in den pädagogischen Konzepten ereignet. Die starke Regelorientierung der ostdeutschen Erzieherinnen wurde durch eine Vielfalt unterschiedlicher pädagogischer Konzepte ersetzt.

Die Akzeptanz außerhäuslicher Kinderbetreuung ist in Ostdeutschland deutlich höher. Dass Kinder in Kindertageseinrichtungen gehen ist eine Selbstverständlichkeit, die nicht begründungsbedürftig ist. Frauen, die ihr Kind in eine Krippe bringen, werden nicht mit dem Bild der Rabenmutter konfrontiert, das in Westdeutschland in den Köpfen noch ziemlich verbreitet ist. Diese Unterschiede werden auch anhand von Einstellungsfragen sichtbar: Dem Statement „Ein Kleinkind wird sicherlich darunter leiden, wenn seine Mutter berufstätig ist“

stimmten 2006 in Westdeutschland 60% „voll zu“ bzw. „eher zu“, in Ostdeutschland dagegen nur 23% (vgl. Scheuer/Dittmann 2007). In beiden Teilen sind die Zustimmungswerte rückläufig. Die Unterschiede zwischen Männern und Frauen sind bei diesen Einstellungsmustern minimal. Während in Ostdeutschland auch nahezu keine Unterschiede zwischen den Altersgruppen vorhanden sind, gibt es diese im Westen. Die Jüngeren, besonders ausgeprägt die 31- bis 45-Jährigen, sind gegenüber der Berufsarbeit der Mütter aufgeschlossener, gleichwohl bleiben auch ihre Zustimmungswerte deutlich über dem Niveau der Ostdeutschen.

Deutlich wird, dass in Ostdeutschland die frühe Nutzung von Einrichtungen der außerfamilialen Kinderbetreuung als gängige Praxis in den jungen Familien fest verankert ist. Ostdeutschland entspricht damit auch sichtlich besser der Familien- und Gleichstellungspolitik der Europäischen Union, die in den letzten Jahrzehnten sehr stark auf die Integration von Müttern in den Arbeitsmarkt setzte (vgl. Wustmann 2009). Die (west-)deutsche Familienpolitik hat dagegen eine lange Tradition darin, auf eine Freisetzung von erwerbstätigen Müttern hinzuwirken und ist damit gegenüber dem europäischen Standard ins Abseits geraten. Jedoch hat inzwischen, wenn auch immer noch gegen Widerstände, eine deutliche Umsteuerung stattgefunden (vgl. Bertram/Bujard 2012). ◀

▶ Exkurs 8: Die frauendominierten Kindertagesstätten

Die Kindertagesstätten sind heute der Ort der ersten – partiellen – Ablösung des Kindes von der Familie. Da diese Ablösung aber nur teilweise ist, das Kind materiell und sozial noch ganz abhängig von der Familie bleibt, ist es angemessener, nicht von Ablösung, sondern von einem ersten verbindlichen Heraustreten des Kindes aus der Familie zu sprechen. Da das Kind noch fest in der Familie verwurzelt ist, muss die erste außerfamiliale Institution, in die es hinaustritt, auch familienzugewandt, das heißt familienähnlich, strukturiert sein. Deshalb ist die Kindergärtnerin oder, wie es heute meist heißt, Erzieherin als Frau eine so zentrale Figur und es ist – angesichts der Geschlechterrollenverteilung in der Familie – auch (immer noch) plausibel, dass es so wenig oder so gut wie keine Männer im Erzieherberuf gibt. Denn die Erzieherin spielt gleichsam eine Übergangsrolle: Sie ähnelt der Mutter, ist aber gleichzeitig familienunabhängig. Für das kleine Kind, ganz gleich ob Junge oder Mädchen, das noch sehr stark mutterzentriert ausgerichtet ist, verkörpert sie gleichermaßen die Mutterfigur sowie die „andere“ Frau. Damit erhalten die Jungen und Mädchen über diese Gleichzeitigkeit der Verkörperung von Mütterlichkeit und familienweggewandter, sozial gerichteter Weiblichkeit einen ersten – freilich familienrückgebundenen – Zugang zur außerfamilialen sozialen Welt. Erzieher/in-Kind-Bindungen, die in Kindertagesstätten entstehen, sind aber nicht mit der basalen Elter-Kind-Bindung zu vergleichen. Da das Erzieherinnen-Verhalten aber oft geschlechtsstereotyp gefärbt ist, entstehen eher Erzieherin-Mädchen-Bindungen und weniger Bindungen von Jungen an die Erzieherin (vgl. Ahnert 2006). Dies kann die Abgrenzung vom Weiblichen bei den Jungen verstärken.

Gleichzeitig wird in Kindertagesstätten für viele Kinder zum ersten Mal eine Gleichaltrigenkultur hergestellt. Die Erzieherin gehört dem Jungen oder Mädchen nicht allein (oder zusammen mit den Geschwistern) wie die Mutter, sondern er/es spürt, dass sie auch die Bezugsperson der anderen Kinder ist, und so erlebt sich das Kind zum ersten Mal in einer außerfamiliären Vergleichs-, Konkurrenz- und Gruppenkultur. In ihr wirken dann auch die ersten außerfamilialen Definitionen, wie Mädchen und Jungen sich zu verhalten haben. In der Kita prägt sich Geschlechtlichkeit im Selbstbild, Beziehungs- und Rollenverhalten aus (vgl. Kuger et al. 2011). Damit kommt es auch darauf an, wie die Erzieherin und andere Bezugspersonen in Kitas das Kinderverhalten als erstes und frühes Geschlechterverhalten wahrnehmen und reflektieren und wie sie selbst die Herausbildung von Geschlechterrollen zulassen, das heißt als Ordnungsschemata des Kinderalltags übernehmen. In diesem Zusammenhang wird bilanziert, „dass der Kindergarten bis heute eine weiblich mütterliche Welt symbolisiert, die einer Übertragung der geschlechtsrollentypischen Aufteilung der Familienarbeit in unserer Kultur auf den Kindergarten entspricht“ (Aigner/Poschesnik 2011: 60). Kita-Arbeit ist vor allem weiblich geprägte Beziehungsarbeit.

Mädchen werden von Erzieherinnen oft deshalb positiver bewertet, weil sie den pädagogischen Alltag in Kindertagesstätten überschaubar halten. Die sozialräumliche Beschränkung des Elternhauses setzt sich also für die Mädchen im Bereich der Kita fort, die selbstverständliche Stereotypisierung des externalisierten Rollenverhaltens für die Jungen. Dies äußert sich vor allem in der sich nun bildenden Peergroup der kleinen Jungen, in der die Suche nach Männlichkeit, die Idolisierung des Männlichen und die Abgrenzung vom Weiblichen zur nahezu alltäglichen Gesellungsform wird. Da die Jungen wenig vom Alltagsverhalten von Männern wissen, orientieren sie sich an entsprechenden Phantasien und medialen Impressionen „starker“ Männlichkeit. Die Erzieherinnen haben es deshalb als Frauen nicht einfach, auch wenn sie das meist mit dem Verweis auf die „von Natur aus“ unruhigen und deshalb manchmal schwierigen Jungen überspielen. „Aggressive Jungen sind weithin ein Problem in den Kindergärten. Meist wird von den Erzieherinnen nur dieses aggressive Verhalten abgewehrt und als böse gebrandmarkt, ohne jedoch der Bedeutung desselben für die Identitätsfindung von Jungen nachzugehen. Die Ursachen von aggressiven Verhaltensweisen liegen einerseits im Sich-abgrenzen-Müssen vom weiblichen Verhalten, andererseits im unsicheren Selbstbewusstsein und Selbstwertgefühl, was die eigene männliche Identität betrifft. Wir müssen in Kindertagesstätten für Jungen Räume schaffen, wo sie sich als Helden fühlen und benehmen können (Mädchen werden beim Prinzessinnenspiel nicht ermahnt!), aber auch Männer zur Verfügung haben, die sie wieder in die reale Welt zurückführen. Beides brauchen Kinder: die Welt der Illusion und die abgebildete Wirklichkeit“ (Blank-Mathieu 2006: 60).

In Kitas lässt sich durchaus schon ein geschlechtstypisches räumliches Feld beobachten, denn es zeigt sich früh, wie unterschiedlich sich Jungen und Mädchen Räume aneignen (vgl. Bamler/Werner/Wustmann 2010). Die Mädchen sieht man oft um die Erzieherin geschart oder in festen Spielecken, während die Jungen ihren Raum dauernd verändern, unruhig sind, toben. Dadurch ziehen sie die Aufmerksamkeit der Erzieherin immer wieder auf sich. Auch wenn sie zurechtgewiesen werden, lernen sie: Wenn man sich auffällig verhält, erregt man Aufmerksamkeit, man kann sich präsentieren, bewirkt etwas von sich aus, verändert Situationen. Da sie sich dabei meist cliquenhaft verhalten, nehmen die Erzieherinnen oft nicht die einzelnen Jungen in ihrer Unterschiedlichkeit wahr, sondern eher „den Jungen“ als Gruppenstereotyp. Die Mädchen dagegen passen sich eher den „ruhenden“ Regeln an und werden von der Erzieherin darin bestärkt, weil sie die Mädchen als ordnende Gruppe und somit als Ruhepol für einen strukturierten Arbeitsalltag braucht. Deshalb ist es in Kitas so wichtig, früh die Rollen zu vertauschen, den Mädchen Raum zu geben, dass auch sie sich einmal „gehen lassen“ können und Umgebung verändern lernen; den Jungen dagegen, dass sie mehr zu sich zu kommen lernen, sich in Gegenseitigkeit und nicht nur in Konkurrenz zu bewegen. Trotzdem gilt weiter, dass die Jungen in Kitas männliche Identifikationsmöglichkeiten suchen, die ihnen in der eigenen Familie vom Vater im Alltag oft nicht geboten werden können. Vor diesem Hintergrund entwickeln sich Ansätze kleiner Jungencliquen, die gegenseitig Jungenverhalten einüben und kontrollieren. Diese gleichgeschlechtliche Orientierung entwickelt sich im Verlauf der Kita-Zeit weiter und dichter (vgl. Rohrmann 2008). Die Jungen, die sich an „Mädchenspielen" beteiligen und dazu enge Freundschaften mit Mädchen eingehen, werden „bestraft", es wird gegenseitiger Druck ausgeübt, in gewissem Sinne werden schon männliche Zugehörigkeiten erprobt. An den Erzieherinnen werden nicht nur die mütterlichen, sondern auch die ersten „sexuellen" Seiten wahrgenommen. Darauf sind die Erzieherinnen meist nicht vorbereitet. Die Ausbildung ist immer noch weitgehend geschlechtsneutral, man spricht nur von „Kindern" und verschließt die Augen davor, dass Sexualität in Kindertagesstätten schon eine diffuse und damit ambivalente Rolle spielt. Bei Jungen im Alter von fünf Jahren kann man schon durchaus von einem „kritischen Alter" sprechen, wenn ihr Frauenbild von der mütterlichen bis zur weiblich-sexuellen Seite hin- und herschwankt. Dies wird plausibel, wenn man bedenkt, dass die Erzieherin eine „soziale Übergangsperson" ist, in der sich familiales Mutterbild und öffentliches Frauenbild gleichermaßen spiegeln. Umgeben von einer sexualisierten Alltagswelt der Medien und angetrieben durch erste jungenbündlerische Abgrenzungen von den Mädchen entwickeln sich die ersten sexualisierten Blicke auf die Erzieherin. Ihre körperliche Nähe wird gesucht – durchaus wieder in der Doppeldeutigkeit des Strebens nach Wärme und Geborgenheit wie der sexuellen Neugier – und es kommt darauf an, wie sie darauf vorbereitet ist und reagiert. Oft weichen die Erzieherinnen diesen ersten Anzeichen sexueller Neugier und Irritation bei den Jungen aus, wollen sie nicht sehen, empfinden sie als bedrohlich, weil sie sie aus dem Blick der Erwachsenen heraus interpretieren: „Das bedeutet (...), dass Sexualität bereits in diesem sehr harmlosen Stadium für Jungen tabuisiert wird" (Kerber 1991: 23). Gerade in dieser kritischen Phase sind Ansätze von Jungen- und Väterarbeit in Kitas notwendig. Auch kleine Jungen brauchen hin und wieder separierte Räume, in denen sie unter sich sein können. Wichtig sind auch die Väternachmittage, an denen die Kinder mit ihren Vätern im Freispiel zusammen sein können, die Väter den Alltag der Kitas kennenlernen und die Kinder ihnen ihre Welt zeigen können. Väter kommen dann nicht so schnell in Versuchung, ihren Jungen immer nur den einfallsreichen und starken Vater vorzuspielen, ihnen Events und Ausnahmesituationen zu bieten, sondern sie müssen sich in den Alltagsrhythmus einpassen. Gerade aber dieses alltägliche Erleben des Vaters oder männlicher Bezugspersonen ist wichtig für die männliche Identifikation.

Mehr Männer in Kitas wird es wohl aber erst dann geben, wenn sich die Vaterrolle und die Formen der Anwesenheit des Vaters in der Familie verändert haben. Denn solange die Mutter die alltags- und beziehungsstrukturierende Hauptrolle spielt bzw. spielen muss, der Vater aber nur unzureichend als Erziehungs- und Beziehungsperson anwesend ist, wird auch die Mutterrolle die Erziehungsrolle bleiben, über die Familienbindung und -ablösung im Kindesalter maßgeblich gesteuert werden. Kindergärtner wird es also erst dann in breiter Anzahl geben, wenn es viele Väter gibt, die Berufs- und Hausarbeit genauso zu vereinbaren gelernt haben, wie es Frauen tun müssen.

Dass der Erzieher/innenberuf vor allem von Frauen ausgeübt wird, sehen 90 Prozent der Befragten in der Südtiroler Männerstudie (2012) als selbstverständlich an. Als Gründe dafür – und das deckt sich mit anderen Studien (vgl. Rohrmann et al. 2011) – werden angeführt: Die Kindergärtnerinnenrolle liegt der Mutterrolle am nächsten, frühkindliche Erziehung obliegt den Frauen, sie eignen sich dafür besser; die Arbeit mit kleinen Kindern gilt in unserer Gesellschaft als typische Frauentätigkeit. Männer scheuen diesen Beruf, weil er nicht angesehen ist und keine Karriere verspricht. Frauen kommt der Beruf im Hinblick auf die Vereinbarkeit von Beruf und Familie entgegen. Frauen hätten eine natürliche Bestimmung für diesen Beruf: „Frauen haben einfach mehr Gefühl und Geduld als Männer. Sie können besser mit kleinen Kindern umgehen, schon die Stimme ist zärtlicher. Sie sind auch fleißiger und tüchtiger". Ein Anderer: „Die Kinder erleben die Mutter in der Hauptrolle, wenn sie den Alltag und die Erziehung strukturiert. Dies ist meiner Meinung nach der Grund dafür, dass mehr Frauen in Kindertagesstätten und in der Schule arbeiten. Ich finde es natürlich nicht gut, dass vor allem Frauen diesen Beruf ausüben, denn die Jungen brauchen ja auch Vorbilder. Ich denke, dass sich dieses Problem in der Mittelschule noch deutlicher macht, da sich die Kinder dort in einer hohen Entwicklungsphase befinden und in diesem Alter männliche Vorbilder eine große Rolle spielen". Ein Weiterer meint, dass sich Erzieher/in inzwischen so stark als Frauenberuf etabliert und eingeschrieben hat, dass er Männern kaum noch zugänglich ist: „Ja, das kann man nur darauf zurückführen, dass der Erzieher/innenberuf schon seit Jahrzehnten ein typischer Frauenberuf ist. Ich bin mir ganz sicher, dass einige Männer am Berufsbild selbst sehr interessiert wären. Sie würden aber in eine Berufswelt eintreten, die sehr stark von Weiblichkeit geprägt ist, und diese starke weibliche Dominanz die ‚Männlichkeit' des Mannes zerstören würde oder eben ihm das Gefühl geben würde, kein wirklicher Mann zu sein. So erklär ich mir dieses Phänomen. Aber schade ist es schon, wenn man darüber nachdenkt".

In vielen Antworten der qualitativen Vorstudie zeigt sich, dass die Männer doch in einem gewissen Zwiespalt sind: Sie möchten den Frauen entgegenkommen, gleichzeitig aber – da die Männerrolle eng mit der Arbeit verbunden ist – die Ernährerrolle doch nicht gern aufgeben. Sie möchten auch im Alltag näher bei den Kindern sein, aber da ihnen dies verwehrt ist, greifen sie immer wieder zu traditionalen Rollenzuschreibungen, wie der naturgegebenen Mutterrolle. Das kann man nicht einfach als Retraditionalisierung bezeichnen. Es sind eher Versuche, handlungsfähig zu bleiben, Bedürftigkeiten zu überspielen. Traditionale, moderne und suchende Elemente vermischen sich. So bleiben die Männer im Gleichgewicht.

Das zentrale Erziehungsmedium in Kitas ist das *Kinderspiel.* In diesem drückt sich die für die pädagogische Kindheit typische Spannung von Erziehung und kindlichem Eigenleben aus (vgl. Bamler/Werner/Wustmann 2010). Kinder können aus sich heraus experimentieren, spüren, dass sie etwas bewirken; sie lernen aber genauso Grenzen und gegenseitige Rücksichtnahme kennen und können das Gefühl haben, dass sich diese aus ihrem eigenen Verhalten heraus ergeben und deshalb so wichtig für das eigene Sozialverhalten sind. Sicher sind es in vielen Kindergärten heute nicht mehr die klassischen Geschlechtsstereotypen der Kinderspiele, die vorherrschen. Dennoch sind geschlechtstypische Aneignungsformen geblieben, wenn Mädchen und Jungen mit denselben Materialien und Spielgaben ganz unterschiedliche, nämlich geschlechtsstereotype Dinge, anfangen: Wenn beispielsweise Jungen Schaumstoffteile nehmen, um aufeinander einzuschlagen, Mädchen sie dagegen verwenden, um eine Wand um sich zu ziehen (vgl. dazu Neubauer 1991). Allgemein scheint in diesem Zusammenhang immer noch zu gelten, dass Jungen stärker konkurrenzorientiert und „agonal" spielen, während Mädchen eher „mimetisches" Spielen bevorzugen, indem sie sich gegenseitig einbeziehen und gemeinsame Gestaltungsideen entwickeln (vgl. Gebauer 1997).

Besonders wichtig wird die geschlechtsreflektierende Arbeit, wenn die Kindertagesstätten – im Sinne des Situationsansatzes (vgl. Zimmer 2000) – Explorationen in die Alltags- und Arbeitswelt der Erwachsenen unternehmen. Inzwischen gibt es auch im kleinstädtischen Bereich genug Konstellationen, wo Männer und Frauen das Gleiche tun (zum Beispiel bei der

Polizei, der Post, im Handwerk) und die Kinder erleben können, dass Männer und Frauen Gleichwertiges tun, obwohl sie oft unterschiedlich an dieses Gleiche herangehen. Die Kinder lernen so Gleichheit in der Differenz, nicht aber Geschlechterhierarchie kennen.

Das können auch Frauen als Erzieher/innen leisten, wenn sie ihre Arbeit geschlechtsreflexiv betreiben. Das kann einen sonst einseitigen, beziehungszentrierten weiblichen Erziehungsstil ausbalancieren, ersetzt aber nicht die Anwesenheit von männlichen Erziehern in ihrem Wert besonders für Jungen (allgemein auch für Mädchen). Als Charakteristika eines männlichen Erziehungsstils gelten in diesem Zusammenhang: ein stärker bewegungs-, erlebnis- und risikoorientierter Zugang zu den Kindern, besserer Umgang mit kindlichen Aggressionen, größere Bereitschaft zur Öffnung der Kita-Arbeit in die Außenbereiche und bessere Durchsetzungsfähigkeit. Dazu kommt vor allem auch eine gewisse Brückenfunktion zur Vaterrolle (vgl. Rohrmann et al. 2011: 49). Darüber hinaus aber wird in der Fachdiskussion angezweifelt, ob Männer in Kindertagesstätten die Männlichkeitsbilder der Jungen nachhaltig beeinflussen können. Brandes (2011: 22f) konstatiert – vor dem Hintergrund internationaler Forschungen – schon für die Vater-Sohn-Beziehung, dass man „keinen direkten Zusammenhang zwischen der vom Vater repräsentierten Männlichkeit und der des Sohnes nachweisen kann", räumt aber ein, dass dies auch schwer nachweisbar ist, und meint deshalb: „Wir sollten also weniger nach geschlechtsspezifischen Vorbildwirkungen fragen, sondern nach unterschiedlichen Parametern des konkreten Interaktionsverhaltens von Männern und Frauen im Umgang mit Kindern".

Allerdings bleibt dabei unberücksichtigt bzw. wird übergangen, dass es bei solchen geschlechtsbezogenen Identifikationsvorgängen um den komplexen Prozess der „Alltagsidentifikation" geht und nicht nur um die interaktiv untersuchte Vater/Erzieher-Sohn/Junge-Beziehung. Natürlich können auch Väter, die geschlechtshierarchisch eingestellt sind, liebevolle Beziehungen zu ihren Söhnen aufbauen. Entscheidend für die Alltagsidentifikation ist aber z.B. wie der Junge den Vater insgesamt, in seinem Habitus, im Verhältnis zur Partnerin und in der häuslichen Arbeitsteilung erlebt. Und wie die Mutter den Vater aufbaut, wenn er abwesend ist. Nicht die direkte Beziehung, sondern die Einbettung des Vaters in die Struktur des Geschlechterverhältnisses ist ins Auge zu fassen. Nicht umsonst spricht die Bindungstheorie nicht von Vorbildern, sondern von „inneren Arbeitsmodellen", in denen – kognitiv und emotional – Erfahrungen mit umgebenden Beziehungsstrukturen verarbeitet werden (vgl. Hopf 2005).

Auch in Kitas – so kann gefolgert werden – geht es nicht so sehr um die direkte Beziehung zwischen männlichem Erzieher und Jungen, sondern um die Aneignungskultur, die sich durch die alltägliche Anwesenheit des Erziehers verändern kann. Die männliche Rolle wird so auch in einer weiblichen Welt darstellbar, das Entgegenkommen der Geschlechter (im Team) und die Gleichberechtigung in der Arbeitsteilung für die Jungen erfahrbar. Hier geht es also erst einmal um die Wahrnehmung alternativer männlicher Rollenvorgaben. Wie diese Alltagserlebnisse auf die männliche Identifikation als tiefenpsychischen Vorgang einwirken, ist dabei noch nicht hinreichend geklärt. Zumindest aber kann angenommen werden, dass die so gemachten alltäglichen Beobachtungen und Erfahrungen der Jungen in ihre inneren geschlechtsbezogenen Arbeitsmodelle eingehen können und auch später wirksam bleiben. Die Jungen erleben das Kita-Setting nicht als so weiblich dominant, dass sie sich gegenüber den Mädchen benachteiligt fühlen und diese gefühlte Benachteiligung mit maskuliner Abgrenzung und Abwertung gegenüber den Mädchen und der Idolisierung von Männlichkeit zu kompensieren versuchen (vgl. Koch-Priewe et al. 2009). ◀

2.2 Jugendphase

Der soziologische Jugendbegriff meint nicht den einzelnen Jugendlichen, sondern bezeichnet Jugend als historisch-gesellschaftliche Konstruktion, die sich in der Moderne entwickelt hat. Vor diesem Hintergrund lassen sich zwei zentrale sozialhistorische und sozialstrukturelle Bezüge herausarbeiten, die Jugend als Lebenslage aufschließen können: Jugend als Funktion der modernen industriellen Arbeitsteilung und die Entgrenzung der Jugend im Zuge des Strukturwandels der Arbeitsgesellschaft heute. Wir können dies am Modell der Entwicklung von Jugend in den westlichen Industriegesellschaften der letzten zweihundert Jahre aufzeigen und gehen dabei auch davon aus, dass sich dieser Entwicklungstyp – nun zeitlich wesentlich verkürzt – in den industriegesellschaftlichen Entwicklungs- und Schwellenländern ähnlich gestaltet. Jugend wird gesellschaftlich freigesetzt und konstituiert somit eine Lebenslage, die Bewältigungsaufforderungen und Bewältigungszwänge generiert. Gleichzeitig – und das ist die Besonderheit der Jugendphase – stehen diese Bewältigungsaufforderungen in einer Spannung zu den psychophysischen Entwicklungsaufgaben und -dynamiken der Jugendphase.
Eine gesellschaftlich zum Zwecke des Lernens, der Qualifikation und damit der Reproduktion der arbeitsteiligen Gesellschaft eingerichtete Lebensphase ist ein modernes Phänomen. In der vorindustriellen Zeit kamen nur wenig Kinder und Jugendliche aus dem Adel und später aus dem Bürgertum in den Genuss einer Jugend, die nach der Kindheit nicht gleich zum Lebensunterhalt der Familie beitragen musste, sondern – wie daraufhin auch im Bürgertum als Bedingung der Statussicherung – eine Bildungsphase durchlief. In der Geschichte der Pädagogik kursiert die Metapher, die beiden wichtigsten Erfindungen der industriellen Moderne seien – ungefähr gleichzeitig – die Dampfmaschine und die Jugend gewesen (Musgrove 1964). Die Dampfmaschine steht für den Beginn technologischer Innovationen, die Jugend für die Entwicklung von Humankapital per Bildung und Qualifikation. Beide Größen – Investivkapital und Humankapital – machen in ihrem Zusammenwirken den industriellen Prozess aus.

2.2.1 Das Modell des Moratoriums

In diesem Sinne kann man die Jugend soziologisch als Funktion der modernen industriellen Arbeitsteilung in ihrem Grundmuster von sozialer Differenzierung und Integration begreifen. Aus dem Blickwinkel dieser Arbeitsteilung stellt sich die Jugend als gesellschaftlicher Mechanismus von Separation und Integration dar: Die jungen Menschen werden nach der mittleren Kindheit von der Arbeitsgesellschaft separiert, damit sie sich in einem Schon- und Experimentierraum lernend auf die spätere Eingliederung (Integration) in die Gesellschaft vorbereiten können. Integration durch Separation heißt also – angesichts der Verlängerung der Bildungsprozesse – bis heute die jugendsoziologische Grundformel. Es wird davon ausgegangen, dass der Jugend gesellschaftlich ein Moratorium eingeräumt wird. Mit dieser Formel ist ein Spannungs- und Konfliktmoment in die Lebenslage Jugend eingebaut: Können sich die Jugendlichen auf die spätere Integration verlassen oder nicht? Jugend ist damit den Krisen der Arbeitsgesellschaft ausgesetzt und von daher schon eine strukturelle Risikolage.

In diesem Moratorium entfaltet sich als entwicklungstypisches Spannungsverhältnis das Erleben der Pubertät. Der entscheidende Unterschied zwischen Pubertät und frühkindlicher Entwicklung besteht darin, dass die sexuellen Reifungsprozesse in der Jugendphase nun nicht mehr – wie in der frühkindlichen Entwicklungszeit – strikt innerhalb des familialen Kontextes ablaufen, sondern diesen überschreiten müssen. Die damit verbundene Ablösung von der Familie, das selbstständige Hinaustreten in die soziale Welt strukturiert die Pubertät als Spannungsverhältnis zwischen Familie und Kultur der Arbeitsgesellschaft. Dieses Spannungsverhältnis wird von Mario Erdheim (1988) als „Dilemma" der Adoleszenz bezeichnet. Denn Familie und Arbeitsgesellschaft sind durch ganz unterschiedliche, in ihren Charakteristika widersprüchliche, Strukturelemente gekennzeichnet: „Die Familie zentriert sich um Intimitätsstrukturen herum, die Beziehungsformen sind in erster Linie Verinnerlichungs- und Identifikationsprozesse. Kultur hingegen strukturiert sich um das Phänomen der Arbeit" (Erdheim 1988: 193). Familie und Kultur der Arbeit stehen also in einem deutlich widersprüchlichen Verhältnis. Beide sind notwendige Formen menschlichen Zusammenlebens, aber sie können nicht – da sie eben verschiedenen Grundprinzipien gehorchen – ineinander überführt und voneinander abgeleitet werden.

Diese gleichsam freischwebende und nicht entschiedene Lage zwischen Familie und Arbeitsgesellschaft bringt die spezifischen Milieus der *Gleichaltrigen-Kultur* hervor. Die Milieus der Gleichaltrigen-Beziehungen (Peer-Beziehungen) stellen vor allem Kulturen der Gleichen dar und bilden damit einen Kontrast zur hierarchischen Abhängigkeitsstruktur von Familie und Arbeitsgesellschaft. Die Orientierung an Gleichaltrigen im Jugendalter ist ein zentraler Prozess der biografischen Neuorientierung, der Ablösung vom Elternhaus und der Suche nach neuen personalen und sozialen Orientierungen außerhalb der Herkunftsfamilie. Die Bindung an die Eltern wird dabei in der Regel nicht aufgegeben, der Ablösungsprozess ist komplex: Von traditionellen Push- und Pull-Situationen, zwischen Konflikt und Versöhnung bis hin zur heute verbreiteten frühen Selbstständigkeit mit den Eltern und *neben* ihnen gibt es eine differenzierte Spannbreite von Ablöseverhalten im Jugendalter. Diese Bindung hält auch heute bei jungen Erwachsenen im Übergang in die Arbeitsgesellschaft an, weil sich diese Übergänge verlängert und entgrenzt haben.

In der Gleichaltrigen-Kultur werden soziale Rollen erprobt, kann erlebt und erfahren werden, wie man Konflikte austragen und Gemeinsamkeiten gestalten kann und es werden Grenzen erprobt und damit Normen ausgetestet. Gleichaltrigen-Beziehungen sind in sich ambivalent. Die Jugendlichen schwanken zwischen der Abgrenzung von der Erwachsenenwelt und der Sehnsucht erwachsen zu werden. Gleichaltrigen-Milieus stehen in einer typischen Bewältigungsspannung zur Lebenslage Jugend. Alles, was in der Struktur der Lebenslage Jugend an Verwehrungen steht – das Noch-Nicht gesellschaftlicher Anerkennung und sozialer Wirksamkeit –, wird in den Gleichaltrigen-Beziehungen ausgeglichen. Hier sucht man soziale Anerkennung und Wirkung aus dem eigenen Lebensgefühl, der Erfahrung der eigenen Lebenssituation heraus. Man kann die soziokulturelle Selbstständigkeit, die man längst hat, aber gesellschaftlich nicht wirksam werden kann, ausleben. Das macht auch den Unterschied zur Schule aus, die Anerkennung und Wirksamkeit nur in Bezug auf die Schülerrolle, also bloß selektiv, vermittelt und dabei Jugendliche ausschließen kann. Eben oft jene Jugendlichen, die dann der Jugendhilfe zugewiesen werden. Die Lebenslage Jugend ist von dieser Grundstruktur der Ablösungs-, Experimentier- und Gruppendynamik her eine Risikolage, die riskantes Verhalten strukturell freisetzt.

Ein weiterer reflexiver Zugang ergibt sich aus dem sich wandelnden gesellschaftlichen Bild von der Eigenständigkeit der Jugend im Generationenzusammenhang. Keine andere soziale Bewegung der neueren deutschen Sozialgeschichte hat die Jugend-Generation derart herausgehoben wie die 1968er-Studentenbewegung. Sie hat zum ersten Mal in der Nachkriegszeit ein politisches Generationenbild von unten hervorgebracht. Dieses war freilich getragen von den sozialökonomisch gegebenen Chancen, die im Modernisierungsschub und der ökonomischen Prosperität zu dieser Zeit gegeben waren. Jugendliche galten nicht nur als politische Opponenten, sondern sehr bald auch als Protagonisten einer Modernisierung, die das Humankapital der Bildungsjugend brauchte, genauso wie sie den politischen Protest als Öffnung für die notwendige gesellschaftliche Demokratisierung – wenn auch widerwillig – aufnahm. Aber schon die Jugend der 1970er Jahre wurde kritisch mit der Geschichte ihrer Vorgeneration konfrontiert, gleichsam unter Druck gesetzt. Nicht, dass sie protestieren sollte, aber sie sollte sich politisch aufgeklärt, emanzipiert und interessiert am reformierten demokratischen Staat verhalten. So entstand ein paradoxes Bild. Nicht die Jugend kämpfte um Emanzipation, sondern der Sozialstaat und seine Pädagog/innen hielten Emanzipationsangebote bereit und – Ironie der Geschichte – etikettierten die Jugendlichen, die sich in eben diesem progressiven Dienstleistungsstaat individuell einrichten wollten, als unpolitisch, apathisch. Der Slogan von der „versorgten Generation“ war geboren. Das Gespenst von der passiven Generation, die sich nur um ihr eigenes Glück und Wohlergehen und nicht um die Zukunft der Gesellschaft kümmere, geisterte durch die gesellschaftspolitische und pädagogische Landschaft. Die in den Jugendumfragen der 1980er Jahre ermittelten Einstellungen, Orientierungen und Verhaltensweisen der durchschnittlichen bundesrepublikanischen Jugend wurden nun vor allem unter dem Aspekt diskutiert, ob diese Jugend überhaupt noch in der Lage sei, die Gesellschaft in der Zukunft zu tragen und ihren Bestand zu sichern. Die Mutmaßungen darüber wurden in öffentlichen Diskussionen mit pessimistischen Einschätzungen über die Zukunft des Generationenvertrages geführt.

2.2.2 Entgrenzung der Jugend

Die mikroelektronische Wende der Arbeitsgesellschaft führte zu einer weitgehenden Entkoppelung von technisch-ökonomischem Fortschritt und breiter Bildungsmobilisierung. Elektronische Prozessoren und technologischen Eliten, und nicht mehr die Jugend, waren nunmehr als Fortschrittssymbole gefragt. Der Bildungsoptimismus, der mit dem modernen Jugendbild verknüpft war, wich einem sozialen Bildungsdruck, dem sich Jugendliche nun ausgesetzt sahen und sehen. Jeder muss Bildung erwerben, heißt es nun, um sich Chancen zum Mithalten zu schaffen oder zu bewahren, um sich vor der Gefahr der Deklassierung zu schützen. Gleichzeitig drehte sich das Jugendbild von der gesellschaftlichen Chance Jugend zum gesellschaftlichen Problem Jugend. Jugendliche, die nicht mithalten können oder wollen, werden nun zur Risikogruppe abgestempelt. Wieder muss die Jugend als Bühne herhalten, auf der sich die Furcht der Gesellschaft vor den neuen Kräften der sozialen Ausgrenzung und Gewaltproduktion, wie sie vor dem Hintergrund einer nie gekannten Dynamik globaler industrieller Arbeitsteilung freigesetzt wurde, entzündete. Und in dieser Fixierung auf die gesellschaftliche Metapher Jugend ist untergegangen, dass sich die Lebenslage Jugend selbst unter dem Strukturwandel der Arbeitsgesellschaft einschneidend verändert hat. Die sozialpolitische Dialektik der Erweiterung, von der die Lebenslage Jugend als Bildungsjugend in den letzten Jahrzehnten profitiert hat, ist zunehmend von einer Dialektik der Verwehrung überformt (vgl. Böhnisch/Schröer 2012). Dies wird im gegenwärtigen Jugenddiskurs mit der Begrifflichkeit der „Entgrenzung von Jugend“ umschrieben.

Damit ist gemeint, dass der Strukturwandel der Arbeitsgesellschaft in die Lebensphase Jugend hineinwirkt. Es ist „von einer neuen Form des Übergangs (ins Erwachsenenleben) auszugehen, deren bestimmende Merkmale ihre Offenheit und Ungewissheit sind“ (Walther 2000: 59). Das *junge Erwachsenenalter*, von dem hier die Rede ist, ist zwar nicht mehr dem Jugendalter, aber auch noch nicht dem Erwachsenenalter zurechenbar, wenn man den Status der ökonomischen Selbstständigkeit als Maßstab heranzieht. In dieser Phase wird der arbeitsgesellschaftliche Erreichbarkeitsdruck besonders gespürt, der vorher schon als Bildungsdruck wahrgenommen wird, obwohl weiterhin jugendkulturelle Identifikationen beherrschend sind (vgl. Stauber/Walther 2002). An diesem Punkt setzt die „Entgrenzungsthese“ an. Danach ist auch die Jugendforschung aufgefordert, die neuen Mischungen von Freizeit, Lernen und Arbeit „im Skript des modernen Jugendlebens“ zu lesen und die alltägliche Lebensführung Jugendlicher entsprechend zu analysieren. Dann kann man sehen, wie Jugend als experimentelle Lebensphase erodiert und in den Sog der „Verarbeitlichung“ gerät (vgl. Lange 2003).

> „Die entgrenzte Arbeitswelt, das entgrenzte Lernen und die sich entgrenzenden privaten Lebensführungen greifen (…) ineinander. Die Übergänge ins Erwachsenenalter werden für viele nicht nur länger, unstrukturierter und unsicherer, sondern werden auch individuell folgenreicher. Der bisher zeitlich eng begrenzte soziale Freiraum, in dem man sich austoben konnte, bevor man in den Arbeitsalltag eintrat, löst sich auf.“ (Kirchhöfer 2004: 17)

In den Vordergrund der jugendsoziologischen Forschung sind dementsprechend die unterschiedlichen Bewältigungskonstellationen gerückt, die den Alltag der jungen Menschen zwischen 12 und 27 Jahren charakterisieren. Sie alle gehören zur Jugend, sind jedoch kaum mehr in das Modell von Jugend zu integrieren, das sich im vergangenen Jahrhundert durchgesetzt hatte. Im weitesten Sinne geht es um die Frage, wie das Verhältnis von Jugend und Gesellschaft, nicht mehr im Modell des Moratoriums, sondern in der Perspektive offener Übergänge, neu bestimmt werden muss. Denn diesbezügliche Untersuchungen zeigen, dass der Strukturwandel der Arbeitsgesellschaft und die damit verbundenen Risiken sich in die Lebensphase Jugend hinein ausbreiten.
Fragt man nach dem Bewältigungsverhalten angesichts von Unsicherheit, so kann man zeigen, wie Jugendliche bis ins junge Erwachsenenalter hinein versuchen, die Motivation zum Lernen und Arbeiten aufrechtzuerhalten und diese dabei zugleich gefährden. Entstandardisierungen des Lebenslaufs und ungleich verteilte Unsicherheiten der Integration in Ausbildung und Arbeit lassen „YOYO-Übergänge" entstehen (vgl. Stauber/Walther 2008). Junge Erwachsene sehen sich vor ambivalente Konstellationen mit ungleich verteilten Chancen zur aktiven Bewältigung gestellt: Anspruch auf selbstbestimmte Wahl auch um den Preis des Rückzugs, Optionen offenhalten ohne Einfluss auf deren Einlösbarkeit, Vereinbaren von Fragmentierungen und Widersprüchlichem, Selbstinszenierung auch ohne Hintergrundgewissheit. Für junge Erwachsene spitzt sich so das Problem der Prekarisierung der Lebensverhältnisse infolge der Entgrenzung von Arbeit zu.

Texte zum Weiterlesen

Schröer, Wolfgang et al. (2013): *Handbuch Übergänge.* Weinheim und Basel: Beltz Juventa.
Hurrelmann, Klaus (2010): *Lebensphase Jugend.* 10. Auflage, Weinheim und München: Juventa.
Liebsch, Katharina (Hrsg.) (2012): *Jugendsoziologie.* München: Oldenbourg.

2.3 Erwachsenenalter im Wandel

Das traditionelle Bild vom Erwachsenen als dem „fertigen Menschen", der seine Identität gefunden hat und in Arbeit und Familie integriert ist, stimmt so nicht mehr. Das heißt nicht, dass es diesen konventionellen Typus nicht mehr gibt, sondern meint, dass dieser tradierte Erwachsenenstatus seine Selbstverständlichkeit eingebüßt hat. Das Erwachsenenalter ist längst einer offenen Entwicklungsdynamik unterworfen, in der die – meist erzwungene – Aufgabe des bisher Erreichten und Erlernten sowie Phasen des unübersichtlichen und riskanten Neubeginns die Biografie mehr in Atem halten, als dass sie durch ein traditionelles Normalarbeitsverhältnis stabilisiert wäre. Befunde zur Entgrenzung des Erwachsenenalters kommen vor allem aus der Biografie- und Lebenslaufforschung (vgl. Sackmann 2007). Aufgezeigt werden vor allem Tendenzen der Erosion der Kontinuität und Geschlossenheit der Erwerbsphase. Damit wird die berufliche Erwerbsarbeit als Strukturkorsett und lineare Entwicklungsachse des Erwachsenenalters relativiert. Erwerbsarbeit hat sich für viele in ihrer Bedeutung vom planbaren Karrieremodell zum schwer kalkulierbaren, aber andauernden biografischen Bewältigungsproblem gewandelt. In wechselnden kritischen Lebenskonstellationen suchen die Subjekte immer wieder Handlungsfähigkeit herzustellen. Die Matrix aus Chancen und Risiken, die in Entgrenzungsprozessen besonders prägnant freigesetzt wird, schreibt sich nunmehr fest in die Struktur des Erwachsenenalters ein. Die Bewältigungsproblematik der Integrität, die sich in der Diskrepanz zwischen dem Erhofften und dem Erreichten aufschaukelt und traditionell um die Midlife-Crisis herumgesetzt wurde, hat sich vor diesem Hintergrund pluralisiert. Schon in der Lebensphase der jungen Erwachsenen treten für junge Leute dann Integritätsprobleme auf, wenn sie die verschiedensten Anläufe ins Arbeitsleben gemacht und oft bereits an der „zweiten Schwelle“, dem Übergang von der Ausbildung in den Beruf, hängengeblieben sind. Gleichzeitig haben sie sich längst ihren eigenen selbstständigen Lebensstil erworben und sind dennoch weiter finanziell auf die Eltern angewiesen. Wenn hier inzwischen schon von einer „Quarter-Life-Crisis“ (Adam 2003) gesprochen wird, wirft das ein Licht darauf, dass in der Altersspanne zwischen 20 und 60 heute eine Vielzahl kritischer Biografiekonstellationen entstehen kann, die Bewältigungsaufforderungen freisetzen, welche nicht nur biografisch-passager, sondern durchaus existenziell sind. Indem das Erwachsenenalter angesichts seiner arbeitsgesellschaftlich vermittelten, riskanten Offenheit zum „Lernalter“ geworden ist, ist auch von daher seine traditionelle Abgrenzung gegenüber dem Jugendalter längst durchbrochen.

2.3.1 Erosion der Normalbiografie

Deshalb hat sich auch der sozialwissenschaftliche Blick auf das Erwachsenenalter und die Aufmerksamkeit für strukturelle Risikokonstellationen mit dem sozialen Wandel, der diese Lebensphase erfasst hat, verändert. Dass auch gesellschaftliche Bilder von Erwachsenen in Bewegung geraten sind, wird mit den Begriffen der *Entstrukturierung und Entgrenzung* der Lebensalter erfasst; für das Erwachsenenalter bedeutet es, dass die institutionelle Rahmung einer Normalbiografie (vgl. Kohli 1985) für Erwachsene erodiert, insofern jeweils zu erreichende (Status-)Positionen und die Einlösung von Lebenszielen und Verantwortlichkeiten nicht mehr als gesichert gelten können. Die Standardisierung von Erwartungen ist damit auch – je nach Lebenslage – in Bewegung geraten. Mit dem Wandel von Arbeits-, Familien- und Beziehungsformen verbindet sich hier die Chance zur Offenheit der Lebensplanung mit einer gesteigerten Verpflichtung zur Eigenverantwortung und Orientierung an sich wandelnden Leitbildern einer gelingenden Lebensführung (vgl.

Schönberger 2007). Über die Individualisierung der Lebensführung und die Flexibilisierung von Anpassungs- und Gestaltungsleistungen wird die eigene Biografie zum wichtigen Bezugsrahmen eines inneren Zusammenhalts gleichzeitig mit dem steten Bemühen um soziale Zugehörigkeit (vgl. Ahlheit 1990).

Die Veränderungen spiegeln sich im neuen Interesse der Entwicklungspsychologie für diese Lebensphase wider, die heute entsprechend der Anforderung „lebenslangen Lernens" eine weiter bestehende Plastizität und Lernoffenheit von Erwachsenen im Sinn einer „flexiblen Immaturität" (vgl. Baltes et al. 2001) betont. Theoretische Konzepte beleuchten vom frühen Erwachsenenalter an die Stabilisierung von Selbsterfahrung, von sozialen Fähigkeiten im Zusammenhang mit der Sicherung von Erwerbsquellen, der Fähigkeit zur Aufrechterhaltung von (intimen) Beziehungen und Teilhabe an vielseitigen sozialen Rollen (vgl. Faltermeier et al. 2002). Schon früh stellen sich heute Fragen nach dem Erhalt persönlicher Integrität, bei der Bewertung des bisher Erreichten müssen Diskrepanzen zwischen Lebenszielen/Erwartungen und Realität bilanziert werden (Quarter-Life-Crisis). Die Fähigkeit zur Aufrechterhaltung intimer Beziehungen steht hier sowohl im Zusammenhang mit der Fähigkeit zur Konfliktbewältigung als auch mit gelungener beruflicher Einmündung. Dazu kommen aber auch neue Themen in der Alltagsbewältigung oder der Lebensplanung für Frauen und Männer. Die Bearbeitung von Doppelbelastung durch häusliche und berufliche Aufgaben und der daraus resultierende Konflikt erweist sich für Frauen drängender, aber auch offener aussprechbar. Sozialer Rückhalt wird heute häufiger und gleichrangig in der Familie und in Freundschaftsbeziehungen gesucht.

Im mittleren Lebensalter verändern und intensivieren sich Aufgaben z.B. mit den Konflikten und Sorgen um die eigenen jugendlichen Kinder, dazu kommt die Sorge um die alten Eltern. Vor dem Hintergrund von Neuorientierung und auch von Verunsicherung stehen lebensalter-spezifische Herausforderungen: Endlichkeit des Daseins, Sinnsuche und Neuordnung der Lebenssituation unter diesem neuen Vorzeichen. Bei körperlichen Alterungsprozessen waren und sind im mittleren Erwachsenenalter zunächst Frauen im Blick (Ende der Gebärfähigkeit, Wechseljahre), erst im höheren Alter sind zunehmend auch Männer angesprochen, damit verbundene Einschränkungen und Entwertungen für sich zu bearbeiten. Diese Veränderungen werden auch mit Konzepten der Entwicklungsaufgaben erfasst, die allerdings selbst einem Wandel unterworfen sind: Weitergabe von Wissen an die nächste Generation wird heute um das Lernen von und zusammen mit der jüngeren Generation ergänzt. Die Bewältigung von Verlusterfahrungen in Beziehungen geht einher mit der Notwendigkeit, sich flexibel an neuen Wohnorten heimisch zu machen (vgl. Bertels/Herlyn 1990).

In der Lebenslaufforschung, die nach verlaufsprägenden Ereignissen und Wendepunkten fragt, wird betont, dass historisch-epochale Konstellationen Erfahrungen auch geschlechtsspezifisch prägen, aber auch „normale und erwartbare Übergänge wie Heirat oder Elternschaft" mit Veränderungen des Selbstbildes einhergehen

(Sackmann/Wingens 2001: 27). So ist immer wieder zu fragen, wie stillschweigend weiter bestehende gesellschaftliche Normen, sich wandelnde Bilder vom erwachsenen Mann und der erwachsenen Frau sowie innere Leitbilder (überkommen aus Herkunft und Herkunftsfamilie) im Erwachsenenalter neu eingeordnet und mit Lebenskonstellationen, biografischen Erfahrungen und Identitätskonstruktionen abgeglichen werden. Seit den 1970er und 1980er Jahren nimmt eine Reihe von Untersuchungen dieses Problem im Paradigma der „Midlife-Crisis" auf. Hier öffnete sich der Blick auf den Umgang mit Verunsicherungen und Neuorientierungen der Lebensziele bei Männern und Frauen.
Der Umgang mit Brüchen und Umwegen in der biografischen Rückschau wurde zuerst mit dem Konzept der Nachträglichkeit in der Frauenforschung thematisiert (vgl. Becker-Schmidt 2003). Da erscheint der „weibliche Blick" als der offenere. Auch da, wo es um Umwege und die Möglichkeit des Aussteigens in der Lebensplanung geht, sind Frauen bisher immer noch eher bereit und in der Lage, z.B. eine „Kinderpause" einzulegen und damit das Risiko des Wiedereinstiegs mit zu kalkulieren (vgl. Völker 2004).
Wenig untersucht und reflektiert wird, wie Bilder von Männern und Frauen normativ zu wirken beginnen, wenn es um ein Scheitern an den Anforderungen des Erwachsenen-Lebens und die Suche nach Rückhalt in Beziehungen geht. Aus Lebenslaufanalysen geht z.B. hervor, dass für „ressourcenschwache" Männer die Verheiratungschancen mit der Perspektive dauerhafter Ehelosigkeit sinken (vgl. Sackmann 2007). So sind inzwischen etliche der neuen Arbeitsfelder der Pädagogik im Erwachsenenbereich in den Situationen des Scheiterns im Erwachsenenleben angesiedelt. Die Fähigkeit, sich diesem Scheitern von Männern und Frauen zuzuwenden, hängt davon ab, ob ein Zugang zu geschlechtsspezifisch verdeckten, aber dennoch bedeutsamen aktuellen und vergangenen Entwertungs- und Ausgrenzungserfahrungen und deren Bewältigungsmustern gefunden wird.

2.3.2 Zwang zum lebenslangen Lernen

Mit den 1960er Jahren setzte sich in der Erwachsenenbildung und in dem nun zusehends expandierenden Weiterbildungsbereich die zentrale Auffassung durch, dass Bildung als eine grundlegende Produktivkraft in der industriekapitalistischen Moderne zu begreifen sei. Seither gilt Bildung als entscheidender *Modernisierungsfaktor* auf dem Weg in eine Dienstleistungs- und Wissensgesellschaft. Der Bildungsnotstand wurde ausgerufen, Bildungsreserven sollten ausgeschöpft werden. Die damalige Bildungsreform richtete sich darum auch gezielt auf das Erwachsenenalter. Gleichlaufend hat die Informalisierung von Bildung an Bedeutung gewonnen. Die Volkshochschule, die klassische Einrichtung der Erwachsenenbildung, fand sich innerhalb eines Feldes konkurrierender Anbieter von Weiterbildung wieder. Bildung, so eine überraschende Erkenntnis dieser Zeit, findet nicht nur in Bildungsorganisationen statt, sondern in den Betrieben, im Urlaub und Alltagsleben. Sie ist nicht auf einen Ort und eine Lebensphase festgeschrieben, begleitet den Lebenslauf und ist entsprechend räumlich und zeitlich entgrenzt. Diese Entgrenzung und die damit einhergehende massenhafte Mobilisierung der Produktivkraft „Bildung" konnten sich vor allem deshalb öffentlich durchsetzen, da sie Teil einer sozialstaatlich gefassten Politik der Chancengleichheit und Partizipation waren. Sie wurden begleitet von einem umfassenden Aufstiegs-, Integrations- und Demokratisierungsversprechen.

Zu Anfang des 21. Jahrhunderts, in einer Zeit der Ökonomisierung des Sozialen, in der Wissen zunehmend zu einem ökonomisierten und patentrechtlich geschützten Faktor im Wirtschaftslebens geworden ist, gerät die Erwachsenenpädagogik unter Druck. Einerseits hat sich ein elitäres Weiterbildungssystem längst in den Betrieben und auf einem kostspieligen Weiterbildungsmarkt verselbstständigt: Die Ökonomie bildet sich ihr Humankapital selbst aus, was sie nicht braucht, lässt sie zurück. Diesem Trend läuft ein hochgradig subventionierter Fort- und Weiterbildungs- sowie Umschulungsbereich hinterher, der reaktiv organisiert ist und gleichzeitig nicht verhindern kann, dass die Wissensgesellschaft sozial auseinander klafft. Die Vokabeln von Chancengleichheit und politischer Partizipation, die den Weiterbildungsboom der 1970er Jahre begleiteten, sind denen der neuen Steuerung und marktgerechten Bildung gewichen. Als Unternehmer seiner eigenen Arbeitskraft hat – in dieser Logik – jede/r Einzelne seine/ihre Lernprozesse zu steuern. Wer überflüssig wird, hat die „Fehlsteuerung" zu beheben und den Weiterbildungsbereich aufzusuchen. Dieser entwickelt mit ihm oder ihr neue Steuerungsmodelle *lebenslangen Lernens*. Dass diese zu „lebenslänglichen Gefängnissen" werden können, weil für viele die Weiterbildung nicht mehr als die symbolische Abwehr vor dem sozialen Aus bedeutet und sie daher in Kauf nehmen müssen, dass sie nur in perspektivlosen Umschulungskarrieren weitergereicht werden, ist in diesem sozialtechnologischen Denken nicht thematisierbar.

Diese Tendenzen zur Sozialtechnologisierung und Ökonomisierung der Bildung im Sinne einer verwertungszentrierten Ausschöpfung des Humankapitals lassen sich in jenem Bild der Verschmelzung von ökonomischer und pädagogischer Form darstellen, wie es Thomas Höhne in seiner „Pädagogik der Wissensgesellschaft" (2003) gekennzeichnet hat:

> „So scheint die neoliberale Formation sich durch eine Versöhnung von Markt und Individuum auszuzeichnen. Begriffe wie ‚Kreativität, Verantwortungsbereitschaft, Loyalität, Kommunikativität, Begeisterungsfähigkeit, Leistungswille usw.' (…) deuten auf eine neue Synthese bzw. ein Prinzip hin, das man als ‚inneren Markt' beschreiben könnte. Nur auf dem Markt, so scheint es, kann das gesamte Spektrum an Möglichkeiten und Fähigkeiten der Individuen ausgeschöpft werden (…). Der Markt ist dabei nicht mehr länger das Außen der Gesellschaft, sondern wird zum zentralen Ort der Bildung sozialer Identitäten und Differenzen. (…) Dabei geht es nicht nur um eine höhere Vernutzung von Arbeitskraft, sondern auch um ein neues Selbst-Ethos. Althergebrachte Grenzen zwischen Arbeit und Freizeit, Geldverdienen und Selbstverwirklichung, d.h. allgemein zwischen fremd- und selbstbestimmten Bereichen sollen aufgehoben werden." (Höhne 2003: 236f)

Der biografische Bewältigungsdruck, der diesen Prozessen innewohnt, bleibt dabei verdeckt. Denn jedes Umlernen ist mehr oder weniger – je nachdem, ob ein Arbeitsplatz gehalten oder gewechselt werden muss – mit biografischen Integritätsproblemen verbunden: Kann ich auf dem aufbauen, was ich bisher gewusst und getan habe, oder ist dies – bin ich – nichts mehr wert? Entsprechende Erfahrungen aus der betrieblichen Sozialarbeit zeigen uns auch, dass der Bewältigungsdruck nicht erst mit dem kritischen Ereignis der Umsetzung oder Konfrontation mit neuen Arbeitsanforderungen beginnt, sondern schon lange vorher betriebs- und sozialklimatisch von den Menschen gespürt wird. Dies wirkt nicht nur als Stress, weil die verselbstständigte Logik von Rationalisierung und Digitalisierung, die hinter Personalabbau und Umsetzung steht, für die Einzelnen nicht mehr durchschaubar ist, sondern vor allem auch, weil dies der Logik der sozial eingebetteten Arbeits- und Lebenserfahrung zuwiderläuft. Ein pädagogischer Diskurs zum lebenslangen Lernen, der diesen Bruch nicht kritisch thematisiert, sondern nur anpassungsorientiert geführt wird, wird sich deshalb genauso vom Menschen entfernen, wie der ökonomisch-technologische Prozess selbst.

Peter Alheit (1994) hat in diesem Kontext gefordert, dass sich die Erwachsenenbildung an Bildungsprozessen zu orientieren habe, die nicht offiziell organisiert oder intendiert sind, und die man als „subversive" Bildungsprozesse bezeichnen könnte. Damit meint er einen Bildungsauftrag, der sich aus den Bewältigungskonstellationen im individuellen Lebenslauf ergibt. Bildung könnte so selbst die je eigenen Erfahrungen sozial transformieren und die Menschen zu Akteuren machen (vgl. auch Grell 2004). Der Bildungsdiskurs wird damit aus der einseitigen ökonomisierten Bewertung herausgelöst und in den Kontext von biografischen Bewältigungskonstellationen gestellt.

Eine andere, eher verwertungsorientierte Perspektive findet sich im *Kompetenzdiskurs* wieder, wie er seit geraumer Zeit angesichts der Entgrenzung der institutionellen Lern- und Qualifikationsprozesse in der Berufspädagogik und Weiterbildung geführt wird. Kompetenz meint in diesem Zusammenhang das je biografisch erworbene *Humanvermögen* (vgl. Weinberg 1996), das vom Einzelnen selbst organisiert in unterschiedliche und wechselnde Tätigkeitsbereiche und soziale Beziehungen eingebracht werden kann (vgl. im Überblick: Kirchhöfer 2004). Dahinter steht wieder der bildungspolitische Befund, dass „der Lebensberuf als Referenzgröße und Idealvorstellung zunehmend an Bedeutung verliert" (Bolder 2004) und der Einzelne als *Bürger* immer wieder neu als Produzent und Anbieter von ökonomisch und sozial verwertbarem Wissen aufgefordert ist. Diese offene und marktriskante Existenz erfordert aber eine entsprechende sozialpolitische Rahmung und Hintergrundsicherung, da sie den latenten und manifesten Gefahren der ökonomischen Verdrängungskonkurrenz und sozialen Exklusion ausgesetzt ist. Entsprechende Überlegungen gehen in Richtung einer Verbindung von bürgergesellschaftlichen und sozialstaatlichen Konzepten (vgl. Böhnisch/Schröer 2001).

2.3.3 Übergänge im Erwachsenenalter als pädagogische Herausforderungen

Der Strukturwandel der Arbeitsgesellschaft hat in den Industriegesellschaften längst zu einer Erosion des Normalarbeitsverhältnisses und damit der erwerbsarbeitsstrukturierten Normalbiografie geführt. Lebenslang ausgeübte und entsprechend tariflich und sozial abgesicherte Berufstätigkeit ist für viele nicht mehr erreichbar. Das Korsett der Arbeit hält den Lebenslauf nicht mehr zusammen, die institutionalisierte Abfolge der Lebensalter ist vielfach durchbrochen. Individuelle Lebensverläufe und institutionelle Statuspassagen – vor allem bei jungen Leuten im Übergang in die Erwerbsgesellschaft – driften auseinander (vgl. Schröer 2013). Dadurch entstehen besondere Bewältigungslagen. Kritische Übergangskonstellationen werden aber nicht nur im jungen Erwachsenenalter freigesetzt, sondern gerade auch im Erwerbsalter in Phasen der Arbeitslosigkeit und der Prekarisierung der Beschäftigungsverhältnisse (vgl. Stauber/Walther 2013). Während viele Übergangssituationen über biografische Umwege, verlängerte Statuspassagen und ein familial wie institutionell gestütztes Übergangsmanagement bewältigt werden und entsprechend absehbar in einen neuen gesicherten Status münden, hat es die Pädagogik in der Regel mit jenen prekären Übergangskonstellationen zu tun, deren Ausgang offen und ungewiss ist. Es handelt sich dabei um Bewältigungslagen, die vor allem durch Anerkennungs- und Aneignungsprobleme gekennzeichnet sind und bei denen Chancen der Thematisierung mit Fortdauer der Übergangssituation sinken.

Das junge Erwachsenenalter ist gegenwärtig die Sozialisationsphase, die am entschiedensten durch die Entgrenzungstendenzen in der Arbeitsgesellschaft geprägt wird. Ist die Jugendphase noch weitgehend durch das Bildungswesen reguliert, strukturieren derzeit die Entgrenzungstendenzen das junge Erwachsenenalter grundsätzlich um (vgl. Stauber/Walther 2013). Jungunternehmer/innen stehen neben Studierenden, die weiterhin davon ausgehen, dass ihr Studium einen hohen gesellschaftlichen Status bringen wird, junge Mütter und Väter mit Halbtagsjobs, die die Sorge um ihre Kinder als gleichwertige Beschäftigung ansehen, finden sich genauso wie arbeitslose Singles, die für sich glauben, dass ihre Chancen ohnehin schon vertan sind, klassische Männerberufe werden genauso angestrebt wie Auswanderungswünsche formuliert werden. Hier realisiert sich in den Biografien die Entgrenzung und die Frage nach den Übergangsstrukturen wird offenkundig.

Statuspassagen, d.h. vorgegebene und institutionell gesicherte Bahnen vom Bildungs- und Ausbildungsalter in das Erwerbsalter werden mehr oder weniger „erfolgreich" absolviert, Übergänge müssen hingegen risikoreich bewältigt werden. Das traditionelle Modell der Zweizeitigkeit der Identitätsformation – das Jugendalter als Lebensphase der Identitätsentwicklung, das Erwachsenenalter als Phase der Identitätsfestigung und -arrondierung – greift nicht mehr durchgängig. Dabei wird aber auch die Vorstellung von einer lebenslangen Identitätsarbeit zum empirisch schwer operationalisierbaren Sisyphosbild. Denn gerade der Befund einer Pluralisierung des Lebenslaufes weist darauf hin, dass die Individuen weniger nach einem endgül-

tigen Identitätsentwurf suchen, sondern bestrebt sind, im Alltag handlungsfähig zu bleiben und dieses Streben nach Handlungsfähigkeit in biografische Sequenzen transportieren. Das meint Integrität als prozessuales Konstrukt: sich jeweils neu der biografischen Plattform versichern, von der aus man das Vergangene relativieren und sich für das zukünftig Erreichbare positionieren kann. Diese „Plattform" ist dabei nicht als Entwicklungsstufe in einer linearen Entwicklungsperspektive zu denken, sondern als horizontal und vertikal beweglicher biografischer „Zwischenstand", von dem aus die (alten oder neuen) Erreichbarkeiten bestimmt werden.
Im jungen Erwachsenenalter wirkt somit ein Freisetzungsparadox, das hauptsächlich von der Ambivalenz und Doppelbödigkeit der Ökonomie herrührt. Jungen Leuten wird zwar abverlangt, dass sie früh und zielgerichtet („auf den Punkt") ihre Ausbildung abschließen, sie als „fertige" Menschen im Arbeitsprozess verfügbar sind. Ob sie damit aber auch mittel- und langfristig biografisch abgesichert sind, bleibt im Ungewissen und ihnen privat überlassen. Instrumentelle Berufsqualifikation und die biografische Lebensperspektive sind deshalb für viele erst nach der Jugendzeit aufeinander beziehbar. Dieser Zusammenhang ist es, der die Lebenszeit junger Erwachsener zur Schlüsselphase der biografischen Suche nach personaler Identität und sozialer Integration macht.

Texte zum Weiterlesen

Faltermeier, Toni et al. (2002): *Entwicklungspsychologie des Erwachsenenalters.* Stuttgart: Kohlhammer.
Schröer, Wolfgang, Steve Stiehler (Hrsg.): *Lebensalter. Bd. 5. Erwachsenenalter.* Hohengehren: Schneider.

2.4 Alter(n)

Alter und Altern sind durch einen besonderen Zeitbezug charakterisiert. Da ist zum einen der Horizont der Endlichkeit des Lebens, dessen Konturen nun deutlich werden, zum anderen die gelebte Zeit, die Biografie, die prägend weiterwirkt und die Bewältigungsspielräume im Alter mitbestimmt. Schließlich beeinflusst die körperliche Konstitution und die damit verbundene leibseelische Befindlichkeit – landläufig immer noch als „Abbau" etikettiert – die Lebenslage in besonderem Maße.
Im Alter wirkt ein besonderes Integritätsprinzip. So wie man sich als Erwachsener mit seiner bisherigen Biografie arrangieren muss, um ein stabiles Selbstkonzept ausbilden zu können, geht es nun im Alter darum, dass man zu dem Eingeständnis in der Lage ist, ab jetzt begrenzt zu sein. Dies ist die Voraussetzung, um das Niveau zu halten, von dem aus man Möglichkeiten der Entwicklung im Alter und über das Alter suchen kann. Dabei bedeutet die Wahrnehmung der eigenen Endlichkeit keinesfalls einen Abbau gesellschaftlicher Verantwortung. Je stärker das Prinzip der

Nachhaltigkeit über seine ökologische Bedeutung hinaus zum Vergesellschaftungsprinzip wird, desto mehr werden die Erfahrungen des Alters für die Zukunft gefragt sein. So spiegelt sich im Alter der Konflikt zwischen technologisch fortschreitender, externalisierter Entwicklung und entschleunigter Nachhaltigkeitsperspektive. Was sich ebenso in den alten Menschen selbst widerspiegelt: Einem deutlichen Abbau von mechanisch fluiden Kompetenzen (wie z.B. nachlassender Verarbeitungsgeschwindigkeit) steht die Verdichtung von qualitativ-kristallinen Segmenten wie Erfahrung, Expertise und biografische Distanz gegenüber.

Soziologisch geht es über diese Lebensfragen der Endlichkeit und Gebrechlichkeit hinaus um die Kernfrage, welche sozialen Rollen alten Menschen über die private Großelternrolle hinaus zuerkannt werden. Gerade die Diskrepanz zwischen der subjektiven Wahrnehmung der eigenen Kompetenzen und der gesellschaftlichen Rollenlosigkeit des Alters kann zu Blockierungen führen, aus denen sich regressive Bewältigungsmuster entwickeln. Deshalb gehört es zur Aufgabe der bildungs- und sozialpädagogischen Arbeit mit Senior/innen, Anerkennungskulturen durch Rollendifferenzierung und Netzwerkentwicklung zu erarbeiten.

Zentral in der Bewältigungslage Alter ist die Dimension der (Wieder-)Aneignung. Sie ist sowohl räumlich wie zeitlich als auch in Bezug auf die Entwicklung eines Lebenssinns im Alter zu thematisieren. Im Alter nehmen viele Menschen erst einmal einen räumlichen Bruch wahr. Der Weg zur Arbeitsstätte, der den Alltag strukturiert hat, entfällt, der territoriale Rückzug auf Wohnung oder Altenheim hat begonnen. Das Wohnen reicht nun in den Mittelpunkt der Lebensgestaltung und dieses bräuchte bei vielen eine eigene Animation, da sie gerade in den mittleren Jahren die Wohnung stark nach außen funktionalisiert, das heißt, sie auf die Erfordernisse des Arbeitsprozesses und der Kindererziehung zugeschnitten haben. Deshalb haben sie in den mittleren Jahren wenig neuen lebensweltlichen Gestaltungssinn im Wohnbereich entwickeln und ins Alter mitnehmen können. Vor und während der Familiengründung strömt man noch in die Wohnparadiese, die eigene Wohnung ist Teil des gemeinsamen Lebenstraumes; später, wenn dieser abebbt, verflacht auch das Interesse für die Ästhetik des Wohnraumes und es weicht der lustvolle Gestaltungsantrieb dem Zweckmäßigkeitsdenken. Im Alter muss also geradezu wieder gelernt werden, die Wohnung als Lebensmittelpunkt für sich zu entdecken und zu gestalten. Neben der Neugewichtung der Wohnfunktion bekommt auch das Wohngebiet im Alter einen neuen Stellenwert. Alte Menschen sind stärker auf die räumliche Nahwelt verwiesen, denn die räumliche Mobilität, wie sie sich in der Anfahrt zur täglichen Arbeitsstätte und in den mit Beruf und Arbeit verbundenen Sozialkontakten entwickelt hat, ist zumindest zum Teil im Alter verloren gegangen. Jetzt kommt zum Tragen, ob man sich in der mittleren Lebenszeit räumliche Mobilität außerhalb der Arbeitsbezüge schaffen und einüben konnte. Hier liegt auch der sozialpädagogische Ansatzpunkt der Befähigung: Es geht um (Wieder-)Aneignung der räumlichen Nahwelt, die für viele ältere Menschen zwar irgendwie

vertraut, aber keine aktivierende Sozialwelt ist, weil das soziale Geschehen im Alter keine sozial signifikanten Räume strukturieren kann. Da geben die Boule- und Piazza-Gesellschaften der Alten in den südeuropäischen Ländern schon mehr her. Wir reden von Kinder- und Jugendräumen und -kulturen, von Altenräumen und Altenkultur sprechen wir nicht. Was wir im Kapitel über die Ermöglichung von Kindheit zur sozialräumlichen Aneignung bei Kindern hergeleitet haben, bekommen wir nun wieder zurückgespiegelt – allerdings als seitenverkehrtes Bild, denn die Unmittelbarkeit des kindlichen Eindrucks ist inzwischen biografisch verloren gegangen. Aber auch im Alter geht es um die Frage, wie man sich in seiner räumlichen Umgebung lebensaltertypisch wiederfinden und spiegeln kann.
Der Übergang vom Erwerbsalter in das Rentenalter bringt für die meisten Menschen eine einschneidende biografische Zeitumstellung mit sich, da die in der mittleren Lebenszeit strukturierte Biografie nach der Linearität des modernen Arbeitsprozesses ausgerichtet war. Man durchlief seine Berufszeit als *Berufskarriere* mit einer fortlaufenden Perspektive, in der neue Berufserfahrungen gemacht, bisherige umgewichtet oder auch entwertet wurden. Gerade die ungeheure Beschleunigung des technologischen Wandels in Industrie, Dienstleistung und Verwaltung hat diese Linearität dynamisiert. Man musste und muss immer wieder auf neue Entwicklungen gefasst sein, kann dieses Neue aber immer weniger auf die bisherigen eigenen biografischen Erfahrungen beziehen, sondern ist ihm offen ausgesetzt. *Mithalten* und *Anschluss behalten* sind längst als Synonyme für diese unbedingt beschleunigte Linearität der technologisch-ökonomischen Wachstumsprozesse und ihrer sozialen Konsequenzen in die Alltagssprache eingegangen. Aber auch außerhalb der Erwerbsarbeit steht der durchschnittliche Haushalt unter dem linearen Zeitdiktat der berufstätigen Eltern und der zur Schule gehenden Kinder.

> „Im Alter kommt es zu einem stärkeren Gewahrwerden der Kluft (…) zwischen dem gesellschaftlich verankerten Konzept einer beschleunigten Zeit und der metabolischen Eigenzeit des viel langsameren Körpers. Die Beschleunigung der Zeit als Strategie gegen die Zeitlichkeit des Lebens verliert im Alter die Kraft der Überzeugung. Sie vermittelt keine Sicherheit mehr. Es kommt zu einer Entbergung aus dem gesellschaftlich verankerten Zeitverhältnis mit Gefühlen der Ratlosigkeit, Einsamkeit und Angst." (Wulf 1996: 45)

Denn im Gegensatz zum linearen Zeitverständnis der technologischen Moderne, das dem stetigen und beschleunigten Wachstum und der fortschreitenden Differenzierung von Produktion und Konsum verhaftet ist, steht die zyklische Zeiterfahrung, die an die innere Natur des Menschen gebunden ist. Der menschliche Körper, seine psycho-physischen Energien, die ihn umgebende Natur im Wechsel von Tag und Nacht, den Jahreszeiten und der Wiederkehr des Wachstums- und Lebensrhythmus der Pflanzen und Tiere sind zyklisch strukturiert. Der Mensch braucht sie als Zeitkontexte der Regeneration und der Rückbesinnung auf sich selbst. Wir leben aber in dem Paradox, dass wir auf zyklische Lebensgestaltung von unserer menschlichen Natur her angewiesen sind, dass sich aber in der hektischen

Linearität von Arbeit und Konsum eine Mentalität herausbildet, die dieses Angewiesensein entwertet und entöffentlicht. Im Alter kommt dann ein relativ abrupter Übergang vom linearen zum zyklischen Zeiterleben, zu Zeitbrüchen also, die bewältigt werden müssen. Zum Kern sozialer Altenarbeit gehört es deshalb, den individuell-biografischen Wert zyklischer Lebenstätigkeit und die daraus erwachsenen neuen Möglichkeiten der Gemeinschaft erlebbar zu machen, gleichzeitig aber auch den gesellschaftlichen Wert zyklischer Lebensformen in der Perspektive der Nachhaltigkeit zu thematisieren.

Der Zeitbruch beim Übergang ins Alter ist deshalb so einschneidend, weil die marktdefinierte Erwerbsarbeit der einzige Maßstab ist und das Alter als Arbeitsverlust und Entberuflichung erscheint. Könnten wir schon im Erwerbsalter unsere soziale Identität an einer wesentlich erweiterten und so gesellschaftlich anerkannten Arbeitsdefinition – Lebensarbeit einschließlich der Haus- und Beziehungsarbeit – festmachen, wären diese Brüche im Altersübergang wohl erheblich gemindert, und es bestünde die Chance, auch im Alter gesellschaftlich anerkannte Arbeit zu verrichten. Wenn Hausarbeit, soziale Beziehungsarbeit und Arbeit in Gemeinschaftsdiensten, die in der Regel außerhalb des Marktes getätigt werden und deshalb gesellschaftlich abgewertet sind, gesellschaftlich der konventionellen Arbeit gleichgestellt würden, hätten die Menschen die Chance, Arbeitserfahrungen auch aus den mittleren Jahren in die Altersphase mitzunehmen und in einer neuen, dem Altersstatus und der Autonomie des Alters entsprechenden Arbeitsidentität weiterzuentwickeln.

Die *Geschlechterfrage* tritt im Alter nicht so deutlich hervor wie in der Erwerbszeit. Männliche und weibliche Geschlechterrollen scheinen sich im Alter aneinander anzugleichen. Dennoch kann davon ausgegangen werden, dass bei vielen Männern der biografische Bruch einschneidender ist als bei Frauen. Denn im Alter scheint vieles für den Mann zusammenzulaufen und ihn zu beeinträchtigen, was sich in der Biografie aufgebaut und verfestigt hat: Die Fixierung auf das Außen, das Funktionieren-Müssen, der verwehrte Umgang mit innerer Hilflosigkeit, die Leistungs- und Konkurrenzorientierung. So ist es bei alten Männern nicht selten, dass sie mit dem Verlust des sozialen Außen auch für sich eine radikale räumliche Trennung nach Außen vollziehen, sozial abweisend werden, um so die Kontrolle über sich und die Welt subjektiv behalten zu können. Frauen dagegen haben über Familienarbeit und Kindererziehung für sich lokale Netzwerke aufgebaut, die auch nach dem Auszug der Kinder und der Entberuflichung weiter bestehen können. Statistische Erhebungen zeigen entsprechend, dass die Außenorientierung der älter werdenden Frau zunimmt, während Männer sich im Alter deutlich mehr nach innen orientieren. Frauen können also im Alter ihre Außenkompetenzen, die sie im mittleren Alter unter dem Eindruck männlicher Dominanz in den Außenbeziehungen zurückgehalten haben, nun im Alter hervortreten lassen und selbst gestalten. Von daher können wir durchaus von einer geschlechtsdifferenten Bewältigungslage

Alter sprechen. In der Befähigungsperspektive, auf die hin ja die soziale Altenarbeit ausgerichtet ist, zeigt sich dabei eine tendenzielle Umkehrung: Männer müssen nun eher befähigt werden, außerhalb der Arbeitswelt auch sozial öffentlich werden zu können.
Die pädagogische Aktivierung älterer Menschen hat vor allem auch damit zu kämpfen, dass dem Alter immer noch eine aktuelle sozialräumliche Kompetenz und Entwicklungsfähigkeit abgesprochen wird. Sicher wird inzwischen der sozialökologische Wert des Alters gewürdigt, der z.B. darin liegen kann, dass alte Menschen Zeugen und Mahner für historisch-organische Stadt- und Gemeindeentwicklung sein können. Als solche sind sie als besondere Beteiligte in den Bürgerforen der kommunalen Entwicklungsplanung zu respektieren. Dieses „Erinnern" steht generell im Mittelpunkt der Biografiearbeit als Methode der pädagogischen Seniorenarbeit. Genauso wichtig aber ist die Erkenntnis, dass mit der Anerkennung des Alters als eigenständige Entwicklungs- und Sozialisationsphase die sozialen Entfaltungschancen für alte Menschen – vor allem für die, welche nicht konsummobil sein können – neu definiert werden müssen.
Die Pädagogik ist allerdings leicht dazu verführt, Entwicklungs- und Lernmodelle auf das Alter zu übertragen, die eigentlich aus der Kinder- und Jugendpädagogik stammen. Natürlich ist es auch im Alter wichtig, Selbstwert dadurch zu erlangen, dass man etwas bewirken kann und sozial anerkannt wird. Auch im Alter gilt es, neue soziale Bezüge aufzubauen, da die alten durch Entberuflichung, Partnerverlust und räumliche Zurücknahme weitgehend verloren gegangen sind.
Wenn ältere Menschen aus ihrer vierten Lebensphase etwas machen wollen, müssen sie eine Bilanz ihres bisherigen Lebens dergestalt ziehen und darauf neue Lebensperspektiven und -pläne aufbauen. Dies soll nun aktiv, sich selbst neu entdeckend und entwicklungsbereit geschehen, und nicht mehr nur passiv im traditionellen Sinne der Bewahrung von Lebensmut. Betrachtet man die vielfältigen, hektischen erlebnispädagogischen Angebote im Bildungs- und Tourismusbereich für ältere und alte Menschen, so hat man den Eindruck, dass das Alter noch einmal die Lebensphase des grenzenlosen und ungezügelten, vielleicht sogar rücksichtslosen Aktivismus sein könnte. Alte Menschen haben nichts mehr zu verlieren, sie können gerade so leben, wie sie wollen. Dies ist auch eine Kritik, die von den Jüngeren kommt. Dieses aktionistische Bild verdeckt aber, dass ältere und alte Menschen immer wieder und zunehmend mit ihrer leiblichen Endlichkeit konfrontiert sind und angesichts dieser Endlichkeit ihr Leben gestalten müssen. Andererseits ist man im Alter nicht mehr den Rollenzwängen der Arbeitsgesellschaft unterworfen, darf sich zurückziehen, innehalten. Natürlich sticht dieser Trumpf des Alters nur, wenn alte Menschen nicht isoliert sind, diese Möglichkeit des Innehaltens in der Gegenseitigkeit sozialer Beziehungen gelebt, auf andere ausstrahlen und in sozialer Anerkennung erwidert werden kann. Hier liegt auch der Ansatzpunkt für eine milieubildende Seniorenarbeit. Sie muss in ihren Angeboten ein Anregungsmilieu schaffen können, das

nicht auf Defizite der alten Menschen schielt, sondern ihrem oft verdeckten, weil übergangenem Anderssein eine soziale Resonanz und Ermutigung bieten und auch bei den alten Leuten Lust aneinander und Neugier aufeinander wecken kann. In solchen Anregungsmilieus können sich auch differente Lebensstile entwickeln. Lebensstile symbolisieren Persönlichkeit, aber auch Teilhabe und Zugehörigkeit zur gesellschaftlichen Kultur von unten her, vor allem dann, wenn von der Gesellschaft über ihre starren und defizitär formulierten Altersrollen immer noch keine sozialen Impulse für das Alter ausgehen. Die Aktivierung von Lebensstilen kann so mit Konzepten der Netzwerkarbeit verknüpft werden.

Texte zum Weiterlesen

Schachtner, Christel (1988): *Störfall Alter. Für ein Recht auf Eigen-Sinn.* Frankfurt/Main: S. Fischer.
Backes, Gertrud, Wolfgang Clemens (2013): *Lebensphase Alter.* Weinheim und München: Beltz Juventa.

3 Normalität und Abweichung

3.1 Formen der Devianz

Abweichendes Verhalten – *Devianz* – hat viele Gesichter. Es ist nicht eindeutig als „Normverletzung" definierbar, sondern kann, je nach Situation und Referenz, relativ sein. Schon die scheinbar eindeutige Gesetzesverletzung, die „kriminelle Handlung", der Bereich der *Delinquenz* also, erscheint – je nach kulturellem und sozialem Kontext – in unterschiedlichem Licht. In kapitalistischen Gesellschaften rangieren – aufgrund der verfassungsrechtlich geschützten Priorität des Privateigentums – Eigentumsdelikte ganz oben in der Sanktionsskala. Unterschiedliche soziale Herkunftsmilieus können zu unterschiedlichen Tatbeurteilungen sowie Bewährungs- und Rehabilitationsprognosen führen. Strafandrohungen werden z.B. in gesellschaftlichen Ausnahmezuständen – um ihrer abschreckenden Wirkung willen – verschärft.

Ist der Bereich der Delinquenz schon so schillernd, erleben wir die Welt des nur *sozial abweichenden* (und entsprechend *sozial sanktionierten*) Verhaltens noch mehrdeutiger. Gerade die Pädagogik hat hier lange mit Definitionen und Etiketten gearbeitet, die eher auf asymmetrische Wechselwirkungen verweisen, als dass sie die reale Lebenssituation der Menschen treffen: Familien werden als verwahrlost eingestuft, verbunden mit einer negativen Prognose, was die weitere Erziehungsfähigkeit der Kinder anbelangt. Menschen gelten als „dissozial" oder auch „asozial", wenn sie sich tradierten Mustern „normaler" Lebensführung verweigern, werden sozial ausgegrenzt, wenn sie biografisch scheitern oder sozial und kulturell nicht mithalten können. Die ausschließenden Definitionen gehen von kontrollierenden Instanzen und auf Konformität bestehenden Mitmenschen aus und sind längst ritualisiert in die Grundwerte des Alltags eingegangen. Solche sozialen oder kulturellen *Stigmata* können Menschen oft stärker beeinträchtigen als strafrechtliche Sanktionen. Pädagogische Hilfe und Entstigmatisierung gehen hier eng ineinander über.

Damit ist die gesellschaftliche Palette der Definitionen abweichenden Verhaltens aber noch längst nicht erschöpft. Zur Delinquenz und dem sozial desintegrativen Verhalten kommt noch die *institutionell gebundene* soziale Abweichung hinzu. Für die Pädagogik sind dabei vor allem die Handlungsmuster und Definitionsprozesse abweichenden Verhaltens in Schule und Jugendhilfe von vorrangigem Interesse. Kennzeichen des institutionell gebundenen abweichenden Verhaltens ist, dass es sozial nicht durchgängig, oft nur in der betreffenden Einrichtungen negativ sanktioniert und außerhalb häufig sogar gegenteilig bewertet wird. Schüler/innen, die in der Schule abweichendes Verhalten zeigen – Leistung verweigern, Unterricht stören, gewalttätig sind – und entsprechend negativ sanktioniert werden, können in ihrer au-

ßerschulischen Peergroup (Gleichaltrigengruppe) einen positiven Status innehaben, der sich nicht selten auf ihr schulisches Verhalten gründet, das nun in der Jugendkultur – „subkulturell" – eine gleichsam entgegengesetzte soziale Bedeutung hat.
Solche *subkulturellen* Dynamiken können abweichendes Verhalten in einer besonderen Weise freisetzen. Viele antisoziale Handlungen, die von Einzelnen begangen werden, entstehen aus dem kollektiven Identitäts- und Aktionszusammenhang von Gruppen heraus. Manches, was Täter/innen als Einzelne nicht tun würden, machen sie unter dem Druck der Gruppe, oft auch als Bestätigung der Gruppenzugehörigkeit. Mobbing ist ein verbreitetes Alltagsbeispiel dafür.
Schließlich dürfen wir jene Formen abweichenden Verhaltens nicht übergehen, die sich gegen die Betroffenen selbst richten. Es geht hier um *selbstgefährdende* und *selbstdestruktive Handlungen*, die zwar in der Regel keinen strafrechtlichen Sanktionen unterworfen sind, aber vielfach sozial geächtet werden und vor allem das subjektive Scheitern des Bewältigungshandelns beleuchten. Sie reichen vom weniger spektakulären Risikoverhalten über selbstzerstörerische und abhängigkeitserzeugende Suchtrituale (Drogenabhängigkeit, Medikamentenmissbrauch) bis hin zum Selbstmord (Suizid). In ihnen spiegelt sich das „Betroffensein" als Grundbezug des pädagogischen Verstehens von Devianz bis ins Extrem. Es verweist gleichzeitig am deutlichsten darauf, wie dünn und fragil die soziale Bindung des Menschen an die Gesellschaft werden kann („Sozialintegration"), aber auch, wie gesellschaftliche Entwicklungen pathogene Strukturen hervorbringen können.
Alle diese unterschiedlichen Definitionen abweichenden Verhaltens zeigen uns, dass wir es hier mit einem Konstrukt und mithin mit einem *Konstruktionsprozess* zu tun haben, der vielfältigen sozialen, psychischen und institutionellen Einflussfaktoren unterliegt und in dem der Eigensinn und die Eigentätigkeit der fühlenden und handelnden Subjekte zwar wichtige, aber längst keine hinreichenden Bestimmungsgrößen darstellen. Als zentrale Dimension dieses Konstruktionsprozesses gilt die *Etikettierung*.

3.2 Etikettierungsansatz

Die Erkenntnis, dass Kriminalität, Delinquenz und viele Formen abweichenden Verhaltens letztendlich Ergebnisse von Etikettierungs-, also Zuschreibungsprozessen sind, verdanken wir der Theorie des „labeling approach", die vor allem von Edwin E. Lemert und Howard S. Becker geprägt wurde. Von Ersterem stammt die grundlegende Unterscheidung zwischen *primärer und sekundärer Devianz* (mehr dazu in folgendem Kasten). In Deutschland wurde diese Theorieperspektive durch die Kritische Kriminologie verbreitet. Sie fasst den labeling approach als Gegenkonzept, mit dem sie die Täterzentrierung und Personalisierung abweichenden Verhaltens seitens der traditionellen Kriminologie radikal in Frage stellte. Sie wollte aufzeigen, dass im Bereich der Interaktionen und Organisationen Mechanismen wirken, die Verhalten selektiv „als abweichendes Verhalten bewerten, d.h. gleiche Verhaltensweisen sowohl abweichend als auch konform“ (Lamnek 1994: 24) definieren und damit die sozialstrukturellen und institutionellen Bedingungen sichtbar machen, unter denen die einen zu Abweichenden abgestempelt werden, die anderen (mit vergleichbarem Verhalten) aber nicht. Damit ist der Spielraum des Menschen in der Selbstdefinition seines Verhaltens erheblich eingeengt. Dies geht sogar soweit, dass er dem eigenen Erleben zuwider solche Etikettierungen übernimmt, sie internalisiert und danach – wie von den Kontrollinstanzen prophezeit – lebt. Er ist dann endlich der Kriminelle geworden, für den man ihn schon immer gehalten hat, der ewig scheiternde Jugendliche, der hoffnungslose Schüler usw. Wir sehen an diesem Beispiel, dass sich Etikettierungsprozesse nicht nur in strafrechtlichen Ausnahmebereichen, sondern auch in Alltagsprozessen abspielen.

Siegfried Lamnek fasst die Position der am labeling approach orientierten kritischen Kriminologie wie folgt zusammen: „Kriminalität ist keine Eigenschaft einer Handlung, sondern sie ist das Produkt sozialer Interaktionen, sie entsteht damit in Zurechnungsprozessen auf der Basis sozialer Strukturen“ (1994: 60). So ist damit nicht gemeint, dass die Handlungsweise des Subjektes sozial „gleichgültig“ ist, denn es gibt ja die antisoziale Handlungstendenz. Entscheidend ist vielmehr, ob und wie antisoziales Verhalten – das zunächst dadurch gekennzeichnet ist, dass sich das Selbst ohne Rücksicht auf andere und ihre Integrität durchsetzen will – sozial (gesellschaftlich) bewertet wird. Es gilt also „die Vorgänge (zu) untersuchen, aufgrund derer diese Handlungen für die, die sie wahrnehmen, wirklich wurden“ (Peters 1995: 97) und wie sie entsprechend sozial definiert werden. Damit verlagert sich die Perspektive auf diejenigen, die auf Verhaltensauffälligkeiten reagieren und so ihren Beitrag zur Ausbildung und Verfestigung abweichenden Verhaltens leisten. Der sich antisozial Verhaltende bekommt seinen Verhaltensstatus als Abweichler, Krimineller erst durch die Definitionsmacht sozialer Kontrolle, er verhält sich nicht kriminell, sondern sein Verhalten wird erst durch Kriminalisierung zu einem solchen. Dadurch kommt zwangsläufig die Frage auf, welche Interessen (Machtaspekt) solche Zuschreibungsprozesse steuern und wie sich der Einzelne demgegenüber verhalten und wehren kann (Gegenmachtaspekt). Hier wird die interaktionistische Struktur des Etikettierungsansatzes sichtbar: Der Einzelne erhält seine soziale Identität erst in der interpretativen Verständigung mit seiner sozialen Umgebung. Dieser „Aushandlungsprozess“ von Selbstwahrnehmung und Fremdzuschreibung ist in modernen Gesellschaften nicht mehr situativ und zufällig, die Definitionen von Kriminalität und sozialer Ausgrenzung werden nicht täglich neu geschaffen, sondern existieren in der jeweiligen Gesellschaft genauso als strukturale Figurationen wie als institutionelle Vorgaben. Der Einzelne „gerät“ in sie hinein, und es scheint ihm erst einmal situativ revidierbar, wenn er in Definitionskonstellationen abweichenden Verhaltens rutscht. Wenn er aber dann einmal in der Mühle der polizeilichen und gerichtlichen Verfahren, der Administration, der schulischen

Disziplinarverfahren etc. gefangen ist, merkt er, dass seine eigene Gegenmacht gering ist und es nicht mehr um aus- und verhandelbare Situationen, sondern um Kontroll- und Machtstrukturen geht, denen er ausgesetzt ist.

Edwin E. Lemert (1912-1996)

Der Soziologe und Kriminologe Edwin Lemert war Professor an der University of California und wurde vor allem durch seine sozialpathologischen Studien bekannt. Sein Modell der „sekundären Devianz" hat besonders in den Diskussionen und Kontroversen um den Etikettierungs-Ansatz (labeling approach) eine wichtige Rolle gespielt und gilt bis heute als differenzierender Zugang zur Thematik abweichenden Verhaltens. Er unterscheidet zwischen den ursprünglichen Normverstößen, die Aufmerksamkeit und auch Normalisierungsprozesse seitens der sozialen Umwelt hervorrufen (primäre Devianz), und den Reaktionsmustern der Betroffenen nach Stigmatisierungs- und Etikettierungserfahrungen (sekundäre Devianz). Er hat damit ein mehrdimensionales Modell entwickelt, in dem die individuellen Verhaltensweisen und institutionellen Reaktionen wechselseitig aufeinander bezogen werden.

„Die primäre Devianz beruht im Gegensatz zur sekundären auf mehreren Ursachen. Sie entsteht aus einer Vielzahl von sozialen, kulturellen, psychologischen und physiologischen Faktoren, die teils in verschiedenen, teils in gleichen Kombinationen auftreten. (…) Die sekundäre Devianz bezieht sich auf eine besondere Klasse gesellschaftlich definierter Verhaltensweisen, mit denen die Menschen auf die Probleme reagieren, die durch die gesellschaftliche Definition auf abweichendes Verhalten geschaffen werden. Dabei geht es im Wesentlichen um moralische Probleme, die mit Stigmatisierung, Bestrafung, Isolierung und sozialer Kontrolle zusammenhängen. Im Allgemeinen bewirken sie eine Veränderung der symbolischen und interaktiven Umgebung der betreffenden Person, wodurch die Sozialisation des Kindes- oder Erwachsenenalters entscheidend beeinflusst wird" (Lemert 1974: 433f).

Pädagogisch interessant ist in diesem Zusammenhang, wie Lemert die Befindlichkeiten und Reaktionen von Jugendlichen auf – von ihnen als ungerecht empfundene – Typisierungen und Strafen beschreibt und aufzeigt, dass das deviante Verhalten dadurch eher stabilisiert wird, „dass die tatsächlichen Reaktionen des Abweichenden von den offiziellen Interpretationen dieses Verhaltens überlagert werden" (ebd.: 441). Devianz kann dann zur „Lebensform" werden, wenn sich bei den Betroffenen die Einstellung verfestigt, „dass sie durch abweichendes Verhalten befriedigendere Lösungen für ihre Probleme finden als durch konformes Verhalten"(ebd.: 459).

Literatur

Lemert, Edwin M. (1951): *Social Pathology.* New York: MacGraw-Hill Book Company.

Lemert, Edwin M. (1974): Der Begriff der sekundären Devianz. In: Klaus Lüdersen, Fritz Sack (Hrsg.): *Seminar Abweichendes Verhalten I*, 433-477. Frankfurt/Main: Suhrkamp.

Es geht also nicht mehr um die Tat oder das antisoziale Handeln, sondern um die Instanzen und Formen *sozialer Kontrolle* (vgl. auch Kap. B 1.4.2). Mit diesem Begriff ist zunächst ganz allgemein gemeint, dass der Mensch als soziales Wesen seine Sozialität nicht jeden Tag neu aushandelt, sondern in gesellschaftliche Erwartungskontexte hineinwächst, die gesellschaftliche Normalität definieren und ihm in dieser Normalitätsperspektive eine gelungene Biografie verheißen. Dabei wird gesellschaftlich davon ausgegangen, dass die Einzelnen sich dieser Normalität nicht einfach unterwerfen, sondern sie biografisch integrieren und internalisieren. Soziale Kontrolle als „Sozialisation von Normalität" ist also kein einfacher äußerer Zwangsvorgang, sondern ein interaktiver biografischer Prozess der sozialen Konstruktion von Normalität und der moralischen Gewissensbildung. Letztere stellt die Bedingung dafür dar, dass die Individuen selbst – im Alltag – Abweichen von der Normalität als Devianz empfinden und damit die gesellschaftlichen Sanktionen bei abweichendem Verhalten als berechtigt ansehen. Dieser Aspekt ist wichtig, will man soziale Kontrolle nicht nur als institutionelles Herrschaftsmittel, sondern vor allem auch – mit dem gesellschaftlichen Individualisierungsprozess zunehmend – als Kontext der alltäglichen Vergesellschaftung, als interaktives Setting, verstehen können. Sich abweichend Verhaltende sind in diesem Sinne auch Akteure sozialer Kontrolle, indem sie diese gleichsam als Reaktion herausfordern (vgl. dazu Hahn 1995) und damit auf Ordnungsprobleme aufmerksam machen. Diese soziale Kontrolle beginnt beim Einzelnen mit der Über-Ich-Bildung (Gewissensbildung) in der frühen Kindheit und zieht sich durch den weiteren Sozialisationsprozess – mental, interaktiv, institutionell. Soziale Kontrolle als Prozess schließt also die Mitwirkung des Selbst ein, strukturiert psychosoziale Balance und mithin Bewältigungsprozesse.

Jetzt können wir auch verstehen, dass Erziehungsprozesse immer auch Kontrollprozesse sind, dass wir, wenn wir uns normal verhalten und diese Normalität und das damit verbundene Normalitätsfinden betonen, zu Akteuren sozialer Kontrolle werden. Insofern ist die „punitive" Kontrolle der Gerichtsbarkeit nicht nur ein äußerer hoheitlicher Akt, den die entsprechenden Institutionen – legitimiert durch das Gewaltmonopol des Staates – vollziehen, sondern diese wird immer auch mitgetragen vom Rechtsempfinden, d.h. also auch vom mehrheitlich geteilten Kontrollempfinden der Bevölkerung. Soziale Kontrolle ist auch gesellschaftlich nicht nur ein einseitiger Prozess der Durchsetzung von Macht, sondern ein wechselseitiger Vorgang von Durchsetzung und Akzeptanz. Autoritäre Systeme werden durch autoritäre Persönlichkeiten gestützt und vice versa.

Das, was wir bisher an gesellschaftlichem Nebeneinander von Abweichung und Normalität, Stigma und Akzeptanz, Pluralität und sozialer Ausgrenzung beschrieben haben, wirkt als anomischer Kontext der Sozialisation von Kindern und Jugendlichen. „Anomisch" insofern, als Kinder und Jugendliche in diffusen Ziel-Mittel-Relationen bezüglich der gesellschaftlichen Normkonstellationen aufwachsen und Mühe haben, Erreichbarkeiten zu bestimmen und normative Unterscheidungen vorzunehmen. Während in den sozialintegrativen Lebensbereichen weitgehend Normpluralität, ja Normbeliebigkeit herrscht und antisoziale Verkehrsformen angesichts des frühen Wettbewerbs um Schulabschlüsse und berufliche Platzierungen weitgehend enttabuisiert sind, ist der systemintegrative Block der Ordnungspolitik und der pu-

nitiven Sanktionen fester denn je und die Gefahr der sozialen Ausgrenzung nicht gebannt, sondern verdeckter, aber für den Lebenslauf umso wichtiger geworden.
Während man noch in den 1970er und 1980er Jahren von devianten Karrieren sprach, die sich in eindeutigen Interaktionsstufen zwischen Jugendlichen und sozialen Kontrollinstanzen rekonstruieren ließen und die typische Entsprechungen von alltäglicher sozialer Ausgrenzung und Devianz-Definition der Kontrollinstanzen aufwiesen, *schlittern* heute viele Jugendliche und junge Erwachsene in ihr Devianzschicksal, finden sich dort irgendwann, ohne dass für sie und ihre Umwelt ein traditioneller Karrierekontext erkennbar ist. Abweichendes Verhalten und Normalität sind eben auch dem gesellschaftlichen Prozess der Individualisierung und Biografisierung unterworfen, die Milieu- und Schichtherkunft mit entsprechender Devianzprognose ist gegenüber dem individuell-biografischen Risiko, in Devianzzonen zu geraten, zurückgetreten.
Kinder und Jugendliche kommen nicht zufällig in Zonen abweichenden Verhaltens und sanktionierender Kontrolle, sondern können im Verlauf der familialen und kindlichen Sozialisation antisoziale Tendenzen entwickeln, in deren Folge sie leichter in Devianzzonen geraten und sich dort als Kinder und Jugendliche aus psychosozial ausbalancierten Entwicklungskontexten verstricken können. Solche „Anschlussdispositionen“ werden in der Soziologie abweichenden Verhaltens als *primäre Devianz* bezeichnet. Sie werden aber erst zu abweichendem Verhalten, wenn sie sozial auffallen und darauf informell oder formell reagiert wird. Informelle Reaktionen, die das gezeigte Verhalten als sozial negativ bewerten, kommen meist aus der näheren sozialen Umgebung, z.B. aus der Gleichaltrigenkultur, die das Kind bzw. den Jugendlichen ausgrenzt und zum Außenseiter werden lässt. Solche ausgegrenzten Jugendlichen schließen sich dann oft Gruppen an, die durch das subkulturelle Merkmal der Ausgrenzung zusammengehalten werden und dies auf andere, Schwächere projizieren (wie z.B. auf Ausländer oder Behinderte) bzw. die Einstufungen „deviant“ und „kriminell“ als Gruppenstigma übernehmen, sich damit identifizieren und nach außen durch entsprechende Delikte demonstrieren. Dann greift die formelle soziale Kontrolle in Gestalt der Polizei und des Gerichts ein. Abweichendes Verhalten verbleibt solange im Bereich der informellen Sozialkontrolle, bis der Jugendliche formelle Kontrollinstanzen umgehen kann oder von der Familie und der Clique abgeschirmt wird. Hier spielt zudem die soziale Herkunft, das „Milieuetikett“, eine Rolle: In einem Stadtviertel, das als „sozialer Brennpunkt“ anerkannt ist und in dem überwiegend sozial benachteiligte Familien wohnen, von denen man annimmt, dass sie das außerfamiliale Verhalten ihrer Kinder nicht korrigieren können, sondern durch die familialen Umgangsformen nur noch bestärken, wird der Kaufhallenleiter eher einen Diebstahl oder Vandalakt bei der Polizei anzeigen als in einer sozial privilegierten Wohngegend, wo die Eltern an einer gütlichen Einigung und einem privaten Schadensausgleich interessiert sind. Hinzu kommt das unterschiedliche Verhalten der Kinder und Jugendlichen selbst. Gerade in der labeling-Diskussion der 70er Jahre wurde immer wieder darauf hingewiesen, dass Jugendliche aus der

Mittelschicht über mehr kommunikative und sozialstrategische Kompetenzen verfügen, um sich aus devianzträchtigen Kontrollsituationen – vom Schulschwänzen bis zum Bagatelldelikt – im wahrsten Sinne des Wortes „herauszuwinden", während Unterschichtangehörige in ihrem eher „restringierten Code" (Bernstein 1972) meist so „anecken" oder die Situation durch ihr starres Verhalten verschärfen, dass sie in die Zuschreibungsmaschinerie geraten.

Diese Maschinerie der Instanzen formeller sozialer Kontrolle funktioniert stets nach dem gleichen Muster: Der Betroffene wird zum Fall, d.h. sein Verhalten wird von seiner Persönlichkeit losgelöst betrachtet, er verfügt nicht mehr über sich selbst, sein weiteres Handeln wird in die Logik der Falltypisierung eingeordnet. Seine Verhaltensmerkmale werden dann ähnlichen Fallmerkmalen zugeordnet, und es entwickelt sich ein Plausibilitätsmodell sozialer Devianz, auf das alles spätere Verhalten des Betroffenen, auch wenn er es subjektiv anders meint und empfindet, bezogen wird. Es entsteht eine Akte, die sich von ihm entfernt und verselbstständigt, die in der Sprache der Kontrollinstanz abgefasst ist und die den Maßstab für die Verhaltensbeurteilung bildet. Akten folgen einer anderen Rationalität als persönliches Verhalten. Sie müssen den Menschen zum „Fall", also vergleichbar mit anderen und so verallgemeinerbar machen, dass die kodifizierten Kontroll- und Sanktionsmaßnahmen auf ihn zutreffen. Die persönliche Befindlichkeit und die daraus erwachsenden Motivationen werden meist nur in den Ermessensspielräumen berücksichtigt, welche die Kontrollinstanzen dem Sanktions- und Vollzugspersonal gewähren. So kann für den Jugendlichen ein Bewältigungsproblem entstehen. Er fühlt sich anders, als er sozial und institutionell eingestuft wird. Es entsteht ein psychosoziales Ungleichgewicht, ein Selbstwerteinbruch, welchen – nach der empirischen Erfahrung – viele Jugendliche durch Übernahme der negativen (devianzhaltigen) Definition und durch entsprechende soziale Umorientierung im Kontext differenzieller Gelegenheiten zu bewältigen versuchen. Herriger (1987: 158f) beschreibt diesen Bewältigungsprozess als ein „eigenständiges Rollenspiel", in dem sich das abweichende Verhalten schließlich verfestigt:

> „Die Erfahrung nämlich, öffentlich als abweichend etikettiert und der kontrollierenden Aufsicht spezieller Institutionen unterstellt zu werden, schafft für die betroffene Person eine neue Realität: Es wird ihr unmöglich, sich in der Interaktion mit anderen so zu verhalten, als ob nichts geschehen wäre (…). Die öffentliche Zuschreibung eines abweichenden Status und in deren Gefolge die soziale Isolierung und Ausschließung lassen die ohnehin geringen Chancen des Abweichlers auf soziale Anerkennung und Wertschätzung weiter schwinden und machen konforme Handlungsalternativen immer schwerer erreichbar. Der zum ‚offiziellen Delinquenten' Gestempelte lockert – in Antwort auf diese schmerzlichen Stigmatisierungserfahrungen – seine Kontakte zu ‚Nicht-Auffälligen'. Er schließt sich denen an, die ebenfalls als ‚abweichend' definiert werden und übernimmt mehr und mehr das kulturelle Muster einer abweichenden Rolle. Die Erfahrungen dieses Individuums sind fortan um diese abweichende Rolle organisiert und schlagen sich allmählich in einem veränderten Selbstbild nieder. Er (…) übernimmt die ihm in der Interaktion mit anderen vermittelten Fremddefinitionen des ‚sozial Auffälligen' in das eigene Selbstkonzept".

Stefan Quensel (1970) hat in seinem klassischen Aufsatz „Wie wird man kriminell?" diesen Ablauf entsprechend als Verlaufsformen fehlgeschlagener Interaktion beschrieben. Er kommt dabei auch an den Punkt, wo sich das „Umschlagen" von antisozialem Verhalten (das noch nicht als abweichend etikettiert ist) in abweichendes Verhalten nicht nur als individuelle Übernahme der Definition, sondern auch als Anschluss an Sozialformen herausstellt, die sich um abweichendes Verhalten gruppieren. Mit der Dauer der Erfahrung negativer Zuschreibung erhöht sich die Attraktivität devianter Konstellationen – z.B. delinquenter Cliquen –, die offensichtlich Selbstwert und gegenseitige soziale Anerkennung für das vermitteln, wofür man im „normalen Alltagsleben" stigmatisiert und mit Entzug von Anerkennung und damit mit Selbstwertverlust und Ausgrenzung bestraft wird.
Solche subkulturellen Gruppierungen bilden sich auch als Reaktionsmuster auf Stigmatisierung und Etikettierung und festigen sich dadurch, dass sie dem in sozialen und punitiven Kontrollprozessen abgewerteten Selbst einen ihm gemäßen lebbaren Bezug verschaffen. Gerade im Jugendalter verschmilzt die allgemeine Gleichaltrigenorientierung bei sozial auffälligen Jugendlichen oft mit devianten subkulturellen Zugehörigkeiten. Im Übrigen ist in der Jugendphase der Übergang von jugendkulturellem Abgrenzungs- zum subkulturellen Ausgrenzungsverhalten in dem Maße fließend, in dem die Jugendlichen den fördernden Kontakt und sozialemotionalen Rückhalt in ihren Familien eingebüßt haben (vgl. Eisner/Ribeaud 2008). Integration und Desintegration liegen also in der subkulturellen Sozialisation eng beieinander.

3.3 Etikettierungsprozesse in der Schule

Die Schule als Ort der Leistungskonkurrenz und Auslese setzt *vergleichbare* Schüler/innen voraus. Dies ist der strukturelle Hintergrund, auf den sich Typisierungs- und Etikettierungsprozesse in der Schule beziehen und aus dem sie sich begründen. Im Mittelpunkt des schulischen Unterrichtsgeschehens steht nicht die einzelne Persönlichkeit des Schülers/der Schülerin, sondern die *Schülerrolle* als Set von Verhaltenserwartungen und -zumutungen, die aus den funktionalen Erfordernissen des Lehr- und Lernprogramms und der Unterrichtsorganisation resultieren. All das, was die Schüler/innen an individuellen persönlichen Eigenheiten haben, können sie in die Schule nur bedingt einbringen: Entweder sie bekommen die Chance, sich in entsprechenden didaktischen Programmen – z.B. der Kleingruppenarbeit, den Projekttagen etc. – auch persönlich entfalten zu können, oder sie müssen ihrer – in der Pubertätszeit dazu noch stark triebgesteuerten – Dynamik des Selbst nach der Schule freien Lauf lassen. Vieles spielt sich natürlich auch weiterhin „unter den Bänken", „hinter dem Rücken der Lehrer" und im Pausenhof ab.
Die Schule nimmt – wie im Exkurs 1 bereits ausgeführt – mit der Schülerrolle also nur einen Teil, ein Segment der Schülerpersönlichkeit wahr, lässt nur dieses sozial

zu. Über die Schülerrolle werden die sonst unterschiedlichen, aus verschiedenen Herkunftsfamilien stammenden Schüler/innen bewertbar im Sinne des Leistungsvergleichs. Alles, was nicht in dieses Segment passt, gilt tendenziell als (schulisch) abweichendes Verhalten, die Schüler/innen dürfen nicht aus der (Schüler-)Rolle fallen. Der Schülerrolle entsprechend funktional definiert ist – hier sei an Exkurs 2 erinnert – die *Lehrerrolle*. Auch die Lehrenden müssen einen Teil ihrer Persönlichkeit aus der Schule herauslassen, denn die Schüler/innen können ihre standardisierten Schülerrollen nur entsprechend spielen, wenn die an sie gesetzten Erwartungen auch im Schulalltag funktional und institutionell kalkulierbar (symbolisch) vermittelt sind. Sie dürfen nicht den unterschiedlichen Persönlichkeitsschwankungen und Launen der verschiedenen Lehrer/innen ausgesetzt sein. Auch die Lehrer/innen dürfen nicht aus der Rolle fallen. Natürlich gibt es in den Schulen jeden Tag Situationen, in denen Schüler/innen (und auch Lehrer/innen) „ausrasten". Dies wird aber nicht gleich als abweichendes Verhalten definiert, sondern als gleichsam betriebsbedingte Störung des Rollenverhaltens, welches die Lehrer/innen zu bewältigen haben. Hier gibt es in der Lehrerschaft ein tradiertes Erfahrungswissen, das selten im Studium erworben, sondern durch Praxiserfahrung und in der Fortbildungskommunikation mit Kolleg/innen angeeignet wird.
Durch die institutionell verlangte Orientierung an der Schülerrolle/Lehrerrolle ist den meisten Lehrer/innen überhaupt nicht bewusst, dass sie typisieren und etikettieren, d.h. die der Schülerrolle nicht gerecht werdenden Schüler/innen zu „schlechten Schülern" und damit – angesichts der Alltagsverstrickung der Schule – auch zu negativen Personen hinsichtlich Selbstwert und sozialer Anerkennung machen können. In der inzwischen klassischen Studie zum „Abweichenden Verhalten im Unterricht" von Hargreaves et al. (1981: 201) heißt es dazu: „Deviante Schüler kristallisieren sich als unterschiedliche Individuen heraus (...). Dennoch sind sie alle Störenfriede". Die unterschiedlichen Bewältigungsbotschaften werden oft nicht erkannt. Die Lehrer/innen übersehen diese oft, weil sie bemüht sind, sich so zu verhalten, dass die Schule im Alltag funktionieren kann, ein „normaler Schulbetrieb" möglich ist. Der Begriff der Typisierung bezeichnet also den Umstand, dass wir dazu tendieren, um der Selbstverständlichkeit, Vertrautheit und Gewohnheit – also um der „Normalität" – willen, dingliche und soziale Phänomene weniger nach ihrer inneren Struktur und Logik (wie im Falle der wissenschaftlichen Typisierung), als vielmehr nach den Bedingungen der Aufrechterhaltung von Normalität („des normalen Schulbetriebs") zu bewerten. Typisierungen machen die Schule funktions-, die Lehrer/innen handlungs- und die Kinder und Jugendlichen schulfähig. Typisierungen und Etikettierungen in der Schule können also nicht einfach dadurch abgebaut werden, dass den Lehrer/innen mehr Wissen darüber und Kompetenzen im Umgang damit vermittelt werden, sondern dass sich an den Struktur- und Funktionsprinzipien von Schule etwas ändert. Denn sonst kann dieses Wissen die Lehrer/innen erst recht handlungsunfähig machen (sie können es eben in der Struktur

nicht durchsetzen, schieben dann leicht die Schuld auf sich selbst und werden dadurch neu blockiert). Dass Typisierungsmechanismen mit der Schulorganisation verbunden, ihr geradezu immanent sind, wird nicht zuletzt auch daran deutlich, dass sie – trotz des inzwischen verbreiteten Wissens darüber – immer noch wirksam sind (Holtappels 1993). Allerdings hat sich heute das Magnetfeld der Etikettierung durch die Individualisierung des Schülerverhaltens (Schüler/innen lassen sich nicht mehr alles gefallen) und die sozialräumliche Öffnung der Schule (jugendkulturelle Stile dringen ein) im Schulalltag deutlich entladen. Es bricht dafür in schulischen Konfliktsituationen immer wieder auf.

Für uns ist also die Erkenntnis wichtig, dass die Schule strukturell eine Hintergrundspannung von Konformitätsdruck und Abweichungsrisiko aufbaut, die auf ihrer funktionalen Logik beruht und an deren Bewältigung Kinder scheitern können. Wir können diesen Zusammenhang in das spannungsreiche Begriffspaar Schülerrolle/Schülersein kleiden. Kinder und Jugendliche werden in ihrer Persönlichkeit und Befindlichkeit – in ihrem Schülersein – von der Schule ergriffen (müssen sie bewältigen), die Schule wirkt in ihren außerschulischen Alltag hinein, aber sie verlässt sich darauf, dass die Kinder und ihre Familien das sozial so regeln, dass das funktionale Schülerrollenverhalten dadurch nicht gefährdet ist. Für Kinder, zumal wenn sie ins Pubertätsalter gekommen sind und sich ihre narzisstischen Antriebe sozial bemerkbar machen wollen, ist diese Zurücknahme in die Rolle wesentlich schwieriger, stressiger (d.h. mit diffusem Unwohlsein verbunden) als für ältere Jugendliche, die in ihrer inzwischen erreichten soziokulturellen Selbstständigkeit und Distanzfähigkeit eher lernen, Schulalltag und Schülerrolle zu managen.

Ein weiteres strukturelles Problem der Schule ist, dass sie in ihrem funktionalen Rollenverständnis glaubt, milieu- und geschlechtsneutral zu sein. Dabei hat die milieu- und geschlechtsspezifische Sozialisationsforschung gezeigt, dass in die Schule, ihre Erziehungsstile und sozialen Verkehrsformen Milieu- und Geschlechterstereotype eingelassen sind, oft ohne dass dies Lehrer/innen so bewusst ist. So reproduziert die Schule in ihren Leistungs- und Verhaltensnormen, ihrer zentralen Struktur des Bedürfnisaufschubs (heute etwas lernen und etwas leisten, von dem man erst später etwas hat), ihren elaborierten Sprach- und interpretativen Kommunikationsstilen und ihren Formen der Konfliktaustragung die Lebens- und Sozialwelt der Mittelschicht. Für die Kinder aus sozial benachteiligten Familien dagegen stehen

> „die ihnen in der schulalltäglichen Interaktion nahegebrachten Leistungs- und Verhaltensnormen (…) in keinem einsehbaren Zusammenhang mit ihrem sozialisationsgeschichtlichen Erfahrungshintergrund. Sie sind für sie Bausteine einer neuen normativen Kultur, die als fremd und von den familiären Maßstäben verschieden wahrgenommen werden. Diese immer wieder aufgewiesene Diskrepanz zwischen der unterschichtspezifischen familiären Sozialisation und der mittelschichtspezifisch geprägten schulischen Sozialisation führt so gerade bei Schülern aus gesellschaftlich benachteiligten Schichten zu besonderen Belastungen und Anpassungsproblemen." (Herriger 1987: 162f)

An diesem Punkt werden auch die Weichen in Richtung Etikettierung gestellt. Die Schüler/innen aus sozial benachteiligten Familien – die Schichtgrenzen sind heute nicht mehr so milieuhaft starr wie noch in den 1960er Jahren, aber die Schichtindikatoren sind weitgehend geblieben, wenn auch nun biografisiert – haben mit der ihrer Lebens- und Sozialwelt ziemlich fremden Schule ein Problem, und gleichzeitig machen sie damit *in* der Schule Probleme. Sind Schule und Lehrende in der Lage zu erkennen, dass den Jugendlichen geholfen werden muss, erst einmal mit der Schule zurechtzukommen, und gibt es schulorganisatorische, lehrstoffliche und didaktische Mittel, um diesen Schüler/innen entgegenzukommen? Oder denkt die Schule strikt systemisch und sieht nur, dass die Jugendlichen Einstellungen und Verhaltensweisen mitbringen, die abweichend von den Normalitätsstandards der Schule sind? Werden die Jugendlichen also als Schüler/innen eingeschätzt, mit denen man sich über Schule verständigen kann und entgegenkommen muss (wird dies auch institutionell als integraler Bestandteil des Schulgeschehens und nicht als Sonder- und Nachhilfe betrachtet) oder gelten sie als „Problemschüler/innen“? Wenn Letzteres eintritt, ist der Grundstein für eine deviante Schülerkarriere gelegt. Die Jugendlichen haben ihr Etikett weg und laufen Gefahr, dass ihr zukünftiges Verhalten, wenn es den Schulnormen und -standards zuwiderläuft, immer auf dieses Label rückbezogen wird (während bei anderen Schülern dasselbe Verhalten als „Ausrutscher“ gewertet und nicht auf das allgemeine Persönlichkeitsbild und die schulbiografische Entwicklungsprognose hin definiert wird). So kann eine Problemschülerkarriere entstehen, die selbstläufig wird, d.h. sich von der Befindlichkeit des Schülers bzw. der Schülerin ablöst, das Verhalten anderer ihm gegenüber bestimmt und letztlich dann von ihm selbst übernommen, gelebt und stilisiert wird.

Zudem wird die Schule von einer Gesellschaft unter Druck gesetzt, in der – angesichts der Krise der Arbeitsgesellschaft – eine gesellschaftlich vorherrschende individualisierte Sozialkonkurrenz als Bildungskonkurrenz in die Schule zurückwirkt. Eltern befürchten, dass die sozial nivellierte Gesamtschule nicht mit den Gymnasien mithalten und bei den Schüler/innen das in der Arbeitsmarktkonkurrenz gestiegene Leistungsniveau und soziale Durchsetzungsvermögen nicht erzeugen könne, weil sie eben „zu viel Rücksicht auf die Schwächeren“ nehmen müsse. Dieser neue gesellschaftliche Druck vermittelt sich vor allem über die Familien, die oft dadurch selbst in eine anomische Situation geraten. Einerseits möchten sie mit dem Druck erreichen, dass ihre Kinder mithalten und etwas werden können, andererseits spüren sie, dass sie mit diesem Druck die schulischen Bewältigungsprobleme der Kinder nicht ent-, sondern zusätzlich belasten. Was als systemisch abverlangtes Mittel zur Erreichung des Zieles „späteres Glück der Kinder“ notwendig erscheint, erweist sich im sozialintegrativen Bezug als untauglich. Hier liegen auch die Konfliktherde, die das familiale Hintergrundklima von Devianz, wie wir es bereits kennengelernt haben, weiter anheizen. Dieser gesellschaftlich erzeugte und familial vermittelte Druck bleibt nicht ohne Wirkung auf die Schule: Eltern verlangen, dass ihre Kinder nicht „unterfordert" werden, der Abstand zu den Schwächeren auch noten- und statusmäßig sichtbar wird und das intellektuelle und soziale Durchsetzungs- und Konkurrenzvermögen für die Zwecke der späteren Präsentation im Arbeitsmarktwettbewerb auch ausreichend dokumentiert ist. Lehrer/innen, die inzwischen über neue Lehrergenerationen hinweg gelernt haben, sich auf soziale Nivellierung und Stützung *im* Unterricht einzustellen, geraten nun wieder unter alltäglichen Selektionsdruck.

Ähnlich wie die sozial typisierenden Prozesse in der Schule laufen auch die geschlechtstypisierenden Vorgänge heute – angesichts institutionalisierter Rationalität des Lern- und Professionalität des Lehrgeschehens – nicht mehr offen, sondern latent, den Lehrer/innen meist gar nicht bewusst, ab. Denn die moderne koedukative Schule nimmt für sich in Anspruch, Geschlechtergleichheit hergestellt zu haben. Und tatsächlich ist es im Durchschnitt auch so, dass die Mädchen längst aufgeholt haben und zum Teil höhere und bessere Bildungsabschlüsse vorweisen können als die Jungen (vgl. auch Kap. C 3.3). Allerdings verändert sich dies dann wieder im Übergang von der Schule zur Berufswelt, in der Jungen – aufgrund der geschlechtshierarchischen Arbeitsteilung sowie der biografischen Vereinbarkeitsproblematik bei den Mädchen – die besseren Chancen haben. Dennoch verstärkt die Schule sowohl im Kindes- als auch im Jugendalter eher geschlechtstypische Verhaltensweisen, als dass sie sie nivelliert. So wird Jungen im Unterricht mehr Aufmerksamkeit seitens der Lehrer/innen geschenkt als Mädchen, Jungen sind auffälliger, Mädchen sind unauffälliger und werden auch so behandelt. Die Jungen erfahren somit in der Schule so gut wie keine Korrektur ihres externalisierten männlichen Verhaltens (vgl. ausführlich Böhnisch 2013; Guggenbühl 2008). Die Geschlechtstypisierung in der Schule scheint also den Jungen – entgegen der landläufigen Meinung – mehr zum Nachteil zu geraten als den Mädchen. Denn sie werden in ihren außenfixierten Verhaltensritualen – die immer auch den sozialisatorischen Hintergrund für soziale Auffälligkeit bei Jungen und Männern abgeben – bestärkt und bestätigt. Damit werden sie bei schulischen Konflikten eher aus der Schule herausgetrieben als die Mädchen (vgl. die Schulabbrüche, die von den Jugendlichen selbst initiiert werden). Dieser Aspekt der geschlechtstypischen Benachteiligung der Jungen war angesichts der offensichtlichen Aufmerksamkeit, die sie in der Schule genießen, in der Geschlechterdiskussion lange kaum thematisiert. Die feministische Schulkritik insistierte vielmehr auf dem Urteil der unbedingten Benachteiligung von Mädchen, hat sie doch deren gesellschaftliche Stellung und nicht ihren Bildungsstatus im Blick.

In all diesen milieu- und geschlechtsbezogenen Typisierungsprozessen lässt sich ein allgemeines Typisierungsmodell erkennen, das Friedrich Lösel in seiner klassischen Arbeit „Stigmatisierung in der Schule" (1975) herausgearbeitet hat. Es wirkt im gesamten Schulalltag, in seinen Sog geraten Lehrer/innen bis heute mehr oder minder immer wieder (vgl. Holtappels 2004). Da sich das Schülersein heute stärker

biografisiert hat, ist allerdings das Risiko für Schüler/innen, typisiert zu werden, nicht mehr nur auf bestimmte Sozialgruppen beschränkt, obwohl klassische Sozialzuschreibungen weiter wirken.
Lösels Modell geht davon aus, dass Lehrer/innen (eben weil sie an der Schülerrolle ausgebildet und orientiert sind und wenig über das Schülersein und die damit zusammenhängenden Bewältigungsprobleme wissen) zu „impliziten" Persönlichkeitstheorien neigen. Solche impliziten Persönlichkeitstheorien konstituieren sich im Wesentlichen aus drei Elementen:

- der Übernahme von ungeprüften (tradierten) Einschätzungen von Personengruppen (Stereotype);
- der Strukturierung des Verhaltens des Anderen entsprechend den eigenen Erwartungen an den Schüler/die Schülerin;
- einer impliziten Abweichungstheorie (z.B. der Annahme desorganisierter und gestörter Familienverhältnisse), welche dem Schüler/der Schülerin selbst wenige Korrekturmöglichkeiten lässt.

Den *Typisierungsvorgang* selbst sieht Lösel in folgenden Schritten ablaufen:

- Nachdem die Lehrer/innen die Kinder nach ihren impliziten Persönlichkeitstheorien eingestuft haben, wird meist nur das Verhalten registriert, das man von den Schüler/innen schulisch erwartet (und welches das vorgefasste Bild bestätigt). Nicht erwartetes Verhalten wird nicht bemerkt, übergangen. „Ein Versehen des ‚Verhaltensschwierigen' wird eher als böse Absicht aufgefasst, der Streich eines ‚guten Schülers' dagegen als netter Scherz kategorisiert" (Lösel 1975: 17).
- Lehrer/innen erwarten von den als „besser" und „schulkonformer" eingestuften Schüler/innen nicht nur bessere Leistungen, sie versuchen auch „bessere Leistungen zu erhalten" (Lösel 1975: 18), indem sie diese Schüler/innen stärker unterstützen, belobigen und ihnen größere Wertschätzung entgegenbringen.
- Die Typisierungen der Lehrer/innen beeinflussen das Selbstbild der Schüler/innen (Übernahme der negativen Einschätzung: die betroffenen Schüler/innen trauen sich weniger zu), das wiederum in deren Verhalten eingeht und den Lehrer/innen erst recht die vermeintliche Richtigkeit ihrer Typisierung bestätigt (Aufschaukelungsprozess). Die betroffenen Schüler/innen können sich dem Stigma meist nicht mehr entziehen, sehen sich in der Folge andauernder sozialer Kontrolle und einem Verdächtigungsdruck ausgesetzt, der sie gegenüber den Mitschüler/innen ausgrenzen und isolieren kann (vgl. Holtappels 1993: 137ff).

Allerdings, so müssen wir hinzufügen, ist der Grad der Selbstübernahme auch abhängig vom außerschulischen Status des Schülers bzw. der Schülerin (z.B. in der Peergroup). Etikettierungs- und Stigmatisierungsprozesse in der Schule haben zudem geschlechtsdifferente Ausprägungen. Entsprechende Befunde weisen darauf hin, „dass Jungen eher von Etikettierungsprozessen als Mädchen betroffen sind, was wiederum damit zusammenhängt, dass sie sich eher an Gewalthandlungen und Unterrichtsstörungen beteiligen" (Popp 2002: 79). Mädchen geraten dagegen nicht so direkt in solche Etikettierungsprozesse, die Konflikte mit der Schule nach sich ziehen. Allerdings scheint es einen Zusammenhang zwischen sexualisierenden Etikettierungen und Gewaltbereitschaften zu geben: „Auch die Schüler-Lehrer-Beziehung könnte für Mädchen, die ein Etikett mit sexualisierendem Charakter zugewiesen bekommen, beeinträchtigt werden". So wird in diesem Zusammenhang von Lehrkräften berichtet, die „die Ansicht vertreten, sexuell ‚aufreizende' Erscheinungsbilder von Mädchen könnten Gewalt zwischen Jungen provozieren" (ebd.: 283).

Diese psychosozial wirksamen Problem- und Bewältigungskonstellationen bleiben im Alltag der Schule verdeckt, brechen nicht als „echte" Konflikte, die entsprechend ausgetragen werden könnten, auf, grassieren als unterschiedliche Stresseinflüsse und äußern sich allenfalls im Schulklima, das als wichtiger Indikator für *verdeckte* Belastungen und Konflikte einer Schule gilt (vgl. Forschungsgruppe Schulevaluation 1998). Sie bahnen sich ihre Wege über Bahnen psychosozialer Gewalt, die von den Bewältigungsbefindlichkeiten einzelner Schüler/innen und der Dynamik der Gleichaltrigen-Beziehungen gespeist wird, während die Schule kaum in der Lage ist, Räume und Beziehungen über den Unterricht hinaus zu schaffen, in denen diese verdeckten Befindlichkeiten als Konflikte sichtbar und austragbar gemacht werden können. So kann sich in Schulen „unter der Hand" eine Aufforderungsstruktur zur situativ willkürlichen Stress- und Konfliktbewältigung (z.B. Mobbing) entwickeln und wird meist in ihren Gefahren für Schüler/innen und Schule erst erkannt, wenn sie eskaliert und das Schulklima nun für alle spürbar vergiftet.

3.4 Deviante Gruppen

Soziologischen Zugang zu devianten Gruppen erhalten wir vor allem über das Konzept der Subkultur. Die daran anknüpfende pädagogische Perspektive ergibt sich aus dem pädagogischen Aufforderungscharakter, den die Bewältigungsthematik delinquenter Cliquen vermittelt, indem sie eine besondere pädagogische Bezugnahme verlangen.

Die Subkulturtheorie ist eng mit der Studien der frühen „Chicagoer Schule" verbunden (vgl. Keller 2012). Man versuchte, zu erklären, wie die vielerorts eingewanderten ethnischen Gruppen ihre mitgebrachten soziokulturellen Werte beibehalten und sich trotzdem in die amerikanische Gesellschaft integrieren konnten. Dies – so die Erklärungen der Subkulturtheoretiker – gelang (und gelingt bis heute) vor allem dadurch, dass sich die ethnischen Gruppen sozialräumlich (bis hin zur Gettoisierung) von der Mehrheitsgesellschaft abgrenzten und in den „Zwischenwelten" ethnischer Kolonien (Gemende 2002) unter sich blieben. Im Binnenleben dieser Subkultur gelten die aus der Herkunftskultur mitgebrachten Werte und Verkehrsformen weiter, nach außen aber, in der Teilhabe an der Gesamtgesellschaft, orien-

tiert man sich an den Werten der neuen Mehrheitskultur: Man geht zur Arbeit, respektiert die Rechtsordnung und erkennt die öffentlichen Verkehrsformen an. Subkulturen sind also sozialstrukturelle Mechanismen, die es ermöglichen, dass unterschiedliche, teilweise widersprüchliche und sich auf gleicher Ebene ausschließende Normen nebeneinander bestehen können. Abweichendes Verhalten tritt dann ein, wenn die Normen der Subkultur auch nach außen gegenüber der Gesellschaft vertreten und befolgt werden, auch wenn sie deren Normen widersprechen, die Balance zwischen subkultureller und gesamtgesellschaftlicher Normorientierung also nicht mehr gegeben ist. Dies wurde seit den Tagen der Chicagoer Schule immer wieder am Beispiel jugendlicher Banden und ihrer Kriminalität demonstriert. Kriminelle Akte (Betrug, Diebstahl, Gewalt) werden von der Gesamtgesellschaft verfolgt und sanktioniert, während sie in der Subkultur positiv bewertet sind. In ihnen drückt sich die Gruppe aus, wird der subkulturelle Zusammenhang gestärkt, können sich die Gruppenmitglieder für die Gruppe und in der Gruppe beweisen.
Jede Gleichaltrigenkultur Jugendlicher hat subkulturelle Elemente, die mehr oder weniger mit der gesellschaftlichen Umwelt und den sie tragenden Werten in Konflikt geraten können. Solange solche abweichenden Werte aber nicht die Gruppe strukturieren, sondern Begleiterscheinung der lebensphasentypischen Entwicklungsproblematik Jugendlicher sind – Ablösung von den Eltern und Experimentieren mit sozialen Rollen und normativen Grenzen in der Peerkultur – handelt es sich nicht um eine deviante Gruppierung. Zu einer solchen wird eine Gleichaltrigengruppe erst, wenn das abweichende Verhalten zum Kristallisationspunkt der Gruppenstruktur wird.
Die deviante Clique wächst aus der Gleichaltrigenkultur heraus und erobert sich ihr lokales Territorium, schafft ihre Cliquentraditionen durch Aggressivität und sich wiederholende Konflikte, welche die Verbundenheit untereinander stärken und Solidarität erzeugen. Die gemeinsamen Interessen bündeln sich in illegalen und antisozialen Aktivitäten, die zielbewusst angestrebt werden und eine organisierte, Unterordnung fordernde (repressive) Autoritätsstruktur verlangen.
In diesem Bild devianter Cliquen, wie es die US-amerikanische Gang-Forschung gezeichnet hat (vgl. Cummings 1993), sticht vor allem der aggressiv-ethnozentristische Charakter der Cliquen hervor. Es werden immer wieder Cliquen aus der Nachbarschaft gesucht, um sich an ihnen durch Kampf aufzubauen. Kampf und Gewalt gegenüber out-groups gehören zum Lebenselixier der Gangs. Dies beobachten wir auch in Deutschland zum Beispiel bei den Hooligans, die sich mit anderen Gruppen gezielt zu gewalttätigen Auseinandersetzungen außerhalb der Stadien verabreden, wenn dies im Stadion wegen der erhöhten Polizeipräsenz nicht mehr möglich ist. Auch die Polizei selbst wird als zu bekämpfende out-group betrachtet, die besser ausgerüstet als die Gang ist und deshalb immer wieder neu ausgetrickst werden muss. Hier zeigt sich die subkulturelle Störung deutlich: Die Polizei wird nicht als gesellschaftlich legitimierte Ordnungsinstanz, sondern als subkultureller

Gegner wahrgenommen. So kann die Cliquenzentriertheit zur Umdefinition des gesamten Alltagslebens und der Wahrnehmung gesellschaftlicher Normen führen. Bandenmitglieder betrachten in diesem Sinne Stehlen und Einbrechen als attraktive Tätigkeiten, die ihnen andere gesellschaftliche Institutionen nicht bieten können. Es sind vor allem Tätigkeiten, die Risiko und Nervenkitzel erzeugen und Männlichkeit demonstrieren lassen (vgl. das klassische Modell von Miller 1968). So vermischen sich in solchen abweichenden Cliquen jugendtypische Entwicklungs- und Konfliktdynamik mit den devianten Aktionsstrukturen in einer Weise, dass für die einzelnen Jugendlichen die Trennung zwischen Normalverhalten und abweichendem Verhalten nicht mehr erfahrbar ist. Deviante Cliquen und Gangs bauen zwar auf der Gleichaltrigenkultur auf, werden aber in ihrer delinquenten Dynamik aus gesellschaftlichen Krisentendenzen und ihren biografischen Folgeerscheinungen heraus freigesetzt: Soziale Segregation und Spaltung der Städte, die frühen Ausgrenzungen der Arbeitsgesellschaft und die nicht bewältigten Brüche und prekären Übergänge in einen ökonomisch und sozial ungesicherten und unüberschaubaren Erwachsenenstatus begünstigen deviante Cliquenbildungen. Unter der Bewältigungsperspektive stoßen wir auf Jugendliche und junge Erwachsene, die vor ihrem sozialbiografischen Hintergrund auf den Cliquenzusammenhalt angewiesen sind und deshalb die Devianzkultur der Gruppe nicht als abweichendes, sondern für die Lebensbewältigung funktionales und emotional attraktives Verhalten empfinden. Über die Gruppe wird ihr Selbstwert gestärkt, Geborgenheit, Zugehörigkeit und sozialer Rückhalt gefunden und ein sozialer Status erreicht. Allerdings lässt sich dieser subjektive Gewinn nur über die Unterwerfung unter die Gruppenautorität erzielen. Es hat deshalb pädagogisch wenig Zweck, eine solche Gruppe zerschlagen zu wollen, denn die Einzelnen sind in der Gruppenidentität aufgegangen. Dennoch ist das Missverhältnis zwischen der Clique und der Individualität der einzelnen Cliquenmitglieder *der* strategische Ansatzpunkt für eine pädagogische Intervention. Denn die Unterdrückung der Individualität durch die Clique setzt einzelne Mitglieder auch unter Stress: Sie müssen ihre innere Befindlichkeit übergehen, zumal im Cliquenklima eine dauernde Spannung herrscht. Daraus entwickelt sich eine bestimmte Bedürftigkeit bei den einzelnen Jugendlichen, die wiederum einen pädagogischen Aufforderungscharakter in sich trägt. Erfahrungen aus der Cliquenarbeit zeigen, dass Pädagog/innen, die den Zusammenhalt der Clique akzeptieren, dennoch auf die einzelnen Gruppenmitglieder jene Anziehungskraft ausüben, die sich im pädagogischen Bezug, der Interaktion zwischen bedürftigen Jugendlichen und einem/einer ihnen offen zugewandten Erwachsenen, entwickelt. Dieser stellt sich vor allem dann her, wenn die Jugendlichen merken, dass sie die Pädagog/innen „brauchen", weil sie ihnen Räume anbieten und den Stress von der Gruppe nehmen können. So erscheinen die Pädagog/innen nicht mehr als Eindringlinge in die Clique, sondern durchaus als Bezugspersonen, zu denen sich gleichsam eine zweite Gruppensoziometrie entwickelt, in der pädagogisch initiierte Bezugnahmen akzeptiert und auch gesucht werden: Vermittlungen nach draußen, Hilfen bei Jobsuche und Schlichtungen, Projektideen und schließlich auch Gespräche über psychosoziale Befindlichkeiten Einzelner: Zum Beispiel im Hinblick auf die Enttäuschung mit den Eltern, Angst um den Verlust der Partnerin/des Partners, Probleme mit der Arbeitsuche und Selbstwertprobleme in sozialen Bezügen außerhalb der Clique.

3.5 Schulschwänzen

Als Schulschwänzer/innen bezeichnet man Schüler/innen, die sich während der Unterrichtszeit ihre Zeit in außerschulischen Räumen vertreiben, auf dem Schulweg „abdrehen" oder von vornherein die Absicht haben, periodisch oder länger nicht in die Schule zu gehen. Die Einflussfaktoren, die hier aus soziologischer Sicht eine Rolle spielen, liegen in der Familie, der Peergroup und der Schule selbst.

In der Familie können verschiedene Ursachen, die oft zusammen auftreten und kumulieren, ausschlaggebend sein (vgl. Ricking/Schulze/Wittrock 2009). Das fängt bei den jüngeren Schulkindern schon damit an, dass die Familie so überfordert und desorganisiert ist und ihre Alltagsgestaltung nicht mehr im Griff hat, sodass auch das Kind den Überblick über den Tag verliert und immer wieder auf dem Schulweg abdreht, wenn es von anderen Ereignissen angezogen wird. Auch schlechte Schulerfahrungen der Eltern selbst können zur Gleichgültigkeit gegenüber dem Schulbesuch der Kinder führen und diese zum Schulschwänzen geradezu ermuntern. Denn die schulbegleitende Unterstützung und entsprechende Zeitkontrolle durch die Eltern ist ein wichtiger Einflussfaktor, der regelmäßigen Schulbesuch stabilisiert. Extreme innerfamiliale Konstellationen wie Suchtabhängigkeit der Eltern und häusliche Gewalt können ebenso dazu führen, dass Kinder hilflos werden und den Schulalltag nicht mehr bewältigen können.

Ein entscheidender Einfluss geht von der Peergroup aus. Wir haben bereits im Kapitel zum spannungsreichen Verhältnis zwischen Schulklasse und außerschulisch bestimmter Peergroup beschrieben, dass hier nicht selten unterschiedliche Belohnungsmodi vorherrschen. Was in der Schule negativ sanktioniert wird – mangelnde Leistungen, Auffälligkeit – kann in der Peerkultur als positiv gelten, vor allem dann, wenn sich die Clique im abweichenden Verhalten gefunden hat und sich darin immer wieder bestätigen muss.

Aber auch die Schule selbst sendet Signale aus, die Schulschwänzen begünstigen. Traditionell geht die Schule davon aus, dass ihre soziale Reproduktion durch eine auf sie abgestimmte soziale Umwelt gewährleistet ist. Es gilt als selbstverständlich, dass die Schulfähigkeit jeden Tag in den Familien neu hergestellt wird und die Jugendlichen ihre sozialemotionalen Bedürfnisse und jugendkulturellen Interessen – die in der Schule zu kurz kommen oder übergangen werden – in der Gleichaltrigenkultur ausleben können. Heute steht die Schule vor der Situation, dass sich dieses reproduktive Umfeld entstrukturiert hat, in Teilen brüchig geworden ist und deshalb die außerschulische Herstellung von Schulfähigkeit nicht mehr so selbstverständlich und verlässlich geschieht, wie das die Schule lange Zeit vorausgesetzt hat (vgl. dazu Hornstein 1990). Familien sind nicht mehr ohne Weiteres in der Lage, Schüler/innen für die Schule vorzubereiten und zu begleiten, Kinder wachsen vereinzelt auf und nicht alle Jugendlichen finden Anschluss oder sozial-emotionale Geborgenheit in Gleichaltrigencliquen. Montags merken die Lehrer/innen, dass die Kinder aus einer anderen – multimedialen – Welt kommen, in der auch anders gelernt wird als in der Schule. Von der Schule müssen Überbrückungshilfen und Übergangsräume geschaffen werden, damit sich die Kinder aus der parasozialen Medienwelt in die institutionell-funktionale Welt der Schule einfinden können.

Da Schulen oft nicht in der Lage sind, ihren sozialräumlichen Aufforderungscharakter anzunehmen, kommen die Kinder in anomische Situationen: Sie fühlen sich von der Schule gruppendynamisch und emotional angezogen und werden gleichzeitig durch die funktionalisierten Unterrichtsmauern zurückgestoßen. Auch wenn Lehrer/innen dies weit von sich weisen: Die Kinder erfahren in Schulen, dass diese ihre eigenen sozialräumlichen Verheißungen blockieren, und „wehren sich" – unbewusst – auch durch ungerichteten Schulabsentismus. Die Haupt- und Mittelschulen sind von dieser Problematik stärker betroffen als die Sekundarstufe II. Denn dort versuchen die Schüler/innen (mit höherem Bildungsgrad) eher, die Balance zwischen sozialräumlicher Schülerkultur und Unterrichtssystem selbst zu managen. Diese Schülerkultur ist nicht mehr von der außerschulischen Gleichaltrigenszene abgegrenzt. Peer- und Schulklassenkultur sind eine Verbindung eingegangen, in der sich von schulischen Funktionserfordernissen geprägte Formen der Lebensführung mit außerschulischen Gesellungsformen und Ressourcenmanagement in Rückbindung an die elterlichen Milieus vermischen.

Nicht zu unterschätzen ist zudem der Umstand, dass die arbeitsgesellschaftliche Konkurrenzsituation als Bildungskonkurrenz in die Schule zurückwirkt und dort – weil spürbar, aber nicht kalkulierbar – Unbehagen und Stress unter Schüler/innen erzeugen kann. Da die Bildungskonkurrenz über die Medien, den arbeitsgesellschaftlichen Krisendisput und letztlich auch über die Eltern in die Schule hineingetragen wird, sind die Möglichkeiten der Schule begrenzt, aus eigener Kraft diese anomischen Tendenzen zu regulieren. Dennoch gerät sie immer stärker unter sozialen Druck, nicht nur für schulische, sondern auch für soziale Probleme der Schüler/innen zugänglich zu sein und sich als Sozialraum zu öffnen, in dem nicht Rollen und Positionen aufeinander bezogen sind, sondern sich auch Persönlichkeiten begegnen und in ihrem Schülersein und Lehrersein verständigen können.

Gerade Schüler/innen aus sozial benachteiligten Milieus, die oft ein negatives Selbstbild, bezogen auf ihre schulische Leistungsfähigkeit, haben und sich deshalb entsprechend wenig mit ihrer Schule identifizieren können, geraten leicht in den Sog des Schulabsentismus.

„Systemisch betrachtet können wir davon ausgehen, dass Schulmisserfolg als wesentliche Wirkgröße in den von Absentismus gekennzeichneten negativen Kreisläufen anzutreffen ist, in denen sich die Resultanten potenzieren und die Problemlage fortwährend verschlimmert.“ (Neukäter/Ricking 1997: 61)

Dabei sind es in der Mehrzahl Jungen, die häufiger dem Unterricht außerhalb der Schule fernbleiben (Schwänzen), während bei den Mädchen eher innere Rückzugstendenzen im Unterricht zu beobachten sind. Das verweist wiederum auf geschlechtsdifferente Bewältigungsmuster in kritischen Lebenskonstellationen (vgl. Böhnisch/Funk 2002).

3.6 Mobbing in der Schule

Das gruppendynamische Ausgrenzen eines Menschen in schulischen Kontexten ist eine Form „alltagsüblicher“ Devianz, die jeden erfassen kann. Der Prozess des Mobbings oder Bullyings folgt Gesetzmäßigkeiten, die aus der Zusammenschau von bewältigungs- und gruppendynamischer Perspektive aufschließbar sind. Ausgangspunkt sind in der Regel nichtthematisierte Konflikte in der Schulklasse, die zu einem negativen Schulklima führen, Unsicherheit und Hilflosigkeit erzeugen, nicht ausgesprochen werden können und deshalb abgespalten, auf Schwächere projiziert werden „müssen“.

In solchen prekären Konstellationen grassieren Verunsicherung und Hilflosigkeit bei den Einzelnen. Die Suche nach Gruppenzusammenhang und Gruppenhalt wächst. Diese sind aber nicht kommunikativ erreichbar, weil eben der diffuse Konflikt nicht thematisierbar ist. So bildet sich die Gruppe meist um einen „negativen Kern“ aktionsmotivierter und bewegungsaktiver Mitschüler/innen bzw. Kollegen/innen, welche den Druck des Unbehagens der Gruppe transportieren können. Sie fokussieren das Unbehagen auf einen „Sündenbock“, eine/n Mitschüler/in, der/die meist auch schon vorher als irgendwie „eigenartig“ galt und auf den/die jetzt erst recht die eigenen Gefühle der Hilflosigkeit abgespalten und projiziert werden können. Der Mechanismus der Abstraktion wirkt, das Opfer scheint nicht mehr als Freund oder Kollege erkennbar; es geht ja um die eigene Hilflosigkeit, zu deren Träger das Opfer wird.

Gruppendynamische Aufschaukelungsprozesse verstärken den Sog und die Dramatik des Geschehens. Einzelne, die allein nicht mitmachen würden, werden in den Sog der Gruppe als Mitmacher und Mitläufer gezogen, weil sie auf die Gruppe und den Gruppenhalt in der prekären Situation angewiesen sind. „Mitmachen“ vermittelt Anerkennung. Man ist im Gruppenstrom, der Prozess der Abstraktion wird nun gruppendynamisch weiter verstärkt. Das Opfer kommt in einen Etikettierungssog und damit selbst in eine Zone der Unsicherheit. Es verhält sich entsprechend unsicher und die Gruppe fühlt sich in ihrem Mobbingverhalten gegenüber dem Opfer bestätigt. In dieser Dynamik kann die Gruppe kein Unrechtsbewusstsein entwickeln und es ist hinterher immer schwierig, den Vorgang zusammen kritisch zu rekonstruieren.

Im Kindes- und Jugendalter – also in der Schulkindheit – wird von Mobbing vor allem aus den ersten Jahren der Grundschule und beim Übergang in die Pubertät berichtet. Es sind offene Entwicklungs- und Übergangsphasen, in denen Unsicherheiten und Hilflosigkeiten „schwelen" und in einem schlechten Schulklima zu Mobbingkonstellationen gedeihen können. Die gruppendynamische Aufschaukelung, die Abspaltung und Projektion auf eine(n) Schwächere(n) und die diffuse, die Gruppe bestätigende, Reaktion des Opfers brechen vor allem in den Pausen und um den Schulweg herum auf. Lehrer/innen erkennen es deshalb oft sehr (zu) spät, vor allem wenn die Pausenhofaufsicht nicht in der Lage ist, auf entsprechende Signale zu achten. Die Täterprofile zeugen von geringem Selbstwert und wenig Selbstkontrolle bei niedrigem Empathievermögen. Gleichzeitig verfügen aber viele der Täter über cliquengestütze Gruppenmacht und körperliche Stärke. Jungen und Mädchen zeigen dabei ein unterschiedliches Mobbingverhalten, wobei die Täter in der Mehrzahl männlich sind: Jungen mobben mehr körperlich-räumlich, Mädchen eher psychisch und beziehungsaktiv ausgrenzend. Die Opfer sind meist Einzelpersonen; ihnen stehen ein Täterkern von bis zu drei Personen, eine Mitläufergruppe und ein passiver Zuschauerkreis gegenüber.

Antimobbing-Strategien (vgl. in der Übersicht: Jannan 2008) für die Schule werden – gleichzeitig – auf drei Ebenen empfohlen: Verbesserung des Schulklimas (einschließlich Setzung eindeutiger Regeln für den Umgang miteinander), pädagogisch-konfrontative Projekte mit den Tätern/Täterinnen, selbstwert- und anerkennungsstärkende Hilfen für die Opfer (vgl. auch Bründel/Simon 2007). Für den Schulalltag werden – niedergelegt in einer übersichtlichen Quartalsplanung – regelmäßige Übungen empfohlen, in denen erfahren und gelernt wird, wie Vertrauen gebildet, Grenzen gesetzt, Konflikte fair ausgetragen, Spannungen gelöst und soziale Kompetenzen gefördert werden können (vgl. Jannan 2008: 39ff).

Texte zum Weiterlesen

Raithel, Jürgen (2004): *Jugendliches Risikoverhalten. Eine Einführung.* Wiesbaden: VS.
Böhnisch, Lothar (2010): *Abweichendes Verhalten.* Weinheim und München: Juventa.

4 Die virtuelle Welt der Medien

Medien produzieren fiktive Welten, die aber durch die konsumtive und interaktive Rezeption sozial wirksam werden. Diese *parasoziale* Struktur ist beim Medienkonsum besonders ausgeprägt. Vor allem die neuen, interaktiven Medien verstärken die parasozialen Effekte. Mit dem Begriff parasozial ist gemeint, dass wir mediale Inhalte rezipieren – aber auch interaktiv verändern und steuern können –, die weg von der sozial gebundenen Wirklichkeit sind, dadurch aber, dass wir sie aus der sozial gebundenen Wirklichkeit heraus aufnehmen und mit ihnen aktiv umgehen, wirken sie auf das Soziale zurück und werden damit in einer neuen Form sozial wirklich. Der inzwischen alte und noch längst nicht entschiedene Streit um die Frage der psychischen und sozialen Wirkungen von gewalthaltigen Medien zeigt aber auch, dass gerade die Soziologie als sozial gebundene Wissenschaft in der Grenzenlosigkeit des Virtuellen ihre Grenzen findet und leicht spekulativ werden kann. Deshalb wollen wir uns im Folgenden darauf beschränken, darzustellen, wie sich soziale und virtuelle Kontexte miteinander vermischen können. Dass sich dadurch als relativ fest und selbstverständlich angenommene soziale Konstellationen in einer Art und Weise entgrenzen können, die soziologisch thematisierbar, aber eben nicht fassbar ist, werden wir am Beispiel der Jugend untersuchen, die von ihrer psychosozialen Befindlichkeit mehr als andere Gruppen in den neuen Medien aufgeht. Hier können wir auch deutlich machen, wie wichtig eine mediensoziologische Reflexivität ist, will man in der pädagogischen Bildungsarbeit Jugendliche verstehen, die nicht nur ihre Experimentierwelt im Internet und in Computerspielen inszenieren, sondern vor allem auch jene, die ihre Lebensschwierigkeiten im virtuellen Raum zu bewältigen versuchen.

Wir wissen allgemein aus der Jugendsoziologie, dass im jugendtypischen Übergang von der Herkunftsfamilie in die Erwachsenengesellschaft mit Grenzen experimentiert wird, Grenzen infrage gestellt, aber auch gesucht werden, um sich im Zuge der adoleszenten Identitätsbildung sozial verorten zu können. Dies geschieht nicht nur in der herkömmlichen Auseinandersetzung mit erziehenden Erwachsenen und gesellschaftlichen Normen und Symbolen, sondern vor allem auch im Überschreiten und Entgrenzen und besonders im eigenwilligen Markieren territorialer und symbolischer Räume in der Szenerie der Gleichaltrigen- und Medienkultur.

Bei der symbolischen Überschreitung des konkreten Sozialraumes entsteht das Parasoziale. Es handelt sich hier um mediale Raumaneignungen, die einen versetzen, loslösen und in Ton- und Bildimaginationen wegtragen können. So konstituieren sich Kindheit und Jugend als Medienkindheit und -jugend. Es ist einerseits eine

Scheinwelt, andererseits erzeugt sie auch soziale Wirklichkeit: Je nach sozialem Kontext, Bildungsstand, Geschlecht und biografischer Bewältigungskompetenz können solche medialen Scheinwelten die reale soziale Erfahrung verengen (reale Konflikte und Widersprüche verdecken) oder erweitern (z.B. die kulturelle Produktivität des Jugendalters steigern). Offensichtlich aber ist, dass die symbolischen, medial vermittelten Imaginationsräume und ihre subjektive Bedeutung in einem signifikanten Zusammenhang mit der Art und Weise stehen, wie reale Sozialräume und ihre Aneignungsmöglichkeiten beschaffen sind. Dies wird z.B. empirisch unterstützt durch Beobachtungen, dass Fernseh- und Computerkonsum dort den Mittelpunkt der Kinder- und Jugendfreizeit bilden („Vielseher"), wo der soziale Nahraum keine jugendkulturellen Anregungen bietet oder sie ausdrücklich verwehrt und wo Kinder und Jugendliche über ihre Familien und in der Gleichaltrigenkultur sozial eher isoliert sind. Andererseits sehen wir überall, dass Jugendliche sich über Medien und ihre Nutzung öffentlich ausdrücken und von der Erwachsenenkultur abgrenzen können, sie über die Medien Anschluss an Szenen und Stile finden können, dass sie die für uns fiktiven Räume, die sie erobern, zu ihren eigenen Jugendräumen machen. Während sich die Jugendbewegung vor hundert Jahren ihren Jugendraum abseits der urbanen Gesellschaft noch konkret räumlich mit den Füßen erwandern konnte, hat mit dem Walkman schon vor einigen Jahrzehnten ein medialer Jugendaufbruch stattgefunden, der die Jugendlichen von einer auf die andere Minute in eine symbolisch eigene elektronische Welt versetzt hat, die sie – tendenziell außerhalb der sie sozial bindenden Gesellschaft – gestalten können.

Hier wird die Ambivalenz der Medien offenkundig: Einmal liegt die Betonung mehr auf dem Negativen, auf der Ersatz- und Fluchtwelt angesichts eines sozialen Nahraums, der für viele Kinder und Jugendliche nicht mehr Entfaltungs-, sondern Problemort geworden ist. Andererseits wird aber auch die positive Bedeutung der neuen Medien deutlich. Sie können in einer individualisierten und durchfunktionalisierten Gesellschaft den Jugendlichen immer noch Räume eröffnen, in denen sie sich von dieser Gesellschaft absetzen können, ohne dass sie zu früh sozial vereinnahmt oder sozial ausgegrenzt werden. Ideale Räume sind in diesem Zusammenhang Experimentierräume, die von den Jugendlichen für ihre Entwicklung gebraucht werden. Gleichzeitig aber sind sie Markträume, in die die Jugendlichen früh und damit auch wieder in die reale Gesellschaft oft manipulativ hineingezogen werden.

Für die Pädagogik und ihren Zugang zu Kindern und Jugendlichen ist in diesem Zusammenhang besonders relevant, dass in medialen Räumen Empfindungen und Betroffenheiten der Lebensbewältigung aus ihren realen sozialen Kontexten freigesetzt und entgrenzt werden und sich mit den Medieninhalten verbinden, die selbst wiederum aus den jeweiligen sozialen Kontexten heraus ausgewählt werden. In der Verbindung von Medieninhalt und emotionaler Empfindung konstituiert sich ein positiv empfundener Zustand sozialer Entstrukturierung und Verflüssigung, der

das soziale Handeln mental und sozial beeinflusst. Mental, indem er das Alltagsleben erträglicher und seine Erweiterung möglich erscheinen lässt, sozial, indem er Handlungselemente zumindest situativ von ihrer sozialen Bindung lösen kann. Besonders in der sozialräumlichen Lösung der Gleichaltrigengruppen und Cliquen wird diese parasoziale Entstrukturierung und soziale Verflüssigung ausdrucksvoll sichtbar.
Als soziologisches Konzept für die theoretische Erschließung solcher parasozialen Interaktionen bietet sich bis heute das interpretative Paradigma an. In der Grundlegung eines solchen Konzepts haben Charlton und Neumann-Braun (1992) eine handlungstheoretisch orientierte Medienrezeptionstheorie entwickelt. Es ist ein Prozessmodell, das die Ambivalenz, die im Umgang mit Medien steckt, aufzeigen kann und in dem damals schon aufgezeigt wurde, dass Medien nicht nur einseitig beeinflussen, sondern auch in der Medienrezeption gestaltet werden. Dies ist in Richtung und Qualität abhängig von der Art der sozialen Einbettung der Medienrezeption, der thematischen Voreingenommenheit gegenüber den medialen Inhalten und der Art und Weise, wie sich das Mediale in die konkreten Lebenssituationen hinein vermittelt. Die interaktionistische Herangehensweise kann also deutlich machen, dass nicht nur der Umgang mit den Medieninhalten, sondern vor allem auch die von den Kindern und Jugendlichen geteilten Bedeutungen, die sie in der medialen Interaktion mit den Inhalten verbinden, im Vordergrund der Analyse stehen müssen. Medien sind vor allem dann für Kinder und Jugendliche attraktiv, wenn sie Schlüsselthemen des Kindes- und Jugendalters symbolisch aufbereiten und widerspiegeln, die von den Erziehungsinstanzen wie Elternhaus und Schule nicht oder nicht jugendgemäß aufgenommen werden können. Solche Themen sind: selbstständig werden, Abschied von den Eltern, Freundschaft und Sexualität, Mann-/Frau-Werden, Erwachsenwerden, pubertäre Omnipotenz- und Ohnmachtsgefühle, Geborgenheit, Sehnsucht etc. Diese Themen der Adoleszenz werden in den Medieninhalten und durch sie hindurch gesucht. Die äußere Ablauffassade des medialen Programms ist nicht das Entscheidende, und deshalb ist es plausibel, dass Handlungsabläufe eines Films nicht einfach nachgeahmt werden. Bei dem, was Jugendliche z.B. in Action-Filmen suchen, geht es gar nicht so sehr um die Gewaltakte, sondern eher um die Frage, wie sich ein Mann in kritischen Situationen verhält, wie man alltägliche Prüfungen besteht, aber auch darum, wie man sich mit Medieninhalten, die die Erwachsenen als schrecklich empfinden, von den Eltern absetzen und ihnen gegenüber Eigenständigkeit demonstrieren kann. Medien werden also nicht über Nachahmung von Handlungs- und Aktionsfiguren sozialisationswirksam, sondern über die parasoziale Bestätigung und symbolische Verifizierung von Entwicklungsproblemen des Kindes- und Jugendalters. Die impliziten Regeln der Bewältigung des jugendkulturellen Themas, das sich für die Jugendlichen im Film verbirgt, obwohl die Story nach außen oft wenig damit zu tun hat, sind für die Jugendlichen entscheidend.

Entscheidend ist ebenso, dass die Medien, auch wenn sie die Grenzen der konkreten sozial gebundenen Welt überschreiten, dennoch dieser verhaftet bleiben. Deshalb stellt sich die in den Mediendiskursen immer wieder aufgeworfene Frage: „Was ist Fiktion, was ist Wirklichkeit?“ so nicht. Vielmehr muss gefragt werden: Wie sind Fiktion und Wirklichkeit miteinander vermittelt? Gerade am bereits eingeführten Beispiel der Medienrezeption von Jugendlichen kann gezeigt werden, dass die Pubertät in ihrer eigenartigen Verkettung von Wirklichkeit und Unwirklichkeit im virtuellen Netz ein Medium findet, das sie besonders anzieht. Dies gilt für Jungen und Mädchen gleichermaßen, wobei sich für die Mädchen, die traditional – wie in Kap. C 2.4 bereits ausgeführt – sozialräumlich begrenzter aufwachsen als die Jungen, mit dem Internet ein neuer Raum öffnet. Im virtuellen Raum sinken geschlechtstypische soziale Schwellen und die im Alltag zurückgehaltenen Wünsche und Träume können offengelegt werden. Es ist aber nicht so, dass sich hier eine Parallelwelt herausbildet, sondern die den konkreten sozialen Raum überschreitenden Selbstdarstellungen und Verständigungen gestalten sich auch wieder vor dem Hintergrund der realen alltäglichen Lebenserfahrungen und sozialen Einbettungen. Auch verändert die Online-Nutzung nicht die sozialen Orte, von denen aus die Mädchen virtuell agieren.

> „Das ‚eigene Zimmer‘ ist nach wie vor der Ort, an dem die Mädchen ihr Mädchensein am stärksten aushandeln. (…) Anders als in den eigenen vier Wänden, ermöglicht die persönliche Homepage den Mädchen allerdings einen Schritt aus der häuslichen Sphäre hinaus – ihre Interessen und Gefühle werden plötzlich sichtbar.“ (Tillmann 2008: 391)

Insofern stellt das Internet eine völlig andere Plattform dar als das traditionelle Mädchentagebuch, in das die Mädchen ihre Wünsche und Träume in das geheime Innere ihres Selbst einschreiben und das Tagebuch entsprechend vor anderen verbergen. Die Internet-Präsentation dagegen verheißt eine parasoziale Öffentlichkeit, die sozial wirklich, wenn auch nicht sozial verbindlich ist. Doch erhalten die Mädchen Selbstbestätigung und Anerkennung und Netzwerke können erweitert und zusätzliche Unterstützungsressourcen gesucht werden. Bei alldem bleibt, dass nicht nur die soziale Umgebung, sondern auch die soziale Lage die medialen Möglichkeiten strukturiert. Was im real life sozial ungleich verteilt ist, erfährt im second life vielleicht eine suggestive, aber keine sozial reale Veränderung. Insgesamt kann davon ausgegangen werden, dass unter den Nutzer/innen des Internets die Ausprägungen sozialer Ungleichheit sich auch in der Art und Weise niederschlagen, wie das Internet genutzt wird. Das betrifft sowohl die Nutzung unterschiedlicher Angebote als auch die unterschiedliche Nutzungsweise gleicher Angebote.

Aber nicht nur die Dimension der parasozialen Interaktion ist in diesem Zusammenhang von soziologischem Interesse, sondern vor allem auch der Einfluss, den die neuen Medien auf Vergesellschaftungsprozesse ausüben können. Hier steht für die Pädagogik wieder die Jugend im Vordergrund, da sie ja vor allem in den neuen

Medien aufgeht. Wir haben an anderer Stelle (Kap. C 2.2) dargelegt, dass Jugend nicht nur eine individuell-biografische Lebensphase, sondern genauso eine gesellschaftliche Konstruktion darstellt. Diese wird mit dem Begriff des Moratoriums umschrieben, wobei gleichzeitig diskutiert wird, dass sich dieses Moratorium Jugend heute – wie gezeigt – in dem Maße entgrenzt hat, in dem soziale Bewältigungsprobleme früh in das Jugendalter eindringen und sich Jugend in prekären Übergängen immer weiter verlängert. Diese Übergänge aber sind schon voll in der Konkurrenz- und Verdrängungsszenerie der segmentierten Arbeitsgesellschaft aufgegangen. So ist für viele junge Menschen in Deutschland und anderen europäischen Ländern mit der Erosion der sozialstaatlichen Moratoriumskonstruktion die ehemals geschützte Jugendphase zum offenen und deshalb riskanten Bereich der Selbstbehauptung in der Generationenkonkurrenz geworden. Die neokapitalistische Arbeitsgesellschaft zieht ihre Fortschrittssymbolik inzwischen nicht mehr aus der Jugend, sondern aus ihrer ökonomisch-technischen Eigendynamik. Neue „Produktgenerationen“ werden kreiert, das Symbol der Jugendlichkeit hat sich von der Jugend gelöst. Die alte Jugendsymbolik scheint zwar noch in der Konsumwerbung auf, aber auch dort ist die Jugend längst eine Gruppe unter anderen.

Jugendliche werden aber auch in Zukunft ihren Entwicklungs- und Experimentierraum brauchen und haben ihn längst gefunden: Im Internet hat sich ein digitales Jugendmoratorium eröffnet, das Jugend neu erfindet, von den Jugendlichen aber nicht kontrollierbar ist. Es baut sich auf über experimentelle Bilder, Selbstdarstellungen in Foren, Kommunikationsnetzwerken, die einen grenzenlosen Sog auf die Jugendlichen ausüben. Es sind interaktive Medien und indem die Jugendlichen Bilder von sich hineingeben, können sie den digitalen Raum als den ihren betrachten. Damit wird gleichzeitig die gesellschaftliche Fiktion aufrecht erhalten, dass es noch Jugend im Sinne des experimentellen Moratoriums gibt und damit auch die gesellschaftliche Kontrolle über Jugend weiter aufrecht erhalten werden kann. So wie die neuen interaktiven Medien bei Jugendlichen (trans-)soziale Phantasien aufsteigen lassen, lösen sie entsprechende gesellschaftliche Kontrollphantasien der Jugend gegenüber aus: eine Jugend der enthemmten Computerspiele.

Der Jugenddiskurs scheint sich entsprechend in den virtuellen Raum verschoben zu haben. Er wird nicht mehr arbeitsgesellschaftlich und in diesem Sinne zukunftspolitisch, sondern medienpolitisch geführt. Die junge Generation erscheint in ihrer digitalen Gestalt nicht mehr als die Zukunftsgeneration. Alle Altersgruppen partizipieren inzwischen am Internet und damit an der technologischen Zukunft, die in die digitalen Punkte des Jetzt eingelagert ist. Die Jugend wird damit als besondere Generation entzaubert. Sie ist zwar den Erwachsenengenerationen technologisch voraus, da sie biografisch unbefangen, nicht vorbelastet in das neue Medium einsteigt. Das Internet ist aber nicht allein „ihr Medium“. Es schlägt eher als Kontrollmedium auf die Jugendlichen zurück. Jugend kann so, wie sie sich dort medial inszeniert, gleichzeitig identifiziert und kontrolliert werden.

In den 1920er Jahren, als Karl Mannheim (1965) die soziologische Generationentheorie entwickelte, wurde Jugend als Protagonist und Träger der Modernisierung, als Generation des Fortschritts stilisiert. Die Jugend des 20. Jahrhunderts war eine raum-zeitlich gebundene Gruppierung, auf die sowohl die gesellschaftliche Faszination an der Modernisierung wie die Befürchtung der Risiken projiziert wurden. Heute hat sich die Projektion von Fortschrittshoffnungen auf die Kindheit verlagert. Sicher werden immer noch bestimmte Gruppen von Jugendlichen gefördert. Aber es ist weniger das jugendkulturell provokative Experiment, das man dabei im Auge hat, sondern das Humankapital, das sich Jugendliche früh aneignen und in die Gesellschaft einbringen sollen. Sicher, von der Symbolik her bleibt Jugend weiterhin mit dem technischen Fortschritt verknüpft, weil Jugendliche anders als die Erwachsenengeneration mit den neuen Medien umgehen können. Aber dieser Experimentierbereich gehört den Jugendlichen nicht, denn er ist inzwischen hochkapitalisiert. Jugend ist damit nicht mehr per se eine Generation, die Neues gesellschaftlich provoziert, sondern wird in ihrer konsumtiven Generationsqualität für die neuen Technologien eingespannt. Sie ist daher von ihrer besonderen Generationendynamik geeignet, sie ist gleichsam zur Testfahrergeneration geworden.
Die mediale Welt vermittelt die Suggestion, hier gäbe es einen Raum, in dem Jugendliche – entsetzt von ihren Alltagswelten – selbstbestimmt experimentieren können. Doch so wie sie sich darstellen, kann es im real life von anderen verwendet werden, ohne dass es die Jugendlichen kontrollieren können. Eine parasoziale Falle tut sich auf. Jugendliche denken, sie geben ihre Selbstdarstellung von sich weg, im Medium aber führen diese Selbstdarstellungen ihr eigenes Leben. Und viele Erwachsene glauben dann, dass sie in solchen Medieninszenierungen die wirklichen Jugendlichen vor sich haben: So wie sie sich darstellen, zeigen sie ihr wirkliches Gesicht.
Jugendliche gehen heute selbst in das Medium hinein und können sich dort als Jugend in ihrer experimentellen Unbefangenheit darstellen. Sie finden hier einen Raum, in dem sie sich selbst abbilden können. Sie können das ausprobieren, was ihnen die Gesellschaft im real life verwehrt ist. Und die Möglichkeiten sind grenzenlos. Man kann als 16-Jähriger schon eine Bloggerexistenz aufbauen, aber auch abweichendes Verhalten zelebrieren. Experimentierräume können aufgetan und gleichzeitig der sonst verwehrte Erwachsenenstatus schon früh in Anspruch genommen werden. Diese Gleichzeitigkeit der widersprüchlichen Möglichkeiten ist das Faszinierende am Internet. Man hat die Chance mit 17 oder 18 Jahren auf den Markt zu kommen, es ist aber auch möglich seine pubertären Träume ausleben. In dieser Entwicklung driftet Jugend auseinander, der Generationenbegriff ist ausgehöhlt. Man ist über das Medium integriert, aber weiß nicht, was diese Integration bedeutet. Man fühlt sich autonom, aber kann diese Autonomie nicht lokalisieren. Die digitale Welt trifft keine Unterscheidung zwischen Jugendlichen und anderen Altersgruppen.

Im Moratoriumsgedanken des 20. Jahrhunderts wurde davon ausgegangen, dass Jugendliche geschützt werden müssen, damit sie risikolos experimentieren können. Nun experimentieren sie in den ungeschützten medialen Räumen. Mit der Gefahr, dass das, was sie dort heute tun, morgen immer wieder neu hervorgeholt werden kann. Die „Jugendsünden" blieben bisher immer unter dem Schleier des Moratoriums zurück. Sie waren und sind gesellschaftlich nicht nur toleriert, sondern auch gewollt: Du musst experimentieren, über die Grenzen gehen, um für später zu lernen, wie man mit Grenzen und Konflikten umgeht. Die Experimentierräume des Moratoriums waren gleichermaßen passager wie sozial, kulturell und rechtlich geschützt. Der digitale Raum des Internets ist in diesem Sinne nicht schützbar. Deshalb sagen die Medienpädagog/innen: Wir müssen den Jugendlichen die Kompetenz vermitteln, dass sie sich diese Grenzen im Umgang mit den Medien selbst setzen können. Sonst fällt das Grenzenlose des Internets auf sie zurück und erzeugt Desorientierung, Hilflosigkeit und vielleicht sogar Gewalt. Wenn also die Grenze nicht im digitalen Raum hergestellt werden kann, muss sie in sich selbst hergestellt werden. Jugendliche sollen „Medienkompetenz" dergestalt erwerben, dass sie das Moratorium in sich aufbauen. Das würde aber bedeuten, dass Jugend selbstreflexiv werden muss. Um später reflexiv werden zu können, braucht es aber die aktuelle Auseinandersetzung mit der Welt. Jugend wird also in Zukunft durch die Spannung und Balance zwischen einer grenzenlosen Medienwelt und einer verbindlichen sozialen Welt definiert sein. Das digitale Moratorium kann ausgelebt, muss aber zugleich bewältigt werden.

Texte zum Weiterlesen

Tully, Claus J. (Hrsg.) (2007): *Lernen in flexibilisierten Welten.* Weinheim und München: Juventa.
Tillmann, Angela (2008): *Identitätsspielraum Internet.* Weinheim und München: Juventa.

5 Soziale Probleme und Ausgrenzungen

Soziale Probleme konstituieren sich im gesellschaftlich-sozialstaatlichen Diskurs, sind also soziale Konstruktionen und beziehen sich in der Regel auf Lebensschwierigkeiten und soziale Konflikte, die immer wieder gesellschaftlich freigesetzt und aufgrund ihrer Häufigkeit und der Verstetigung ihres Auftretens öffentlich registriert werden. Des Weiteren muss eine kollektive Verständigung darüber bestehen, dass sozialstaatlich interveniert werden muss (vgl. Albrecht/Groenemeyer 2012). Der Konstitutionsprozess sozialer Probleme wurde von Herbert Blumer (1975) als fünfstufiger Ablauf beschrieben, der vom Auftauchen, der unterschiedlichen Einordnung und Bewertung eines Phänomens über die öffentliche Anerkennung und die parlamentarisch-politische Mobilisierung bis hin zur Regulationsplanung und ihrer Transformation in die Praxis reicht. Wesentlich für die Definition und Anerkennung sozialer Probleme ist die kollektiv geteilte Vorstellung, dass ihr Auftreten eine potenzielle Gefährdung des Zusammenhalts einer Gesellschaft darstellen kann, da sie meist auf gravierende Phänomene sozialer Ungleichheit rückführbar sind. Dabei interessiert, welche Definitionen und Lösungen schließlich sozialpolitisch anerkannt werden. Soziale Probleme können sich demnach je nach den vorherrschenden Diskurs- und (ökonomisch-politischen) Durchsetzungskonstellationen wandeln.

5.1 Gewalt als soziales Problem

Zum Gewaltbegriff gibt es eine sehr breite Diskussion. Weder im Recht noch in der Wissenschaft gibt es einen umfassenden Konsens über den Begriff der Gewalt (vgl. Imbusch 2002). Für eine Systematisierung kann zwischen struktureller und personeller Gewalt unterschieden werden.

Den Begriff der *strukturellen Gewalt* hat der norwegische Sozialwissenschaftler und Friedensforscher Johan Galtung (1972) eingeführt. Von struktureller Gewalt wird dann gesprochen, „wenn Menschen so beeinflusst werden, dass ihre aktuelle somatische und geistige Verwirklichung geringer ist als ihre potenzielle Verwirklichung" (Galtung 1972: 57). Dieses Konzept hat vor allem im Umfeld von sozialen Bewegungen eine breite Rezeption erfahren, jedoch auch erhebliche Einwände ausgelöst. Kritisiert wird, dass der Gewaltbegriff durch eine Ausweitung auf alle Benachteiligungen und Beeinträchtigungen in den verschiedensten Lebensbereichen stark an Kontur verliert.

Im Unterschied dazu ist der Begriff der *personellen Gewalt* auf individuelle Akteure bezogen. Darunter werden Handlungen (und Unterlassungen) verstanden, die auf andere Personen gerichtet sind; hier geht es immer um Täter und Opfer. In einer engen Fassung wird Gewalt auf solche Handlungen beschränkt, die eine physische Schädigung aufseiten des Opfers zur Konsequenz haben. Vielfach wird darauf hingewiesen, dass der Begriff der personellen Gewalt mit einer psychischen Komponente erweitert werden sollte. So können verbale Attacken gegen eine Person eine Wirkung haben, die in der Perspektive des Opfers durchaus mit physischer Gewalt vergleichbar sind. Folgt man dem, dann kann als (personelle) Gewalt jede ausgeführte oder angedrohte Handlung (einschließlich Duldung oder Unterlassung) bezeichnet werden, die mit der (perzipierten) Absicht ausgeführt wird, eine andere Person psychisch oder physisch zu schädigen. In dieser Definition wird bewusst zwischen einer Täter- und Opferperspektive differenziert. Dies ist erforderlich, da Täter und Opfer nicht immer darin übereinstimmen, ob eine Handlung Gewalt war oder nicht. Für diese Bestimmung von Gewalt ist es ausreichend, wenn das Opfer eine auf Schädigung ausgerichtete Absicht beim Täter wahrnimmt.

Lange Zeit galt Gewalt vor allem als Gefahr im öffentlichen Raum. Dass Gewalt keineswegs nur im öffentlichen Raum vorkommt und persönliche Beziehungen prinzipiell von Gewalt bedroht sind, darauf hat die zweite Frauenbewegung und später auch die Kinderschutzbewegung mit großem Nachdruck aufmerksam gemacht. Im Anschluss an diese dadurch bewirkte Sensibilisierung hat die Gewaltkommission der Bundesregierung die Gewalt in Familien in ihrem Abschlussbericht „als die bei weitem verbreiteteste Form von Gewalt, die ein Mensch im Verlaufe seines Lebens erfährt" bezeichnet. Sie ist zugleich „die am wenigsten kontrollierte und sowohl in ihrer Häufigkeit als in ihrer Schwere am stärksten unterschätzte Form der Gewalt" (Schwind et al. 1990, Bd. 1: 75).

Gewalt gegen Frauen hat diverse Formen. Neben der körperlichen und psychischen Gewalt hat in den letzten Jahrzehnten die sexualisierte Gewalt in der Forschung eine breite Aufmerksamkeit gefunden. Darunter werden alle Verstöße gegen das sexuelle Selbstbestimmungsrecht, Vergewaltigung, sexuelle Nötigung ebenso wie der sexuelle Missbrauch von Kindern und Jugendlichen verstanden (vgl. Dölling/Laue 2009). Laut Ruth Seifert (1993: 86f) ist sexualisierte Gewalt „kein aggressiver Ausdruck von Sexualität, sondern ein sexueller Ausdruck von Aggression". Bei der Gewalt gegen Kinder wird zwischen körperlicher Misshandlung, psychischer Misshandlung, sexuellem Missbrauch und Vernachlässigung unterschieden.

Auch wenn die Forschung zur Familien-Gewalt noch relativ jung ist, handelt es sich bei diesem Gegenstand der Forschung keineswegs um ein neues Phänomen. Neu ist nur, dass Handlungen, die bis in die jüngste Vergangenheit als „Rechte" oder gar „Pflichten" oder zumindest als Gestaltungsspielraum der Ehemänner bzw. der Eltern aufgefasst wurden, eine grundlegende kulturelle Neubewertung erfahren haben. Was als Gewalt aufgefasst wird,

> „unterliegt kulturellen Deutungen und unterscheidet sich je nach historischer Epoche: Körperverletzungen können als Gewalttaten im Sinne krimineller Akte, habitualisierte

> Übergriffe oder als rechtmäßig angesehen werden (...). Diese jeweiligen Definitionen unterliegen keinem allgemein gültigen Maßstab, sondern sind gebunden an Wertvorstellungen, sowie das Interesse des Definierenden und abhängig von gesellschaftlichen Rechtsverständnissen und Verantwortungszuschreibungen." (Brückner 2009: 791)

Nur als kurzer historischer Exkurs: Das preußische Allgemeine Landrecht, 1794 erlassen, billigte dem Ehemann noch das „Recht der mäßigen Züchtigung" seiner Ehefrau zu. Die Aufhebung dieses „Rechtes" 18 Jahre später blieb zunächst im Rechtsbewusstsein weitgehend wirkungslos, sodass dieses Züchtigungsrecht als Gesetzesnorm faktisch erst mit der Einführung des Bürgerlichen Gesetzbuches im Jahre 1900 verschwand (vgl. Firle et al. 1996). Aber auch trotz dieses Wegfalls der gesetzlichen Basis setzte sich in weiten Teilen der Anspruch von Männern auf Gewalt als „ihr" Recht noch lange fort. Diese auch weiterhin legitimierte bzw. geduldete Praxis wurde erst mit der kulturellen Durchsetzung einer „gelebten" Gleichberechtigung zur illegitimen Handlung und zum sozialen Problem. Auch in der Erziehung galt Gewaltanwendung lange Zeit als legitime, ja sogar notwendige soziale Praxis. Erst mit dem Gesetz zur Ächtung der Gewalt in der Erziehung vom 2. November 2000 wurde der § 1631, Abs. 2 BGB geändert: „Kinder", so die Neufassung, „haben ein Recht auf gewaltfreie Erziehung. Körperliche Bestrafungen, seelische Verletzungen und andere entwürdigende Maßnahmen sind unzulässig". Mit dieser Gesetzesänderung hat die Bundesregierung eine Bestimmung der UN-Kinderrechtskonvention umgesetzt, die jeden Staat dazu verpflichtet, Kinder „vor jeder Form körperlicher oder geistiger Gewaltanwendung, Schadenszufügung oder Misshandlung" (§ 19) zu schützen.

Bis in die jüngste Vergangenheit gab es in Deutschland keine empirischen Studien, die Aussagen zur Verbreitung von häuslichen Gewalt zugelassen haben. Mittlerweile liegen sowohl zur Gewalt gegen Frauen wie auch gegen Kinder entsprechende Forschungsergebnisse vor (vgl. z.B. Müller/Schröttle 2004: Wetzels et al. 1995). Seit dem 16. Lebensjahr haben mehr als ein Drittel der Frauen Handlungen physischer Gewalt erlitten und ca. jede achte sexualisierte Gewalt. Mit großem Abstand ging die körperliche und sexualisierte Gewalt am häufigsten vom aktuellen bzw. ehemaligen Beziehungspartner aus. Von den heute Erwachsenen waren ca. drei Viertel in ihrer Kindheit physischer Gewalt ausgesetzt. Die vorliegenden Studien können auch zeigen, dass Männer keineswegs nur Täter, sondern sehr wohl auch Opfer sind. Weitet man den Blick über den privaten auf den öffentlichen Raum aus, zeigt sich, dass Männer überhaupt am häufigsten Opfer von Gewalt sind. Auch in Paarbeziehungen kommt es durchaus vor, dass sie physischer und noch stärker psychischer Gewalt ausgesetzt sind. Weiterhin sind die Vorbehalte sehr groß, Männer als Opfer von Gewalt zu betrachten. Gewalt gegen Männer ist daher ein „kulturell weitgehend ignoriertes Phänomen". Kulturell dominant ist das Bild des Mannes als Täter, und dies, obwohl nur ein Bruchteil der Männer „gewaltauffällig" ist. Das Bild des Mannes als Opfer verschwindet hinter dieser kulturellen Setzung.

Nach Hans-Joachim Lenz (2007: 22) ist es „ein gesellschaftlicher Ausdruck der noch weitgehenden Verdrängung der männlichen Verletzbarkeit in den männlichkeitsdominierten Verhältnissen". Männlichkeit und Verletzbarkeit gelten als unvereinbar, als Paradoxie: Ein Mann kann nicht verletzbar sein und wer verletzbar ist, kann kein Mann sein.

Aus der „Entdeckung" der Gewalt gegen Männer sollte aber nicht vorschnell gefolgert werden, dass beide Geschlechter gleich gewalttätig seien. Es darf dabei nicht außer Acht gelassen werden, dass die von Männern erlittene Gewalt überwiegend durch andere Männer und nicht durch Frauen ausgeübt wird. Auch können die Häufigkeiten der Gewalterfahrungen in Paarbeziehungen nicht einfach gegenüber gestellt werden. Vielmehr ist zu berücksichtigen, dass Gewalt durch Frauen deutlich seltener verletzungsträchtig ist. Ihre Gewalthandlungen verursachen relativ selten Verletzungen und lösen auch kaum Angst aus. Michael Johnson (1995) hat vorgeschlagen, zwischen zwei Gewaltformen zu unterscheiden: „intimate terrorism", bei der Gewalt als Mittel der Unterwerfung eingesetzt wird, und „situational couple violence", bei dem die Gewalthandlung Ergebnis einer Konflikteskalation ist. Gewalthandlungen von Frauen scheinen sich weitgehend in der zweiten Gewaltform zu erschöpfen, während die Gewalthandlungen von Männern in einem relevanten Umfang auch der ersten Form zu zuordnen sind.

Auch die Hell- und Dunkelfeldstudien machen deutlich, dass Frauen deutlich seltener Gewaltdelikte als Männer ausüben. Dies gilt auch dann, wenn einbezogen wird, dass vor allem junge Frauen stärker zu autoaggressiven Verhaltensweisen neigen, wie Berichte über Selbstverletzungen und Selbstmordversuche (vgl. Michaelsen-Gärtner/Paulus 2008) zeigen. Aus der höheren Gewaltbelastung der Männer kann keine generalisierte Gewaltneigung der Männer gefolgert werden, da die meisten Männer nicht gewalttätig sind. Ebenso wenig lassen die Daten zu, von einer prinzipiell weiblichen Friedfertigkeit zu sprechen. Beides – die generalisierte männliche Gewaltneigung wie auch die prinzipielle weibliche Friedfertigkeit – sind bloße Mythen. „Auch Frauen", betitelt Christine Micus-Loos (2009) in ihrem Beitrag im Sammelband „Täterinnen" (Elz 2009), „sind zu allem fähig". Im Rahmen der DJI-Studie „Mädchen und Gewalt" haben sich Kirsten Bruhns und Svendy Wittmann (2002) mit vier gewaltbereiten Jugendgruppen, darunter zwei „reine" Mädchengruppen und zwei gemischtgeschlechtliche, auseinandergesetzt. Die meisten jungen Frauen aus diesen Gruppen sind gewaltbereit und agieren in Konfliktsituationen offen aggressiv. Ihre Gewalthandlungen richten sich vor allem gegen andere Mädchen. Von Gewalt gegen Jungen halten sie Abstand, da diese als körperlich überlegen aufgefasst werden. Als Gründe für Gewalthandlungen werden Gerüchte und rufschädigende bzw. ehrverletzende Äußerungen, die die eigene Person oder die Familie betreffen, genannt. Sie wehren sich „gegen Abwertungen, Ehrverletzungen und den drohenden Verlust des Ansehens im engeren und weiteren Bekanntenkreis" (Bruhns 2009: 181). Durch den Einsatz physischer Gewalt möchten sich die Mädchen in ihrem persönlichen Netzwerk Respekt verschaffen und verhindern, als „feige“ zu gelten. Eines der Mädchen bringt das auch sehr direkt zum Ausdruck und diese Aussage haben Bruhns/Wittmann (2002) als Titel ihres Buches verwendet: „Ich meine, mit Gewalt kannst du dir Respekt verschaffen“. Dezidiert grenzen sich die Mädchen von Weiblichkeitskonzepten ab, die mit Schwäche und Opfer-Sein verbunden werden. Sie versuchen „dem Opferstatus zu entgehen, indem sie sich am ‚Prinzip der Stärke‘ orientieren, das sie u.a. in körperlicher Kraft und gegen andere gewendet ausleben“ (Bruhns 2009: 190). Sie orientieren sich dabei nicht an männlichen Vorbildern und betonen auch geschlechtsspezifische Unterschiede im Umgang mit Gewalt. Die Mädchen möchten auch nicht als „männlich“ wahrgenommen werden, sondern streben weiblichen Schönheitsidealen nach, um für Männer begehrenswert zu sein. Deutlich wird auch, dass sie an herkömmlichen geschlechtstypischen Lebensentwürfen ausgerichtet sind: Sie wählen typisch weibliche Berufe und möchten eine Familie gründen, in der die Kindererziehung selbstverständlich ihre Aufgabe sein wird. Trotz der Ablehnung des Opferstatus werden von den gewaltbereiten jungen Frauen also durchaus traditionelle Weiblichkeitsmuster ungebrochen fortgeschrieben.

Bei Gewalthandlungen ist immer wieder verblüffend, dass die Täter/innen während der Tat den Bezug zum Opfer verlieren, sich gleichsam in einer Blackbox bewegen, null Empathie für das Opfer zeigen. Wie auch, sonst wären sie ja nicht gewalttätig geworden. „Es ist über mich gekommen“, „hat mich übermannt“, „ich habe mich vergessen“, ist dann oft zu hören. Der Vorgang, in der psychotherapeutischen Begrifflichkeit mit *Abstraktion* umschrieben, verweist zum einen auf die emotionale Dynamik von solchen Abspaltungen, zum anderen darauf, dass es bei diesen Gewaltakten eigentlich nicht um das Opfer, sondern um den Täter/die Täterin selbst geht, um seine/ihre eigene Hilflosigkeit, die durch den Gewaltakt weggedrückt werden „muss“. Der Bezug zum Opfer, das durchaus auch beliebig sein kann – z.B. wenn jemand auf der Straße, in der Disco angemacht und aufgemischt wird – ist dann meist nicht gegeben. Doch auch in persönlichen Beziehungen, in den Dynamiken häuslicher Gewalt wirkt die Abstraktion, kennen sich die Täter/innen selbst nicht mehr. Das sind unbewusste Vorgänge. Dies entlässt – aus pädagogischer Sicht – die Täter/innen aber keineswegs aus der Verantwortung für ihre Taten, hat aber Konsequenzen für die Intervention. Es gilt, Umwege zu beschreiten, denn da es sich um Bewältigungsverhalten handelt, muss dieses erst in der Biografie aufgeklärt werden, bevor man die Täter/innen dahin bringen kann, dass sie ihre Tat erkennen und verantworten können. Eine Ausnahme bildet hier die Intervention bei sexualisierte Gewalt, bei der es um Machtdurchsetzung geht: Hier ist es wichtig, den Abstraktionsvorgang durch direkte polizeiliche Intervention nach der Tat zu durchschneiden und die Täterarbeit hintanzustellen.

Gewalt in Schulen besitzt eine hohe öffentliche und auch wissenschaftliche Aufmerksamkeit. Für ein besseres Verständnis sollte davon ausgegangen werden, dass

die Schule einen sozialräumlichen Aufforderungscharakter erhalten hat, und die Schüler/innen versuchen immer wieder, diese Sozialräumlichkeit in der Schule freizusetzen. Wenn die Schule diese sozialräumliche Herausforderung nicht mit ihrer funktionalen Struktur ausbalancieren kann, wird sie zum diffusen Sozialraum. Das heißt, Schüler/innen machen sich in einer Art und Weise räumlich bemerkbar, die nicht mehr in die traditionellen Typisierungen der Unterrichtsstörung passen; bis hin zu Gewaltakten, die man vorher in der Schule so nicht gekannt hatte: Plötzlich wird jemand zusammengeschlagen, kurz vorher war noch alles wie immer, keiner weiß, wie es kam, auch nicht die Beteiligten selbst. Oder: Lehrer/innen berichten von ihrem Unbehagen, dass ihnen diese Gewaltakte „archaisch" vorkämen, sie nicht in unsere Zeit passten und grundlos wären. Und sie erschrecken vor der Lust der Jugendlichen, etwas zu zerstören oder jemanden fertigzumachen. Solche Aussagen von Lehrer/innen zielen auf das Unspezifische der neuen Gewalt ab.
Dass es hier vor allem wieder die Jungen sind, die mit körperlicher Gewalt und Randale auffallen, hängt mit ihrem extensivierenden Bewegungsdrang zusammen, den die nun sozialräumlich offene Schule gleichzeitig anregt und blockiert. Schon für die Grundschule wird bilanziert, dass sie als „Lebens- und Erfahrungsraum eher ein Ort für Mädchen als für Jungen ist". Es zeigen sich „klare Tendenzen von Benachteiligung und subjektiver Belastung von Jungen" (Rohrmann 2008: 112). Viele ihrer Auffälligkeiten verweisen deshalb darauf, dass die Schule Jungen geschlechtssensible Anerkennungsmöglichkeiten über die schulische Leistungsbeurteilung hinaus verwehrt (außer Sport, sonst aber kaum eigene Projekte). Die Schule hat zwar als Organisation einen koedukativen Anspruch, gleichzeitig aber eben auch eine sozialräumliche Dynamik, die im koedukativen Unterricht „immer wieder Anlässe zur Inszenierung der eigenen Geschlechtszugehörigkeit (bietet) und zur Zuschreibung geschlechtstypischer Merkmale dem jeweiligen anderen Geschlecht gegenüber" führt (Boldt 2004: 140).
Diese unspezifische Gewalt ist kein Verhalten, das in seinen Gründen und Anlässen innerhalb und außerhalb der Schule rekonstruierbar und nachvollziehbar ist. Es wird vielfach durch die Schule selbst sozial freigesetzt (vgl. dazu umfassend: Forschungsgruppe Schulevaluation 1998). Da sie nicht in der Lage ist, ihren sozialräumlichen Aufforderungscharakter anzunehmen, kommen die Kinder in anomische Situationen: Sie fühlen sich von der Schule gruppendynamisch und emotional angezogen, suchen die Lehrer/innen als Persönlichkeiten und werden gleichzeitig durch die funktionalisierten Unterrichtsmauern zurückgestoßen. Gleichzeitig wissen wir, dass Gewalthandeln seitens der Kinder und Jugendlichen vor allem auch ein Auf-Sich-Aufmerksam-Machen ist. Die unspezifischen und unverständlichen Gewaltakte brechen also im wahrsten Sinne des Wortes – von den Kindern oft gar nicht gesteuert – aus der nun gestörten Balance zwischen Selbstbefindlichkeit und schulischer Umwelt, die auf diese Selbstbefindlichkeit nicht eingehen kann, heraus. Auch wenn Lehrer/innen dies weit von sich weisen: Die Kinder erfahren in

Schulen, die ihre eigenen sozialräumlichen Verheißungen blockieren, strukturelle Gewalt und wehren sich durch ungerichtete Akte aggressiver Selbstbehauptung. Die Grund-, Haupt- und Mittelschulen sind von dieser Problematik stärker betroffen als die Sekundarstufe II.

Texte zum Weiterlesen

Popp, Ulrike (2002): *Geschlechtersozialisation und Schulische Gewalt.* Weinheim und München: Juventa.
Heitmeyer, Wilhelm, Monika Schröttle (Hrsg.) (2006): *Gewalt.* Bonn: Bundeszentrale für Politische Bildung.

5.2 Kinder- und Jugendarmut

Bei der Konzeptualisierung der Armut wird herkömmlicherweise vom relativen Wohlstandsniveau der Gesellschaft ausgegangen. Die Armutsrisiko- oder Armutsgefährdungsgrenze orientiert sich an einem sozio-kulturellen Existenzminimum in einer Gesellschaft. Zur Erfassung der relativen Armut gibt es unterschiedliche Konzepte: Neben dem von Amartya Kumar Sen (2003) entwickelten Konzept der Verwirklichungschancen („capabilities") und dem Lebenslagenkonzept wird vielfach das verfügbare Einkommen zur Bestimmung von Armut verwendet (vgl. Hauser 2012). Nach dem vom Statistischen Amt der EU empfohlenen Schwellenwert für Einkommensarmut gilt als armutsgefährdet, wer in einem Haushalt lebt, dessen Äquivalenzeinkommen weniger als 60% des Medians des Einkommens der gesamten Bevölkerung beträgt. Bei der Berechnung des Äquivalenzeinkommens wird die unterschiedliche Größe und Zusammensetzung der Haushalte berücksichtigt. Diese Bestimmung von Armut macht das Armutsrisiko temporal und international vergleichbar. Der Schwellenwert für die Armutsgefährdung lag in Deutschland 2010 bei 11.426 Euro pro Jahr. In diesem Jahr waren 15,8% der Bevölkerung armutsgefährdet, Frauen etwas häufiger als Männer. Alleinerziehende – und das sind ganz überwiegend Frauen (ca. 85%) – haben das höchste Armutsrisiko aller Haushaltstypen (vgl. Statistisches Bundesamt et al. 2013). Differenziert nach den Lebensphasen zeigt sich, dass Kinder und Jugendliche besonders von Armut betroffen sind. Abgesehen von den 55- bis 64-Jährigen haben die 18- bis 24-Jährigen mit 19,0% und die unter 18-Jährigen mit 15,6% die höchsten Armutsrisiken.
Es sind Kinder, die unter Einschränkungen und Verwehrungen leiden, die die Eltern und sie selbst nach außen immer wieder zu verbergen suchen. Wenn z.B. für die Teilnahme an Klassenfahrten kein Geld da ist, wird das Kind als krank gemeldet und Billigklamotten werden mit Markenaufnähern versehen. Gerade im Kindesalter ist die Gleichaltrigengruppe die primäre Vergleichsgruppe und so laufen arme

Kinder Gefahr, entweder immer wieder sozial isoliert zu werden oder sich mit ähnlich benachteiligten Kindern zusammenzutun, die dann zunehmend ein eigenes Kindermilieu ausbilden können, das nach innen sozial integrativ, nach außen aber weiter ausgrenzend wirken kann. Hier liegt wohl auch der Grund dafür, dass arme Kinder bei antisozialem bis delinquentem Verhalten überrepräsentiert sind (vgl. Palentin 2004: 218f). Die hohe Statusabhängigkeit von der gesuchten Gruppe und der damit verbundene Gruppenzwang sind verantwortlich dafür, dass die Kinder antisoziale Verhaltensmuster zeigen, die man sonst – wenn man sie als Einzelne kennt – meist nicht bei ihnen findet.

Arbeitslosigkeit der Eltern gilt als hauptsächliche Ursache der Armut von Kindern (vgl. auch Eder 2008). Dabei kommt es darauf an, welcher Bildungsschicht die Eltern angehören. In der Folge der Prekarisierung der Arbeitsverhältnisse im Strukturwandel der Arbeitsgesellschaft werden auch Väter und Mütter arbeitslos, die nicht zum traditionellen Armutsklientel gehören, aber ihren Kindern weiter Zugänge zu sozialen Netzwerken und entsprechendes kulturelles Kapital bieten können. Für jene Kinder aber, bei denen sich im Zusammenspiel von sozialer Benachteiligung und Arbeitslosigkeit ein Armutsstatus auch sozial und kulturell verfestigt hat, werden die Befunde bestätigt.

Die Literatur zur Kinderarmut ist in den letzten Jahren so angeschwollen und hat sich in den verschiedensten Teilaspekten der psychosozialen und gesundheitlichen Armutsfolgen so ausdifferenziert (vgl. zum Überblick: Palentin 2004; World Vision Deutschland e.V. Deutschland 2010; 2013), dass es schwer ist, einen verlässlichen Zugang zu finden. Das Bewältigungsmodell, das Kinderarmut als frühe kritische Lebenskonstellation begreift, kann hier weiterhelfen. Denn in nahezu allen Befunden zur Kinderarmut wird berichtet, dass die betroffenen Kinder vor allem unter Selbstwert- und Anerkennungsstörungen leiden, die sie aber nicht thematisieren, über die sie nicht sprechen können oder dürfen und deshalb irgendwie nach außen oder innen abspalten müssen. Das muss nicht gleich antisoziales Verhalten sein, eher überwiegt erzwungene Zurücknahme oder sozialer Rückzug. Aber es können sich eben auch – im unbedingten Streben nach Handlungsfähigkeit und sozialem Anschluss – regressive Gruppen und Milieus bilden, in denen sich, objektiv gesehen, die soziale Benachteiligung biografisch verfestigen kann, auch wenn dies von den Kindern subjektiv erst einmal positiv erlebt wird. Hier können sozialpädagogische Hilfen der erweiterten Milieubildung, der sozialen Begleitung sowie Unterstützung durch verlässliche und den Kindern zugängliche Erwachsene, der Einbindung der Familien in Netzwerke der Nachbarschaft, des Gemeinwesens einiges auffangen und auf einen anderen Weg bringen.

Gerade die in den letzten Jahren boomende *Resilienzforschung*, die fragt wie es Kinder aus solch benachteiligenden Verhältnissen es trotzdem schaffen (vgl. Zander 2010), nennt diese aktivierenden und begleitenden Bezüge, wenn sie von Kindern berichtet, die sich nicht nur sozial behauptet, sondern auch sozial erfolgreich entwickelt haben. Dabei wird das Kind vor allem als selbstständiger Akteur in den Mittelpunkt gestellt. So wichtig das auch ist, verdeckt bleiben oft die sozialstrukturellen und sozialintegrativen Bedingungen, die für die betroffenen Kinder förderlich waren und die sich nicht nur durch Zufall als günstig erwiesen: eben die sozialpolitischen und pädagogischen Hintergrund- und Begleitstrukturen. Kein Wunder, dass der Resilienzdiskurs gerade der neoliberalen Wirtschafts- und Sozialideologie so willkommen ist, die den Sozialstaat nur noch als Gewährleister des sozialen Minimums sieht und Selbstorganisation und Selbstverantwortung auch von den sozial Schwachen verlangt. Wo doch längst evident ist, dass eine soziale Aktivierung von sozial benachteiligten Bevölkerungsgruppen nur bei entsprechender sozialpolitischer Hintergrundsicherheit gelingen kann.

Insgesamt ist die Pädagogik gefordert, eine sozialpolitische Abklärung vorzunehmen: Welche Spielräume haben eigentlich Kinder und Jugendliche in die Gesellschaft einzubringen, wie erleben die Kinder und Jugendlichen ihre Situation alltäglich? Auch für die regionale Kinder- und Jugendhilfe ist das Bewältigungskonzept relevant (vgl. Böhnisch/Schröer 2013). Richtig verstanden öffnet es nicht nur den Blick für die Ressourcen, die Kinder und Jugendliche in zentralen Lebensbereichen wie Familie, Schule und Freizeit haben (vgl. Joos 2001), sondern genauso für das alltägliche Bewältigungserleben und die gesellschaftliche Akzeptanz, die Kinder und Jugendliche erwarten können. Schließlich stellt sich die Frage, welche Rechte Kinder und Jugendliche in unserer Gesellschaft haben und wie eigentlich die gesellschaftliche Akzeptanz gegenüber diesen Kinder- und Jugendrechten eingeschätzt sowie durch die Kinder- und Jugendwohlfahrtspolitik (vgl. Kränzl-Nagl/Mierendorff/Olk 2003; Mierendorff 2010) gestärkt werden kann.

Im Gegensatz zur Kinderarmut ist die *Jugendarmut* in der Sozial- und Jugendpolitik bisher kaum intensiv diskutiert worden. Während vielfältige Studien zur Kinderarmut vorliegen und auch eine Reihe von systematischen Zugängen zu diesem Phänomen entwickelt wurden, hat die Frage der politischen Regulierung von Armutslagen in der Jugendphase keinen besonderen Stellenwert. Gleichzeitig wird die Jugendarmut gegenwärtig aber nachdrücklich als eine sozialpolitische Herausforderung wahrgenommen. Der dritte Armuts- und Reichtumsbericht der Bundesregierung zeigt z.B. in unterschiedlichen Parametern (vgl. Deutscher Bundestag 2008), dass die Jugendarmut als ein eigenes soziales Phänomen erkannt und nicht allein als späte Phase der Kinderarmut betrachtet werden sollte. Zudem weisen unterschiedliche Studien, die sich mit Übergängen junger Menschen in Erwerbsarbeit beschäftigen, darauf hin, dass im Jugendalter soziale Segmentierungen und Ausschlüsse vielfältig erfahren werden (vgl. Solga 2005). Auch Befunde zum Verhältnis von Gesundheit und sozialer Ungleichheit zeigen, dass Benachteiligungserfahrungen schon im Jugendalter zur Beeinträchtigung der psychosozialen Entwicklung sowie zu Selbstwertstörungen führen und damit die soziale Handlungsfähigkeit der Jugendlichen grundlegend prägen können (vgl. Richter 2005). Jugendarmut meint also nicht nur materielle Unterversorgung, sondern vor allem auch fehlende soziale Beteiligung. Dabei ist das Armutsrisiko in den Großstädten und bei Jugendlichen mit Migrationshintergrund höher. Die Angst vor Armut grassiert schon in der Jugend (vgl. Jugendmonitor 2014). „Teilhabearmut und schlechtere Startchancen bedingen wiederum materielle Armut. Oft entsteht ein generationsübergreifender Teufelskreis, und die Armut wird von einer Generation an die nächste ‚vererbt'" (Deutscher Bundesjugendring 2010). In diesem Zusammenhang ist auch der Begriff „Lebenslagenarmut" eingeführt werden, der darauf verweist, dass armutsbedingte Benachteiligung die gesamte Lebenslage – soziale Mobilität, Freizeit, Freundschaften, Bildung und Ausbildung – umfasst.

Texte zum Weiterlesen

Palentien, Christian (2004): *Kinder- und Jugendarmut in Deutschland.* Wiesbaden: VS.
Schniering, Daniel (2006): *Kinder- und Jugendarmut in Deutschland.* Saarbrücken: VDM.

5.3 Jugendliche mit Migrationshintergrund als Problemgruppe?

(West-)Deutschland ist längst zu einem Einwanderungsland geworden (vgl. Hettlage/Lenz 2013). Die alte BRD war von Anfang ein Land mit einer starken Zuwanderung. Bis zum Mauerbau 1961 kam der Zustrom vor allem aus der DDR. Für die Sicherung des Arbeitskräftebedarfs begann dann die Anwerbung von sog. Gastarbeitern, anfangs vor allem aus Süd-, später aus Südosteuropa. Mit dem Neologismus „Gastarbeiter" war die Erwartung verknüpft, dass es sich dabei um eine temporäre Zuwanderung handle, im Vordergrund stand die Nutzung der Arbeitskraft, nicht der zugewanderte Mensch. Schon vor der Energiekrise 1973, mit der es zum Anwerbestopp kam, hat sich diese Erwartung als falsch erwiesen. Mit dem Stopp kam zwar die aktive Rekrutierung von Arbeitskräften zum Erliegen, nicht aber die Zuwanderung. Zwischen 1960 und 1990 ergab sich ein Zuwanderungssaldo von ca. 4,5 Millionen Ausländer/innen. Hinzu kommen knapp 2 Millionen Aussiedler/innen, vor allem aus der (ehemaligen) Sowjetunion sowie aus Polen. Mit diesen beiden Zuwanderungsgruppen hat die kulturell-ethnische Heterogenität der Bevölkerung in Westdeutschland stark zugenommen. Trotz dieser enormen Zuwanderung hielten die wechselnden Bundesregierungen lange Zeit an der Mär fest, dass Deutschland kein Einwanderungsland sei. Fatal war dies deshalb, weil daher nur geringe Anstrengungen unternommen wurden, die Zugewanderten in die Gesellschaft zu integrieren.
Die Zuwanderung setzte sich nach der Vereinigung beider deutschen Staaten fort. Der hohe Anteil von Aussiedler/innen, aber auch die wachsende Anzahl von Ein-

bürgerungen haben dazu geführt, dass in die amtliche Statistik die neue Kategorie „Bevölkerung mit Migrationshintergrund" – erstmals mit dem Mikrozensus 2005 – eingeführt wurde. Dazu zählen

> „alle nach 1949 auf das heutige Gebiet der Bundesrepublik Deutschland Zugewanderten, sowie alle in Deutschland geborenen Ausländer und alle in Deutschland als Deutsche Geborenen mit zumindest einem zugewanderten oder als Ausländer in Deutschland geborenen Elternteil." (Statistisches Bundesamt 2010: 6)

Im Jahr 2009 lebten in Deutschland 16 Millionen Personen mit Migrationshintergrund und damit um 715.000 mehr als vier Jahre vorher bei der ersten Erfassung. Ihr Anteil an der Gesamtbevölkerung ist damit auf 19,6% gestiegen. Fast 3 Millionen Menschen mit Migrationshintergrund stammen ursprünglich aus der Türkei, fast ebenso viele aus den Nachfolgestaaten der Sowjetunion. Jeweils 1,5 Millionen haben die Wurzeln im ehemaligen Jugoslawien bzw. Polen. Der Bevölkerungsanteil mit Migrationshintergrund ist in Westdeutschland deutlich höher als in Ostdeutschland. Von 16 Millionen leben gerade mal 605.000 in den neuen Bundesländern. Das ist ein Anteil von 4,8% der Bevölkerung.
Zu den traditionellen Bildungsungleichheiten ist längst der Migrationshintergrund der Kinder hinzugetreten. Schüler/innen mit Migrationshintergrund erbringen durchschnittlich niedrigere schulische Leistungen und haben auch geringere Chancen auf einen Bildungsabschluss (vgl. Stanat 2008). Nach Rainer Geißler (1995) ist inzwischen der Migrantensohn an Stelle der Arbeitertochter getreten, als Verkörperung der Kumulation vorhandener Ungleichheitslagen. Ebenso wie es lange Zeit politisch ignoriert wurde, dass Deutschland ein Einwanderungsland ist, wurde auch die wachsende ethnische Heterogenität im Bildungssystem nicht wahrgenommen. Nach den Ergebnissen von PISA 2009 stammen fast 26% der 15-jährigen Schüler/innen in Deutschland aus zugewanderten Familien (vgl. Stanat/Rauch/Segerit 2010). Das sind rund 4% mehr als im Jahr 2000. Dieser Anstieg ist vollständig auf die Zunahme der zweiten Generation zurückzuführen. Mehr als die Hälfte der Schüler/innen mit Migrationshintergrund stammen aus der ehemaligen UdSSR, der Türkei oder Polen. In den westlichen Bundesländern, vor allem in den Stadtstaaten Bremen und Hamburg, gibt es deutlich mehr Jugendliche mit Migrationshintergrund als in Ostdeutschland. Jugendliche mit Migrationshintergrund haben in Deutschland deutlich schlechtere Bildungschancen. Sie sind am Gymnasium deutlich unterrepräsentiert und an Hauptschulen überrepräsentiert. Unter den 15-jährigen Schüler/innen mit mindestens einem zugewanderten Elternteil besuchen nur 19,2% ein Gymnasium und 38,5% dagegen eine Hauptschule (vgl. Lenzen/Biossfeld 2011). Diese Disparitäten zeigen sich auch in den Schulabschlüssen: Unter den 18- bis unter 21-Jährigen haben bei Personen mit Migrationshintergrund 7,5% keinen Schulabschluss (im Vergleich zu 3,8% derjenigen ohne Migrationshintergrund) und 27,6% einen Hauptschlussabschluss (zu 17,2%). Differenzen zeigen sich auch in den Kompetenzmessungen: Obwohl sich

die Lesekompetenz von Schüler/innen mit Migrationshintergrund seit der 1. PISA-Studie verbessert hat, sind ihre Kompetenznachteile weiterhin groß (vgl. Stanat/Rauch/Segerit 2010).

Migrant/innen werden wie kaum eine Sozialgruppe in unserer Gesellschaft etikettiert und typisiert, obwohl sie aus ganz unterschiedlichen Kulturen, Herkunftsländern und dort aus verschiedenen Regionen stammen. Die Etikettierung läuft dabei vor allem über das Geschlecht. Diese Männlichkeits- und Weiblichkeitsprojektionen taugen den Einheimischen dann meist auch dazu, das eigene Mann-Sein und Frau-Sein dagegen abzugrenzen und sich besser fühlen zu können, ohne dass man über die konkreten Bedingungen des eigenen heimischen Geschlechterstatus nachdenken muss: „Ethnizität als Joker". So bezeichnet Ute Schad (2000: 134f) diesen Projektionsmechanismus:

> „Im Mittelpunkt steht die Fixierung der türkischen Frau/der türkischen Mädchen auf den unterlegenen Status von passiven, duldsamen, unterdrückten und rechtlosen Objekten, die der völligen patriarchalischen Kontrolle von (türkischen) Männern/Jungen unterstehen (...) Die Ungleichheit der ‚türkischen Frau'(...) gilt als unabänderliche Tatsache, die den überlegenen Emanzipationsstand der deutschen Frauen (...) beweisen soll (...) Die (deutschen, d. Verf.) Mädchen/jungen Frauen (haben) stets Beweise für die Rechtlosigkeit der türkischen Frauen/Mädchen zur Hand. Im Zweifelsfall greifen sie auf immer extremere Positionen zurück, um ihre Positionen zu verteidigen (...) sie greifen auf einen durchaus gängigen, naturalisierenden Kulturbegriff zurück und entziehen sich so der argumentativen Auseinandersetzung und kritischen Nachfrage."

Dabei wird ganz übersehen, dass Jugendliche mit Migrationshintergrund sich selbst überhaupt nicht durchgängig als Migrant/innen empfinden und präsentieren, sondern oft nur in bestimmten Situationen aktivieren, sich aber sonst auch der allgemeinen Jugendkultur, Musik- oder Quartiersszene zugehörig fühlen (vgl. Dannebeck/Esser/Lösch 1996).

Migrant/innen werden so schnell zu „Problemgruppen" abgestempelt. Wann kann man eigentlich bei Jugendlichen mit Migrationshintergrund von einer gefährdeten sozialen Problemgruppe sprechen? Inzwischen – in den 2010er Jahren – gibt es doch schon die dritte und demnächst vierte Generation von Jugendlichen und jungen Erwachsenen mit Migrationshintergrund. Unter ihnen gibt es nun z.B. Gruppen junger Männer – in Deutschland vor allem türkischer Familienherkunft – die gewaltauffällig werden, obwohl man doch davon ausgehen könnte, dass in dieser Generation die soziale Integration längst gelaufen sein sollte. Erklärungsversuche laufen vor allem darauf hinaus, dass es besonders Jugendliche und junge Erwachsene sind, die in prekären Bewältigungskonstellationen nach ethnisch-traditionalen Bewältigungsmustern greifen und diese z.B. maskulin verstärken. Aus dieser Perspektive reduziert sich die ethnische Besonderheit auf den Problembezug *sozialer Benachteiligung*. Die „normativ überhöhten Männlichkeitsvorstellungen" und „externalen Kontrollüberzeugungen" im Vergleich zu den Vätern und Großvätern (vgl.

Nauck 2000) lassen sich auch bei einheimischen deutschen Jugendlichen aus sozial benachteiligten Familien finden (vgl. auch Uslucan 2008).
Da sie aber im Kontrast zu den Einheimischen unter einem sehr hohen Anpassungsdruck stehen, rückt die kulturelle Dynamik in den Vordergrund, die den Anpassungsdruck erzeugt und der Umstand, dass der symbolisch vor allem über Geschlechterbilder verläuft. Der Streit um Kopftuch oder Machotum sind nur vordergründig, signalisiert aber die Bewältigungsdynamik, in die junge Migrant/innen hineingeraten. Dass diese Dynamik bei verschiedenen ethnischen Migrantengruppen auch ganz unterschiedlich verläuft, zeigt ein Vergleich zwischen jungen türkischen Migrant/innen und Migrant/innen aus Bangladesch. Im Gegensatz zu manchen Jugendlichen türkischer Herkunft geben sich Bangladeshi überhaupt nicht machohaft, eher sanft und feminin, und haben doch eine ausgeprägte patriarchale und frauenabwertende Einstellung. Diese entlädt sich aber nicht machohaft-aggressiv, sondern eher in der Form eines unnahbaren Stolzes (vgl. zum internationalen Vergleich von Männlichkeitsbildern auch Kersten 1995). Hier wird deutlich, dass die Jugendlichen türkischer Herkunft wesentlich eher einer Stigmatisierung ausgesetzt sind, weil sie dem Klischeebild des Machos, wie er in der deutschen Kultur vorherrscht, stärker entgegenkommen als die jungen Bangladeshi.
Ziel der Pädagogik muss es deshalb in diesem Zusammenhang sein, Räume und Beziehungen zu ermöglichen, die Jugendliche mit Migrationshintergrund nicht immer wieder in solche irritierenden kulturellen Dynamiken hineintreiben. Marion Gemende (2013) nennt solche Räume „interkulturelle Zwischenwelten", in denen Migrant/innen die Chance haben, in ihrem Verhalten zwischen den Kulturen zu pendeln, gleichsam selbst interkulturell zu experimentieren und dabei nicht gleich in eine brisante interkulturelle Dynamik zu geraten. Pädagog/innen spielen nach diesem Verständnis in solchen interkulturellen Projekten und Einrichtungen insofern eine wichtige Rolle, als sie den Migrant/innen ihr Verhalten und dessen Tragweite spiegeln können. Unter diesem Blickwinkel stellt sich dann die Frage nach der ethnischen Zugehörigkeit der Pädagog/innen noch einmal neu: Während deutsche Sozialarbeiter/innen häufig zu befangen sind, um aus Respekt vor der anderen Kultur und Religion geschlechtstypische Hierarchieverhältnisse und Abhängigkeiten zu hinterfragen, können das Mitarbeiterinnen mit gleichem ethnischen Hintergrund wie die Mädchen und jungen Frauen eher, weil sie die differente Konstellation zu den kulturellen Verhältnissen im Herkunftsland besser beurteilen können. Deshalb plädiert auch Sabine Koch (2002: 747) für „interkulturelle Teams" in der Pädagogik mit Migrant/innen:

> „Sie bieten den Pädagoginnen gleichzeitig vielfältige Lern- und Auseinandersetzungsmöglichkeiten im Rahmen ihrer täglichen Zusammenarbeit: Ein gleichberechtigtes Miteinander von Migrant/innen und Deutschen kann hier erprobt werden und als Vorbild für die Mädchen dienen, wenn zum Beispiel die Pädagoginnen den Mädchen signalisieren, dass sie selbst gut miteinander auskommen und Ausgrenzungen unter den Mädchen nicht

akzeptieren. In solchen Teams kann zugleich die Bedeutung der jeweiligen kulturellen Herkunft der einzelnen Mitarbeiterinnen relativiert werden."

Die Schule ist der pädagogische Ort, an dem die Weichen für die soziale Integration von Migrant/innen gestellt werden. In ihr spiegeln sich auch die jeweiligen Bedingungen, die Integration fördern oder erschweren können. Soziologisch lässt sich die Problematik „Migration und Schule" auf vier Ebenen thematisieren: Kultur, Sprache, Zeit und Raum. Eine interkulturelle Pädagogik, die nicht kulturalistisch agieren will, braucht einen konzeptionellen Zugang, der mit dem Begriff der *Diversität* umschrieben wird. Dies meint die Anerkennung der kulturellen Vielfalt und Einzigartigkeit der Schüler/innen aus den unterschiedlichen Ethnien. Dafür braucht es veränderte Zeitstrukturen, sozialräumliche Öffnung der Schule und eine ganzheitliche Vorstellung der Vermittlung der deutschen Verkehrssprache im Kontext der Anerkennung von Mehrsprachigkeit. Gerade in der interkulturellen Perspektive zeigt sich, dass Sprache eine soziale Konstruktion ist, in der sich die jeweilige soziokulturelle Herkunft spiegelt. Neue Sprache und Herkunftssprache („Familiensprache") sollten deshalb in einem Verhältnis zueinander entwickelt werden. „Die Familiensprache ist erforderlich, wie sie für die Identität von Kindern und Jugendlichen von diesen selbst gewünscht wird. Ein Bruch in der Sprachentwicklung sollte vermieden werden" (Heinrich Böll Stiftung 2005). Was die Dimension Zeit anbelangt, so ist das, was wir im Kapitel zu „Schule und Zeitstruktur" angeführt haben für einen diversitätsbewussten Unterricht besonders wichtig: Durchbrechen starrer Zeitstrukturen in den Rhythmen von Anspannung und Entspannung, Aktivität und Innehalten. Gerade die für den interkulturell sensiblen Unterricht wichtigen kooperativen Lernprozesse (peer learning) mit heterogenen Gruppen verlangen ihre eigene Zeit. Hier zeigt sich, dass die diversitätsbewusste Schule besonders der sozialräumlichen Öffnung bedarf (community school), wie wir das oben am Konzept der Bildungslandschaften (vgl. ausführlich hierzu Kap. C 2.3) diskutiert haben. So können vor allem auch die Eltern der Kinder und Jugendlichen mit Migrationshintergrund in ihrer Lebenswelt erreicht und außerschulische Räume zur sozialen Entlastung der Schule genutzt werden. Damit kann die Jugendarbeit als Kooperationspartner und Mediator fungieren.

Texte zum Weiterlesen

Hormel, Ulrike, Albert Scherr (2004): *Bildung für die Einwanderungsgesellschaft.* Wiesbaden: VS.

Gemende, Marion (2013): Migration als Übergang. In: Wolfgang Schröer et al. (Hrsg.): *Handbuch Übergänge*, 869-891, Weinheim und Basel: Beltz Juventa.

Bibliografie

Abels, Heinz (2004): *Einführung in die Soziologie. Bd. 1: Der Blick auf die Gesellschaft.* 3. Auflage, Wiesbaden: VS Verlag für Sozialwissenschaften.

Abels, Heinz (2006): *Identität. Über die Entstehung des Gedankens, dass der Mensch ein Individuum ist, den nicht leicht zu verwirklichenden Anspruch auf Individualität und die Tatsache, dass Identität in Zeiten der Individualisierung von der Hand in den Mund lebt.* Wiesbaden: VS Verlag für Sozialwissenschaften.

Adam, Birgit (2003): *Quarterlife Crisis. Jung, erfolgreich, orientierungslos.* Kreuzlingen, München: Hugendubel.

Ahnert, Liselotte (2006): Die Bedeutung von Peers für die frühe Sozialentwicklung des Kindes. In: Heidi Keller (Hrsg.): *Handbuch Kleinkindforschung,* 3., erw. Auflage, 489-524. Bern: Hans Huber.

Alanen, Leena (1988): Rethinking Childhood. *Acta Sociologica,* 31: 53-67.

Albrecht, Günter, Axel Groenemeyer (Hrsg.) (2012): *Handbuch soziale Probleme.* 2., überarb. Auflage, Wiesbaden: Springer.

Alheit, Peter (1990): *Alltag und Biographie. Studien zur gesellschaftlichen Konstitution biographischer Perspektiven.* 2. Auflage, Bremen: Univ. Bremen

Alheit, Peter (1994): *Zivile Kultur. Verlust und Wiederaneignung der Moderne.* Frankfurt/Main, New York: Campus.

Allert, Tilman (1998): *Die Familie. Fallstudien zur Unverwüstlichkeit einer Lebensform.* Berlin: de Gruyter.

Allmendinger, Jutta (1999): Hochschulen im 21. Jahrhundert – Abschied von der Männerdominanz? *Beiträge zur Hochschulforschung;* 21: 247-256.

Arbeitsgruppe Bildungsberichterstattung (2010): *Bildung in Deutschland.* Gütersloh: Bertelsmann.

Arbeitsgruppe Vorschulerziehung (1975-1979): *Anregungen zur Pädagogischen Arbeit im Kindergarten.* München.

Ariés, Philippe (1975): *Geschichte der Kindheit.* München, Wien: Hanser.

Arnold, Helmut, Lothar Böhnisch, Wolfgang Schröer (Hrsg.) (2005): *Sozialpädagogische Beschäftigungsförderung.* Weinheim, München: Juventa.

Auhagen, Ann Elisabeth (1991): *Freundschaft im Alltag.* Bern, Berlin: Huber.

Aulenbacher, Brigitte, Michael Meuser, Birgit Riegraf (2010): *Soziologische Geschlechterforschung. Eine Einführung.* Wiesbaden: VS Verlag für Sozialwissenschaften.

Baader, Meike Sophia (1996): *Die romantische Idee des Kindes und der Kindheit. Auf der Suche nach der verlorenen Unschuld.* Berlin: Luchterhand.

Bachrach, Peter, Morton S. Baratz (1977): *Macht und Armut. Eine theoretisch-empirische Untersuchung.* Frankfurt/Main: Suhrkamp.

Backes, Gertrud, Wolfgang Clemens (2013): *Lebensphase Alter. Eine Einführung in die sozialwissenschaftliche Alternsforschung.* 4., überarb. und erw. Auflage, Weinheim, Basel: Beltz Juventa.

Badinter, Elisabeth (1992): *Die Mutterliebe. Geschichte eines Gefühls vom 17. Jahrhundert bis heute.* 5. Auflage, München: Piper.

Baecker, Dirk (2009): *Form und Formen der Kommunikation.* Frankfurt/Main: Suhrkamp.

Baecker, Dirk (2012): Systemtheorie als Kommunikationstheorie. In: Oliver Jahraus, Armin Nassehi, Mario Grizelj, Irmhild Saake, Christian Kirchmeier und Julian Müller (Hrsg.): *Luhmann-Handbuch. Leben Werk Wirkung,* 52-57. Stuttgart: J.B. Metzler.

Baltes, Margret et al. (2001): Geschlechtsunterschiede in der Berliner Altersstudie. In: Karl-Ulrich Mayer, Paul B. Baltes (Hrsg.): *Die Berliner Altersstudie* 573-598. Berlin: Akademie Verlag.

Bamler, Vera, Jilian Werner, Cornelia Wustmann (2010): *Lehrbuch Kindheitsforschung. Grundlagen, Zugänge und Methoden.* Weinheim, München: Juventa.

Bamler, Vera, Ina Schönberger, Cornelia Wustmann (2010): *Lehrbuch Elementarpädagogik. Theorien, Methoden und Arbeitsfelder.* Weinheim, München: Juventa.

Barash, David P., Judith E. Lipton (1997): *Making sense of sex. How genes and gender influence our relationships.* Washington, D.C: Island Press for Shearwater Books.

Barnes, John A. (1954): Class and Committees in a Norwegian Island Parish. *Human Relations:* 7: 39-58.

Bauer, Petra, Christine Wiezorek (2007): Zwischen Elternrecht und Kinderwohl. In: Jutta Ecarius (Hrsg.): *Handbuch Familie,* 614-636. Wiesbaden: VS Verlag für Sozialwissenschaften.

Bauman, Zygmunt (1995): *Ansichten der Postmoderne.* Hamburg, Berlin: Argument-Verlag

Bauman, Zygmunt (1997): *Flaneure, Spieler und Touristen. Essays zu postmodernen Lebensformen.* Hamburg: Hamburger Edition.

Beaufaÿs, Sandra (2003): *Wie werden Wissenschaftler gemacht? Beobachtungen zur wechselseitigen Konstitution von Wissenschaft und Geschlecht.* Bielefeld: Transcript.

Beaufaÿs, Sandra, Beate Krais (2007): Wissenschaftliche Leistung, Universalismus und Objektivität. Professionelles Selbstverständnis und die Kategorie Geschlecht im sozialen Feld Wissenschaft. In: Regine Gildemeister/Angelika Wetterer (Hrsg.): *Erosion und Reproduktion geschlechtlicher Differenzierungen? Widersprüchliche Entwicklungen in professionalisierten Berufsfeldern und Organisationen,* 76-98, Münster: Westfälisches Dampfboot.

Beauvoir, Simone de (1992): *Das andere Geschlecht. Sitte und Sexus der Frau.* Orig. 1949. Reinbek bei Hamburg: Rowohlt.

Beck, Ulrich (1986): *Risikogesellschaft. Auf dem Weg in eine andere Moderne.* Frankfurt/Main: Suhrkamp.

Beck, Ulrich (1996): Das Zeitalter der Nebenfolgen und die Politisierung der Moderne. In: Ulrich Beck, Anthony Giddens, Scott Lash (Hrsg.): *Reflexive Modernisierung. Eine Kontroverse,* 19-112. Frankfurt/Main: Suhrkamp.

Beck, Ulrich, Elisabeth Beck-Gernsheim (1993): Nicht Autonomie, sondern Bastelbiographie. Anmerkungen zur Individualisierungsdiskussion am Beispiel des Aufsatzes von Günter Burkart. *Zeitschrift für Soziologie* 22: 178-187.

Beck, Ulrich, Elisabeth Beck-Gernsheim (2012): *Das ganz normale Chaos der Liebe.* 12. Auflage, Frankfurt/Main: Suhrkamp.

Beck, Ulrich, Anthony Giddens, Scott Lash (Hrsg.) (1996): *Reflexive Modernisierung. Eine Kontroverse.* Frankfurt/Main: Suhrkamp.

Becker, Howard S. (1963): *Outsiders. Studies in the sociology of deviance.* London: Free Press of Glencoe.

Becker, Howard S. et al. (2007): *Boys in white. Student culture in medical school.* Orig. 1961. 10. Auflage, New Brunswick: Transaction Publ.

Becker, Rolf (Hrsg.) (2011): *Lehrbuch der Bildungssoziologie.* 2. Auflage, Wiesbaden: VS Verlag für Sozialwissenschaften.

Becker-Schmidt, Regina (2003): Umbrüche in Arbeitsbiografien von Frauen. In: Gudrun-Axeli Knapp, Angelika Wetterer (Hrsg.): *Achsen der Differenz.,* 91-132. Münster: Westfälisches Dampfboot.

Beck-Gernsheim, Elisabeth (2006): *Die Kinderfrage heute. Über Frauenleben, Geburtenrückgang und Kinderwunsch.* München: Beck.

Beer, Ursula (Hrsg.) (1987): *Klasse, Geschlecht.* Bielefeld: AJZ-Verlag.

Beer, Ursula (1990): *Geschlecht, Struktur, Geschichte. Soziale Konstituierung des Geschlechterverhältnisses.* Frankfurt/Main: Campus.

Beirat Jungenpolitik (Hrsg.) (2013): *Jungen und ihre Lebenswelten Vielfalt als Chance und Herausforderung.* Opladen: Barbara Budrich.

Bell, Daniel (1976): *Die nachindustrielle Gesellschaft.* 2. Auflage, Orig. 1972. Frankfurt/Main: Campus.

Bellebaum, Alfred, Robert Hettlage (Hrsg.) (2014): *Unser Alltag ist voll von Gesellschaft. Sozialwissenschaftliche Beiträge.* Wiesbaden: VS Springer.

Benz, Ute (1988): Brutstätten der Nation: Die deutsche Mütter und ihr erstes Kind oder der anhaltende Erfolg eines Erziehungsbuches. *Dachauer Hefte* 4: 144-163.

Berger, Peter L., Thomas Luckmann (1998): *Die gesellschaftliche Konstruktion der Wirklichkeit. Eine Theorie der Wissenssoziologie.* Orig. 1966. Frankfurt/Main: Fischer.

Bergmann, Christian, Ferdinand Eder (2000): Geschlechtsspezifische Interessen in der Sekundarstufe II. *Empirische Pädagogik;* 14: 255-285.

Bergmann, Jörg R. (1974): *Der Beitrag von Harold Garfinkel zur Begründung des ethnomethologischen Forschungsansatzes.* München: Unveröffentl. Manuskript.

Bergmann, Jörg R. (1988): *Ethnomethodologie und Konversationsanalyse. Kurseinheit 1-3.* Fernuniversität Hagen. Hagen.

Bergmann, Jörg R. (2012): Harold Garfinkel und Harvey Sacks. *Qualitative Forschung:* 51-62.

Berner, Hans, Rudolf Isler (Hrsg.) (2011): *Lehrer-Identität, Lehrer-Rolle, Lehrer-Handeln.* Baltmannsweiler: Schneider.

Bernfeld, Siegfried (1925): *Sisyphos oder die Grenzen der Erziehung.* Leipzig, Wien: Internationaler Psychoanalytischer Verlag.

Bernstein, Basil (1972): *Studien zur sprachlichen Sozialisation.* Düsseldorf: Schwann.

Bertels, Lothar, Ulfert Herlyn (Hrsg.) (1990): *Lebenslauf und Raumerfahrung.* Opladen: Leske & Budrich.

Bertram, Hans (2000): Die verborgenen familiären Beziehungen in Deutschland. Die multilokale Mehrgenerationenfamilie. In: Martin Kohli, Marc Szydlik (Hrsg.): *Generationen in Familie und Gesellschaft,* 97-121. Opladen: Leske & Budrich.

Bertram, Hans, Martin Bujard (Hrsg.) (2012): *Zeit, Geld, Infrastruktur zur Zukunft der Familienpolitik.* Soziale Welt: Sonderband, Bd. 19. Baden-Baden: Nomos.

Bertram, Hans, Martin Bujard (2012): Zur Zukunft der Familienpolitik. In: Hans Bertram und Martin Bujard (Hrsg.): *Zeit, Geld, Infrastruktur zur Zukunft der Familienpolitik.* Soziale Welt: Sonderband, Bd. 19, 3-24. Baden-Baden: Nomos.

Betz, Tanja (2008): *Ungleiche Kindheiten. Theoretische und empirische Analysen zur Sozialberichterstattung über Kinder.* Weinheim, München: Juventa.

Bevers, Antonius M. (1985): *Dynamik der Formen bei Georg Simmel. Eine Studie über die methodische und theoretische Einheit eines Gesamtwerkes.* Berlin: Duncker & Humblot.

Bitzan, Maria, Heide Funk (1995): Geschlechterdifferenzierung als Qualifizierung der Jugendhilfeplanung. In: Eberhard Boley, Franz Herrmann (Hrsg.): *Jugendhilfeplanung als politischer Prozess.* Neuwied, Kriftel, Berlin: Luchterhand.

Blank-Mathieu, Margarete (2006): *Jungen im Kindergarten.* 2., erw. und aktualisierte Auflage, Frankfurt/Main: Brandes & Apsel.

Bleckmann, Peter, Anja Durfal (2011): Einführung: Lokale Bildungslandschaften die zweifache Öffnung. In: Hildegard Bockhorst (Hrsg.): *Lokale Bildungslandschaften,* 11-18. Remscheid: BKJ.

Blossfeld, Hans Peter, Karl U. Mayer (1990): Die gesellschaftliche Konstruktion sozialer Ungleichheit. In: Peter A. Berger und Stefan Hradil (Hrsg.): *Lebenslagen, Lebensläufe, Lebensstile.* Soziale Welt. Sonderband, Bd. 7, 297-318. Göttingen: Schwartz.

Blumer, Herbert (1975): Der methodologische Standort des Symbolischen Interaktionismus. In: Arbeitsgruppe Bielefelder Soziologen (Hrsg.): *Alltagswissen und Interaktion in der gesellschaftlichen Wirklichkeit. Bd.1,* 80-146. Reinbek bei Hamburg: Rowohlt.

Böhnisch, Lothar (1998): Das Generationenproblem im Lichte der Biografisierung und der Relativierung der Lebensalter. In: Jutta Ecarius (Hrsg.): *Was will die jüngere mit der älteren Generation? Generationenbeziehungen in der Erziehungswissenschaft,* 67-80. Opladen: Leske & Budrich.

Böhnisch, Lothar (2003a): *Pädagogische Soziologie. Eine Einführung.* 2., überarb. und erw. Auflage, Weinheim, München: Juventa.

Böhnisch, Lothar (2003b): *Die Entgrenzung der Männlichkeit. Verstörungen und Formierungen des Mannseins im gesellschaftlichen Übergang.* Opladen: Leske & Budrich.

Böhnisch, Lothar (2011): *Abweichendes Verhalten.* Weinheim, München: Juventa.

Böhnisch, Lothar (2012): *Sozialpädagogik der Lebensalter. Eine Einführung.* 6., überarb. Auflage, Weinheim, Basel: Beltz Juventa.

Böhnisch, Lothar (2013): *Männliche Sozialisation. Eine Einführung.* 2., überarb. Auflage, Weinheim, Basel: Beltz Juventa.
Böhnisch, Lothar, Heide Funk (2002): *Soziale Arbeit und Geschlecht. Theoretische und praktische Orientierungen.* Weinheim, München: Juventa.
Böhnisch, Lothar, Heide Funk (2012): *Soziologie Eine Einführung für die Soziale Arbeit.* Weinheim, München: Juventa.
Böhnisch, Lothar, Karl Lenz (Hrsg.) (1999): *Familien. Eine interdisziplinäre Einführung.* 2., korr. Auflage, Weinheim, München: Juventa.
Böhnisch, Lothar, Karl Lenz, Wolfgang Schröer (2008): *Sozialisation und Bewältigung. Eine Einführung in die Sozialisationstheorie der zweiten Moderne.* Weinheim, München: Juventa.
Böhnisch, Lothar, Wolfgang Schröer (2001): *Pädagogik und Arbeitsgesellschaft. Historische Grundlagen und theoretische Ansätze für eine sozialpolitisch reflexive Pädagogik.* Weinheim, München: Juventa.
Böhnisch, Lothar, Wolfgang Schröer (2012): *Sozialpolitik und Soziale Arbeit. Eine Einführung.* Weinheim, München: Juventa.
Böhnisch, Lothar, Wolfgang Schröer (2013): *Soziale Arbeit eine problemorientierte Einführung.* Bad Heilbrunn: UTB Klinkhardt.
Bolder, Axel (2004): Abschied von der Normalbiografie – Rückkehr zur Normalität. In: Friederike Behringer (Hrsg.): *Diskontinuierliche Erwerbsbiographien. Zur gesellschaftlichen Konstruktion und Bearbeitung eines normalen Phänomens.* Baltmannsweiler: Schneider.
Boldt, Uli (2004): *„Ich bin froh, dass ich ein Junge bin". Materialien zur Jungenarbeit in der Schule.* 2., korrigierte und erw. Auflage, Baltmannsweiler: Schneider.
Boldt, Uli (2008): Jungen und Koedukation. In: Michael Matzner und Wolfgang Tischner (Hrsg.): *Handbuch Jungen-Pädagogik.*, 136-149. Weinheim, Basel: Beltz
Bönsch, Manfred (2008): Die Zeitstrukturen in der Schule verändern. *GEW Niedersachsen:* 23-24.
Bourdieu, Pierre (1998): *Homo academicus.* Frankfurt/Main: Suhrkamp.
Bourdieu, Pierre (1999): *Sozialer Sinn. Kritik der theoretischen Vernunft.* 3. Auflage, Frankfurt/Main: Suhrkamp.
Brandes, Holger (2011): Was bringen Männer in Kitas ein? *Psychosozial 34, Nr. 126*: 21-31.
Braun, Karl-Heinz (2003): Lebensführung in der Zweiten Moderne. *Neue Praxis 33*: 401-421
Breidenstein, Georg, Helga Kelle (1998): *Geschlechteralltag in der Schulklasse. Ethnographische Studien zur Gleichaltrigenkultur.* Weinheim, München: Juventa.
Brissett, Dennis, Charles Edgley (Hrsg.) (2005): *Life as Theater. A Dramaturgical Sourcebook.* New Brunswick: Aldine.
Bronfenbrenner, Urie (1981): *Die Ökologie der menschlichen Entwicklung. Natürliche und geplante Experimente.* Stuttgart: Klett-Cotta.
Brückner, Margrit (2009): Gewalt in Paarbeziehungen. In: Karl Lenz, Frank Nestmann (Hrsg.): *Handbuch Persönliche Beziehungen*, 791-812. Weinheim, München: Juventa.
Bruhns, Kirsten (2009): Gewaltbereite Mädchen. In: Jutta Elz (Hrsg.): *Täterinnen. Befunde, Analysen, Perspektiven,* Bd. 58, 177-194. Wiesbaden: KrimZ.
Bruhns, Kirsten, Svendy Wittmann (2002): *„Ich meine, mit Gewalt kannst du dir Respekt verschaffen". Mädchen und junge Frauen in gewaltbereiten Jugendgruppen.* Opladen: Leske & Budrich.
Bründel, Heidrun, Erika Simon (2007): *Die Trainingsraum-Methode. Unterrichtsstörungen klare Regeln, klare Konsequenzen.* 2., erw. und aktualisierte Auflage, Weinheim, Basel: Beltz.
Büchner, Peter (1998): *Teenie-Welten. Aufwachsen in drei europäischen Regionen.* Opladen: Leske & Budrich.
Budde, Jürgen (2008): Bildungs(miss)erfolge von Jungen und Berufswahlverhalten bei Jungen/männlichen Jugendlichen. http://www.bmbf.de/pub/Bildungsmisserfolg.pdf
Budde, Jürgen, Barbara Scholand, Hannelore Faulstich-Wieland (2008): *Geschlechtergerechtigkeit in der Schule. Eine Studie zu Chancen, Blockaden und Perspektiven einer gender-sensiblen Schulkultur.* Weinheim, München: Juventa.
Bundesministerium für Bildung und Forschung (Hrsg.) (2004): *Zukunft Bildung und Betreuung. Startkonferenz zum Investitionsprogramm (Dokumentation).*

Bundesministerium für Familie, Senioren, Frauen und Jugend (2012): *Achter Familienbericht Zeit für Familie Familienzeitpolitik als Chance einer nachhaltigen Familienpolitik.*
Burkart, Günter (1997): *Lebensphasen Liebesphasen. Vom Paar zur Ehe zum Single und zurück?* Opladen: Leske & Budrich.
Burkart, Günter (2008): *Familiensoziologie.* Konstanz: UTB UVK.
Butler, Judith (1991): *Das Unbehagen der Geschlechter.* Frankfurt/Main: Suhrkamp.
Bütow, Brigit (2006): *Mädchen in Clique.* Weinheim, München: Juventa.

Candeias, M. (Hrsg.) (2001): *Ein neuer Kapitalismus?* Hamburg: VSA.
Castells, Manuel (2001): *Das Informationszeitalter. Bd. 1: Der Aufstieg der Netzwerkgesellschaft Bd. 2: Die Macht der Identität, Bd.3: Jahrtausendwende.* Orig. 1996. Opladen: Leske & Budrich.
Chapoule, Jean-Michel (1996): Everett Hughes and the Chicago Tradition. *Sociological Theory* 14: 3-29.
Charlton, Michael, Klaus Neumann-Braun (1992): *Medienkindheit, Medienjugend. Eine Einführung in die aktuelle kommunikationswissenschaftliche Forschung*: Weinheim, Basel: Beltz Psychologie Verlags Union.
Coleman, James S. (1961): *The Adolescent Society. The Social Life of the Teenager and its Impact on Education.* New York: Free Press of Glencoe.
Cooley, Charles H. (1968): *Human Nature and Social Order.* Orig. 1902. New York: Charles Scribner's Sons.
Coser, Lewis A. (1965): *Theorie sozialer Konflikte.* Neuwied am Rhein: Luchterhand.
Cummings, Scott (Hrsg.) (1993): *Gangs. The origins and impact of contemporary youth gangs in the United States.* SUNY series in urban public policy. Albany, NY: State Univ. of New York Press.

Dahme, Heinz-Jürgen (1981): *Soziologie als exakte Wissenschaft. Georg Simmels Ansatz und seine Bedeutung in der gegenwärtigen Soziologie.* Stuttgart: Enke.
Dahrendorf, Ralf (1957): *Soziale Klassen und Klassenkonflikt in der industriellen Gesellschaft.* Stuttgart: Enke.
Dahrendorf, Ralf (1963): *Gesellschaft und Freiheit. Zur soziologischen Analyse der Gegenwart.* München: Piper.
Dahrendorf, Ralf (1974): Über den Ursprung der Ungleichheit unter den Menschen. In: Ralf Dahrendorf (Hrsg.): *Pfade aus Utopia. Arbeiten zur Theorie und Methode der Soziologie*, 3. Auflage, 352-379. München: Piper.
Dahrendorf, Ralf (1999): Karl Marx. In: Dirk Kaesler (Hrsg.): *Klassiker der Soziologie. Bd. 1: Von Auguste Comte bis Norbert Elias*, 58-73. München: Beck.
Dahrendorf, Ralf (2006): *Homo sociologicus.* 16. Auflage, Orig. 1958. Wiesbaden: VS Verlag für Sozialwissenschaften.
Davis, Kingsley (1949): *Human society.* New York: Macmillan Co.
Deinet, Ulrich (2013): *Innovative Offene Jugendarbeit.* Leverkusen: Barbara Budrich.
Deinet, Ulrich, Christian Reutlinger (2005): Aneignung. In: Kessl, Fabian et al. (Hrsg.): *Handbuch Sozialraum* 295-311. Wiesbaden: VS Verlag für Sozialwissenschaften.
Dekker, Rudolf, Lotte C. van de Pol (1990): *Frauen in Männerkleidern. Weibliche Transvestiten und ihre Geschichte.* Berlin: Wagenbach.
Diaz-Bone, Rainer (1997): *Ego-zentrierte Netzwerkanalyse und familiale Beziehungssysteme.* Wiesbaden: Dt. Univ.-Verlag.
Dieckmann, Johann (2004): *Luhmann-Lehrbuch.* München: UTB Fink.
Dieckmann, Johann, Gerhard Breitkreuz (1996): *Soziologie für Pädagogen.* 2., durchges. Auflage, München: Oldenbourg Verlag.
Diefenbach, Heike (2008): Jungen und schulische Bildung. In: Michael Matzner, Wolfgang Tischner (Hrsg.): *Handbuch Jungen-Pädagogik*, 92-108. Weinheim: Beltz
Diekmann, Andreas, Peter Mitter (1990): Stand und Probleme der Ereignisanalyse. In: Karl U. Mayer (Hrsg.): *Lebensverläufe und sozialer Wandel.* Kölner Zeitschrift für Soziologie und Sozialpsychologie Sonderheft, Bd. 31, 404-441. Opladen: Westdeutscher Verlag.
Diewald, Martin (1991): *Soziale Beziehungen, Verlust oder Liberalisierung? Soziale Unterstützung in informellen Netzwerken.* Berlin: Edition Sigma.

Diewald, Martin (2013): Lebensverlauf In: Steffen Mau, Nadine M. Schöneck (Hrsg.): *Handwörterbuch zur Gesellschaft Deutschlands. Bd. 1*, 552-564, Wiesbaden: Springer VS.

Dölling, Dieter, Christian Laue (2009): Juristische Grundlagen zur Sexualdelinquenz. In: Hans-Ludwig Kröber, Dieter Dölling, Norbert Leygraf, Henning Saß (Hrsg.): *Handbuch der Forensischen Psychiatrie. Bd. 4: Kriminologie und Forensische Psychiatrie*, 399-410. Heidelberg: Steinkopff.

Dubiel, Helmut (2001): *Kritische Theorie der Gesellschaft. Eine einführende Rekonstruktion von den Anfängen im Horkheimer-Kreis bis Habermas.* 3. Auflage, Weinheim, München: Juventa.

DuBois-Reymond, Manuela (1998): Aura und Modernisierung der Schule. In: Josef Keuffer (Hrsg.): *Schulkultur als Gestaltungsaufgabe. Partizipation Management Lebensweltgestaltung*, 326-337. Weinheim: Dt. Studien-Verlag.

DuBois-Reymond, Manuela et al. (1994): Die moderne Familie als Verhandlungshaushalt. In: Manuela DuBois-Reymond, Peter Büchner, Heinz-Hermann Krüger, Jutta Ecarius, Burkhard Fuhs (Hrsg.): *Kinderleben. Modernisierung von Kindheit im interkulturellen Vergleich.* Wiesbaden: VS Verlag für Sozialwissenschaften.

Duck, Steve (Hrsg.) (1988): *Handbook of personal relationships. Theory, research, and interventions.* New York: John Wiley & Sons.

Duden, Barbara (1987): *Geschichte unter der Haut.* Stuttgart, Berlin: Klett-Cotta.

Dülmen, Richard van (Hrsg.) (2001): *Entdeckung des Ich.* Köln: Böhlau

Durkheim, Émile (1961): *Die Regeln der soziologischen Methode.* Neuwied u.a.: Luchterhand.

Durkheim, Émile (1972): *Erziehung und Soziologie.* Düsseldorf: Pädagogischer Verlag Schwann.

Durkheim, Émile (1986): Der Individualismus und die Intellektuellen. In: Hans Bertram (Hrsg.): *Gesellschaftlicher Zwang und moralische Autonomie*, 54-70. Frankfurt/Main: Suhrkamp.

Durkheim, Émile (Hrsg.) (1988): *Über soziale Arbeitsteilung.* 2. Auflage, Frankfurt/Main: Suhrkamp.

Durkheim, Émile (2006): *Erziehung, Moral und Gesellschaft. Vorlesung an der Sorbonne 1902/1903.* 5. Nachdr., Frankfurt/Main: Suhrkamp.

Ecarius, Jutta (2007): Familienerziehung. In: Jutta Ecarius (Hrsg.): *Handbuch Familie*, 137-156. Wiesbaden: VS Verlag für Sozialwissenschaften.

Ecarius, Jutta (Hrsg.) (2007): *Handbuch Familie.* Wiesbaden: VS Verlag für Sozialwissenschaften.

Eder, Annika (2008): *Familiäre Konsequenzen elterlicher Arbeitslosigkeit. Eine Sekundäranalyse des sozioökonomischen Panels (SOEP).* Hamburg: Kovac.

Eder, Franz X. (2009): *Kultur der Begierde. Eine Geschichte der Sexualität.* 2., erw. Auflage, München: Beck.

Ehlert, Gudrun, Heide Funk, Gerd Stecklina. (Hrsg.) (2011): *Wörterbuch Soziale Arbeit und Geschlecht.* Weinheim, München: Juventa.

Eisewicht, Paul, Tilo Grenz (2010): *„Frei und auf den Beinen und gefangen will ich sein". Über die „Indies"*, Berlin: Archiv-der-Jugendkulturen-Verlag

Eisner, Manuel, Denis Ribeaud (2008): *Das Züricher Interventions- und Präventionsprogramm an Schule.* Bern: Bundesamt für Gesundheit.

Elias, Norbert (1976): *Über den Prozeß der Zivilisation. Soziogenetische und psychogenetische Untersuchungen.* 2 Bände. Frankfurt/Main: Suhrkamp.

Elias, Norbert (1981): *Was ist Soziologie?* 4. Auflage, München: Juventa.

Elz, Jutta (Hrsg.) (2009): *Täterinnen. Befunde, Analysen, Perspektiven*, Bd. 58. Wiesbaden: KrimZ.

Enders-Dragässer, Uta, Claudia Fuchs (1989): *Interaktionen der Geschlechter. Sexismusstrukturen in der Schule; eine Untersuchung an hessischen Schulen.* Weinheim, München: Juventa.

Endress, Martin (2006): *Alfred Schütz.* Konstanz: UVK.

Engler, Steffanie (2001): *„In Einsamkeit und Freiheit"? Zur Konstruktion der wissenschaftlichen Persönlichkeit auf dem Weg zur Professur.* Konstanz: UVK Verlag.

Erdheim, Mario (1988): *Die gesellschaftliche Produktion von Unbewusstheit. Eine Einführung in den ethnopsychoanalytischen Prozess.* 2. Auflage, Frankfurt/Main: Suhrkamp.

Erikson, Erik H. (1966): *Identität und Lebenszyklus. 3 Aufsätze.* Frankfurt/Main: Suhrkamp.

Esser, Hartmut (1989): Verfällt die soziologische Methode? *Soziale Welt* 40: 57-75.

Ette, Andreas, Kerstin Ruckdeschel, Rainer Unger (Hrsg.) (2010): *Bedingungen und Potenziale intergenerationaler Beziehungen*. Würzburg: Ergon

Ewers, Hans-Heino (1989): *Kindheit als poetische Daseinsform. Studien zur Entstehung der romantischen Kindheitsutopie im 18. Jahrhundert: Herder, Jean Paul, Novalis und Tieck*. München: Wilhelm Fink Verlag.

Faltermeier, Toni, Philipp Mayring, Winfried Saup, Petra Strehmel (2002): *Entwicklungspsychologie des Erwachsenenalters*. Stuttgart: Kohlhammer.

Faulstich-Wieland, Hannelore (1991): *Koedukation. Enttäuschte Hoffnungen?* Darmstadt: Wissenschaftliche Buchgesellschaft.

Faulstich-Wieland, Hannelore (2004): Schule und Geschlecht. In: Werner Helsper, Jeanette Böhme (Hrsg.): *Handbuch der Schulforschung*, 673-696. Wiesbaden: VS Verlag für Sozialwissenschaften

Fausto-Sterling, Anne (1988): *Gefangene des Geschlechts? Was biologische Theorien über Mann und Frau sagen*. München, Zürich: Piper.

Fausto-Sterling, Anne (1993): The Five Sexes. Why Male and Female Are Not Enough? *The Science* 33: 20-24.

Fend, Helmut (1988): *Sozialgeschichte des Aufwachsens. Bedingungen des Aufwachsens und Jugendgestalten im zwanzigsten Jahrhundert*. Frankfurt/Main: Suhrkamp.

Fichte, Johann Gottlieb (1960): *Grundlage des Naturrechts nach Prinzipien der Wissenschaftslehre*. Hamburg: Meiner.

Fine, Gary A. (1993): The Sad Demise, Mysterious Disappearance, and Glorious Triumph of Symbolic Interactionism. *Annual Review of Sociology* 19: 61-87.

Firle, Michael, Bettina Hoeltje, Maria Nini (1996): *Gewalt in Ehe und Partnerschaft. Anregungen und Vorschläge zur Beratungsarbeit mit mißhandelten Frauen*. Bonn: BMFSFJ.

Fisher, Berenice M., Anselm L. Strauss (1978): Interactionism. In: Robert Nisbet, Tom Bottomore (Hrsg.): A *History of Sociological Analysis*, 457-498. London. Heinemann.

Foucault, Michel (1983): *Sexualität und Wahrheit*. Frankfurt/Main: Suhrkamp.

Frabbioni, Franco, Luigi Guerra (1991): *La cittá educativa*. Bologna: Cappelli.

Freiberg, Henning (1992): Der Beitrag des Faches Kunst zur Medienpädagogik in einer durch neue Informations- und Kommunikationstechniken geprägten Zeit — Medienpädagogisches Handeln im Fach Kunst mit dem Computer. In: Wolfgang Schill et al. (Hrsg.): *Medienpädagogisches Handeln in der Schule*, 213-234. Opladen: Leske & Budrich.

Frevert, Ute (1995): *„Mann und Weib und Weib und Mann". Geschlechter-Differenzen in der Moderne*. München: Beck.

Fuchs-Heinritz, Werner (2010): Biografieforschung. In: Georg Kneer und Markus Schröer (Hrsg.): *Handbuch Spezielle Soziologien*, 85-104. Wiesbaden: VS Verlag für Sozialwissenschaften.

Galtung, Johan (1992): Strukturelle Theorie des Imperialismus. In: Dieter Senghaas (Hrsg.): *Imperialismus und strukturelle Gewalt*, 25-104. Frankfurt/Main: Suhrkamp.

Garfinkel, Harold (1967): *Studies in ethnomethodology*. Englewood Cliffs, NJ: Prentice-Hall.

Garfinkel, Harold, Anne W. Rawls. (Hrsg.) (2002): *Ethnomethodology's program. Working out Durkheim's aphorism*. Lanham u.a.: Rowman & Littlefield.

Gather, Claudia (1999): Simone de Beauvoir, eine Klassikerin der feministischen Soziologie. *Labyrinth - International Journal for Philosophy, Feminist Theory and Cultural Hermeneutics*. Vol. 1, No 1, Special Issue Simone de Beauvoir: 50 Years after the Second Sex.

Gebauer, Gunter (1997): Kinderspiele als Aufführung von Geschlechtsunterschieden. In: Irene Dölling, Beate Krais (Hrsg.): *Ein alltägliches Spiel. Geschlechterkonstruktion in der Praxis*, 259-284. Frankfurt/Main: Suhrkamp.

Gebhardt, Miriam (2009): *Die Angst vor dem kindlichen Tyrannen. Eine Geschichte der Erziehung im 20. Jahrhundert*. München: DVA.

Gehlen, Arnold (1966): *Der Mensch. Seine Natur und seine Stellung in der Welt.* Wiebelsheim: AULA-Verlag.

Geiger, Theodor (1930): Erziehung als Gegenstand der Soziologie. *Die Erziehung:* 405-427.

Geißler, Karl-Heinz (2004): Grenzenlose Zeiten. *Aus Politik und Zeitgeschichte* B. 31-32, 7-12

Geißler, Rainer (2005): Die Metamorphose der Arbeitertochter zum Migrantensohn. In: Peter A. Berger, Heike Kahlert (Hrsg.): *Institutionalisierte Ungleichheiten*, 71-100. Weinheim, München: Juventa.

Geißler, Rainer (2012): *Die Sozialstruktur Deutschlands. Zur gesellschaftlichen Entwicklung mit einer Bilanz zur Vereinigung. Mit einem Beitrag von Thomas Meyer.* 7. Auflage, Wiesbaden: VS Springer.

Gemende, Marion (2002): *Interkulturelle Zwischenwelten. Bewältigungsmuster des Migrationsprozesses bei MigrantInnen in den neuen Bundesländern.* Weinheim, München: Juventa.

Gemende, Marion (2013): Migration als Übergang. In: Wolfgang Schröer, Barbara Stauber, Andreas Walther, Lothar Böhnisch, Karl Lenz (Hrsg.): *Handbuch Übergänge*, 869-891. Weinheim, Basel: Beltz Juventa.

Geser, Hans (1990): Die kommunikative Mehrebenenstruktur elementarer Interaktionen. *Kölner Zeitschrift für Soziologie und Sozialpsychologie* 42: 207-231.

Geulen, Dieter (2005): *Subjektorientierte Sozialisationstheorie. Sozialisation als Epigenese des Subjekts in Interaktion mit der gesellschaftlichen Umwelt.* Weinheim, München: Juventa.

Giddens, Anthony (1995): *Soziologie.* Graz: Nausner & Nausner.

Giddens, Anthony (1996): Leben in der posttraditionellen Gesellschaft. In: Ulrich Beck, Anthony Giddens, Scott Lash (Hrsg.): *Reflexive Modernisierung. Eine Kontroverse*, 113-194. Frankfurt/Main: Suhrkamp.

Giesecke, Hans (1997): *Die pädagogische Beziehung. Pädagogische Professionalität und die Emanzipation des Kindes.* Weinheim, München: Juventa.

Gildemeister, Regine, Katja Hericks (2012): *Geschlechtersoziologie. Theoretische Zugänge zu einer vertrackten Kategorie des Sozialen.* München: Oldenbourg.

Gildemeister, Regine, Günther Robert (2008): *Geschlechterdifferenzierungen in lebenszeitlicher Perspektive. Interaktion Institution Biografie.* Wiesbaden: VS Verlag für Sozialwissenschaften.

Gildemeister, Regine, Angelika Wetterer (2007): *Erosion oder Reproduktion geschlechtlicher Differenzierungen? Widersprüchliche Entwicklungen in professionalisierten Berufsfeldern und Organisationen*: Westfälisches Dampfboot.

Gillis, John R. (1997): *Mythos Familie. Auf der Suche nach der eigenen Lebensform.* Weinheim, Basel: Beltz.

Glaser, Barney G., Anselm L. Strauss (1967): *The discovery of grounded theory. Strategies for qualitative research.* Chicago: Aldine Pub. Co.

Glinka, Hans-Jürgen (2013): Biographiearbeit. In: Wolfgang Schröer, Barbara Stauber, Andreas Walther, Lothar Böhnisch, Karl Lenz (Hrsg.): *Handbuch Übergänge*, 810-833. Weinheim, Basel: Beltz Juventa.

Goffman, Erving (1969): *Wir alle spielen Theater. Die Selbstdarstellung im Alltag.* Orig. 1959. München: Piper.

Goffman, Erving (1971): *Stigma. Über Techniken der Bewältigung beschädigter Identität.* Orig. 1963. Frankfurt/Main: Suhrkamp.

Goffman, Erving (1973): *Asyle. Über die soziale Situation psychiatrischer Patienten und anderer Insassen.* Orig. 1961. Frankfurt/Main: Suhrkamp.

Goffman, Erving (1973): Rollendistanz. In: Erving Goffman (Hrsg.): *Interaktion*, 91-171. Orig. 1973. Frankfurt/Main: Suhrkamp.

Goffman, Erving (1977): *Rahmen-Analyse. Ein Versuch über die Organisation von Alltagserfahrungen.* Orig. 1974. Frankfurt/Main: Suhrkamp.

Goffman, Erving (1994): Das Arrangement der Geschlechter. Orig. 1977. In: Hubert A. Knoblauch (Hrsg.): *Interaktion und Geschlecht.* Frankfurt/Main: Campus.

Goffman, Erving (1994): Die Interaktionsordnung. Orig. 1983. In: Hubert A. Knoblauch (Hrsg.): *Interaktion und Geschlecht*, 50-104. Frankfurt/Main: Campus.

Goffman, Erving (2009): *Interaktion im öffentlichen Raum.* Neuausgabe. Orig. 1963. Frankfurt/Main: Campus.

Gouldner, Alvin W. (1984): *Reziprozität und Autonomie. Ausgewählte Aufsätze.* Frankfurt/Main: Suhrkamp.

Grabrucker, Marianne (2001): *„Typisch Mädchen ...". Prägung in den ersten 3 Lebensjahren. Ein Tagebuch.* Frankfurt/Main: Fischer.

Granovetter, Mark S. (1973): The strength of weak ties. *American Journal of Sociology* 78: 1360-1380.

Grell, Petra (2004): Teilnehmerforschung zum Thema Lernwiderstand. *REPORT Literatur- und Forschungsreport Weiterbildung;* 1: 60-67.

Gruen, Arno (2004): *Der Verrat am Selbst. Die Angst vor Autonomie bei Mann und Frau.* 16. Auflage, München: dtv.

Guggenbühl, Allan (2008): Die Schule – ein weibliches Biotop? Psychologische Hintergründe der Schulprobleme von Jungen. In: Michael Matzner, Wolfgang Tischner (Hrsg.): *Handbuch Jungen-Pädagogik.*, 150-167. Weinheim, Basel: Beltz

Habermas, Jürgen (1973): Stichworte zu einer Theorie der Sozialisation. In: Jürgen Habermas (Hrsg.): *Kultur und Kritik. Verstreute Aufsätze*, 118-194. Frankfurt/Main: Suhrkamp.

Habermas, Jürgen (1975): *Legitimationsprobleme im Spätkapitalismus.* 3. Auflage, Frankfurt/Main: Suhrkamp.

Habermas, Jürgen (1981): *Theorie des kommunikativen Handelns.* 2 Bände. Frankfurt/Main: Suhrkamp.

Habermas, Jürgen (1983): *Strukturwandel der Öffentlichkeit. Untersuchungen zu einer Kategorie der bürgerlichen Gesellschaft.* 13. Auflage, Darmstadt: Luchterhand.

Haffner, Yvonne, Beate Krais (Hrsg.) (2008): *Arbeit als Lebensform? Beruflicher Erfolg private Lebensführung und Chancengleichheit in akademischen Berufsfeldern.* Frankfurt/Main: Campus.

Hagemann-White, Carol (1992): Simone de Beauvoir und der existentialistische Feminismus. In: Gudrun-Axeli Knapp, Angelika Wetterer (Hrsg.): *Traditionen Brüche*, 21-64. Freiburg: Kore.

Hahn, Alois (2000): Biographie und Lebenslauf. In: Alois Hahn (Hrsg.): *Konstruktionen des Selbst, der Welt und der Geschichte. Aufsätze zur Kultursoziologie.* Frankfurt/Main: Suhrkamp.

Hahn, Kornelia (1995): *Soziale Kontrolle und Individualisierung. Zur Theorie moderner Ordnungsbildung.* Opladen: Leske & Budrich.

Hannover, Bettina (2004): Gender revisited. Konsequenzen aus PISA für die Geschlechterforschung. In: Dieter Lenzen et al. (Hrsg.): *PISA und die Konsequenzen für die erziehungswissenschaftliche Forschung.* Zeitschrift für Erziehungswissenschaft. Beiheft 3. Wiesbaden: 81-99.

Hargreaves, David H. et al. (1981): *Abweichendes Verhalten im Unterricht.* Weinheim, Basel: Beltz.

Haug, Fritz W. (2001): Warenästhetik im Zeitalter des digitalisierten Scheins. In: Mario Candeias (Hrsg.): *Ein neuer Kapitalismus?.* 189-206. Hamburg: VSA.

Hausen, Karin (1976): Polarisierung der „Geschlechtscharaktere" – Eine Spiegelung der Dissoziation von Erwerbsund Familienleben. In: Werner Conze (Hrsg.): *Sozialgeschichte der Familie in der Neuzeit Europas*, 363-393. Stuttgart.

Hauser, Richard (2012): Das Maß der Armut: Armutsgrenzen im sozialstaatlichen Kontext. Der sozialstatistische Diskurs. In: Ernst-Ulrich Huster (Hrsg.): *Handbuch Armut und soziale Ausgrenzung*, 2., überarb. u. erw. Auflage, 94-117. Wiesbaden: Springer VS.

Hays, Robert B. (1988): Friendship. In: Steve Duck (Hrsg.): *Handbook of personal relationships. Theory, research, and interventions*, 391-408. New York: John Wiley & Sons.

Heimann, Eduard (1980): *Soziale Theorie der Kapitalismus.* Orig. 1929. Frankfurt/Main: Suhrkamp.

Heinrich Böll Stiftung (Hrsg.) (2005): *Schule und Migration.* Berlin.

Heitmeyer, Wilhelm (Hrsg.) (1997): *Das Gewalt-Dilemma. Gesellschaftliche Reaktionen auf fremdenfeindliche Gewalt und Rechtsextremismus.* Frankfurt/Main: Suhrkamp.

Heitmeyer, Wilhelm, Monika Schröttle (Hrsg.) (2006): *Gewalt. Beschreibungen, Analysen, Prävention.* Bonn: Bundeszentrale für Politische Bildung.

Helsper, Werner, Christian Hillbrandt, Thomas Schwarz (2009): *Schule und Bildung im Wandel. Anthologie historischer und aktueller Perspektiven.* Wiesbaden: VS Verlag für Sozialwissenschaften.

Hennig, Marina (2006): *Individuen und ihre sozialen Beziehungen.* Wiesbaden: VS Verlag für Sozialwissenschaften.

Herriger, Norbert (1987): *Verwahrlosung. Eine Einführung in Theorien sozialer Auffälligkeit.* 2. Auflage, Weinheim, München: Juventa.

Hess, Sabine, Nikola Langreiter, Elisabeth Timm (Hrsg.) (2012): *Intersektionalität Revisited. Empirische, theoretische und methodische Erkundungen.* Bielefeld: transcript.

Hettlage, Robert, Ludgera Vogt (Hrsg.) (2000): *Identitäten in der modernen Welt.* Wiesbaden: Westdeutscher Verlag.

Hettlage. Robert, Karl Lenz. (Hrsg.) (1991): *Erving Goffman ein soziologischer Klassiker der zweiten Generation.* Bern: UTB Haupt.

Hettlage, Robert, Karl Lenz (2013): *Projekt Deutschland. Zwischenbilanz nach zwei Jahrzehnten.* München: Fink.

Hildenbrand, Bruno (1999): *Fallrekonstruktive Familienforschung. Anleitungen für die Praxis,* Bd. 6. Opladen: Leske & Budrich.

Hirschauer, Stefan (1993): *Die soziale Konstruktion der Transsexualität. Über die Medizin und den Geschlechtswechsel.* Frankfurt/Main: Suhrkamp.

Hitzler, Ronald (2008): Grenzen der disziplinären Ökumene. *Soziologie* 37: 145-154.

Hof, Christiane (2013): *Lebenslanges Lernen. Eine Einführung.* Stuttgart: Kohlhammer Verlag.

Hoffmann-Riem, Christa (1988): Fragmentierte Elternschaft. Technologischer Fortschritt und familiale Verarbeitung. In: Kurt Lüscher et al. (Hrsg.): *Die „postmoderne" Familie,* 216-233. Konstanz.

Hohenzollern, Johann Georg von, Max Liedtke (1990): *Der weite Schulweg der Mädchen.* Bad Heilbrunn: Klinkhardt.

Höhne, Thomas (2003): *Pädagogik der Wissensgesellschaft.* Bielefeld: transcript.

Hollstein, Bettina (2006): Qualitative Methoden und Netzwerkanalyse – ein Widerspruch. In: Bettina Hollstein, Florian Straus (Hrsg.): *Qualitative Netzwerkanalyse. Konzepte, Methoden, Anwendungen,* 11-35. Wiesbaden: VS Verlag für Sozialwissenschaften.

Hollstein, Bettina, Gina Bria (1998): Reziprozität in Eltern-Kind-Beziehungen? Theoretische Überlegungen und empirische Evidenz. *Berliner Journal für Soziologie;* 8: 7-22.

Hollstein, Bettina, Florian Straus (Hrsg.) (2006): *Qualitative Netzwerkanalyse. Konzepte, Methoden, Anwendungen.* Wiesbaden: VS Verlag für Sozialwissenschaften.

Holtappels, Heinz Günter (2004): Entwicklung von Ganztagsschulen Modelle und Konzeptentwicklung. In: Bundesministerium für Bildung und Forschung (Hrsg.): *Zukunft Bildung und Betreuung. Startkonferenz zum Investitionsprogramm (Dokumentation),* 86-111.

Holzer, Boris (2006): *Netzwerke.* Bielefeld: transcript.

Holzer, Boris (Hrsg.) (2009): *Theorie der Netzwerke oder Netzwerk-Theorie?* Stuttgart: Lucius & Lucius.

Holzhammer, Monika (1997): Einstellungen von Hochschullehrern und Hochschullehrerinnen zur Hochschule als Ort für Frauen. In: Hildegard Macha, Monika Klinkhammer (Hrsg.): *Die andere Stimme der Wissenschaft. Stimmen der Frauen an Hochschulen.* Bielefeld: Kleine

Holzkamp, Klaus (1973): *Sinnliche Erkenntnis. Historischer Ursprung und gesellschaftliche Funktion der Wahrnehmung.* Frankfurt/Main: Athenäum-Fischer

Homans, George Caspar (1965): *Theorie der sozialen Gruppe.* 2. Auflage, Köln: Westdeutscher Verlag.

Honegger, Claudia (1991): *Die Ordnung der Geschlechter. Die Wissenschaften vom Menschen und das Weib, 1750-1850.* Frankfurt/Main: Campus.

Honer, Anne, Michael Meuser, Michaela Pfadenhauer (Hrsg.) (2010): *Fragile Sozialität. Inszenierungen, Sinnwelten, Existenzbastler; Ronald Hitzler zum 60. Geburtstag.* Wiesbaden: VS Verlag für Sozialwissenschaften.

Honig, Michael-Sebastian (1992): *Verhäuslichte Gewalt. Sozialer Konflikt, wissenschaftliche Konstrukte, Alltagswissen, Handlungssituationen: eine Explorativstudie über Gewalthandeln von Familien.* Frankfurt/Main: Suhrkamp.

Honig, Michael-Sebastian (2008): Lebensphase Kindheit. In: Heinz Abels et al. (Hrsg.): *Lebensphasen. Eine Einführung,* 9-76. Wiesbaden: VS Verlag für Sozialwissenschaften.

Honneth, Axel (1985): *Kritik der Macht. Reflexionsstufen einer kritischen Gesellschaftstheorie.* Frankfurt/Main: Suhrkamp.

Honneth, Axel (1999): Jürgen Habermas. In: Dirk Kaesler (Hrsg.): *Klassiker der Soziologie. Bd. 2: Von Talcott Parsons bis Pierre Bourdieu*, 230-251. München: Beck.

Hopf, Christel (2005): *Frühe Bindungen und Sozialisation. Eine Einführung.* Weinheim, München: Juventa.

Horkheimer, Max, Theodor W. Adorno (1995): *Dialektik der Aufklärung. Philosophische Fragmente.* Frankfurt/Main: Fischer.

Hormel, Ulrike, Albert Scherr (2005): *Bildung für die Einwanderungsgesellschaft. Perspektiven der Auseinandersetzung mit struktureller, institutioneller und interaktioneller Diskriminierung.* Bonn: BpB.

Hornstein, Walter (1990): *Aufwachsen mit Widersprüchen Jugendsituation und Schule heute. Rahmenbedingungen Problemkonstellationen Zukunftsperspektiven.* Stuttgart: Klett.

Hornstein, Walter (1999): Generation und Generationsverhältnis in der radikalisierten Moderne. *Zeitschrift für Pädagogik, 39. Beiheft:* 51-68.

Hradil, Stefan (Hrsg.) (2013): *Deutsche Verhältnisse. Eine Sozialkunde.* Frankfurt/Main: Campus.

Hradil, Stefan (2013): Soziale Ungleichheit. Eine Gesellschaft rückt auseinander. In: Stefan Hradil (Hrsg.): *Deutsche Verhältnisse. Eine Sozialkunde*, 152-184. Frankfurt/Main: Campus.

Hradil, Stefan, Jürgen Schiener (2005): *Soziale Ungleichheit in Deutschland.* 8. Auflage, Wiesbaden: VS Verlag für Sozialwissenschaften.

Huinink, Johannes (1995): *Warum noch Familie? Zur Attraktivität von Partnerschaft und Elternschaft in unserer Gesellschaft.* Frankfurt/Main: Campus.

Huinink, Johannes, Dirk Konietzka (2007): *Familiensoziologie. Eine Einführung.* Frankfurt/Main: Campus.

Hullen, Gert (2006): Meine Kinder, deine Kinder, unsere Kinder – Patchwork-Familien. *BiB-Mitteilungen:* 15-18.

Hunze, Annette (1997): Geschlechtertypisierung in Schulbüchern. In: Monika Stürzer, Henrike Roisch, Annette Hunze, Waltraud Cornelißen (Hrsg.): *Geschlechterverhältnisse in der Schule*, 53-82. Opladen: Leske & Budrich.

Hurrelmann, Klaus (Hrsg.) (1974): *Soziologie der Erziehung.* Weinheim, Basel: Beltz.

Hurrelmann, Klaus (2010): *Lebensphase Jugend. Eine Einführung in die sozialwissenschaftliche Jugendforschung.* 10. Auflage, Weinheim, München: Juventa.

Hurrelmann, Klaus, Matthias Grundmann, Sabine Walper (Hrsg.) (2008): *Handbuch Sozialisationsforschung.* 7. überarb. Auflage, Weinheim und Basel: Beltz.

Hurrelmann, Klaus, Norbert Rixius, Heinz Schirp (Hrsg.) (1996): *Gegen Gewalt in der Schule.* Weinheim, Basel: Beltz.

Hurrelmann, Klaus, Bernd Rosewitz, Hartmut K. Wolf (1985): *Lebensphase Jugend. Eine Einführung in die sozialwissenschaftliche Jugendforschung.* Weinheim, München: Juventa.

Imbusch, Peter (2002): Macht und Herrschaft. In: Hans Korte, Bernhard Schäfers (Hrsg.): *Einführung in die Hauptbegriffe der Soziologie*, 164-184. Opladen: Leske & Budrich.

Iske, Stefan et al. (2007): Virtuelle Ungleichheit und Bildung – Internetnutzung Jugendlicher und ihre Bedeutung für Bildung und Teilhabe. In: Kompetenzzentrum Informelle Bildung (Hrsg.): *Grenzenlose Cyberwelt? Zum Verhältnis von digitaler Ungleichheit und neuen Bildungszugängen für Jugendliche*, 65-92. Wiesbaden: VS Verlag für Sozialwissenschaften.

Jannan, Mustafa (2008): *Das Anti-Mobbing-Buch. Gewalt an der Schule vorbeugen erkennen handeln.* Weinheim, Basel: Beltz.

Janowitz, Morris (1973): Wissenschaftshistorischer Überblick zur Entwicklung des Grundbegriffs „Soziale Kontrolle". *Kölner Zeitschrift für Soziologie und Sozialpsychologie* 25: 499-514.

Joas, Hans (1980): *Praktische Intersubjektivität. Die Entwicklung des Werkes von G. H. Mead.* Frankfurt/Main: Suhrkamp.

Joas, Hans, Wolfgang Knöbl (2011): *Sozialtheorie. Zwanzig einführende Vorlesungen.* 3. Auflage, Frankfurt/Main: Suhrkamp.

Johnson, Michael (1995): Patriarchal terrorism and common couple violence. Two forms of violence against women. *Journal of Marriage and the Family;* 57: 283-294.

Joos, Magdalena (2001): *Die soziale Lage der Kinder. Sozialberichterstattung über die Lebensverhältnisse von Kindern in Deutschland.* Weinheim, München: Juventa.

Junge, Matthias (1994): Sozialisationstheorien vor dem Hintergrund von Modernisierung. Individualisierung und Postmodernisierung. In: Dagmar Hoffmann, Hans Merkens (Hrsg.): *Jugendsoziologische Sozialisationstheorie*, 35-50. Weinheim, München: Juventa.

Jugendmonitor (2014): *Gesamtbericht.* Hrsg. v. Bundesministerium für Familien und Jugend. Wien.

Jurczyk, Karin et al. (2009): *Entgrenzte Arbeit entgrenzte Familie. Grenzmanagement im Alltag als neue Herausforderung*, Bd. 100. Berlin: Edition Sigma.

Jurt, Joseph (2009): Leben und Werk. In: Gerhard Fröhlich, Boike Rehbein (Hrsg.): *Bourdieu-Handbuch. Leben Werk Wirkung*, 1. Auflage, 1-9. Stuttgart: J.B. Metzler.

Kahlert, Heike (2010): Bildungs- und Erziehungssoziologie. In: Georg Kneer, Markus Schröer (Hrsg.): *Handbuch Spezielle Soziologien*, 67-84. Wiesbaden: VS Verlag für Sozialwissenschaften.

Keller, Reiner. 2012. *Das interpretative Paradigma. Eine Einführung.* Wiesbaden: VS Verlag für Sozialwissenschaften.

Kerber, Irene (1991): (Mit) Jungen im Kindergarten. In: Reinhard Winter, Horst Willems (Hrsg.): *Was fehlt, sind Männer! Ansätze praktischer Jungen- und Männerarbeit*, 19-28. Schwäbisch Gmünd u.a.: Neuling-Verlag.

Kersten, Joachim(1997): *Gut und (Ge)schlecht. Männlichkeit, Kultur und Kriminalität.* Berlin: de Gruyter.

Kessl, Fabian et al. (Hrsg.) (2005): *Handbuch Sozialraum.* Wiesbaden: VS Verlag für Sozialwissenschaften.

Kessler, Suzanne J. (1998): *Lessons from the intersexed.* New Brunswick, New Jersey: Rutgers University Press.

Kessler, Suzanne J., Wendy McKenna (1978): *Gender. An Ethnomethodological Approach.* Chicago/London: University of Chicago Press.

Keupp, Heiner (1987): Soziale Netzwerke. Eine Metapher des gesellschaftlichen Umbruchs. In: Heiner Keupp, Bernd Röhrle (Hrsg.): *Soziale Netzwerke*, 11-53. Frankfurt/Main: Campus.

Keupp, Heiner, Renate Höfer (Hrsg.) (1997): *Identitätsarbeit heute. Klassische und aktuelle Perspektiven der Identitätsforschung.* Frankfurt/Main: Suhrkamp.

Kieserling, André (1999): *Kommunikation unter Anwesenden. Studien über Interaktionssysteme.* Frankfurt/Main: Suhrkamp.

Kirchhöfer, Dieter (2004): *Lernkultur Kompetenzentwicklung. Begriffliche Grundlagen.* Berlin: ESM.

Kirchmeier, Christian (2012): Sinn. In: Oliver Jahraus, Armin Nassehi, Mario Grizelj, Irmhild Saake, Christian Kirchmeier, Julian Müller (Hrsg.): *Luhmann-Handbuch. Leben Werk Wirkung*, 117-119. Stuttgart: J.B. Metzler.

Klieme, Eckhard et al. (Hrsg.) (2010): *PISA 2009. Bilanz nach einem Jahrzehnt.* Münster: Verlag

Knapp, Gudrun-Axeli (1987): Arbeitsteilung und Sozialisation. Konstellation von Arbeitsvermögen und Arbeitskraft im Lebenszusammenhang von Frauen. In: Ursula Beer (Hrsg.): *Klasse, Geschlecht*, 267-308. Bielefeld.

Kneer, Georg (Hrsg.) (1997): *Soziologische Gesellschaftsbegriffe. Konzepte moderner Zeitdiagnosen.* München: Fink.

Kneer, Georg, Armin Nassehi (1993): *Niklas Luhmanns Theorie sozialer Systeme. Eine Einführung.* München: UTB Fink.

Knoblauch, Hubert (1995): *Kommunikationskultur. Die kommunikative Konstruktion kultureller Kontexte.* Berlin, New York: Gruyter.

Knorr-Cetina, Karin (1989): Spielarten des Konstruktivismus. Einige Notizen und Anmerkungen. *Soziale Welt* 40: 86-96.

Koch, Sabine (2002): Interkulturelle Jugendarbeit. In: Wolfgang Schröer, Norbert Struck, Mechthild Wolff (Hrsg.): *Handbuch Kinder- und Jugendhilfe.* Weinheim, München: Juventa.

Koch-Priewe, Barbara, Arne Niederbacher, Annette Textor, Peter Zimmermann (2009): *Jungen Sorgenkinder oder Sieger? Ergebnisse einer quantitativen Studie und ihre pädagogischen Implikationen*. Wiesbaden: VS Verlag für Sozialwissenschaften.

Kohli, Martin (1985): Die Institutionalisierung des Lebenslaufs. Historische Befunde und theoretische Argumente. *Kölner Zeitschrift für Soziologie und Sozialpsychologie* 37: 1-29.

Kohli, Martin, Harald Künemund (Hrsg.) (2000): *Die zweite Lebenshälfte. Gesellschaftliche Lage und Partizipation im Spiegel des Alters-Survey.* Opladen: Leske & Budrich.

Kopp, Johannes (2009): *Bildungssoziologie. Eine Einführung anhand empirischer Studien*. Wiesbaden: VS Verlag für Sozialwissenschaften.

Koppetsch, Cornelia, Günter Burkart (1999): *Die Illusion der Emanzipation. Zur Wirksamkeit latenter Geschlechtsnormen im Milieuvergleich*. Konstanz: UVK.

Krafft-Ebing, Richard von (1984): *Psychopathia sexualis. Mit besonderer Berücksichtigung der konträren Sexualempfindungen. Eine medizinisch-gerichtliche Studie für Ärzte und Juristen.* Orig. 1886. München: Matthes und Seitz.

Krais, Beate (1994): Erziehungs- und Bildungssoziologie. In: Harald Kerber, Arnold Schmieder (Hrsg.): *Spezielle Soziologien. Problemfelder, Forschungsbereiche, Anwendungsorientierung*, 556-576. Reinbek bei Hamburg: Rowohlt.

Krais, Beate, Gunter Gebauer (2002): *Habitus*. Bielefeld: transcript.

Kränzl-Nagl, Renate, Johanna Mierendorff, Thomas Olk. (Hrsg.) (2003): *Kindheit im Wohlfahrtsstaat. Gesellschaftliche und politische Herausforderungen*. Frankfurt/Main, New York: Campus.

Krappmann, Lothar (1985): Mead und die Sozialisationsforschung. In: Hans Joas (Hrsg.): *Das Problem der Intersubjektivität. Neuere Beiträge zum Werk George Herbert Meads*, 156-178. Frankfurt/Main: Suhrkamp.

Krappmann, Lothar (1999): Die Reproduktion gesellschaftlicher Ungleichheit in der Kinderwelt. In: Matthias Grundmann (Hrsg.): *Konstruktivistische Sozialisationsforschung. Lebensweltliche Erfahrungskontexte, individuelle Handlungskompetenzen und die Konstruktion sozialer Strukturen*, 134-146. Frankfurt/Main: Suhrkamp.

Krappmann, Lothar (2005): *Soziologische Dimensionen der Identität. Strukturelle Bedingungen für die Teilnahme an Interaktionsprozessen*. 10. Auflage, Orig. 1971. Stuttgart: Klett-Cotta.

Krappmann, Lothar, Hans Oswald (1983): Beziehungsgeflechte und Gruppen von gleichaltrigen Kindern in der Schule. In: Friedhelm Neidhardt (Hrsg.): *Gruppensoziologie.* Sonderheft 25 der Kölner Zeitschrift für Soziologie und Sozialpsychologie, 420-450. Opladen: Leske & Budrich.

Krappmann, Lothar, Hans Oswald (1995): *Alltag der Schulkinder. Beobachtungen und Analysen von Interaktionen und Sozialbeziehungen*. Weinheim, München: Juventa.

Kraul, Margret (1993): Bildungstheorie oder Pragmatik? Determinanten in der Geschichte der Koedukation. *Jahrbuch für Historische Bildungsforschung* 1: 69-87.

Krenz, Armin (1991): *Der „situationsorientierte Ansatz" im Kindergarten. Grundlagen und Praxis*. Freiburg im Breisgau, Basel, Wien: Herder.

Krisch, Richard (2009): *Sozialräumliche Methodik der Jugendarbeit. Aktivierende Zugänge und praxisleitende Verfahren*. Weinheim, München: Juventa.

Krüger, Dorothea, Holger Herma, Anja Schierbaum (Hrsg.) (2013): *Familie(n) heute : Entwicklungen, Kontroversen, Prognosen*. Weinheim, Basel: Beltz Juventa.

Kuger, Susanne et al. (2011): Gender im Kindergarten. Empirische Datenlage zu Unterschieden zwischen Mädchen und Jungen. *Zeitschrift für Pädagogik* 57: 269-290.

Kuhn, Hans Peter (2006): Geschlechterverhältnisse in der Schule. Sind die Jungen jetzt benachteiligt? Eine Sichtung empirischer Studien. In: Barbara Rendtorff, Annedore Prengel (Hrsg.): *Jahrbuch Frauen- und Geschlechterforschung in der Erziehungswissenschaft. Bd. 4*, 49-71. Opladen: Leske & Budrich.

Kutscher, Nadja, Hans-Uwe Otto (2007): Ermöglichung durch kontingente Angebote. Bildungszugänge und Internetnutzung. In: Claus J. Tully (Hrsg.): *Lernen in flexibilisierten Welten.*. Weinheim, München: Juventa.

Laewen, Hans-Joachim et al. (Hrsg.) (1997): *Der Situationsansatz. Vergangenheit und Zukunft; theoretische Grundlagen und praktische Relevanz; Dokumentation der Referate und Diskussionen der Frühjahrstagung der Kommission Pädagogik der Frühen Kindheit der Deutschen Gesellschaft für Erziehungswissenschaften vom 17. bis 19. Mai 1995 in Potsdam*. Seelze-Velber: Kallmeyer.

Laireiter, Anton-Rupert (2009): Soziales Netzwerk und soziale Unterstützung. In: Karl Lenz, Frank Nestmann (Hrsg.): *Handbuch Persönliche Beziehungen*, 75-99. Weinheim, München: Juventa.

Lamnek, Siegfried (1994): *Neue Theorien abweichenden Verhaltens*. München: UTB Fink.

Lancaster, Roger N., Micaela di Leonardo (Hrsg.) (1997): *The Gender Sexuality Reader. Culture, History and Political Economy*. New York, London: Routledge.

Lang, Claudia (2006): *Intersexualität. Menschen zwischen den Geschlechtern*. Frankfurt/Main, New York: Campus.

Lange, Andreas (2003): Theorieentwicklung in der Jugendforschung durch Konzeptimport. In: Jürgen Mansel, Hartmut M. Griese, Albert Scherr (Hrsg.): *Theoriedefizite in der Jugendforschung*. Weinheim, München: Juventa.

Laqueur, Thomas (1992): *Auf den Leib geschrieben. Die Inszenierung der Geschlechter von der Antike bis Freud*. Frankfurt/Main etc.: Campus.

Lauterbach, Wolfgang (2004): *Die multilokale Mehrgenerationenfamilie. Zum Wandel der Familienstruktur in der zweiten Lebenshälfte*. Würzburg: Ergon.

Lautmann, Rüdiger (2011): Der Institutionalisierungsprozess gleichgeschlechtlicher Lebensgemeinschaften. In: Marina Rupp (Hrsg.): *Partnerschaft und Elternschaft bei gleichgeschlechtlichen Paaren. Verbreitung, Institutionalisierung und Alltagsgestaltung*. Sonderheft 7 der Zeitschrift für Familienforschung, Bd. 7., 185-204. Leverkusen: Barbara Budrich.

Leeder, Elaine J. (Hrsg.) (2004): *The Family in Global Perspective*. Thousand Oaks: Sage.

Leiter, Kenneth (1980): *A Primer on Ethnomethodology*. New York: University Press.

Lemert, Edwin M. (1974): Der Begriff der sekundären Devianz. In: Klaus Lüderssen, Fritz Sack (Hrsg.): *Seminar Abweichendes Verhalten I*, 433-476. Frankfurt/Main: Suhrkamp.

Lemert, Edwin M. (1951): *Social Pathology*. New York/Toronto/London: McGraw-Hill.

Lenz, Albert (Hrsg.) (2011): *Empowerment. Handbuch für die ressourcenorientierte Praxis*. Tübingen: DGVT-Verlag

Lenz, Hans-Joachim (2007): Gewalt und Geschlechterverhältnis aus männlicher Sicht. In: Silke Birgitta Gahleitner, Hans-Joachim Lenz (Hrsg.): *Gewalt und Geschlechterverhältnisse. Interdisziplinäre und geschlechtersensible Analysen und Perspektiven*, 21-52. Weinheim, München: Juventa.

Lenz, Karl (1991a): Erving Goffman Werk und Rezeption. In: Robert Hettlage, Karl Lenz (Hrsg.): *Erving Goffman ein soziologischer Klassiker der zweiten Generation*, 27-96. Bern: UTB Haupt.

Lenz, Karl (1991b): Goffman ein Strukturalist? In: Robert Hettlage, Karl Lenz (Hrsg.): *Erving Goffman ein soziologischer Klassiker der zweiten Generation*, 243-297. Bern: UTB Haupt.

Lenz, Karl (2003a): Familie – Abschied von einem Begriff? *Erwägen – Wissen – Ethik (EWE)* 14: 485-498.

Lenz, Karl (2003b): Wie sich Frauen und Männer kennen lernen. Paarungsmuster im Wandel. In: Karl Lenz (Hrsg.): *Frauen und Männer. Zur Geschlechtertypik persönlicher Beziehungen*, 55-92. Weinheim, München: Juventa.

Lenz, Karl (2003c): Zur Geschlechtstypik persönlicher Beziehungen eine Einführung. In: Karl Lenz (Hrsg.): *Frauen und Männer. Zur Geschlechtertypik persönlicher Beziehungen*, 7-51. Weinheim, München: Juventa.

Lenz, Karl (2009a): Paare in der Aufbauphase. In: Karl Lenz, Frank Nestmann (Hrsg.): *Handbuch Persönliche Beziehungen*, 189-220. Weinheim, München: Juventa.

Lenz, Karl (2009b): Persönliche Beziehungen: Soziologische Traditionslinien. In: Karl Lenz, Frank Nestmann (Hrsg.): *Handbuch Persönliche Beziehungen*, 29-48. Weinheim, München: Juventa.

Lenz, Karl (2009c): *Soziologie der Zweierbeziehung. Eine Einführung*. 4. bearb. Auflage, Wiesbaden: VS Verlag für Sozialwissenschaften.

Lenz, Karl (2013): Abschied von der Normalfamilie – Familie als Plural. In: Cornelia Wustmann, Anke Karber, Anita Giener-Grün (Hrsg.): *Kindheit aus sozialwissenschaftlicher Perspektive*, 37-56. Graz: Grazer Universitätsverlag.

Lenz, Karl (2014): Lügen im Alltag. Omnipräsent und diskreditiert. In: Alfred Bellebaum, Robert Hettlage (Hrsg.): *Unser Alltag ist voll von Gesellschaft. Sozialwissenschaftliche Beiträge*, 175-209. Wiesbaden: Springer VS.

Lenz, Karl, Marina Adler (2010): *Geschlechterverhältnisse. Einführung in die sozialwissenschaftliche Geschlechterforschung. Bd. 1.* Weinheim, München: Juventa.

Lenz, Karl, Marina Adler (2011): *Geschlechterbeziehungen. Einführung in die sozialwissenschaftliche Geschlechterforschung. Bd. 2.* Weinheim, München: Juventa.

Lenz, Karl, Sabine Dressler, Sylka Scholz (2013): In: Liebe verbunden. Paar- und Elter(n)-Kind-Liebe in der soziologischen Diskussion. In: Sylka Scholz, Karl Lenz, Sabine Dreßler (Hrsg.): *In Liebe verbunden. Zweierbeziehungen und Elternschaft in populären Ratgebern von den 1950ern bis heute*, 11-48. Bielefeld: transcript.

Lenz, Karl, Frank Nestmann (Hrsg.) (2009): *Handbuch Persönliche Beziehungen*. Weinheim, München: Juventa.

Lenz, Karl, Martin Rudolph, Ursel Sickendiek (1999): Alter und Altern aus sozialgerontologischer Sicht. In: Karl Lenz, Martin Rudolph, Ursel Sickendiek (Hrsg.): *Die alternde Gesellschaft. Problemfelder gesellschaftlichen Umgangs mit Altern und Alter*, 7-96. Weinheim, München: Juventa.

Lenz, Karl, Sylka Scholz (2013): Das idealisierte Kind. Elter(n)-Kind-Beziehungen in populären Erziehungsratgebern. In: Sylka Scholz, Karl Lenz, Sabine Dreßler (Hrsg.): *In Liebe verbunden. Zweierbeziehungen und Elternschaft in populären Ratgebern von den 1950ern bis heute*, 257-274. Bielefeld: transcript.

Lenzen, Dieter, Jürgen Baumert (Hrsg.) (2004): *PISA und die Konsequenzen für die erziehungswissenschaftliche Forschung.* Zeitschrift für Erziehungswissenschaft Beiheft, Bd. 3. Wiesbaden: VS Verlag für Sozialwissenschaften.

Lenzen, Dieter, Hans-Peter Blossfeld (2009): *Geschlechterdifferenzen im Bildungssystem. Jahresgutachten 2009.* Wiesbaden: VS Verlag für Sozialwissenschaften.

Leonhardt, Gero (1994): *Schule und bürokratische Rationalität.* Frankfurt/Main: Suhrkamp.

Liebsch, Katharina (2002): Identität und Habitus. In: Hans Korte, Bernhard Schäfers (Hrsg.): *Einführung in die Hauptbegriffe der Soziologie.* Opladen: Leske & Budrich.

Lind, Inken (2004): *Aufstieg oder Ausstieg? Karrierewege von Wissenschaftlerinnen. Ein Forschungsüberblick.* Bielefeld: Kleine.

Lindemann, Gesa. 1993. *Das paradoxe Geschlecht. Transsexualität im Spannungsfeld von Körper, Leib und Gefühl.* Frankfurt/Main: Fischer.

Linton, Ralph (1973): Rolle und Status. In: Heinz Hartmann (Hrsg.): *Moderne amerikanische Soziologie*, 308-315. München: dtv.

Lockwood, David (1970): Soziale Integration und Systemintegration. In: Wolfgang Zapf (Hrsg.): *Theorien des sozialen Wandels*, 2. Auflage, 124-137. Köln: Kiepenheuer & Witsch.

Lösel, Friedrich (1975): Stigmatisierung in der Schule. In: Manfred Brusten, Jürgen Hohmeier (Hrsg.): *Stigmatisierung. Zur Produktion gesellschaftlicher Randgruppen Bd. 2*, 7-32. Darmstadt: Luchterhand.

Löw, Martina (2001): *Raumsoziologie.* Frankfurt/Main: Suhrkamp.

Löw, Martina, Gabriele Sturm (2005): Raumsoziologie. In: Fabian Kessl et al. (Hrsg.): *Handbuch Sozialraum,* 31-48. Wiesbaden: VS Verlag für Sozialwissenschaften.

Lück, Detlev (2014): Geschlechterunterschiede und Geschlechterunterscheidungen in Europa eine Einführung zum Thema. In: Detlev Lück, Waltraud Cornelißen (Hrsg.): *Geschlechterunterschiede und Geschlechterunterscheidungen in Europa*, 1-27. Stuttgart: Lucius & Lucius.

Lück, Detlev, Waltraud Cornelißen (Hrsg.) (2014): *Geschlechterunterschiede und Geschlechterunterscheidungen in Europa.* Stuttgart: Lucius & Lucius.

Luhmann, Niklas (1975): Interaktion, Organisation, Gesellschaft. In: Niklas Luhmann (Hrsg.): *Soziologische Aufklärung 2. Aufsätze zur Theorie der Gesellschaft*, 9-20. Wiesbaden: Westdeutscher Verlag.

Luhmann, Niklas (1975): Wie ist Bewusstsein an Kommunikation beteiligt? In: Niklas Luhmann (Hrsg.): *Soziologische Aufklärung 2. Aufsätze zur Theorie der Gesellschaft*, 23-47. Wiesbaden: Westdeutscher Verlag.

Luhmann, Niklas (1984): *Soziale Systeme. Grundriss einer allgemeinen Theorie.* Frankfurt/Main: Suhrkamp.
Luhmann, Niklas (1990): *Die Wissenschaft der Gesellschaft.* Frankfurt/Main: Suhrkamp.
Luhmann, Niklas (1995): Die Autopoieses des Bewusstseins. In: Niklas Luhmann (Hrsg.): *Soziologische Aufklärung 6: Soziologie und der Mensch*, 55-112. Wiesbaden: Westdeutscher Verlag.
Luhmann, Niklas (1995): Was ist Kommunikation? In: Niklas Luhmann (Hrsg.): *Soziologische Aufklärung 6: Soziologie und der Mensch*, 113-124. Wiesbaden: Westdeutscher Verlag.
Lukes, Steven (2005): *Power. A radical view.* 2., erw. Auflage, Basingstoke: Palgrave Macmillan.
Lüscher, Kurt, Ludwig Liegle (2003): *Generationenbeziehungen in Familie und Gesellschaft.* Konstanz: UVK.

Mannheim, Karl (1965): Das Problem der Generation. Orig. 1926. In: Ludwig von Friedeburg (Hrsg.): *Jugend in der modernen Gesellschaft*, 23-48. Köln u.a.: Kiepenheuer & Witsch.
Marx, Karl (1974): *Zur Kritik der politischen Ökonomie.* 9. Auflage, Berlin: Dietz.
Masche, J. Gowert (2000): Emotionale Unterstützung zwischen jungen Erwachsenen und ihren Eltern. *Zeitschrift für Soziologie der Erziehung und Sozialisation;* 20: 362-378.
Mauss, Marcel (1968): *Die Gabe. Form und Funktion des Austauschs in archaischen Gesellschaften.* Frankfurt/Main: Suhrkamp.
Mayer, Karl Ulrich (1990): Lebensverläufe und sozialer Wandel. Anmerkungen zu einem Forschungsprogramm. In: Karl U. Mayer (Hrsg.): *Lebensverläufe und sozialer Wandel.* Kölner Zeitschrift für Soziologie und Sozialpsychologie Sonderheft, Bd. 31, 7-21. Opladen: Westdeutscher Verlag.
Mayer, Karl Ulrich (2001): Lebensverlauf. In: Bernhard Schäfers, Wolfgang Zapf (Hrsg.): *Handwörterbuch zur Gesellschaft Deutschlands*, 2., erw. und aktualisierte Auflage, 446-459. Opladen: Leske & Budrich.
Mayer, Karl Ulrich, Eva Schulze (2009): *Die Wendegeneration. Lebensverläufe des Jahrgangs 1971.* Frankfurt/Main: Campus.
Mayntz, Renate (1977): *Soziologie der Organisation.* Reinbek bei Hamburg: Rowohlt.
McCall, George J., Jerry L. Simmons (1974): *Identität und Interaktion. Untersuchungen über zwischenmenschliche Beziehungen im Alltagsleben.* Orig. 1966. Düsseldorf: Schwann.
Mead, George H. (1968): *Geist, Identität, Gesellschaft.* Frankfurt/Main: Suhrkamp.
Mead, Margaret (1992): *Mann und Weib. Das Verhältnis der Geschlechter in einer sich wandelnden Welt.* Frankfurt/Main, Berlin: Ullstein.
Melzer, Wolfgang, Karl Lenz, Ludwig Bilz (2010): Gewalt in Familie und Schule. In: Heinz-Herrmann Krüger, Cathleen Grunert (Hrsg.): *Handbuch der Kinder- und Jugendforschung*, 2. erweitere Auflage, 957-986. Opladen.
Menz, Simone (2008): *Übergänge und Familie. Eine empirische Untersuchung zur ostdeutschen Übergangsproblematik im Verweisungszusammenhang von Familie.* Weinheim, München: Juventa.
Menzel, Birgit, Jan Wehrheim (2010): Soziologie Sozialer Kontrolle. In: Georg Kneer, Markus Schröer (Hrsg.): *Handbuch Spezielle Soziologien*, 509-524. Wiesbaden: VS Verlag für Sozialwissenschaften.
Messmer, Heinz (2003): *Der soziale Konflikt. Kommunikative Emergenz und systemische Reproduktion.* Stuttgart: Lucius & Lucius.
Meulemann, Heiner (1999): Stichwort: Lebensverlauf, Biographie und Bildung. *Zeitschrift für Erziehungswissenschaft;* 2: 305-324.
Meuser, Michael (2006): *Geschlecht und Männlichkeit. Soziologische Theorie und kulturelle Deutungsmuster.* 2., überarb. Auflage, Wiesbaden: VS Verlag für Sozialwissenschaften.
Meyer, Thomas (2001): *Die Soziologie Theodor Geigers. Emanzipation von der Ideologie.* Wiesbaden: VS Verlag für Sozialwissenschaften.
Michaelsen-Gärtner, Britta, Peter Paulus (2008): Psychische Störungen im Kindes- und Jugendalter: Prävention und Intervention. In: Herbert Scheithauer (Hrsg.): *Problemverhalten und Gewalt im Jugendalter. Erscheinungsformen, Entstehungsbedingungen, Prävention und Intervention*, 241-257. Stuttgart: Kohlhammer.

Micus-Loos, Christine (2009): „Auch Frauen sind zu allem fähig“. Theorien und empirische Befunde zum Umgang der Geschlechter mit Aggressionen. In: Jutta Elz (Hrsg.): *Täterinnen. Befunde, Analysen, Perspektiven,* Bd. 58., 45-72. Wiesbaden: KrimZ.

Mierendorff, Johanna (2010): *Kindheit und Wohlfahrtsstaat. Entstehung, Wandel und Kontinuität des Musters moderner Kindheit.* Weinheim, München: Juventa.

Miller, Walter B. (1968): Die Kultur der Unterschicht als Entstehungsmilieu für Bandendelinquenz. In: Fritz Sack, Rene König (Hrsg.): *Kriminalsoziologie,* 339-359. Frankfurt/Main: Akademische Verlags-Gesellschaft.

Mitchell, James Clyde (Hrsg.) (1969): *Social networks in urban situations. Analyses of personal relationships in Central African towns.* Manchester: Manchester Univ. Press.

Mitterauer, Michael (1989): Geschlechtsspezifische Arbeitsteilung und Geschlechterrollen in ländlichen Gesellschaften Mitteleuropas. In: Martin, Jochen, Renate Zoepffel (Hrsg.): *Aufgaben, Rollen und Räume von Frau und Mann,* 819-914. Freiburg: Alber.

Möbius, Paul Julius August (1900): *Ueber den physiologischen Schwachsinn des Weibes.* Halle: Marhold.

Moebius, Stephan (2002): *Simmel lesen. Moderne, dekonstruktive und postmoderne Lektüren der Soziologie von Georg Simmel.* Stuttgart: Ibidem-Verlag

Mollenhauer, Klaus (1968): *Erziehung und Emanzipation. Polemische Skizzen.* München: Juventa.

Moreno, Jacob Levy (1934): *Who shall survive? A new approach to the problem of human interrelations.* Washington: Nervous and Mental Disease Publ. Co.

Müller, Hans-Peter (1999): Emile Durkheim. In: Dirk Kaesler (Hrsg.): *Klassiker der Soziologie. Bd. 2: Von Talcott Parsons bis Pierre Bourdieu,* 151-171. München: Beck.

Müller, Hans-Peter, Michael Schmid (1988): Arbeitsteilung, Solidarität und Moral. Eine werkgeschichtliche und systematische Einführung in die Arbeitsteilung von Emile Durkheim. In: Émile Durkheim (Hrsg.): *Über soziale Arbeitsteilung,* 2. Auflage, 481-521. Frankfurt/Main: Suhrkamp.

Müller, Ursula, Monika Schröttle (2004): *Lebenssituation, Sicherheit und Gesundheit von Frauen in Deutschland. Eine repräsentative Untersuchung zu Gewalt gegen Frauen in Deutschland im Auftrag des Bundesministeriums für Familie, Senioren, Frauen und Jugend.* Berlin: BMFSFJ.

Müller-Jentsch, Walther (2003): *Organisationssoziologie. Eine Einführung.* Frankfurt/Main: Campus.

Münch, Richard (1982): *Theorie des Handelns. Zur Rekonstruktion der Beiträge von Talcott Parsons, Emile Durkheim und Max Weber.* Frankfurt/Main: Suhrkamp.

Musgrove, Frank (1964): *Youth and the social order.* London: Routledge & Paul.

Muturana, Humberto R., Francisco Varela (1985): Autopoietische Systeme: eine Bestimmung der lebendigen Organismen. In: Muturana, Humberto R. (Hrsg.): *Erkennen. Die Organisation und Verkörperung von Wirklichkeit,* 170-236. Braunschweig: Vieweg

Nassehi, Armin (2011): *Soziologie. Zehn einführende Vorlesungen.* 2. Auflage, Wiesbaden: VS Verlag für Sozialwissenschaften.

Nave-Herz, Rosemarie (2006): *Ehe- und Familiensoziologie. Eine Einführung in Geschichte, theoretische Ansätze und empirische Befunde.* 2. Auflage, Weinheim, München: Juventa.

Neidhardt, Friedhelm (Hrsg.) (1983): *Gruppensoziologie.* Sonderheft 25 der Kölner Zeitschrift für Soziologie und Sozialpsychologie. Opladen: Leske & Budrich.

Nestmann, Frank (1988): *Die alltäglichen Helfer. Theorien sozialer Unterstützung und eine Untersuchung alltäglicher Helfer aus vier Dienstleistungsberufen.* Berlin: de Gruyter.

Nestmann, Frank (1999): Familie als soziales Netzwerk und Familie im sozialen Netzwerk. In: Lothar Böhnisch, Karl Lenz (Hrsg.): *Familien. Eine interdisziplinäre Einführung.* 2., korr. Auflage, 213-234. Weinheim, München: Juventa.

Nestmann, Frank (2010): Soziale Unterstützung – Social Support. In: Wolfgang Schröer, Cornelia Schweppe (Hrsg.): *Enzyklopädie Erziehungswissenschaft Online. Fachgebiet Soziale Arbeit, Grundbegriffe.* Weinheim: Beltz Juventa, DOI 10.3262/EEO 14100113.

Nestmann, Frank, Christiane Schmerl (1991): *Frauen, das hilfreiche Geschlecht. Dienst am Nächsten oder soziales Expertentum?* Reinbek bei Hamburg: Rowohlt.

Neubauer, Gunther (1991): Wenn die Jungen spielen. Beobachtungen zu Jungenspielen und Jungenspielzeug im Kinderhausalltag. In: Reinhard Winter, Horst Willems (Hrsg.): *Was fehlt, sind Männer! Ansätze praktischer Jungen- und Männerarbeit*, 37-44. Schwäbisch Gmünd: Neuling-Verlag.

Neukäter, Heinrich, Heinrich Ricking (1997): Schulabsentismus als Forschungsgegenstand. *Heilpädagogische Forschung:* 50-70.

Nickel, Hildegard M. (1999): Industriegesellschaft am Ende – Arbeit abgeschafft? Frauen und der Geschlechterkampf um Erwerbsarbeit. In: Brigitte Stolz-Willig, Mechthild Veil (Hrsg.): *Es rettet uns kein höheres Wesen. Feministische Perspektiven der Arbeitsgesellschaft*, 9-28. Hamburg: VSA

Nohl, Herman (1933): *Die pädagogische Bewegung in Deutschland und ihre Theorie.* Frankfurt/Main: Schulte-Bulmke.

Nollert, Michael (2010): Kreuzung sozialer Kreise: Auswirkungen und Wirkungsgeschichte. In: Christian Stegbauer, Roger Häußling (Hrsg.): *Handbuch Netzwerkforschung*, 157-165. Wiesbaden: VS Verlag für Sozialwissenschaften.

Nötzoldt-Linden, Ursula (1994): *Freundschaft. Zur Thematisierung einer vernachlässigten soziologischen Kategorie.* Opladen: Westdeutscher Verlag.

Oehme, Andreas (2007): *Übergänge in Arbeit.* Kompetenzentwicklung, Aneignung und Bewältigung in der entgrenzten Arbeitsgesellschaft. Baltmannsweiler, Hildesheim: Schneider.

Ossyssek, Friedolf et al. (1995): Alltagsbelastungen, Ehebeziehungen und elterliches Erziehungsverhalten. In: *Familie als Zukunft* (Hrsg.) Gerhardt, Uta et al. Opladen: Leske & Budrich

Palentien, Christian (2004): *Kinder- und Jugendarmut in Deutschland.* Wiesbaden: VS Verlag für Sozialwissenschaften.

Papastefanou, Christiane (2000): Die Eltern-Kind-Beziehung in der Auszugsphase. Die neue Balance zwischen Verbundenheit und Abgrenzung. *Zeitschrift für Soziologie der Erziehung und Sozialisation;* 20: 379-390.

Parsons, Talcott (1951): *Social System.* Glencoe: Free Press.

Parsons, Talcott (1968): *Sozialstruktur und Persönlichkeit.* Frankfurt/Main: EVA.

Parsons, Talcott, Edward Shils (1962): *Toward a general theory of action.* New York: Harper and Row.

Peters, Helge (Hrsg.) (2000): *Soziale Kontrolle. Zum Problem der Normkonformität in der Gesellschaft.* Opladen: Leske & Budrich.

Peters, Helge (1995): *Devianz und soziale Kontrolle. Eine Einführung in die Soziologie abweichenden Verhaltens.* Weinheim, München: Juventa (Neuauflage 2009).

Peuckert, Rüdiger (2008): *Familienformen im sozialen Wandel.* 7. Auflage, Wiesbaden: VS Verlag für Sozialwissenschaften.

Piaget, Jean (1986): *Das moralische Urteil beim Kinde*, Bd. 15015. München: dtv.

Picht, Georg (1965): *Die deutsche Bildungskatastrophe. Analyse und Dokumentation.* München: dtv.

Plessner, Helmuth (2003): *Die Stufen des Organischen und der Mensch. Einleitung in die philosophische Anthropologie.* Orig. 1928. Frankfurt/Main: Suhrkamp.

Pongs, Armin (1999): *In: welcher Gesellschaft leben wir eigentlich? Gesellschaftskonzepte im Vergleich.* Bd. 1. München: Dilemma-Verlag.

Pongs, Armin (2000): *In: welcher Gesellschaft leben wir eigentlich? Gesellschaftskonzepte im Vergleich.* Bd. 2. München: Dilemma-Verlag.

Popitz, Heinrich (1975): *Der Begriff der sozialen Rolle als Element der soziologischen Theorie.* Tübingen: Mohr.

Popitz, Heinrich (1999): *Phänomene der Macht.* 2., stark erw. Auflage, Tübingen: Mohr.

Popp, Ulrike (2002): *Geschlechtersozialisation und schulische Gewalt. Geschlechtstypische Ausdrucksformen und konflikthafte Interaktionen von Schülerinnen und Schülern.* Weinheim, München: Juventa.

Poschesnik, Gerald, Josef C. Aigner (2011): Fürsten und Könige? Aspekte der Psychodynamik von Männern in pädagogischen Berufsfeldern. *Psychosozial. Schwerpunktthema: Kinder brauchen Männer.* 34, Nr. 126: 57-68.

Prenzel, Manfred et al. (Hrsg.) (2013): *PISA 2012. Fortschritte und Herausforderungen in Deutschland.* Münster: Waxmann.

Pross, Helge (1969): *Über die Bildungschancen von Mädchen in der Bundesrepublik.* 2. Auflage, Frankfurt/Main: Suhrkamp.

Psathas, George (1979): Die Untersuchung von Alltagsstrukturen und das ethnomethodologische Paradigma. In: Walter A. Sprondel, Richard Grathoff (Hrsg.): *Alfred Schütz und die Idee des Alltags in den Sozialwissenschaften*, 178-195. Stuttgart: Enke.

Quensel, Stefan (1970): Wie wird man kriminell? *Kritische Justiz* 3: 375-382.

Quenzel, Gudrun, Klaus Hurrelmann (2010): Geschlecht und Schulerfolg: Ein soziales Stratifikationsmuster kehrt sich um. *Kölner Zeitschrift für Soziologie und Sozialpsychologie* 62: 61-91.

Raab, Jürgen (2008): *Erving Goffman.* Konstanz: UVK.

Radcliffe-Brown, Alfred B. (1940): On social structure. *The Journal of the Royal Anthropological Institute of Great Britain and Ireland*: 1-12.

Raithel, Jürgen (2003): *Kriminalität und Gewalt im Jugendalter. Hell- und Dunkelfeldbefunde im Vergleich.* Weinheim, München: Juventa.

Raithel, Jürgen (2004): *Jugendliches Risikoverhalten. Eine Einführung.* Wiesbaden: VS Verlag für Sozialwissenschaften.

Raithel, Jürgen (2005): *Die Stilisierung des Geschlechts. Jugendliche Lebensstile Risikoverhalten und die Konstruktion von Geschlechtlichkeit.* Weinheim, München: Juventa.

Raithelhuber, Eberhard (2005): Wenn Netzwerke auf Verfahren reduziert werden. In: Helmut Arnold et al. (Hrsg.): *Sozialpädagogische Beschäftigungsförderung* Weinheim, München: Juventa.

Raven, Bertram H. (1993): The base of power: origins and recent developments. *Journal of Social Issues* 49: 227-251.

Rawls, Anne Warfield (2002): Editor's Introduction. In: Harold Garfinkel, Anne W. Rawls (Hrsg.): *Ethnomethodology's program. Working out Durkheim's aphorism*, 1-64. Lanham: Rowman & Littlefield.

Reckwitz, Andreas (2008): *Subjekt.* Bielefeld: transcript.

Rehberg, Karl-Siegbert (2001): Weltrepräsentanz und Verkörperung. Institutionelle Analyse und Symboltheorien – Eine Einführung in systematischer Absicht. In: Gert Melville (Hrsg.): *Institutionalisierung und Symbolisierung. Verstetigung in Vergangenheit und Gegenwart*, 3-49. Köln, Weimar, Wien: Böhlau.

Renn, Joachim (2011): Gesellschaft/Gesellschaftstheorien. In: Helmut Reinalter, Peter J. Brenner (Hrsg.): *Lexikon der Geisteswissenschaften. Sachbegriffe, Disziplinen, Personen*, 268-279. Wien: Böhlau.

Repplinger, Roger (1999): *Auguste Comte und die Entstehung der Soziologie aus dem Geist der Krise.* Frankfurt/Main: Campus.

Reuband, Karl-Heinz (1999): Aushandeln statt Gehorsam. Erziehungsziele und Erziehungspraktiken in den alten und neuen Bundesländern im Wandel. In: Lothar Böhnisch, Karl Lenz (Hrsg.): *Familien. Eine interdisziplinäre Einführung*, 2., korr. Auflage, 129-153. Weinheim, München: Juventa.

Richter, Matthias (2005): *Gesundheit und Gesundheitsverhalten im Jugendalter. Der Einfluss sozialer Ungleichheit.* Wiesbaden: VS Verlag für Sozialwissenschaften.

Ricking, Heinrich, Gisela C. Schulze, Manfred Wittrock (2009): *Schulabsentismus und Dropout. Erscheinungsformen Erklärungsansätze Intervention.* Paderborn: UTB Schöningh.

Riekmann, Barbara (2005): Jedes Lernen braucht seine Zeit. Die Neue Max Brauer Schule. *Pädagogik* 12: 4-9.

Rixius, Norbert (1996): Einander helfen im Schulalltag üblich? In: Klaus Hurrelmann, Norbert Rixius, Heinz Schirp (Hrsg.): *Gegen Gewalt in der Schule*, 139-155. Weinheim, Basel: Beltz.

Roethlisberger, Fritz Jules, William J. Dickson (1939): *Management and the Worker: An Account of a Research Program Conducted by the Western Electric Co.* New York: Science Editions.

Rohrmann, Tim (2008): *Zwei Welten? Geschlechtertrennung in der Kindheit. Forschung und Praxis im Dialog.* Opladen, Farmington Hills: Budrich UniPress.

Rohrmann, Tim et al. (2011): Männer im Kindergarten und Ausbildungseinrichtungen in Österreich. *Psychosozial 34, Nr. 126*: 43-56

Rosa, Hartmut (2006): *Beschleunigung. Die Veränderung der Zeitstrukturen in der Moderne*. 2. Auflage, Frankfurt/Main: Suhrkamp.

Rosa, Hartmut et al. (2007): *Soziologische Theorien*, Bd. 2836. Stuttgart: UTB.

Rose, Arnold M. (Hrsg.) (1962): *Human behavior and social processes. An interactionist approach*. Boston.

Rosenthal, Gabriele (2002): Biographische Forschung. In: Doris Schaeffer (Hrsg.): *Qualitative Gesundheits- und Pflegeforschung*, 133-148. Bern: Huber.

Rosenthal, Gabriele (2011): *Interpretative Sozialforschung. Eine Einführung*. 3., aktualisierte und erg. Auflage, Weinheim, München: Juventa.

Roux, Susanna (2002): *Wie sehen Kinder ihren Kindergarten? Theoretische und empirische Befunde zur Qualität von Kindertagesstätten*. Weinheim, München: Juventa.

Rush, Florence (1982): *Das bestgehütete Geheimnis. Sexueller Kindesmissbrauch*. Berlin: Orlanda Frauenverlag.

Sackmann, Reinhold (2007): *Lebenslaufanalyse und Biografieforschung. Eine Einführung*. Wiesbaden: VS Verlag für Sozialwissenschaften.

Sackmann, Reinhold, Matthias Wingens (2001): Theoretische Konzepte des Lebenslaufs. In: Reinhold Sackmann, Matthias Wingens (Hrsg.): *Strukturen des Lebenslaufs*. Weinheim, München: Juventa.

Schachtner, Christina (1988): *Störfall Alter. Für ein Recht auf Eigen-Sinn*. Frankfurt/Main: Fischer.

Schad, Ute (2000): Ethnizität als Joker. In: *Kind, Jugend, Gesellschaft* 38: 130-138.

Schäfers, Bernhard (Hrsg.) (1999): *Einführung in die Gruppensoziologie. Geschichte, Theorien, Analysen*. 3., korrigierte Auflage, Wiesbaden: UTB Quelle & Meyer.

Schäfers, Bernhard (2013): *Einführung in die Soziologie*. Wiesbaden: Springer VS.

Scheffer, Bernd (2012): Konstruktivismus. In: Oliver Jahraus, Armin Nassehi, Mario Grizelj, Irmhild Saake, Christian Kirchmeier, Julian Müller (Hrsg.): *Luhmann-Handbuch. Leben Werk Wirkung*, 327-330. Stuttgart: J.B. Metzler.

Schefold, Werner (1993): Ansätze zu einer Theorie der Jugendhilfe. *Diskurs* 3: 20-26.

Schenk, Michael (1983): Das Konzept des sozialen Netzwerkes. In: Friedhelm Neidhardt (Hrsg.): *Gruppensoziologie*. Sonderheft 25 der Kölner Zeitschrift für Soziologie und Sozialpsychologie., 88-104. Opladen: Leske & Budrich.

Scheuer, Angelika, Jörg Dittmann (2007): Berufstätigkeit von Müttern bleibt kontrovers. Einstellungen zur Vereinbarkeit von Beruf und Familie in Deutschland und Europa. *Informationsdienst Soziale Indikatoren (ISI)*; 38: 1-5.

Schimank, Uwe (1996): *Theorien gesellschaftlicher Differenzierung*. Opladen: UTB Leske & Budrich.

Schirp, Heinz (1993): Die Schule als lebenswerter Arbeitsplatz für SchülerInnen und LehrerInnen. In: Botho Priebe, Georg Israel, Klaus Hurrelmann (Hrsg.): *Gesunde Schule*, 154-176. Weinheim, Basel: Beltz.

Schlenker, Baary R. (1980): *Impression Management. The Self Concept, Social Identity and Interpersonal Relations*. Monterey: Brooks.

Schmuck, Patricia, Nancy Nagel, Celeste Brody (2002): Studying gender consciousness in single-sex and coeducational high schools. In: Amanda Datnow, Lea Hubbard (Hrsg.): *Gender in Policy and Practice: Perspectives on single-sex and coeducational Schooling*. New York: Routledge.

Schnegg, Michael (2010): Die Wurzeln der Netzwerkforschung. In: Christian Stegbauer, Roger Häußling (Hrsg.): *Handbuch Netzwerkforschung*, 21-28. Wiesbaden: VS Verlag für Sozialwissenschaften.

Schneider, Norbert F. (2008): Grundlagen der sozialwissenschaftlichen Familienforschung – Einführende Betrachtungen. In: Norbert F. Schneider (Hrsg.): *Lehrbuch Moderne Familiensoziologie*, 9-22. Opladen: UTB Barbara Budrich.

Schneider, Norbert F. (Hrsg.) (2008): *Lehrbuch Moderne Familiensoziologie*. Opladen: UTB Barbara Budrich.

Schneider, Norbert F., Doris Rosenkranz, Ruth Limmer (Hrsg.) (1998): *Nichtkonventionelle Lebensformen. Entstehung, Entwicklung, Konsequenzen*. Opladen: Leske & Budrich.

Schniering, Daniel (2006): *Kinder- und Jugendarmut in Deutschland. Grundlagen, Dimensionen, Auswirkungen.* Saarbrücken: VDM.

Scholz, Sylka (2012): *Männlichkeitssoziologie. Studien aus den sozialen Feldern Arbeit, Politik und Militär im vereinten Deutschland.* Münster: Westfälisches Dampfboot.

Scholz, Sylka, Karl Lenz, Sabine Dreßler (Hrsg.) (2013): *In Liebe verbunden. Zweierbeziehungen und Elternschaft in populären Ratgebern von den 1950ern bis heute.* Bielefeld: transcript.

Schönberger, Klaus (2007): Widerständigkeit der Biografie. In: Manfred Seifert et al. (Hrsg.): *Flexible Biografien?* Frankfurt/Main: Campus

Schröer, Sebastian (2013): *HipHop als Jugendkultur?* Berlin: RabenStück-Verlag

Schröer, Wolfgang (2013): Entgrenzung, Übergänge, Bewältigung. In: Wolfgang Schröer, Barbara Stauber, Andreas Walther, Lothar Böhnisch, Karl Lenz (Hrsg.): *Handbuch Übergänge*, 64-79. Weinheim, Basel: Beltz Juventa.

Schröer, Wolfgang, Barbara Stauber, Andreas Walther, Lothar Böhnisch, Karl Lenz (Hrsg.) (2013): *Handbuch Übergänge.* Weinheim, Basel: Beltz Juventa.

Schröer, Wolfgang, Steve Stiehler (Hrsg.) (2008): *Lebensalter. Bd. 5: Erwachsenenalter.* Hohengehren: Schneider.

Schröer, Wolfgang, Norbert Struck, Mechthild Wolff (Hrsg.) (2002): *Handbuch Kinder- und Jugendhilfe.* Weinheim, München: Juventa.

Schuster, Beate (1998): *Interaktionen zwischen Müttern und Kindern. Die Konstruktion sozialer Wirklichkeit in Autoritätsbeziehungen.* Weinheim, München: Juventa.

Schütz, Alfred (2004): *Der sinnhafte Aufbau der sozialen Welt. Eine Einleitung in die verstehende Soziologie,* In: Richard Grathoff (Hrsg.): Alfred Schütz Werkausgabe Bd. 2. Konstanz: UVK.

Schütz, Alfred (2009): Das Problem der transzendentalen Intersubjektivität bei Husserl, In: *Philosophisch-phänomenologische Schriften 1. Zur Kritik der Phänomenologie Edmund Husserls.* Alfred Schütz Werkausgabe Bd. 3.1, 227-256. Konstanz: UVK.

Schütz, Alfred, Thomas Luckmann (1975): *Strukturen der Lebenswelt, Bd.1.* Darmstadt: Luchterhand.

Schütze, Yvonne (1991): *Die gute Mutter. Zur Geschichte des normativen Musters „Mutterliebe".* 2., Auflage, Bielefeld: Kleine.

Schütze, Yvonne (2010): Mütterbilder in Deutschland. *Psychoanalyse Texte zur Sozialforschung* 25: 179-195.

Schwab, Dieter (1975): Artikel „Familie". In: Otto Brunner, Werner Conze und Reinhart Koselleck (Hrsg.): *Geschichtliche Grundbegriffe. Bd. 2,* 253-301. Stuttgart: Klett-Cotta

Schwab, Dieter (1991): Schutz und Entrechtung. Zur Rechtsstellung der Frau nach älterem Recht mit Bezug auf Regensburger Quellen. In: Helmut Altner (Hrsg.): *Emanzipiert und doch nicht gleichberechtigt?,* 83-99. Regensburg: Pustet

Schwietring, Thomas (2011): *Was ist Gesellschaft? Einführung in soziologische Grundbegriffe.* Konstanz: UTB UVK.

Schwind, Hans-Dieter (1990): *Ursachen, Prävention und Kontrolle von Gewalt. Analysen und Vorschläge der Unabhängigen Regierungskommission zur Verhinderung und Bekämpfung von Gewalt (Gewaltkommission).* Berlin: Duncker & Humblot.

Schwingel, Markus (1998): *Pierre Bourdieu zur Einführung.* 3., verb. Auflage, Hamburg: Junius.

Segalen, Martine (1990): *Die Familie. Geschichte, Soziologie, Anthropologie.* Frankfurt/Main: Campus.

Seifert, Ruth (1993): Krieg und Vergewaltigung. Ansätze einer Analyse. In: Alexandra Stiglmayer (Hrsg.): *Massenvergewaltigung. Krieg gegen die Frauen,* 65-108. Frankfurt/Main: Fischer.

Seifert, Manfred et al. (Hrsg.) (2007): *Flexible Biografien?* Frankfurt/Main: Campus.

Sen, Amartya Kumar (2003): *Ökonomie für den Menschen. Wege zu Gerechtigkeit und Solidarität in der Marktwirtschaft.* 2. Auflage, München: dtv.

Sieder, Reinhard (1995): *Sozialgeschichte der Familie.* Frankfurt/Main: Suhrkamp.

Sieder, Reinhard (2008): *Patchworks das Familienleben getrennter Eltern und ihrer Kinder.* Stuttgart: Klett-Cotta.

Sieder, Reinhard (2009): Männer in Patchworkfamilien. In: Karin Jurczyk; Andreas Lange (Hrsg.): *Vater-werden und Vatersein heute,* 289-307. Gütersloh.

Simmel, Georg (1958): *Soziologie. Untersuchungen über die Formen der Vergesellschaftung.* 4. Auflage, Orig. 1908. Berlin: Duncker & Humblot.

Simmel, Georg (1985): Das Relative und das Absolute im Geschlechter-Problem. In: Heinz-Jürgen von Dahme, Klaus Christian Köhnke (Hrsg.) *Georg Simmel -Schriften zur Philosophie und Soziologie der Geschlechter.* 200-223. Frankfurt/Main: Suhrkamp.

Simmel, Georg (1985): Fragment über die Liebe. In: Heinz-Jürgen von Dahme, Klaus Christian Köhnke (Hrsg.): *Georg Simmel - Schriften zur Philosophie und Soziologie der Geschlechter.*, 224-281. Frankfurt/Main: Suhrkamp.

Singh, Joseph Amrito Lal, Adolf Portmann, Robert M. Zingg (1964): *Die „Wolfskinder" von Midnapore. Tagebuch des Missionars.* Heidelberg: Quelle & Meyer.

Solga, Heike (2005): *Ohne Abschluss in die Bildungsgesellschaft. Die Erwerbschancen gering qualifizierter Personen aus soziologischer und ökonomischer Perspektive.* Opladen: Barbara Budrich.

Solga, Heike (2011): Bildungsarmut und Ausbildungslosigkeit in der Bildungs- und Wissensgesellschaft. In: Rolf Becker (Hrsg.): *Lehrbuch der Bildungssoziologie.* 2. Auflage, 411-448. Wiesbaden: VS Verlag für Sozialwissenschaften.

Sommerkorn, Ingrid N. (1993): Soziologie der Bildung und Erziehung. In: Bernhard Schäfers, Hermann Korte (Hrsg.): *Einführung in Spezielle Soziologien.* Opladen: Leske & Budrich.

Soremski, Regina, Andreas Lange (2011): *Bildungsprozesse zwischen Familie und Ganztagsschule. Der Alltag jugendlicher GanztagsschülerInnen; Abschlussbericht.* München: Deutsches Jugendinstitut.

Spitz, René A. (1992): *Vom Säugling zum Kleinkind. Naturgeschichte der Mutter-Kind-Beziehungen im ersten Lebensjahr.* 10. Auflage, Stuttgart: Klett-Cotta.

Srubar, Ilja (1988): *Kosmion. Die Genese der pragmatischen Lebensweltheorie von Alfred Schütz und ihr anthropologischer Hintergrund.* Frankfurt/Main: Suhrkamp.

Stanat, Petra, Susanne Bergann (2009): Geschlechtsbezogene Disparitäten in der Bildung. In: Rudolf Tippelt und Bernhard Schmidt (Hrsg.): *Handbuch Bildungsforschung*, 513-528. Wiesbaden: VS Verlag für Sozialwissenschaften.

Stanat, Petra, Dominique Rauch, Michael Segeritz (2010): Schülerinnen und Schüler mit Migrationshintergrund. In: Eckhard Klieme et al. (Hrsg.): *PISA 2009. Bilanz nach einem Jahrzehnt*, 200-230. Münster: Verlag

Statistisches Bundesamt (2010): *Alleinerziehende in Deutschland. Ergebnisse des Mikrozensus 2009.* Wiesbaden: Statistisches Bundesamt.

Statistisches Bundesamt (2011): *Bildung und Kultur. Wintersemester 2010/2011. Wiesbaden. Studierende an Hochschulen. Fachserie 11 Reihe 4.1 endgültige Ergebnisse-.* Online verfügbar unter: http://www.destatis.de/jetspeed/portal/cms/Sites/destatis/Internet/DE/Content/Publikationen/Fachveroeffentlichungen/BildungForschungKultur/Hochschulen/StudierendeHochschulenEndg2110410117004,property=file.pdf (Stand: 06.02.2012).

Statistisches Bundesamt (2013): *Allgemeinbildende Schulen. Schuljahr 2012/13.* Wiesbaden.

Statistisches Bundesamt et al. (2013): *Datenreport 2013. Ein Sozialbericht für die Bundesrepublik Deutschland.* Bonn: Bundeszentrale für Politische Bildung.

Stauber, Barbara, Andreas Walther (2002): Junge Erwachsene. In: Wolfgang Schröer, Norbert Struck, Mechthild Wolff (Hrsg.): *Handbuch Kinder- und Jugendhilfe.* Weinheim, München: Juventa.

Stauber, Barbara, Andreas Walther (Hrsg.) (2008): *Subjektorientierte Übergangsforschung. Rekonstruktion und Unterstützung biografischer Übergänge junger Erwachsener.* Weinheim, München: Juventa.

Stauber, Barbara, Andreas Walther (2013): Junge Erwachsene eine Lebenslage des Übergangs. In: Wolfgang Schröer, Barbara Stauber, Andreas Walther, Lothar Böhnisch, Karl Lenz (Hrsg.): *Handbuch Übergänge*, 270-290. Weinheim, Basel: Beltz Juventa.

Stegbauer, Christian, Roger Häußling (Hrsg.) (2010): *Handbuch Netzwerkforschung.* Wiesbaden: VS Verlag für Sozialwissenschaften.

Stein-Hilbers, Marlene (1994): *Wem ‚gehört' das Kind? Neue Familienstrukturen und veränderte Eltern-Kind-Beziehungen.* Frankfurt/Main: Campus.

Straus, Florian (2002): *Netzwerkanalysen. Gemeindepsychologische Perspektiven für Forschung und Praxis.* Wiesbaden: Deutscher Universitäts-Verlag.

Straus, Murray A. (1994): *Beating the devil out of them. Corporal punishment in American families.* New York, Toronto, New York: Lexington Books.

Strauss, Anselm Leonard, Leonard Schatzman (1981): *Psychiatric ideologies and institutions. Orig. 1964.* New Brunswick, London: Transaction Books.

Stürzer, Monika (1997): Unterrichtsformen und Interaktionen der Geschlechter in der Schule. In: Monika Stürzer, Henrike Roisch, Annette Hunze und Waltraud Cornelißen (Hrsg.): *Geschlechterverhältnisse in der Schule*, 151-170. Opladen: Leske & Budrich.

Stürzer, Monika (1997): Zur Debatte um Koedukation, Monoedukation und reflexive Koedukation. In: *Geschlechterverhältnisse in der Schule* (Hrsg.) Monika Stürzer, Henrike Roisch, Annette Hunze, Waltraud Cornelißen, 171-186. Opladen: Leske & Budrich.

Südtiroler Männerstudie (2012): Bozen: ASTAT.

Tacke, Veronika (2010): Organisationssoziologie. In: *Handbuch Spezielle Soziologien* (Hrsg.) Georg Kneer, Markus Schröer, 341-359. Wiesbaden: VS Verlag für Sozialwissenschaften.

Tenbruck, Friedrich H. (1989): Freundschaft. Ein Beitrag zur Soziologie der persönlichen Beziehungen. Orig. 1964. In: Friedrich H. Tenbruck (Hrsg.): *Die kulturellen Grundlagen der Gesellschaft. Opladen*, 227-250. Wiesbaden: Westdeutscher Verlag.

Thorne, Barrie (1994): *Gender play. Girls and boys in school.* 2. Auflage, New Brunswick, NJ: Rutgers Univ. Press.

Tillmann, Angela (2008): *Identitätsspielraum Internet. Lernprozesse und Selbstbildungspraktiken von Mädchen und jungen Frauen in der virtuellen Welt.* Weinheim, München: Juventa.

Tippelt, Rudolf, Bernhard Schmidt (Hrsg.) (2009): *Handbuch Bildungsforschung.* Wiesbaden: VS Verlag für Sozialwissenschaften.

Tully, Claus J. (2003): *Mensch Maschine Megabyte. Technik in der Alltagskultur; eine sozialwissenschaftliche Hinführung.* Opladen: Leske & Budrich.

Tully, Claus J. (Hrsg.) (2007): *Lernen in flexibilisierten Welten.* Weinheim, München: Juventa.

Turner, Ralph H. (1970): *Family interaction.* New York: Wiley & Sons.

Turner, Ralph H. (2005): Role-Taking: process versus conformity. Orig. 1962. In: Dennis Brissett, Charles Edgley (Hrsg.): *Life As Theater. A Dramaturgical Sourcebook*, 85-100. New Brunswick: Aldine

Tyrell, Hartmut (1983): Zwischen Interaktion und Organisation. Die Familie als Gruppe. In: Friedhelm Neidhardt (Hrsg.): *Gruppensoziologie.* Sonderheft 25 der Kölner Zeitschrift für Soziologie und Sozialpsychologie., 362-390. Opladen: Leske & Budrich.

Tyrell, Hartmann (1986): Geschlechtliche Differenzierung und Geschlechterklassifikation. *Kölner Zeitschrift für Soziologie und Sozialpsychologie* 38: 450-489.

Tyrell, Hartmann (1989): Überlegungen zur Universalität geschlechtlicher Differenzierung. In: Jochen Martin, Renate Zoepffel (Hrsg.): *Aufgaben, Rollen und Räume von Frau und Mann*, 37-78. Freiburg: Verlag Karl Alber.

Ulich, Klaus (1993): *Schule als Familienproblem. Konfliktfelder zwischen Schülern, Eltern und Lehrern*, 2., erw. und verb. Auflage, Frankfurt/Main: Fischer.

Uslucan, Haci-Halil (2000): „Man muss zur Gewalt greifen, weil man nur so beachtet wird“. *Zeitschrift für Sozialpädagogik* 1: 74-99.

Vangelisti, Anita L., Daniel Perlman (Hrsg.) (2006): *The Cambridge Handbook of Personal Relationsphips.* Cambridge: University Press.

Vaskovics, Laszlo A. (1997): Generationsbeziehungen: Junge Erwachsene und ihre Eltern. In: Eckart Liebau (Hrsg.): *Das Generationenverhältnis. Über das Zusammenleben in Familie und Gesellschaft*, 141-160. Weinheim, München: Juventa.

Vaskovics, Laszlo A. (1998): Lebensläufe junger Erwachsener und elterliche Unterstützungsleistungen. Kontinuitäten und Diskontinuitäten. In: Hans Oswald (Hrsg.): *Sozialisation und Erziehung in neuen Bundesländern.* Zeitschrift für Soziologie der Erziehung und Sozialisation, 2. Beiheft., 215-228. Weinheim, München: Juventa.

Villa, Paula-Irene (2000): *Sexy Bodies. Eine soziologische Reise durch den Geschlechtskörper*. Opladen: Leske & Budrich.

Vivelo, Frank Robert (1995): *Handbuch der Kulturanthropologie. Eine grundlegende Einführung*. 2. Auflage, Stuttgart: Klett-Cotta.

Vogel, Peter (2010): Erziehungswissenschaft und Soziologie. Grenzen und Grenzübergänge. In: Anne Honer, Michael Meuser, Michaela Pfadenhauer (Hrsg.): *Fragile Sozialität. Inszenierungen, Sinnwelten, Existenzbastler; Ronald Hitzler zum 60. Geburtstag*, 482-493. Wiesbaden: VS Verlag für Sozialwissenschaften.

Völker, Susanne (2004): *Hybride Geschlechterpraktiken. Erwerbsorientierungen und Lebensarrangements von Frauen im ostdeutschen Transformationsprozess.* Wiesbaden: VS Verlag für Sozialwissenschaften.

Vom Lehn, Dirk (2012): *Harold Garfinkel.* Konstanz: UVK.

Wagner, Michael, Yvonne Schütze (Hrsg.) (1998): *Verwandtschaft. Sozialwissenschaftliche Beiträge zu einem vernachlässigten Thema.* Stuttgart: Enke.

Wagner, Michael, Bernd Weiß (2005): Konflikte in Partnerschaften. Erste Befunde der Kölner Befragung. *Zeitschrift für Familienforschung* 17: 217-250.

Wahler, Peter, Claus J. Tully, Christine Preiß (2004): *Jugendliche in neuen Lernwelten. Selbstorganisierte Bildung jenseits institutioneller Qualifizierung.* Wiesbaden: VS Verlag für Sozialwissenschaften.

Walther, Andreas (2000): *Spielräume im Übergang in die Arbeit. Junge Erwachsene im Wandel der Arbeitsgesellschaft in Deutschland Italien und Großbritannien.* Weinheim, München: Juventa.

Watzlawick, Paul, Janet B. Bavelas, Don D. Jackson (1982): *Menschliche Kommunikation. Formen, Störungen, Paradoxien.* 7. Auflage, Bern: Huber.

Weber, Max (1972): *Wirtschaft und Gesellschaft.* 5. revidierte Auflage, Orig. 1921/22. Tübingen: Mohr.

Weinberg, Johannes (1996): Kompetenzerwerb in der Erwachsenenbildung. *Hessische Blätter für Volksbildung* 46: 209-216.

Weiß, Carl (1928): *Pädagogische Soziologie.* Leipzig: Klinkhardt.

Weiß, Carl (1964): *Soziologie und Sozialpsychologie der Schulklasse.* 4. Auflage, Bad Heilbrunn: Klinkhardt.

Wellgraf, Stefan (2012): Hauptschule: Formation von Klasse, Ethnizität und Geschlecht. In: Sabine Hess et al. (Hrsg.): *Intersektionalität Revisited,* Bielefeld: transcript.

Wenzel, Harald (1990): *George Herbert Mead zur Einführung.* Hamburg: Junius.

Werlen, Benno, Christian Reutlinger (2005): Sozialgeographie. In: Fabian Kessl et al. (Hrsg.): *Handbuch Sozialraum,* 49-65. Wiesbaden: VS Verlag für Sozialwissenschaften.

Wetzels, Peter (1997): *Gewalterfahrungen in der Kindheit. Sexueller Missbrauch, körperliche Misshandlung und deren langfristige Konsequenzen.* Baden-Baden: Nomos.

Wharton, Amy S. (2005): *The sociology of gender. An introduction to theory and research.* Malden, MA: Blackwell Pub.

Wickler, Wolfgang, Uta Seibt (1998): *Männlich weiblich. Ein Naturgesetz und seine Folgen.* Heidelberg: Spektrum Akademischer Verlag

Wiese, Leopold von (1966): *System der Allgemeinen Soziologie als Lehre von den sozialen Prozessen und den sozialen Gebilden der Menschen (Beziehungslehre).* 4. Auflage, Orig. 1928. Berlin: Duncker & Humblot.

Wiesner, Gisela, Andrä Wolter (2005): *Die lernende Gesellschaft. Lernkulturen und Kompetenzentwicklung in der Wissensgesellschaft.* Weinheim, München: Juventa.

Wiggershaus, Rolf (1986): *Die Frankfurter Schule. Geschichte, theoretische Entwicklung, politische Bedeutung.* München, Wien: Hanser.

Willems, Herbert (Hrsg.) (2008): *Lehr(er)buch Soziologie. Für die pädagogischen und soziologischen Studiengänge. Bd. 2.* Wiesbaden: VS Verlag für Sozialwissenschaften.

Wilson, Edward O. (1980): *Sociobiology*. Cambridge, Mass.: Belknap Press.

Wilson, Thomas (1975): Theorien der Interaktion und Modelle soziologischer Erklärung. In: Arbeitsgruppe Bielefelder Soziologen (Hrsg.): *Alltagswissen und Interaktion in der gesellschaftlichen Wirklichkeit. Bd.1*, 54-79. Reinbek bei Hamburg: Rowohlt.

Wimbauer, Christine (1999): *Organisation, Geschlecht, Karriere. Fallstudien aus einem Forschungsinstitut.* Opladen: Leske & Budrich.

Wimmer, Michael (2002): Bildungsruinen in der Wissensgesellschaft. In: Ingrid Lohmann, Rainer Rülling (Hrsg.): *Die verkaufte Bildung. Kritik und Kontroversen zur Kommerzialisierung von Schule, Weiterbildung, Erziehung und Wissenschaft*, 45-68. Opladen: Leske & Budrich.

Winnicott, Donald Wood (1984): *Reifungsprozesse und fördernde Umwelt.* Stuttgart: Klett-Cotta.

Winter, Reinhard, Horst Willems (Hrsg.) (1991): *Was fehlt, sind Männer! Ansätze praktischer Jungen- und Männerarbeit.* Schwäbisch Gmünd: Neuling-Verlag.

Wissenschaftsrat (2007): *Empfehlungen zur Chancengleichheit von Wissenschaftlerinnen und Wissenschaftlern.* Berlin.

Wohlrab-Sahr, Monika (1992): Institutionalisierung oder Individualisierung des Lebenslaufs. *Bios* 5: 1-17.

Wolffheim, Nelly (1973): *Psychoanalyse und Kindergarten. Und andere Arbeiten zur Kinderpsychologie.* 2. Auflage, München: Reinhardt.

World Vision Deutschland e.V. (2010): *Kinder in Deutschland 2010. 2. World Vision Kinderstudie*, Frankfurt/Main: Fischer.

World Vision Deutschland e.V. (2013): *Kinder in Deutschland 2013. 3. World Vision Kinderstudie.* Weinheim, Basel: Beltz.

Wulf, Christoph (1996): Alter und Generation. In: Eckart Liebau, Meike S. Baader (Hrsg.): *Generation. Versuche über eine pädagogisch-anthropologische Grundbedingung.* Weinheim: Deutscher Studien-Verlag.

Wustmann, Cornelia (2009): Frühkindliche Erziehung. In: Sabine Andresen et al. (Hrsg.): *Handwörterbuch Erziehungswissenschaft.* 322-335. Weinheim, Basel: Beltz.

Wustmann, Cornelia, Anke Karber, Anita Giener-Grün (Hrsg.) (2013): *Kindheit aus sozialwissenschaftlicher Perspektive.* Graz: Grazer Universitätsverlag

Zander, Margherita (Hrsg.) (2005): *Kinderarmut. Einführendes Handbuch für Forschung und soziale Praxis.* Wiesbaden: VS Verlag für Sozialwissenschaften.

Zinnecker, Jürgen (2000): Selbstsozialisation. Essay über ein aktuelles Konzept. *Zeitschrift für Soziologie der Erziehung und Sozialisation;* 20: 272-290.

Register